海内名家评梅赋

世彩於北京

漆雕世彩 编著

辽宁大学出版社

图书在版编目（CIP）数据

海内名家评《梅赋》/漆雕世彩编著. --沈阳：
辽宁大学出版社，2013.11
ISBN 978-7-5610-7546-3

Ⅰ.①海… Ⅱ.①漆… Ⅲ.①诗词—诗歌评论—中国—当代—文集 Ⅳ.①I207.2-53

中国版本图书馆 CIP 数据核字（2013）第 284331 号

出 版 者：辽宁大学出版社有限责任公司
（地址：沈阳市皇姑区崇山中路 66 号 邮政编码：110036）
印 刷 者：辽宁彩色图文印刷有限公司
发 行 者：辽宁大学出版社有限责任公司
幅面尺寸：170mm×240mm
印 张：21.75
插 页：48
字 数：420 千字
出版时间：2013 年 11 月第 1 版
印刷时间：2013 年 12 月第 1 次印刷
责任编辑：李文禄 祝恩民
封面设计：邹本忠
版式设计：李 佳
责任校对：李 佳

书 号：ISBN 978-7-5610-7546-3
定 价：100.00 元

联系电话：024—86864613
邮购热线：024—86830665
网 址：http://www.lnupshop.com
电子邮件：lnupress@vip.163.com

▲骚体诗集《梅赋》作者漆雕世彩先生近照（2013 年 4 月 18 日　英国皇家摄影协会会员中国照相馆首席高级人像摄影师陈明华先生摄于北京）

漆雕世彩简介

漆雕世彩，为孔门八儒之一漆雕开之后裔。1948年4月14日生于湖北潜江，汉族。现任北京语言大学中国文化研究所研究员，中国屈原学会骚体诗创作与研究中心常务副主任。中国民主同盟盟员，中华诗词学会会员，中华辞赋家协会会员，中国楹联学会会员，中国诗经学会会员，中国屈原学会理事。

自幼入私塾从乡贤清末学人漆雕方鸿先生习古文及书法。后经著名书法家启功先生、欧阳中石先生、吴丈蜀先生、孙伯翔先生指点书法，华中师范大学石声淮教授指点古文作法，北京大学博士生导师陈贻焮教授、武汉大学博士生导师胡国瑞教授传授诗词作法，又从中央文史馆馆长、北京大学袁行霈教授及张辛、杨辛、叶朗等教授学习美学及文艺理论书法理论，书艺及诗词创作日臻化境。

学术论文《楚辞论文中的情愫》、《论离骚抒情主人公形象》、《楚辞行文的错综美》、《风骚叠音词之比较》、《骚体诗创作之缘起》分别刊入《楚辞研究》（山东齐鲁书社）、《92国际屈原学术讨论会论文提要》（山西师范大学）、《屈原研究专辑》（襄阳师专学报）、《长江大学学报》社科版2005年第3期（总第100卷）、《第九届诗经国际学术研讨会论文集》、《中国楚辞学》第十七辑、《诗经研究丛刊》第二十一辑等，出席国内外楚辞学术讨论会15次。

诗词作品入选《中华诗词》杂志、《中华辞赋》杂志、《江南诗词选》（南京大学出版社）、《中华诗词佳作选》（甘肃民族出版社）、《中国当代诗词艺术家大辞典》（中州古籍出版社）、《中华诗词年鉴》（中华诗词出版社）、《中华诗词家风采录》、《获奖诗词宝典》（作家出版社）、《中华六十年诗人大典》（中国文史出版社）等诗集。格言七则入选人民日报出版社《人生格言经典》。诗词作品多次获奖，其骚体诗集《梅赋》二十五篇被评为“深得屈赋神韵”之作，“是新中国第一本个人骚体诗集”，作者被誉为“当代骚体诗创作第一人”，散文作品入选作家出版社《百年散文名家》第三卷。

书法作品及生平简介发表于《中国书法》杂志、《书法报》、《青少年书法报》、《著名书法家精品集》（河南美术出版社）、《当代书法家诗词墨迹选》、《当代书法家楹联墨迹选》、《二十世纪书法篆刻集粹》（香港远东出版社）、《纪念毛泽东诞辰一百周年书画集》（湖北美术出版社）、《当代美术史·中国书法》（天津人民美术出版社）大型画册。书法作品在北京中国美术馆、武汉展览馆，杭州浙江展览馆及安徽、深圳、香港特别行政区和日本、美国等地展出并获奖。2013年9月入选《中国邮政·中国当代书画百强主题明信片》。

1980年，创办漆雕书画艺术学校并任校长。2000年4月，升格为湖北省书画教育试点学校，已培养学生8000余人，曾获全国书法教学特等园丁奖、“少儿书画教学专家”、“全国民办杰出校长”称号。1998年应日本国福岛县会津若松市市长山内日出夫邀请，受荆州市政府委派，任荆州市青少年书画访日团团长，率师生13人赴日本福岛会津若松市、东京、大阪举办师生书画作品展览、理论讲座、现场书写、作品拍卖等活动，获得成功。2010年8月，率荆州市首届青少年书画访问韩国代表团师生17人赴韩国江陵市、首尔市等地参观访问，举办书画展览现场书画交流等活动，取得成功。

2008年11月起在北京创办明睿书法教育研究会并任会长，所教学生成绩提高迅速，已获中华人民共和国教育部颁发的教学一等奖，并于2011年7月出席在人民大会堂举行的颁奖仪式。2011年4月应邀在北京大学作《书法·楚辞·人生》的演讲，应邀在中国国家图书馆作《书法的临帖与创作》演讲三次，均获成功。

著有《漆雕世彩诗词选》（中国文联出版社出版）、《三贤堂楹联选粹》（作家出版社出版）、骚体诗集《梅赋》（中国文史出版社出版）、《湖北代表书家作品集·漆雕世彩卷》（湖北美术出版社出版）等。

其四种著作被中国民主同盟中央图书室、中国国家图书馆、北京大学图书馆、清华大学图书馆、中央民族大学图书馆、台湾成功大学图书馆、香港中文大学图书馆、澳门大学图书馆、日本秋田大学图书馆、韩国东国大学图书馆等37家图书馆收藏。

电话：13986671452　13552907877　邮箱：qidiaoshicai@126.com　网址：www.qidiaoshicai.shufa.com

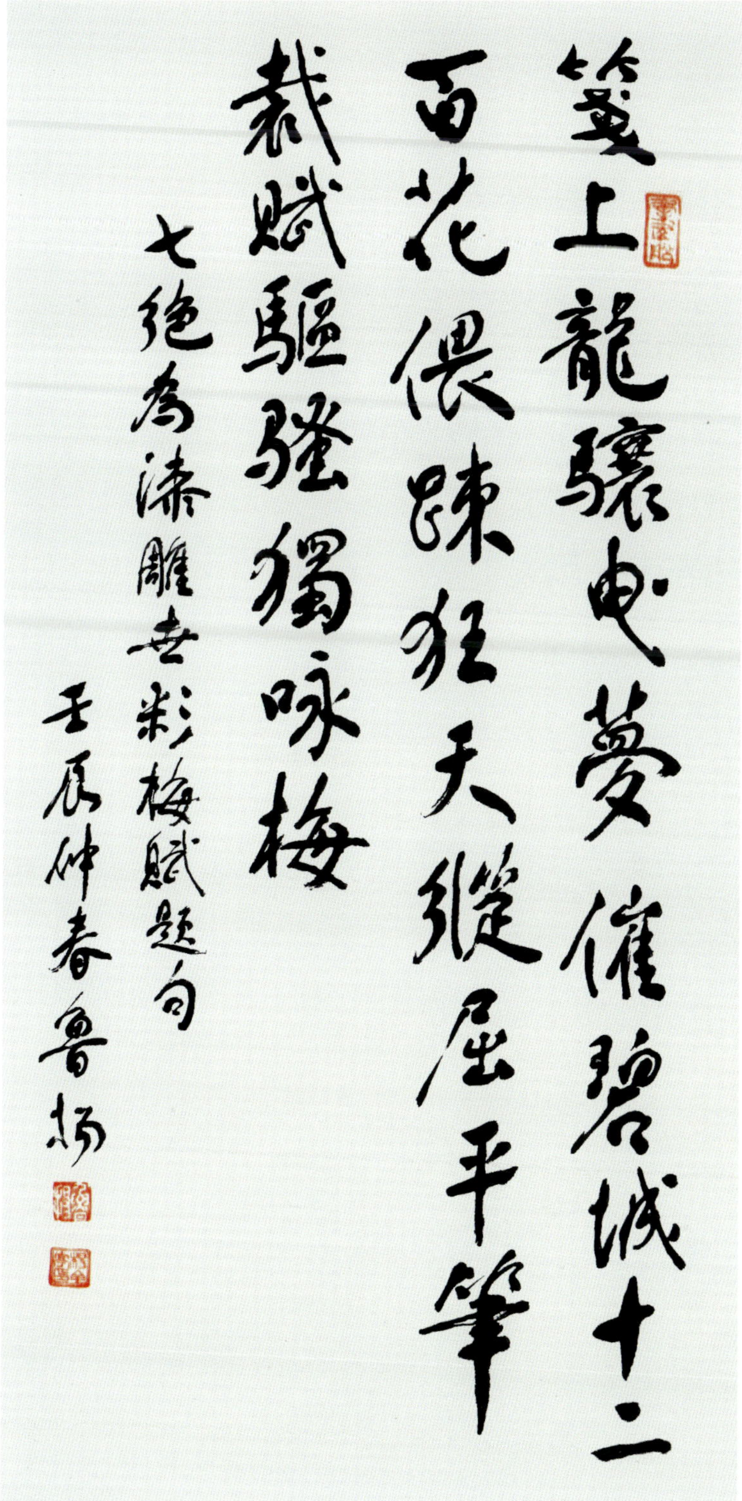

◀2012 年 3 月 1 日，《诗刊》主编、《中华诗词》主编、中华诗词学会副会长杨金亭先生为漆雕世彩《梅赋》题词。

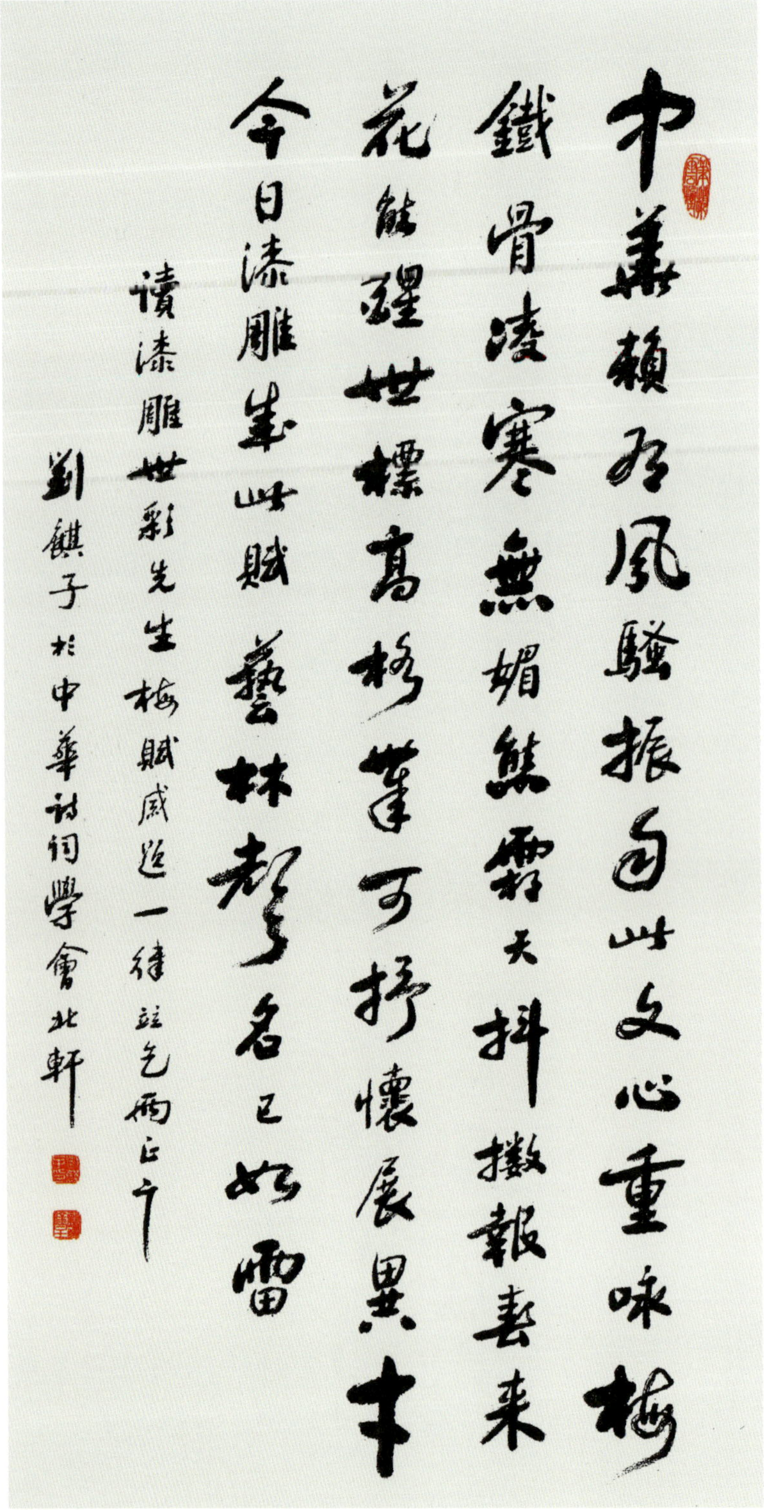

◀2013 年 4 月 14 日，中华诗词学会副会长刘麒子先生题漆雕世彩《梅赋》。

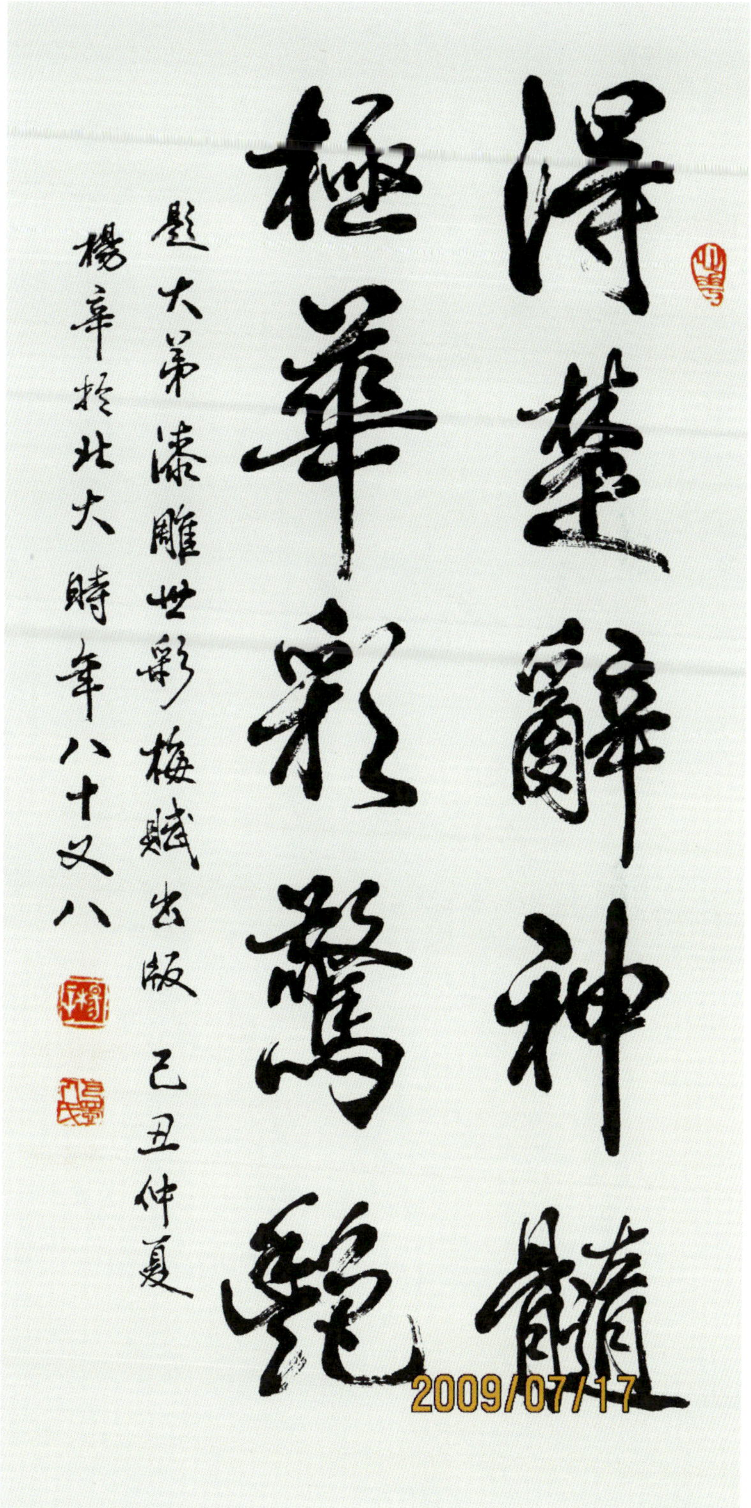

► 2009 年 7 月 17 日，北京大学教授杨辛先生为漆雕世彩《梅赋》出版题词。

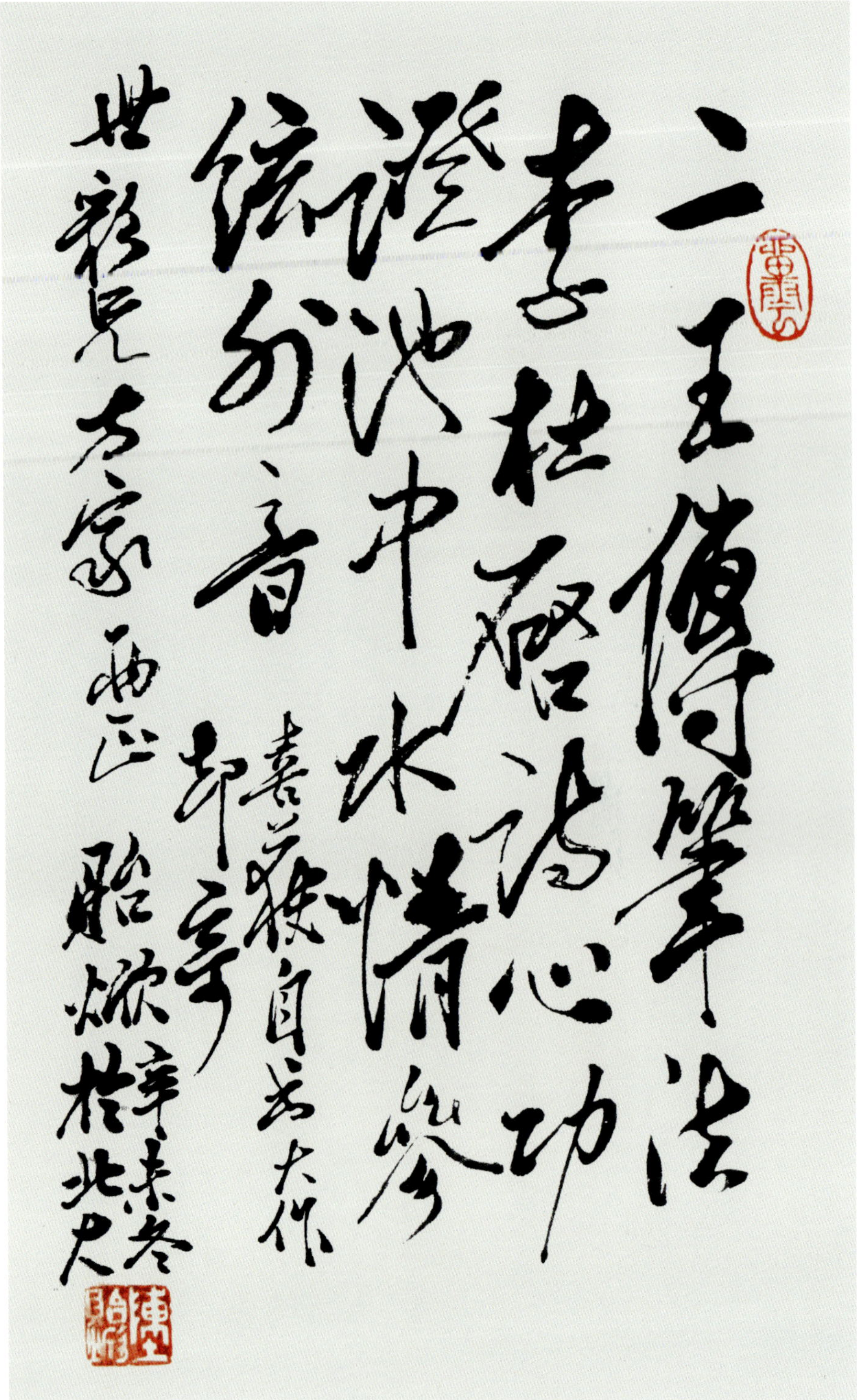

▲1991年12月12日，北京大学教授陈贻焮先生为《漆雕世彩自书诗卷》题词。

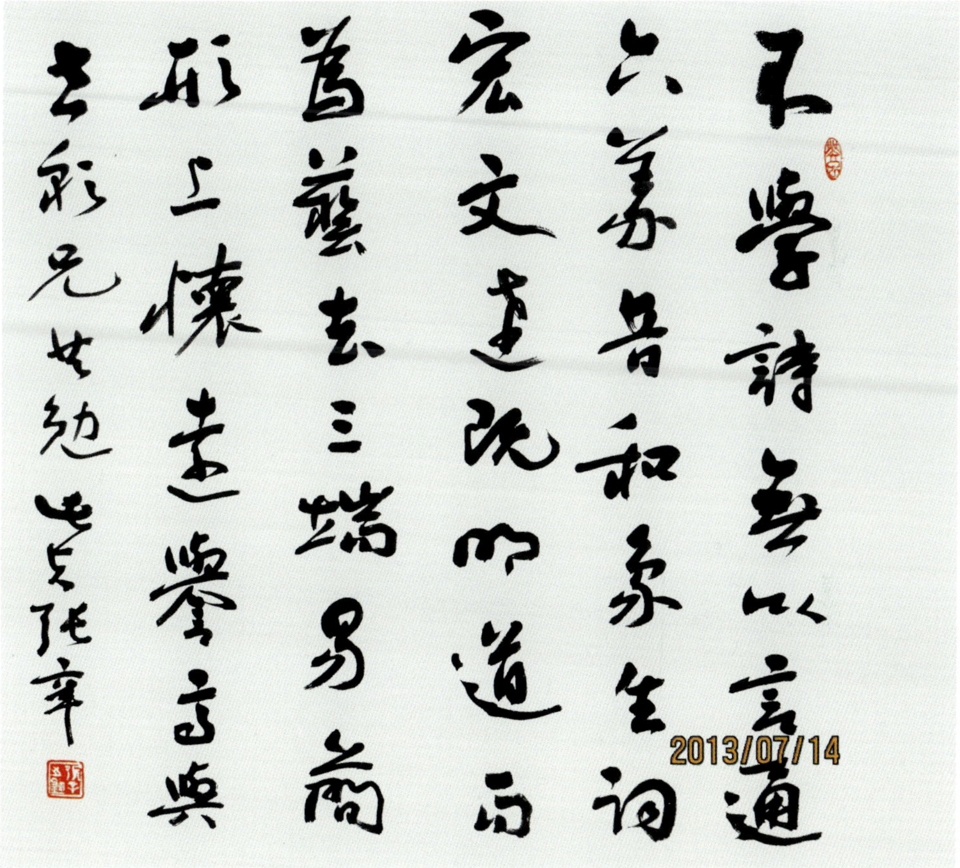

▲2013 年 7 月 14 日，北京大学教授、中国书法家协会学术委员会委员、张辛先生题漆雕世彩文集。

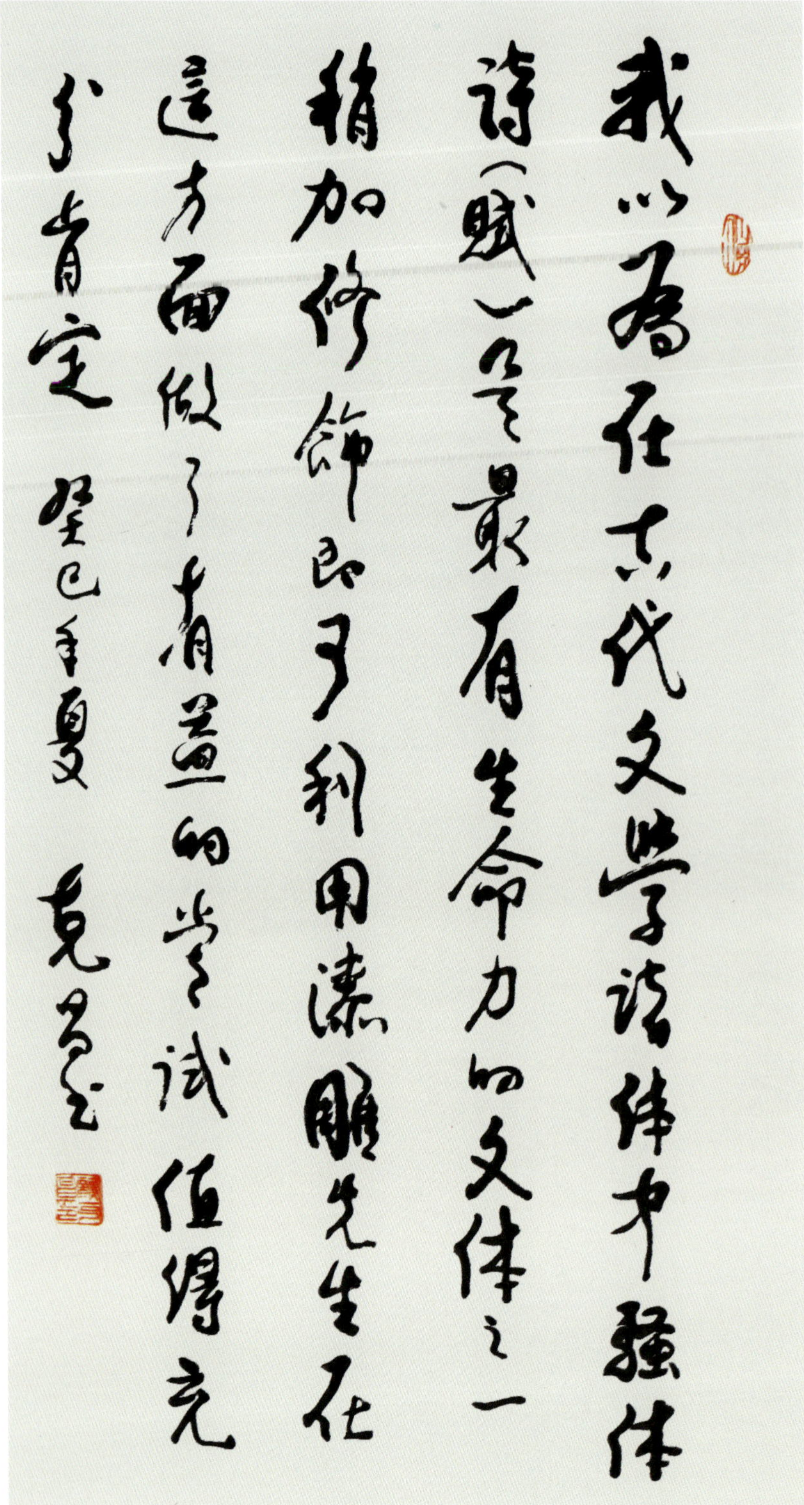

◀2012 年 6 月 16 日，山东大学教授、全国辞赋学会会长龚克昌先生为漆雕世彩骚体古赋《梅赋》题词。

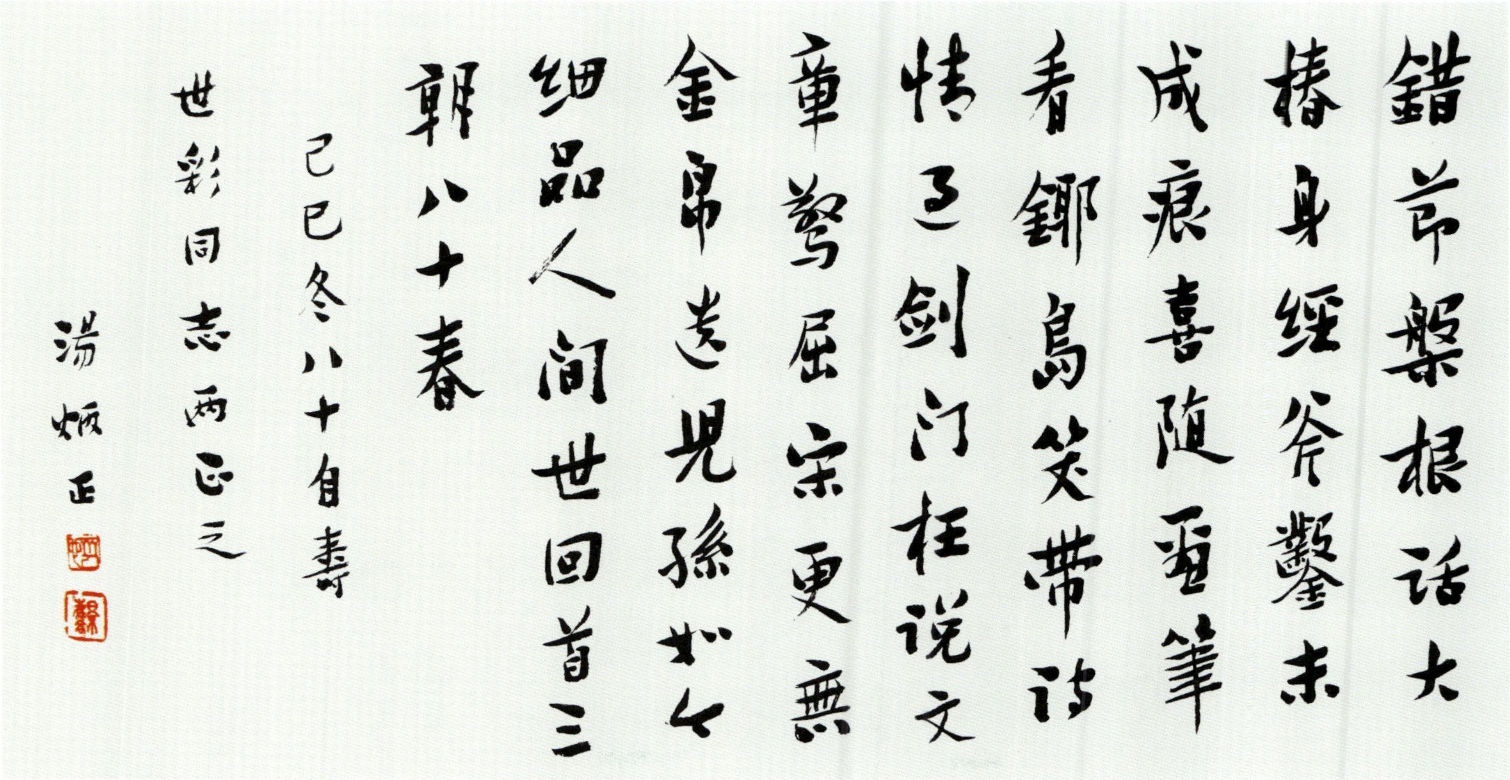

▲1989 年 12 月 23 日，中国屈原学会会长、四川师范大学教授汤炳正先生赠诗漆雕世彩先生。

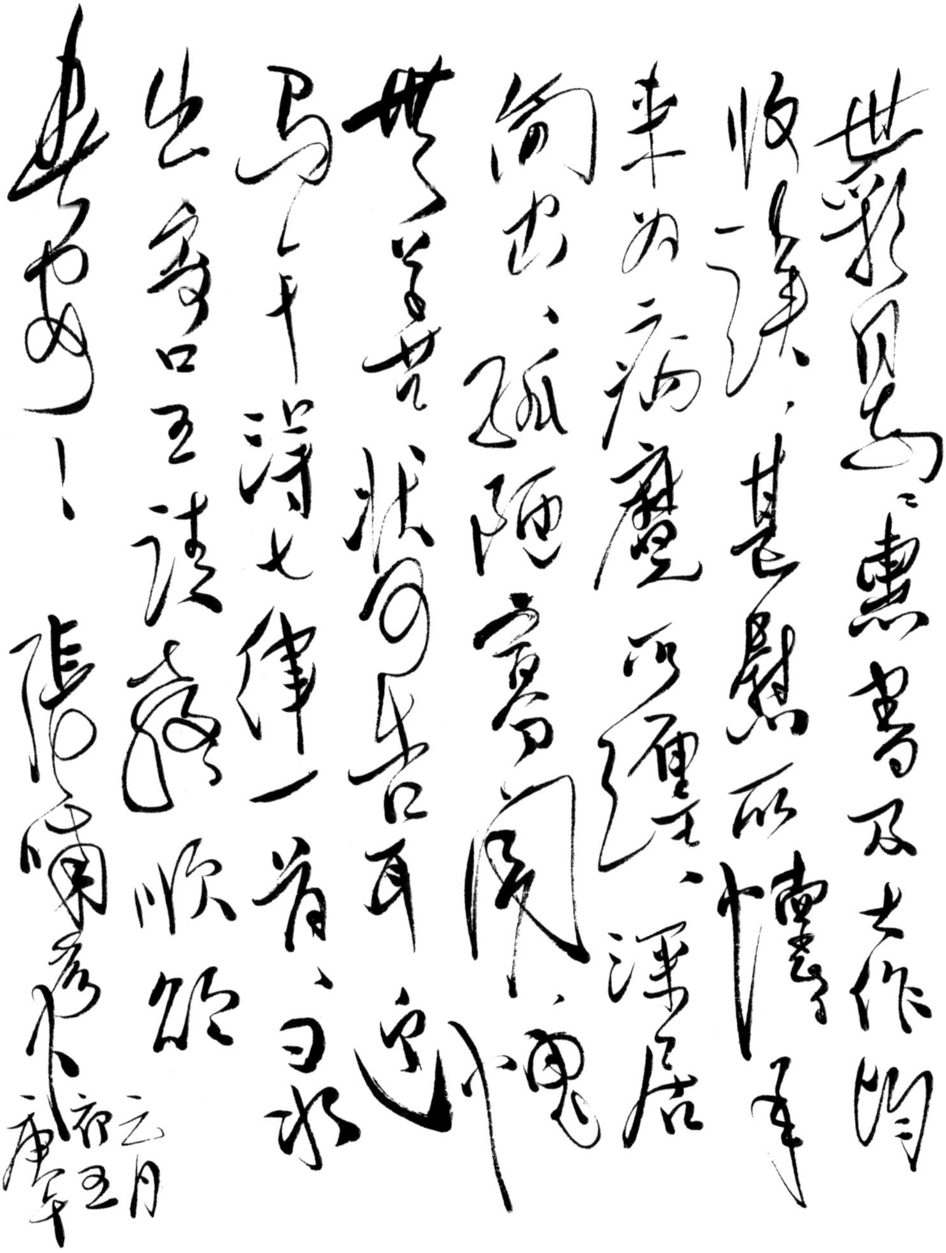

▲1990 年 2 月 1 日，湖北省社会科学院文学所所长张啸虎先生致漆雕世彩先生信函（一）。

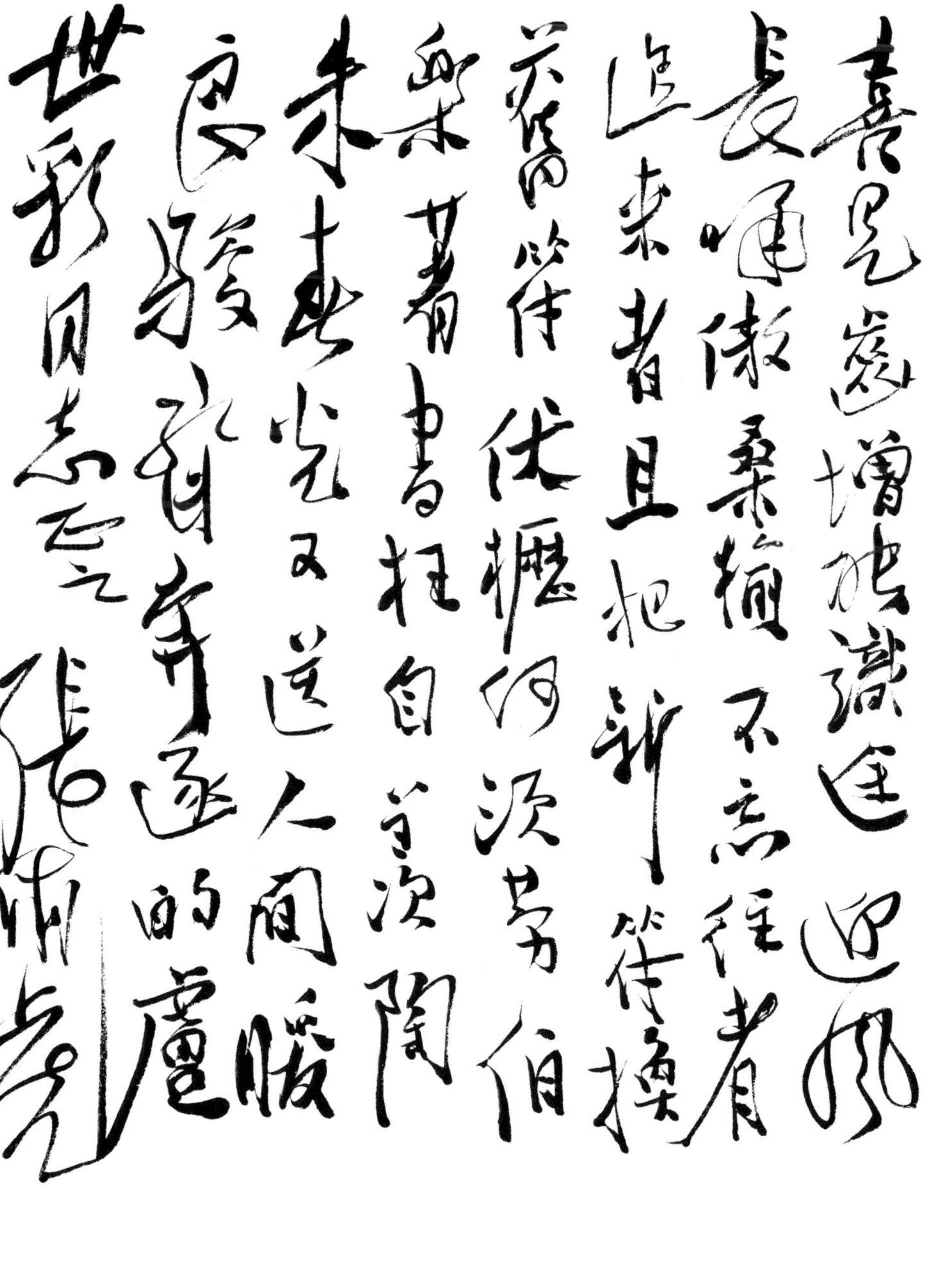
喜見[illegible]增[illegible]迎風
長嘯傲桑榆不[illegible]者
追來者且把新符換
[illegible]伏櫪何須勞伯
樂著書拄自[illegible]閑
未[illegible]又道人間暖
[illegible]
世彩同志正之 張嘯虎

▲1990 年 2 月 1 日，湖北省社会科学院文学所所长张啸虎先生致漆雕世彩先生信函（二）。

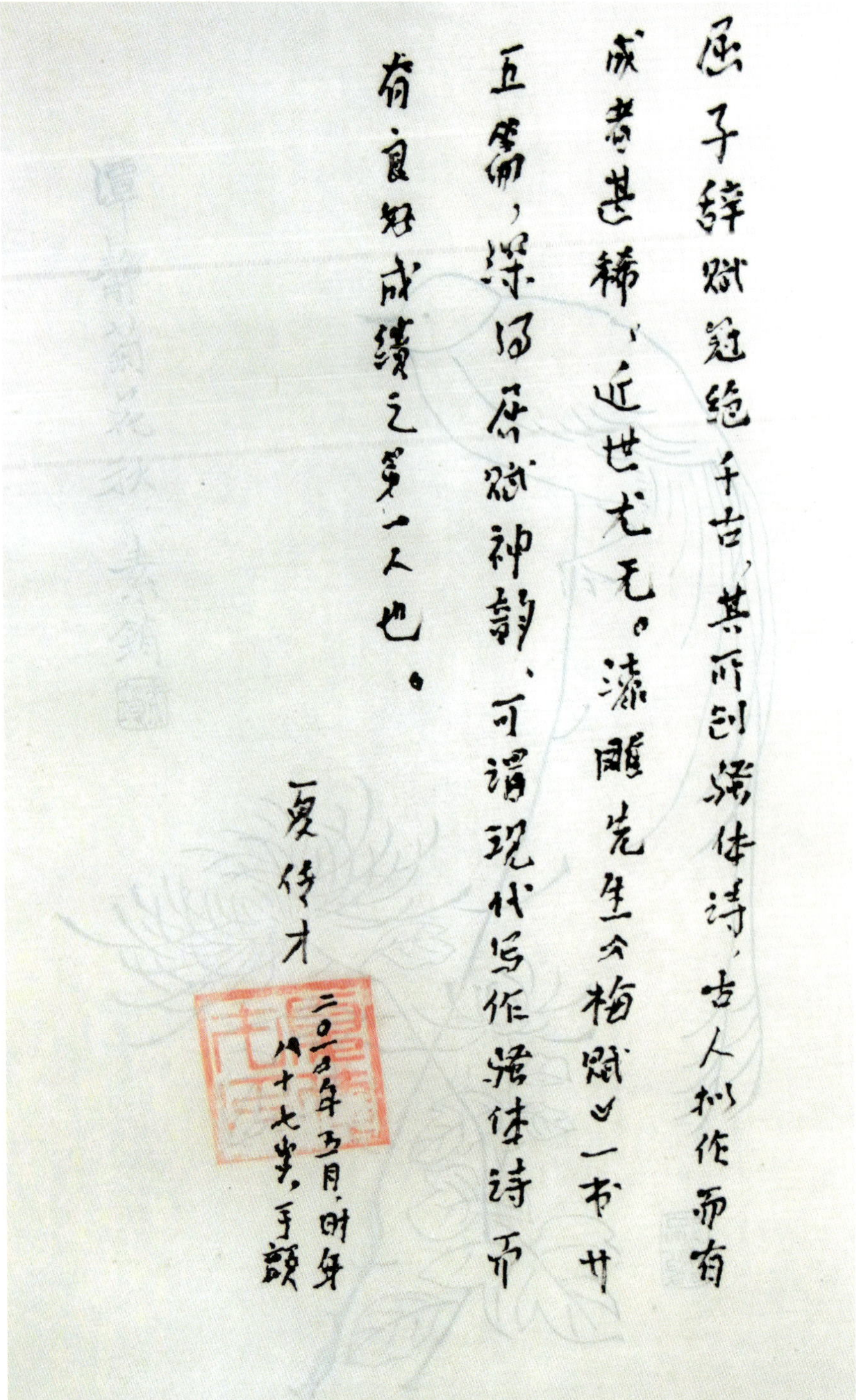
屈子辞赋冠绝千古，其所创骚体诗，古人拟作而有成者甚稀，近世尤无。漆雕先生之《梅赋》一书廿五篇，深得屈赋神韵，可谓现代写作骚体诗而有良好成绩之第一人也。

夏传才

二〇一〇年五月，时年八十七岁，手题

▲2010 年 5 月 15 日，中国诗经学会会长、河北师范大学教授夏传才先生为漆雕世彩先生《梅赋》题词。

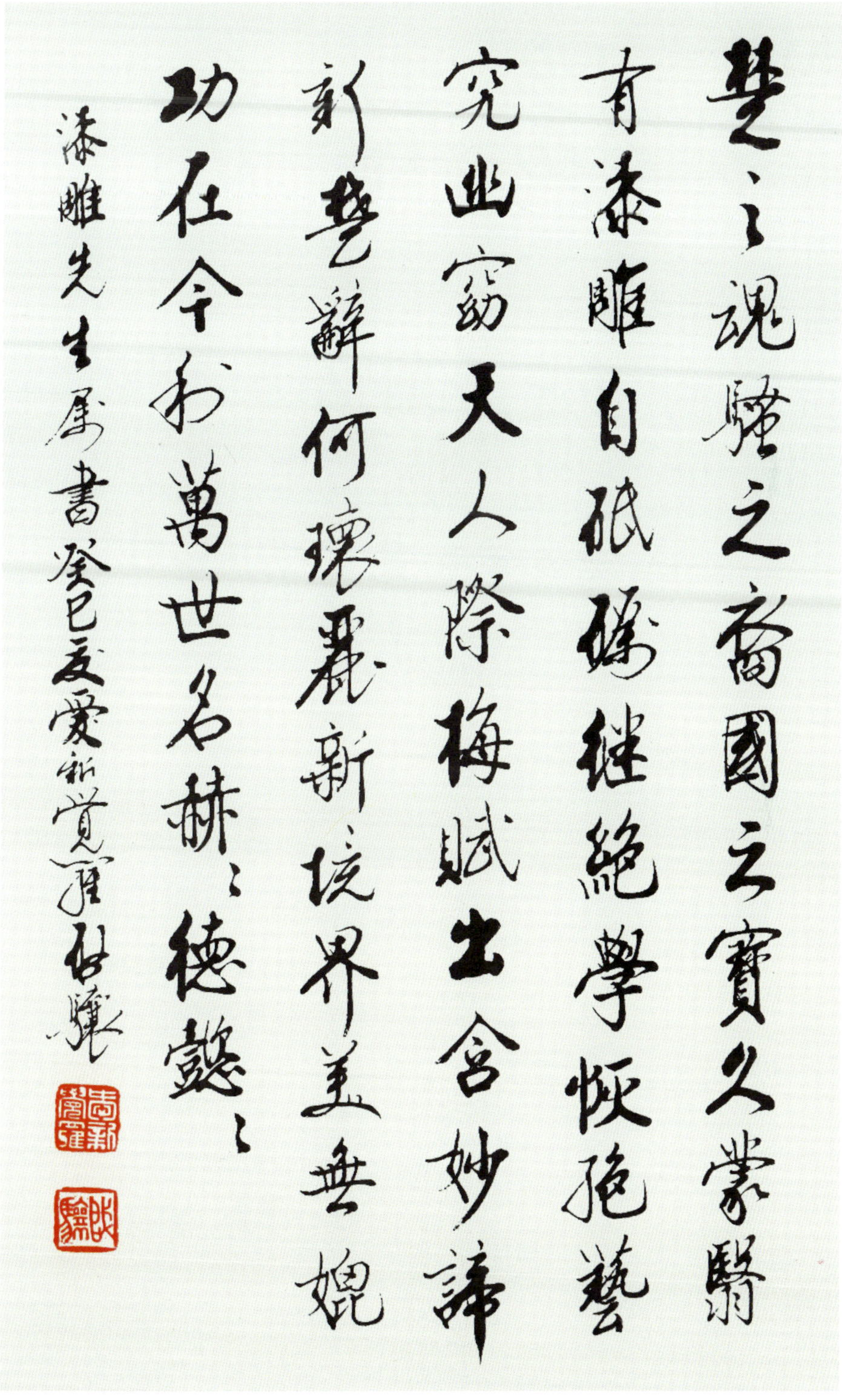

▲2013 年 6 月 8 日，北京文史馆馆员、著名书法家启骧先生为漆雕世彩《梅赋》题词。

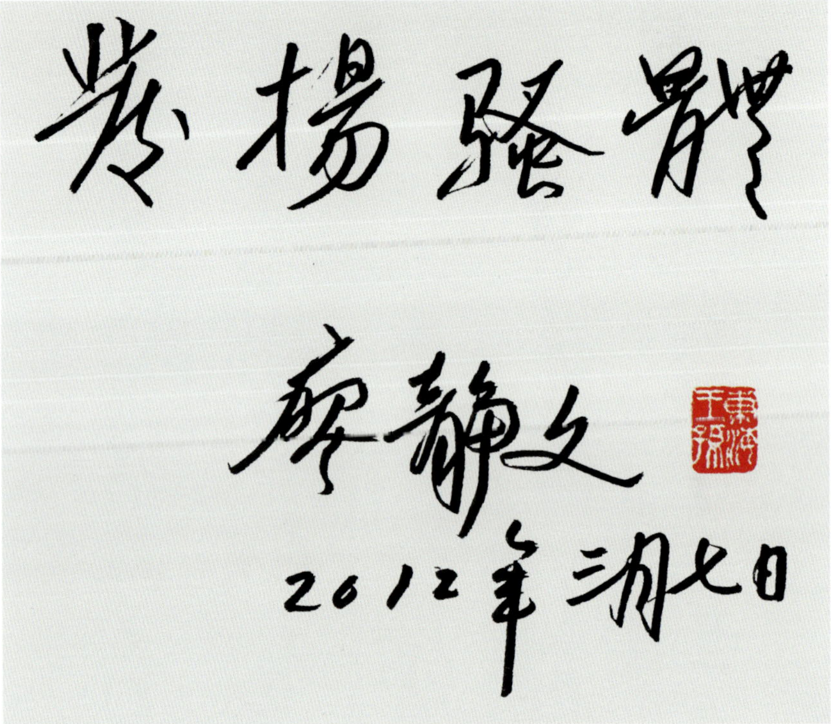

▲2012 年 3 月 7 日，全国政协常委、徐悲鸿纪念馆馆长廖静文先生为漆雕世彩先生题词。

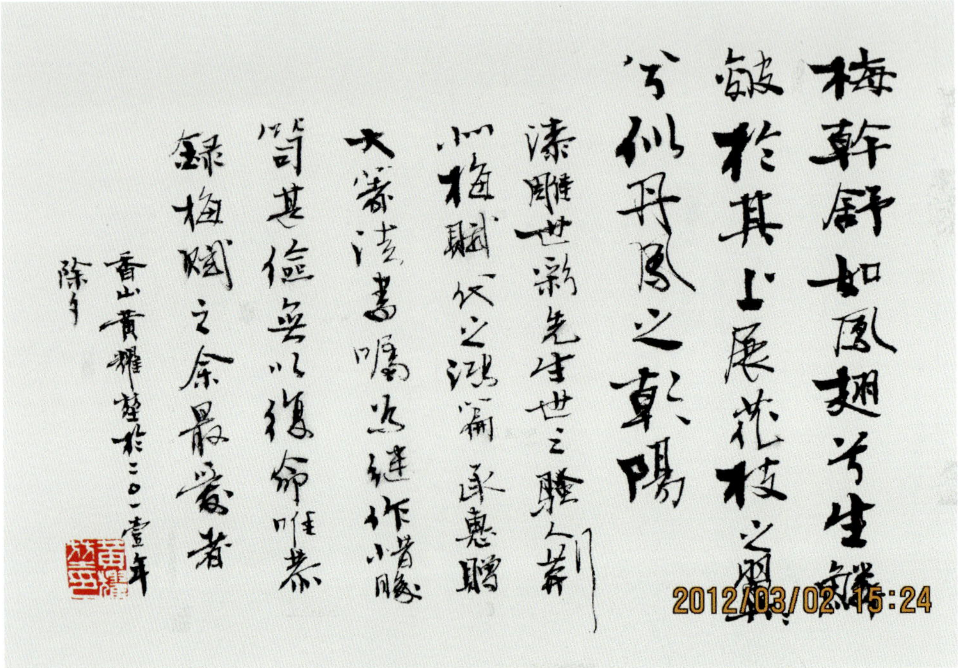

▲2011 年除夕，香港中文大学教授黄耀堃先生为漆雕世彩先生《梅赋》题词。

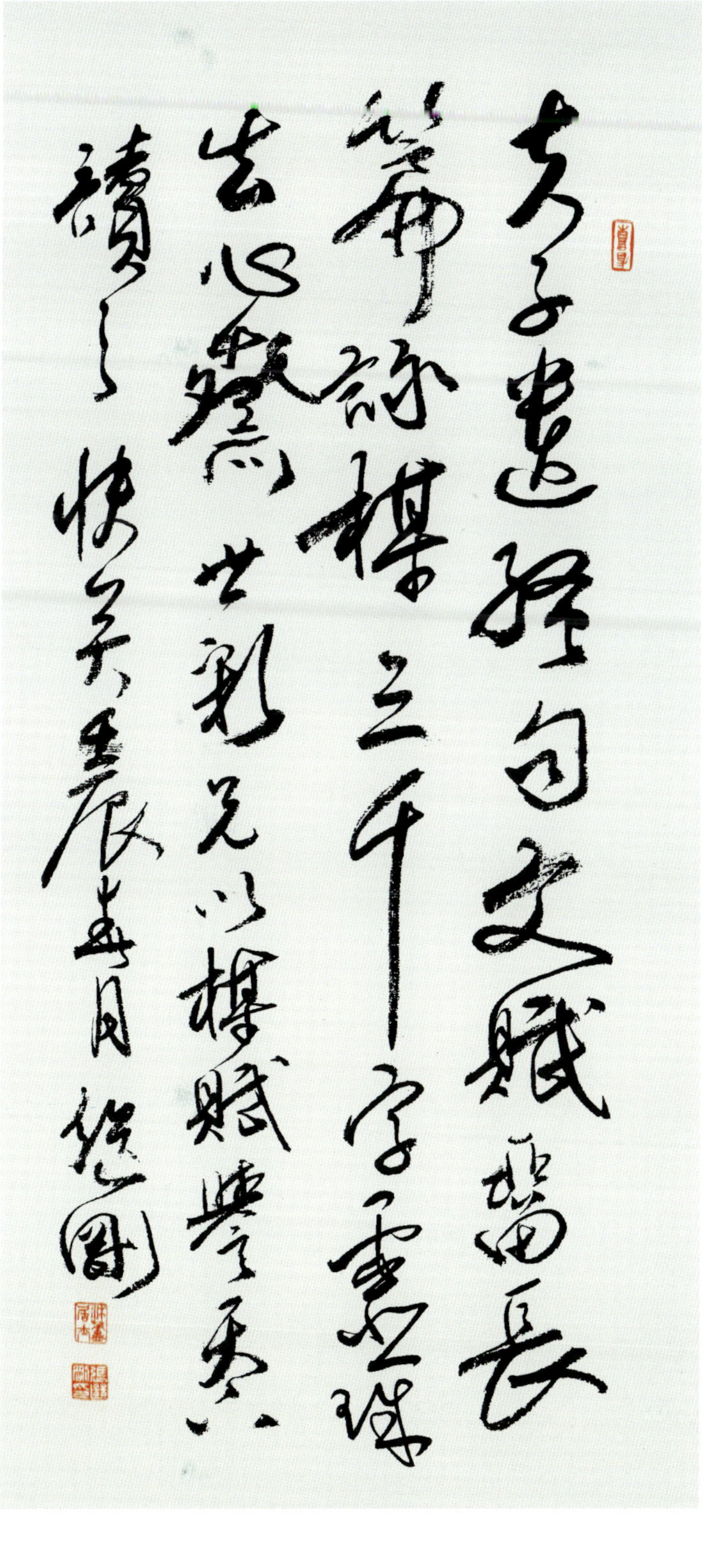

◀2012 年 3 月 18 日，香港中文大学教授张继刚先生题漆雕世彩先生骚体古赋《梅赋》。

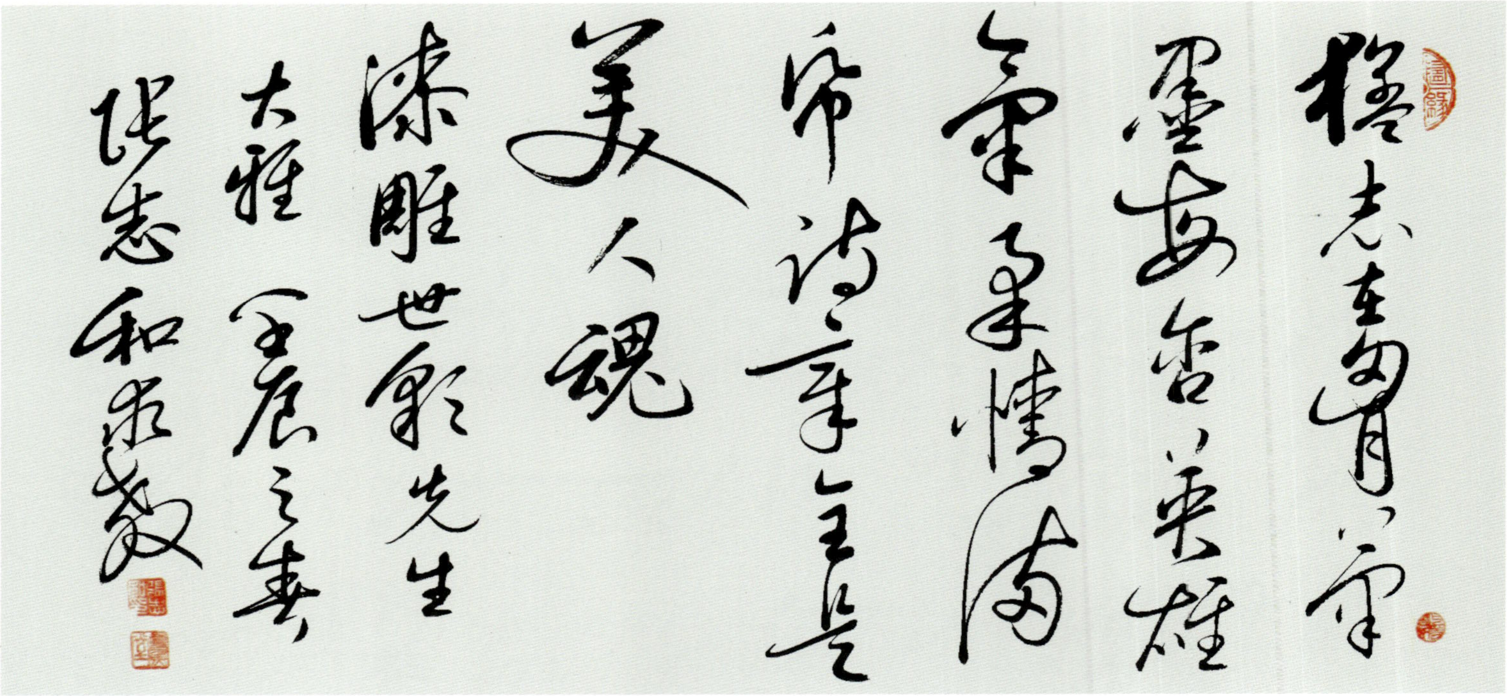

▲2012 年 4 月 17 日，故宫博物院研究员张志和教授书赠漆雕世彩先生《猛志柔情联（漆雕世彩撰联）》书法横幅。

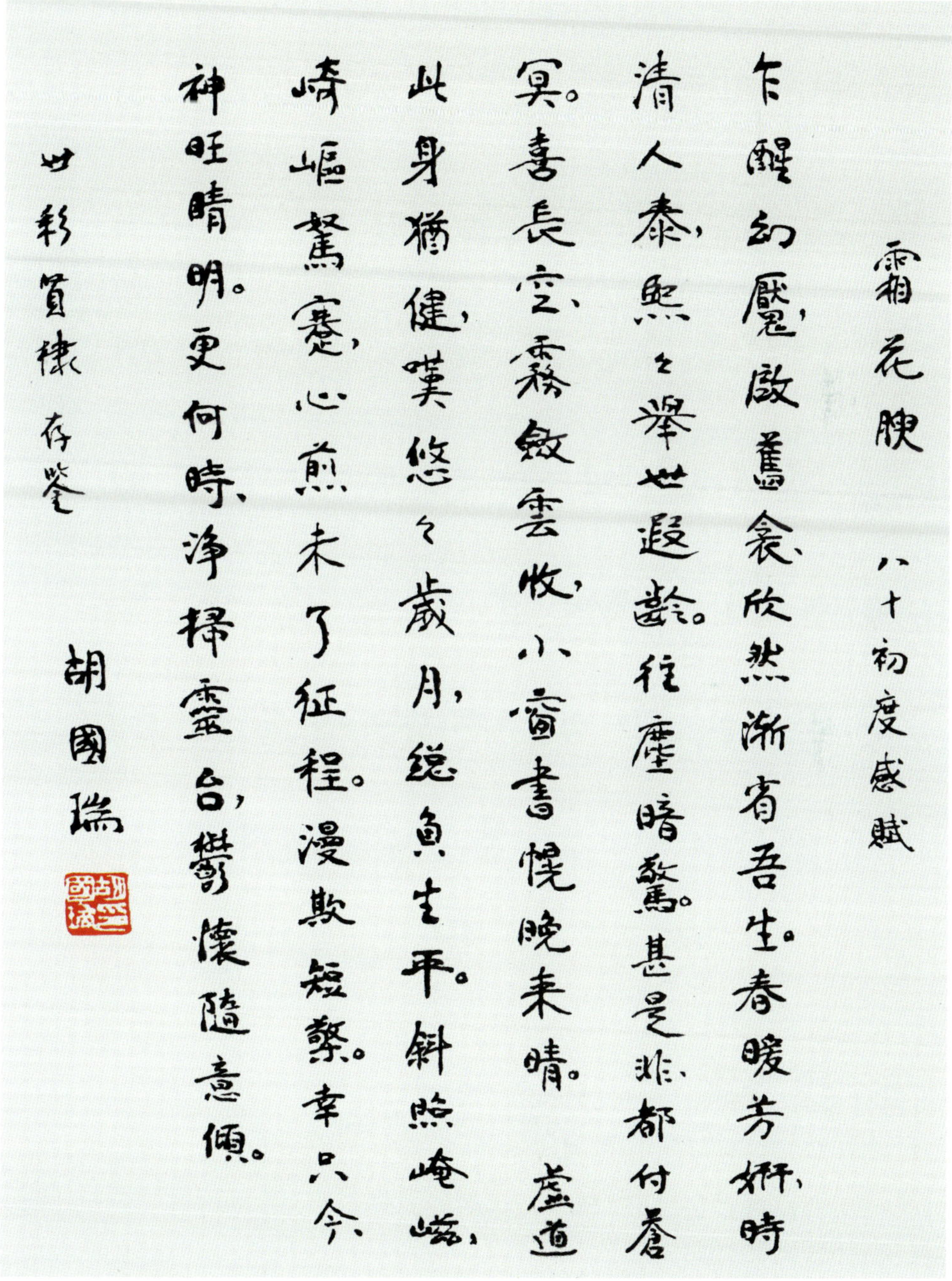
霜花腴　八十初度感賦

乍醒幻歷，啟舊衾、欣然漸省吾生。春暖芳妍，時清人泰，熙熙舉世遐齡。往塵暗驚。甚是非、都付蒼冥。喜長空、霧斂雲收，小窗書幌晚來晴。

虛道此身猶健，嘆悠悠歲月，總負生平。斜照崦嵫，崎嶇驚蹇，心煎未了征程。漫欺短檠。幸只今、神旺睛明。更何時、淨掃靈台，鬱懷隨意傾。

世彩賢棣存鑒

胡國瑞

▲1992年2月24日，武汉大学教授、博士生导师胡国瑞先生赠诗漆雕世彩先生。

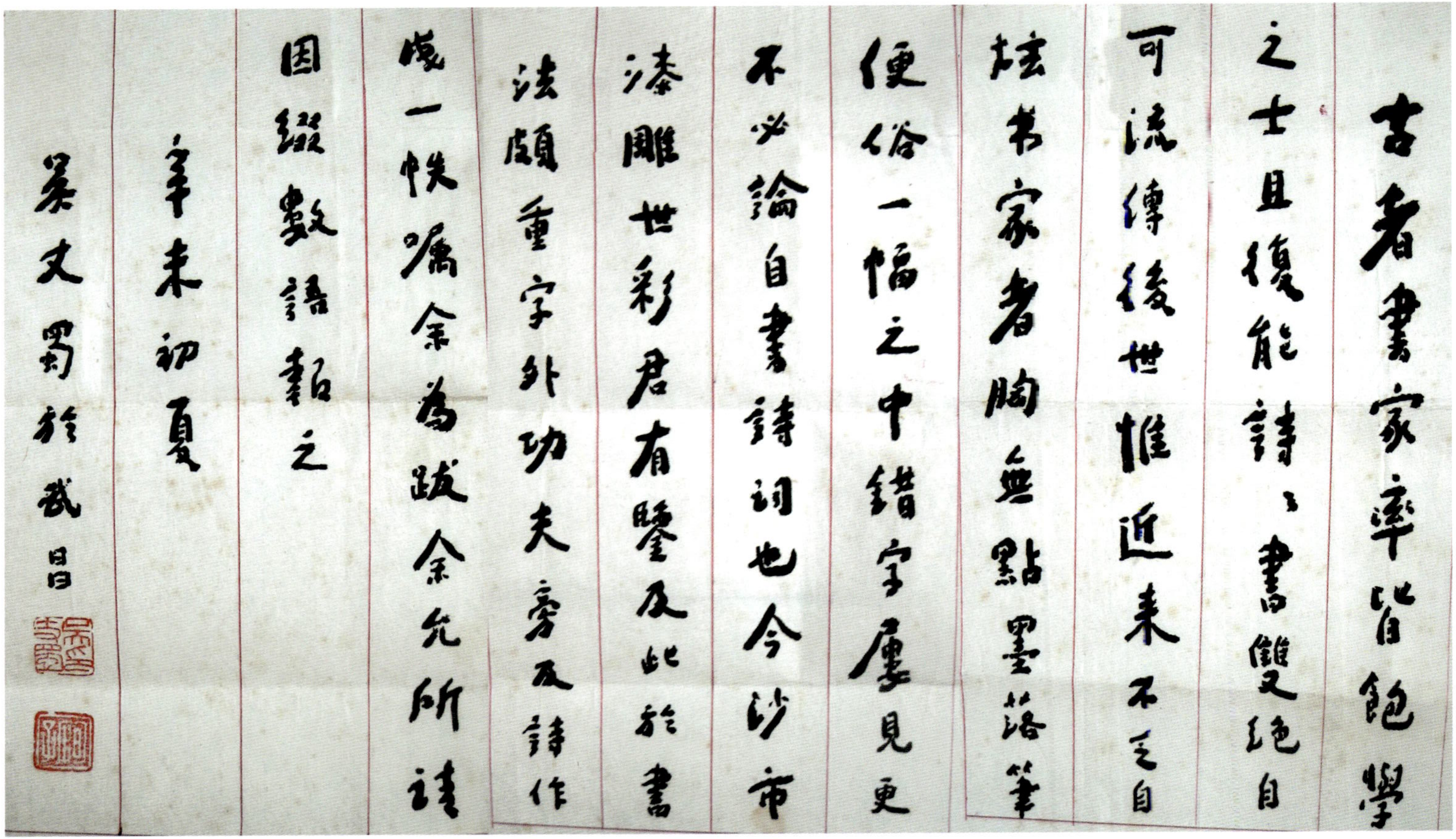
古者書家率皆飽學
之士且復能詩、書雙絕自
可流傳後世惟近來不乏自
詡書家者胸無點墨落筆
便俗一幅之中錯字屢見更
不必論自書詩詞也今沙市
漆雕世彩君有鑒及此於書
法頗重字外功夫旁及詩作
誠一快嘱余為跋余允所請
因綴數語歸之
辛未初夏
吳丈蜀於武昌

▲1991 年 6 月 6 日，湖北省文史馆馆长、湖北省书法家协会主席、著名书法家吴丈蜀先生为《漆雕世彩自书诗卷》题跋。10 日后，致电又增数语(见后页)《吾写自家诗》。

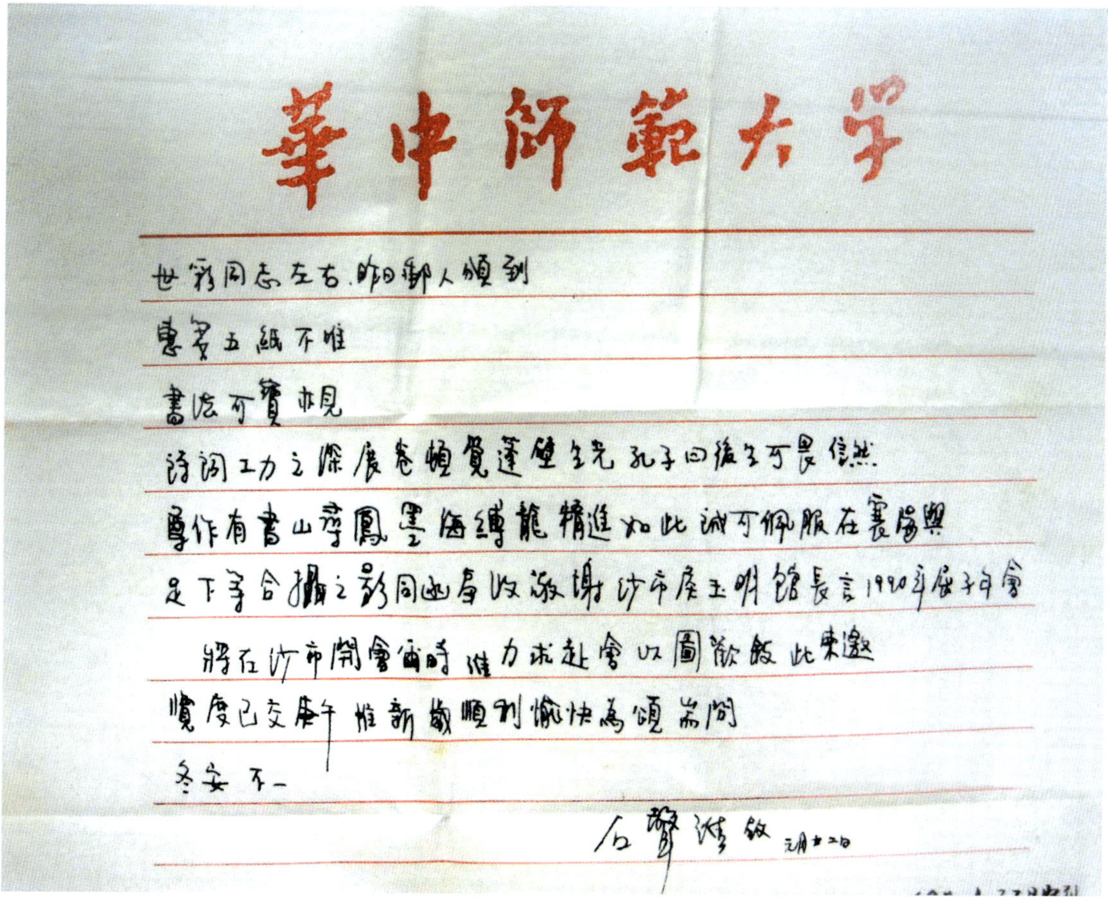

華中師範大學

世彩同志左右：昨日郵人領到
惠寄五紙，不唯
書法可寶，亦見
詩詞工力之深，展卷恍覺蓬壁生光。孔子曰後生可畏，信然。
尊作有書山彩鳳、墨海縛龍，精進如此，誠可佩服。在襄陽與
足下等合攝之影，同函奉收。激揚沙市屈玉明館長言1990年屈子年會
將在沙市開會，屆時準力求赴會，以圖歡敘。此來邀
覽度已交庚午，惟新歲順利愉快為頌。耑問
冬安 不一

石聲淮敬 元月十二日

▲1989年12月26日，华中师范大学中文系教授、中国屈原学会顾问石声淮先生致漆雕世彩先生函。

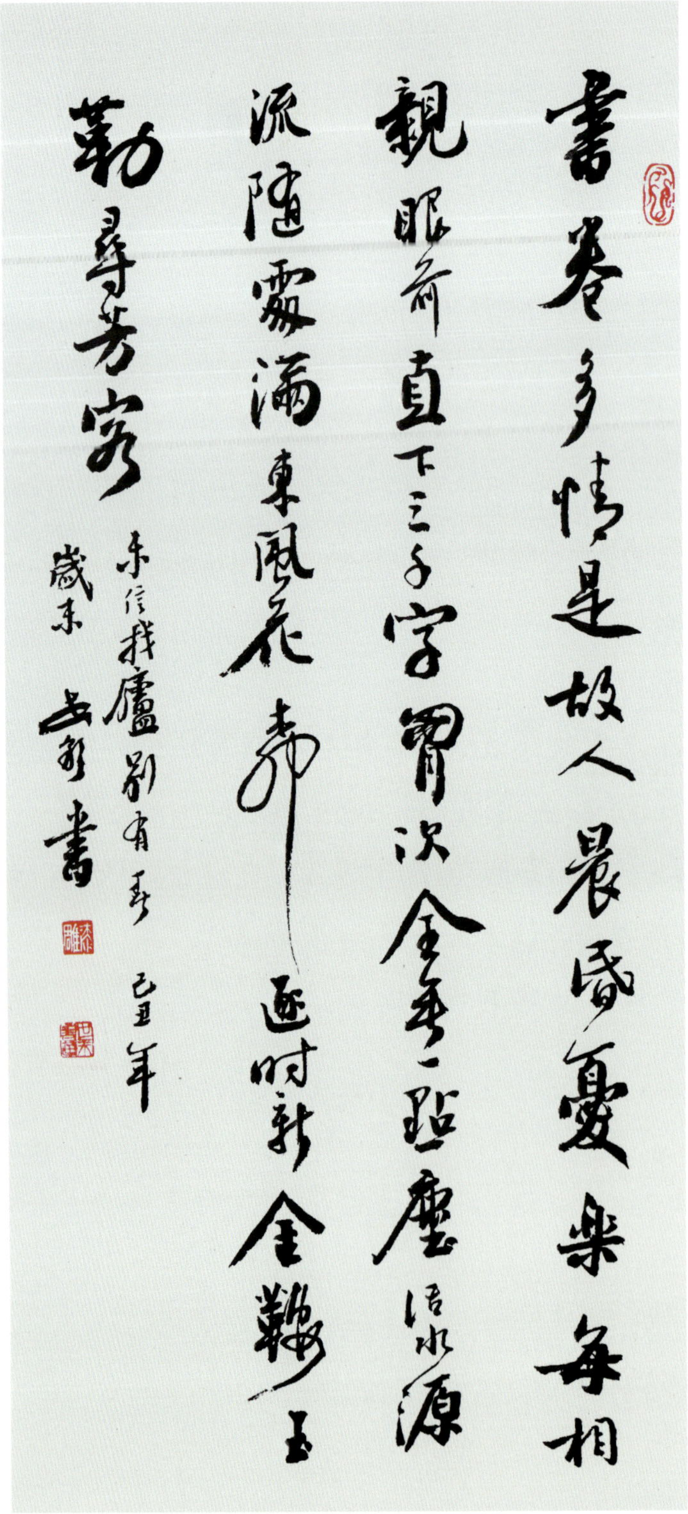

◀ 漆雕世彩书法
206cm × 68cm

▲漆雕世彩书法　33cm × 33cm

▲漆雕世彩书法　33cm × 33cm

▲漆雕世彩书法　206cm × 38cm

▲漆雕世彩书法　138cm × 68cm

▲漆雕世彩书法　68cm × 68cm

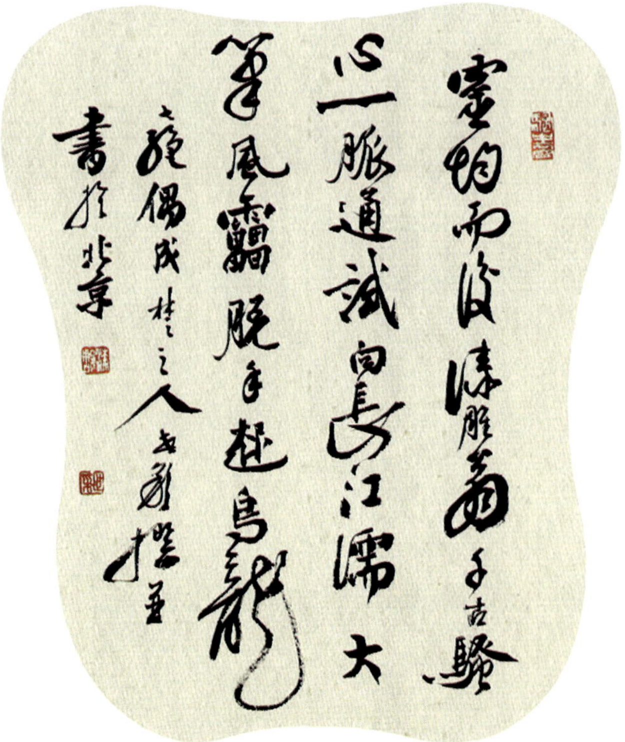

▲漆雕世彩书法　43cm × 33cm

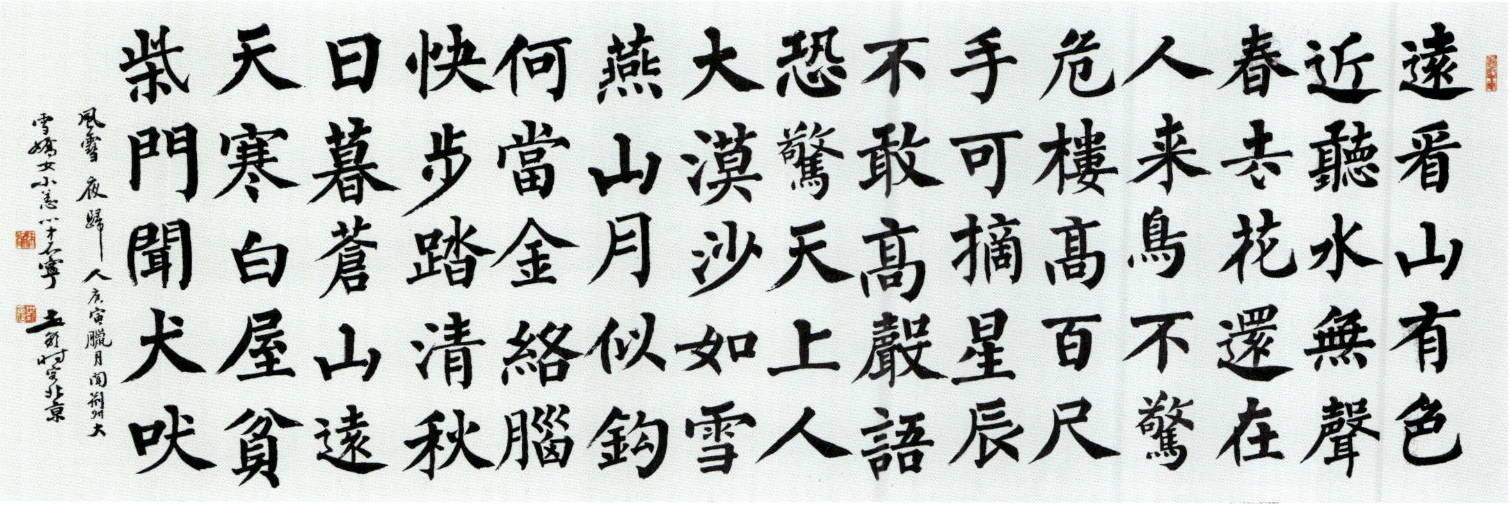

▲漆雕世彩书法　204cm × 68cm

▲漆雕世彩书法　68cm × 68cm

▲漆雕世彩书法　68cm × 68cm

▲漆雕世彩书法　138cm×68cm

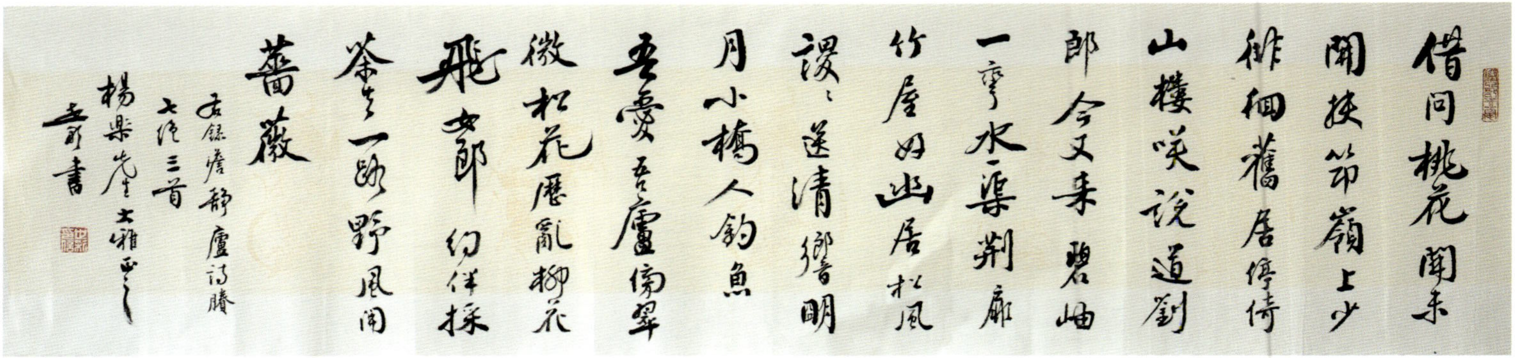

▲漆雕世彩书法　138cm × 34cm

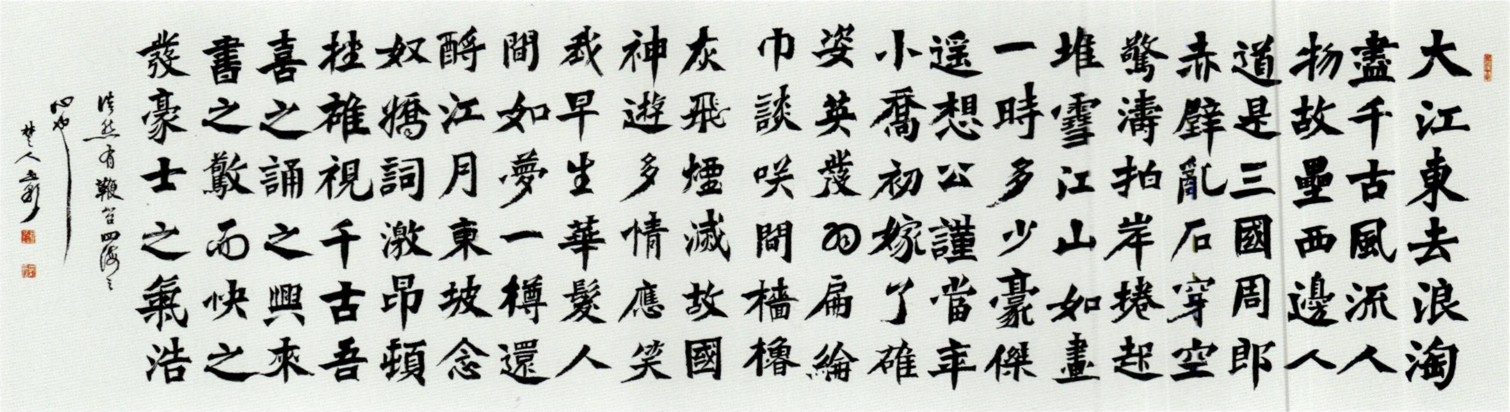

▲漆雕世彩书法　272cm × 68cm

◀1986 年 5 月，中国屈原学会第二届年会在浙江富阳宾馆召开。会后，学会组织游览富春江。漆雕世彩先生（右一）与杭州大学中文系教授郭在贻先生（左一）、副教授曹方仁先生（左二）、浙江省社会科学院研究员崔富章先生（左三）在豪华游轮上合影。

►1989 年 11 月 3 日，湖北省第四届屈原学术讨论会，与业师石声淮教授（华中师范大学中文系，左二）、张正明先生（湖北省社会科学院研究员，左三）、刘石林先生（湖南省汨罗屈原纪念馆馆长，左四）在湖北襄阳古隆中合影。

▲1990 年 9 月 12 日，北京大学书法艺术研究班开学典礼，师生合影于北大图书馆门前。前排左起第二人杨辛教授，第五人陈贻焮教授，第九人沈鹏主席，第十人漆雕世彩先生，第十一人北京大学副校长张学书先生，第十二人欧阳中石教授，第十三人陈玉龙教授。

◀1990 年 9 月 21 日，漆雕世彩先生（左）与业师——北京大学中文系教授、博士生导师陈贻焮先生（右）在北京大学镜春园书房内合影。

►1991 年 12 月 3 日，漆雕世彩先生（左）与中国屈原学会顾问、武汉大学中文系教授、业师胡国瑞先生（右）在武汉大学珞珈山麓胡先生书房内合影。

▲1998 年 7 月 28 日，应日本会津若松市市长山内日出夫邀请，漆雕世彩先生率“荆州市首届青少年书画访日代表团”赴日本东京大阪、福岛会津若松市等地访问，举办书法作品展览、书法理论讲座、现场书画表演、作品销售、游览名胜古迹、住宿日本家庭等活动。前排左起：李志、刘立、张亮、胡杰、廖鑫；第二排左起：杨寅、陈瑶、李星楠、日本会津若松市议长相田正明、中国荆州市青少年书画访日团团长漆雕世彩、会津若松市市长山内日出夫、文章、胡芳、保健老师刘胜荣。

◄2000 年 4 月 27 日，漆雕世彩先生与《中华诗词》杂志主编杨金亭先生(中)、中华诗词学会会员王惠中女士（右）在北京八角饭店合影。

►1989 年 8 月 20 日，漆雕世彩先生与湖北省工艺美术大师、荆州市书法家协会主席杨随震先生（右）在荆州市图书馆漆雕书画艺术学校学生作品展览大厅内合影。

▲2000 年 4 月 21 日，漆雕世彩先生在湖北书法教育专业委员会命名漆雕书画艺校为“湖北省书画教育试点学校”授牌大会上宣读湖北省书法家协会发来的贺电。主席台上就座的有严家宽、吴建国、李珠、蒋仁舜等。（青年书法家黄文泉摄影）

◀2001 年 6 月 8 日，漆雕世彩先生在北京师范大学红楼六号楼启功先生书房内与业师启功先生（右）合影。此次谈论业师著作中“半生师笔不师刀”诗句、碑与帖的临摹方法等问题。漆雕世彩先生赠《三贤堂楹联墨迹选》一册，上题“恩师两正，世彩敬奉”。启功先生赠《启功三帖集》一册，上题“世彩先生指教，启功呈稿”。

►2001 年 6 月 10 日，漆雕世彩先生在首都师范大学教授宿舍 21 号楼欧阳中石先生书房内与中石先生（右）合影。此次主要谈论欧阳先生与王避举、费新我二书家“换衫之谊”，书法教育专业的本科生、硕士生、博士生、博士后的课程设置及毕业去向等问题。漆雕世彩先生赠欧阳中石先生《三贤堂楹联墨迹选》一册。

▲2001 年 12 月 6 日，漆雕世彩先生应邀参加中华诗词社“中越诗联考察”活动，拜谒胡志明主席陵堂，游览镇国古寺、文庙后在越南下龙湾风景区留影。

▼2009 年 7 月 13 日，漆雕世彩先生在北京与文怀沙先生（左）在文书房内合影。师生共忆文怀沙先生在各种场合唱读楚辞情景，并研讨屈原诗句，互相观看文怀沙先生、漆雕世彩先生著作、书法作品和画册，讲读琢磨文题齐白石诗之含义与得失。

◀2007 年 9 月 23 日至 25 日，中国屈原学会第十二届年会暨国际学术讨论会在杭州浙江大学召开。左起：韩国东国大学教授朴永焕先生，北京语言大学中华文化研究所兼职研究员漆雕世彩先生，台湾成功大学中文系教授陈怡良先生。

◀2008 年 12 月 30 日上午 9 时，漆雕世彩先生（左一）应约在北京大学哲学系会议室拜见了 89 岁高龄的杨辛先生（中，《美学原理》作者）。

►2009 年 10 月 29 日至 11 月 1 日，“中国·深圳楚辞学国际学术讨论会暨中国屈原学会第十三届年会”在深圳大学召开，漆雕世彩先生与河北师范大学教授、中国诗经学会会长夏传才先生（左）在深圳大学会堂前合影。漆雕世彩先生赠夏传才先生诗曰：德行灿灿梧栖凤，著述煌煌剑化龙！

◀2009 年 10 月 30 日上午 10 时，漆雕世彩先生为第十三届年会撰联曰：一、南国相逢，把酒唱离骚，壮怀激烈，风雷滚滚卅年过；东皇与赞，安邦依大众，宿志峥嵘，华夏腾腾六秩兴。二、继先贤之绝学兮，来吾导夫先路；登楚艺之高堂兮，看我阅其楚声。图为漆雕世彩先生与安徽师范大学教授潘啸龙先生（左二）、湖北省社会科学研究所研究员何念龙先生（左三）、四川师范大学教授毛庆先生（左四）合影于楹联前。

◀2010 年 6 月 15 日上午 9 时，漆雕世彩先生与著名水稻专家、两院院士袁隆平先生（左二）共同应邀出席第六届中国汨罗江国际龙舟节暨纪念屈原诞辰 2350 周年高层专家论坛大会在主席台上合影。

▼2010 年 8 月 5 日，由河北师范大学文学院承办的第九届诗经国际学术研讨会在燕赵腹地石家庄河北师范大学召开。漆雕世彩先生与复旦大学教授博士生导师徐志啸先生（右）合影。

▲2010 年 6 月 15 日上午 9 时，漆雕世彩先生与著名作家韩少功先生（左）应邀出席第六届中国汨罗江国际龙舟节暨纪念屈原诞辰 2350 周年高层专家论坛大会。

►2010 年 8 月 7 日，漆雕世彩先生应邀在中国诗经学会房县诗经文化节暨中国诗经学会房县研究基地挂牌仪式上挥毫作书：堂堂文气壮危楼，笔走云龙逼斗牛。驱遣烟霞来腕底，我诗我写意方遒！墨浪喧豗势似摧，银钩铁画怒生威。笔端每挟雷霆至，惊看蛟龙脱纸飞！

▲2010 年 8 月 19 日至 25 日，应韩国江陵市府邀请，受中国湖北省荆州市政府派遣，漆雕世彩先生任中国荆州市首届青少年书画访问韩国代表团团长，出访韩国江陵市、首尔市，举办书画展览、现场挥毫交流等活动，获得圆满成功。

►2010 年 10 月 1 日，漆雕世彩先生应中华诗词学会创始人、顾问、著名老诗人周笃文教授（左）邀请到周家做客。互赠诗词专著二册并互相吟诵对方诗作。

◄2011 年 4 月 27 日，漆雕世彩先生第三次在国家图书馆演讲。图为漆雕世彩先生边讲边为馆员们作现场硬笔书写示范，并亲自创作诗、联数首，作为馆员们书写内容。其联曰：“为民建奇功，其功卓冠古今，天地犹为之小！立党扬正气，是气充塞寰宇，日月竟不可逾！”

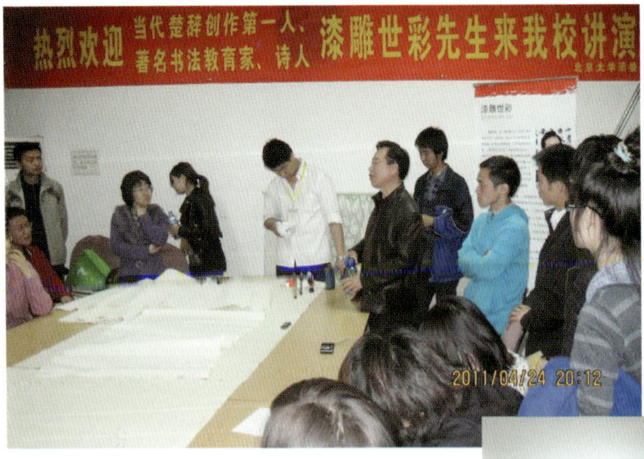

◀2011 年 4 月 24 日，漆雕世彩先生应北京大学邀请，在北大老生物楼 207 室为硕士及博士研究生 38 人作了以《书法·楚辞·人生》为题的讲演，强调要立鸿鹄之志，定人生于至善之位，养浩然之气，要为往圣继绝字，发扬光大楚辞的传统，以堂皇正大的笔墨，创作并书写出绚丽奇瑰的新时代骚体诗。

►漆雕世彩先生为同学们演讲一小时后，又详细解答大家提出的各种问题。

◀漆雕世彩先生正在为同学示范创作擘窠书“凝碧”二字，并题款“吾楚山川，远山耸翠，近水凝碧，吾偕屈宋作楚辞以颂之。楚之人漆雕世彩挥于北京大学”。并钤上姓名印及引首印“吾写我家诗”。

►漆雕世彩先生正在为留学生（新加坡、韩国、泰国、马来西亚等国）及北京大学在读博士、博士后和即将赴英国、美国留学深造的学子们赠送书法作品。

◀2011 年 4 月 13 日，漆雕世彩先生应中国国家图书馆邀请，在国家图书馆南区大教室为图书馆员 50 多人作了题为《书法的临帖与创作》演讲。

▶2011 年 5 月 29 日至 30 日，首届中华辞赋北京高峰论坛在北京梅地亚会议中心举行。来自全国的辞赋家一百余人与会。漆雕世彩先生在大会上作了题为《骚体古赋创作之缘起与体验》的讲演。

▶2011 年 5 月 29 日，漆雕世彩先生与著名作家、高峰论坛顾问马识途先生（右）合影。

◀2011 年 5 月 29 日，首届中华辞赋北京高峰论坛大会在北京召开。漆雕世彩先生与中华辞赋社社长论坛组委会执行主任闵凡路先生（右）在会场合影。

▲2011 年 5 月 29 日，漆雕世彩先生与北京文史研究馆馆员、著名书法家爱新觉罗·启骧先生（左）在北京梅地亚会议中心首届中华辞赋北京高峰论坛大会会场上合影。

▼2011 年 5 月 29 日，漆雕世彩先生与北京市社会科学院院长敢峰先生（左）在主席台上合影。

►2011 年 5 月 30 日，漆雕世彩先生与山东大学教授、全国辞赋学会会长龚克昌先生（左）在梅地亚中心大厅内合影。

►2011 年 5 月 30 日，漆雕世彩先生与安徽省社会科学院研究员、文学研究室主任刘梦芙先生（右）合影。

▲2011 年 5 月 29 日，漆雕世彩先生与洛阳大学辞赋研究所所长孙继纲先生（左）合影。

▼2011 年 5 月 29 日，漆雕世彩先生于中国书法家协会副主席林岫教授（右）在北京梅地亚会议中心大厅内合影。

◄2011 年 5 月 30 日，漆雕世彩先生与“国酒茅台赋”征文大赛一等奖获得者、四川省作家协会副主席徐康先生（左）在大会主席台上合影。

▲2011 年 6 月 5 日，由中国屈原学会与福建漳州师范学院联合主办的中国屈原学会第十四届年会暨楚辞国际学术讨论会，在福建东山县马銮湾海滨风景区金沙大酒店举行。漆雕世彩先生作了题为《风骚叠音词之比较》的讲演。

▲2011 年 6 月 4 日，漆雕世彩先生与安徽师范大学教授潘啸龙先生（右）在大会讲台上合影。

◀2011 年 6 月 4 日，漆雕世彩先生与浙江大学教授林家骊先生（右）在大会主席台合影。

◀2011 年 7 月 24 日，首都师范大学教授赵敏俐先生（左一）、北京语言大学教授方铭先生（左二）、中央民族大学教授黄凤显先生（右一）应邀到漆雕世彩先生（右二）北京书法教学工作室举行书法雅集笔会。

▲2011 年 7 月 24 日，漆雕世彩先生向赵敏俐先生赠送六尺魏碑横幅。

▼2011 年 7 月 24 日，漆雕世彩先生向方铭先生赠送六尺行书横幅。

►2011 年 7 月 24 日，漆雕世彩先生向黄凤显先生赠送六尺行书横幅。

◀2011 年 7 月 27 日，全国中小学生绘画书法作品比赛颁奖大会在北京人民大会堂举行。漆雕世彩先生获中华人民共和国教育部颁发的教学一等奖，其所属湖北荆州市漆雕书画艺术学校和北京明睿书法教育研究会学生 10 余人获青少年组金奖。

▶2011 年 7 月 28 日，韩国东国大学朴永焕教授及中方学者黄震云教授、方铭教授、黄凤显教授等六人应邀到漆雕世彩先生北京明睿书法教育研究会举行书法笔会。图为朴先生展纸，黄震云先生挥毫。

◀2011 年 8 月 27 日，黄震云先生请漆雕世彩先生书写“观风”、“听风”、“品风”等扇面书法作品。

◀2011 年 12 月 11 日，“北京大学首届书法艺术研究班学员书法汇报展”（中国书协主席沈鹏题写展标）在北京大学图书馆一楼大展厅开幕。漆雕世彩先生（左一）与北京大学党委副书记郝斌副校长（左二）、李安模副校长（左三）及恩师张辛教授（左四）在展厅内合影。

◀2011 年 12 月 11 日，漆雕世彩先生（左）与北大书研班同学、中国书协评审委员王少墨（中）、中国书协会员阳江市书协主席严文赋（右）在展厅内合影。

▲2011 年 12 月 1 日，中国观赏石协会会员袁世明先生《月璧玉影》大型精美玛瑙石画册实物与影像鉴赏会在湖北沙市袁府举行。左起：胡昌庆、漆雕世彩、袁世明、刘德怀、邓嗣明、陈登山、杨贤其、刘维志、刘寿林。

◀2012 年 1 月 10 日上午 9 时，“2012’北京书画名家迎春笔会”在中国人民解放军总参谋部第一招待所会议厅举行。漆雕世彩先生应主办单位北京名典书画院邀请出席并现场挥毫。图为中国书法家协会副主席张飙先生（左）与漆雕世彩先生（右）在书写大厅内合影。

▶2012 年 1 月 10 日，著名作家、当代书画家、中共中央宣传部文艺局局长、人民美术出版社社长孟伟哉先生与漆雕世彩先生在北京书画名家迎春笔会书写大厅合影。漆雕世彩先生赠孟伟哉先生骚体诗集《梅赋》一册，孟伟哉先生赠漆雕世彩先生四尺中堂书法一幅“楚风浩荡·楚辞重光”，上款：贺漆雕先生大著梅赋出版；下款：八十岁叟孟伟哉题。

◀2012 年 1 月 17 日上午 9 时，漆雕世彩先生与北大同学、北京城建集团党委书记、总经理高宝玉先生，应邀参加在中国文联大楼举办的中国书法家协会“送欢乐下基层”活动。

▶2012 年 1 月 21 日，漆雕世彩先生（左）应北京大学党委副书记、纪委书记王丽梅研究员（右）盛情邀请到王丽梅家中做客并合影留念。

◀2012 年 1 月 17 日，北京城建集团宴请中国书协各位书家。席间，中国楹联学会会长、著名书法家孟繁锦先生（左）与漆雕世彩先生（右）合影留念。

▲2012 年 2 月 21 日，漆雕世彩先生携夫人罗金萍应约前往天津拜访业师、当代中国北碑大师著名书法家孙伯翔先生，受到师兄妹孙建中、孙建新、孙建华的热情接待。孙先生详细点评漆雕世彩、罗金萍作品后赠专著《论孙伯翔》（天津人民美术出版社）一册；漆雕世彩赠《漆雕世彩诗词选》等四册，然后合影留念。

▲2012 年 3 月 7 日，漆雕世彩先生和夫人罗金萍应邀到徐悲鸿纪念馆拜访廖静文先生，并向纪念馆赠送漆雕世彩著作四种四册，书法作品三幅。

▶2012 年 3 月 24 日，北京大向艺术品拍卖公司在中关村图书大厦举办“漆雕世彩书法专场”书写拍卖，所得款项，悉数捐献中国残联。

▲2012年10月3日上午9时，中华漆氏联谊会首届理事会在湖南岳阳泰和宾馆国际大会议厅召开，中华漆氏文化研究会会长漆雕世彩先生在大会主席台上作《中华漆氏文化研究会首届理事会工作报告》。

▲2012年11月2日上午10时，中国诗经学会会长、河北师范大学副校长王长华教授（左）与漆雕世彩先生（右）在大会主席台上合影。

►2012年11月2日，中国诗经学会第十届年会暨学术研讨会在广东湛江师范学院召开。漆雕世彩先生提交的论文是《风骚叠音词的陆性与水性及我之应用》。中国诗经学会副会长、华南师范大学副校长郭杰教授（左）与漆雕世彩先生在大会主席台上合影。

◄2012年11月4日，中国诗经学会第十届年会组委会在会后组织与会者游览湛江海滨。漆雕世彩先生与陕西师范大学教授刘生良先生（右）在大海之滨合影。

序　一

毛　庆*

屈子当年，痛吟泣血，恨襄王之误国，哀百姓之震愆。其辞金相玉振，百世无匹，争光日月，垂范后昆。淮南誉志永洁，刘勰推辞天高。其后履善抗元，完淳就义，天华蹈海，秋瑾反清，莫不诵骚以激高情，议楚而明壮志。

而屈辞一体，跌宕起伏，“兮”言轴转，句式多奇，善抒慷慨之情，易发深沉之意。加以屈情高亢，原志遥深，虽后世百篇难越，而骚歌千载不衰。项王垓下，骓不逝而叹虞姬；高祖还乡，唱大风而求猛士。陶潜挂印归去，心逃形役；苏子“乌台诗案”，赤壁旷达。方孝孺忠死允炆，狂歌泣血；于右任耄怀大陆，拭泪讴吟……

今有漆雕才士，壮志烟高，以书名世，独好楚辞。咏梅荆襄之地，吟剑吴楚之间。笔继盛唐，力追汉魏，流泉激石，戛玉锵金，得林逋之深意，含贺铸之清风。

于是海内赏家，好评潮涌，辞坛学子，高荐云飞。方先生称精彩，推介京华；陈教授誉绝诗，举于台海。传才富章，宿儒欣其高韵；家骊庆翼，才子感其精神……于是漆雕整饬诸文，裒收评鉴，流布敬呈，有一

* 毛庆，中国屈原学会名誉会长，四川师范大学教授。

言求教之意；自支剞劂，无一字千金之心。

于今新世一纪，星河两千，然屈原精魄永存，辞体光辉长在，著骚千载仍新，研究万世不绝。故草建中心，无非广聚同仁；初成骚社，只为遍求佳构。望精英学子，莫吝铿金；墨客骚人，勿藏鸣玉。积水成渊，或能探骊得珠；天长日久，兴许辉光诗界。

癸巳年季春序于成都

2013 年 5 月 4 日

序　二

刘麒子*

梅花不惧严寒，傲雪传春，别具格调，为世所重。昔林逋归隐孤山，以梅为妻，终身不娶，爱梅之深可见。吾自幼爱梅、种梅、画梅、咏梅，迄今数十载。昔岁曾有诗云："廿载诗心怜素月，一生画癖爱寒梅。"又题画梅诗云："一番笔韵夸春色，千载梅花誉国魂。"素月、寒梅、春色、国魂，时萦脑际，今犹笔墨依依。

吾与漆雕世彩先生结谊翰墨。先生为湖北潜江名门之后，孔门八儒漆雕开之裔孙也，幼入私塾，从乡贤清末学人漆雕方鸿研习古文书法，尔后又得益于书法大家启功、欧阳中石、吴丈蜀之指点，经武汉大学博导教授胡国瑞传授诗词，师从中央文史馆馆长北大袁行霈、张辛、杨辛、叶朗诸教授学习美学及文艺理论，书法、诗词创作已日近化境。作品时见于若干大学报刊杂志，于湖北暨全国若干届学术研讨会上崭露头角，名驰荆楚、蜚声内外。网载誉其为"当代骚体诗创作第一人"。

今年初，先生访吾于京华逆旅，出示若干佳什暨国内多位大家所题赠墨宝，名人惺惺相惜，确来之不易。先生言其将海内名家评《梅赋》之文欲结集付梓，书名曰《海内名家评漆雕世彩〈梅赋〉》，嘱为之序。吾自愧浅陋，近岁忙于编撰，各地应酬颇多，常置身舟车途次，少有宁暇。感先生真

* 刘麒子，中华诗词学会副会长。

情相邀，且有感平生与梅花缘分之深。乃慨允之。

赋与辞同为古之文体，赋求文采、重韵律，多铺陈写景，体物抒情。赋兴于秦汉，尔后辞赋同张，介于诗文之间，互为影响、发展。拜读漆雕先生之骚体诗集《梅赋》，觉其笔墨凝重严谨，笔锋犀利灵动，下笔神思活跃，声韵情感交融，尤其是代表作之一骚体长诗《梅赋》洋洋二千余言，一韵到底，贴紧题材，跌宕起伏，体物抒情，铺陈得当。《梅赋》尽写梅花之高标品格，融会楚骚之文采风流，于今日骚坛，堪称珍品。

2006 年，骚体诗集《梅赋》由中国文史出版社出版后至今，海内外古典文学专家教授计有 118 人写出 125 篇文章，激情评说，争相推介：方铭先生谓其“惊艳无比，令人佩服至极。”黄震先生云：“《梅赋》写法是一种创新，自古以来，优秀的艺术家都是素养很高的学者，以楚风梅质书写人生的情志，所谓剑气箫心，各具风流。”何念龙先生云：“《梅赋》尤得楚辞体风神，弟以为千年骚坛寂寞，后继难得有此佳作也。”丁芒先生云：“气势宏阔，由梅图起兴，面上天入地，诗境宏、诗意充、诗笔姿、诗力贯，有屈原《天问》之想象力和浪漫风格，当代仅见。”郭杰先生则言：“岁寒君子自立，漆雕先生守得住清静，耐得住寂寞，坐四十余年冷板凳，才有今天的《梅赋》呈现于读者面前。”崔富章先生有：“漆雕先生运用文学创作方式，为新时期楚辞学的发展和繁荣作出了独特的贡献！据我所知，漆雕先生是新时期骚体诗创作第一人，其骚体诗集《梅赋》是新中国第一本个人骚体诗集。”张中一教授说：“《陵堂赋》开创用《楚辞》体裁悼念伟人之先河。它既有似《离骚》的文采特色，又具有越南的地方色彩，充分反映了近代越南政治变革的斗争，是越南人民英勇斗争的史诗。它句句充满正义与理想思维，似呐喊，胜似呐喊，是悼词，胜似悼词，是高歌，胜似高歌。它的每个字充满情，充满爱。‘仁爱，爱人’是《陵堂赋》的主线，是亿万炎黄子孙关爱胡志明主席伟业的衷情。”周秉高教授说：“漆雕世彩先生既是书法家，又是诗人，还是学者，才华横溢，性情奔放，楚地又一奇才。其《梅赋》一著，书、画并辉，相得益彰；诗、论共处，珠联璧合；时贤评论多矣。时贤大多赞美《梅赋》之篇，而笔者则觉得《根赋》一篇更加精彩，尽管也是睹画生情，发而为诗，但立意颇深，具有典型意义，较之《梅赋》更得屈骚精髓。它已从一般的睹物之作升华为歌颂中华民族精神的抒情之篇。如果说漆雕《梅赋》更多掺入了司马相如《子虚赋》《上林赋》中的一些手法，那么其《根赋》才更多保持了屈骚的主要笔法；如果说《梅赋》的主题更多脱胎于龚自珍的《病梅馆记》，那么《根赋》之旨才真正体现了屈骚之精髓，所以我说《根赋》更加精彩!”郑泽宇先生说：“《诗经》叠字较多，《周南》11首，《召南》14首，共有76节，叠字共有44组，《楚辞》中，《离骚》92节，叠字17组；而漆雕先生的《梅赋》68节，叠字竟达50组之多，无论是在比例上还是在绝对数量上都超过了《周南》、《召南》、《离骚》”云云。

专家学者知仁见智，高山流水感知音，赞美之声，不绝于世，皆因《梅赋》等篇丰富情感之吸引人，诗人满腔正气与满腹才华之感动人，更因为关爱国家民族之命运，挞伐腐败行为乃中华民族每一成员之共同愿望与心声!

《梅赋》纵情天地外，恣意古今中，词藻之华丽，韵律之优美，不断敲击人心，从“朱子之高谊兮，招漆雕入画堂，逊长揖以相迎兮，透红梅之馨香”始，至“揽星斗以入怀兮，有风雷之生喉舌，凌星空之冥漠兮，瞰山原之银装”。诗人陈述与朱子之高谊应邀入座，飞觞畅饮，欣赏红梅画作之神韵，行笔何其生动。“写梅干如凤翅兮，生鳞皴于其上，展花枝之翼翼兮，似丹凤之朝阳。”清声引人入胜，妙句扣人心弦，极尽笔墨之能事，发放楚骚之风韵。“忽云开而日出兮灼灼闪闪，松竹含碧兮郁郁苍苍，楚水蒸霞兮灿灿烂烂，荆梅生彩兮裔裔皇皇。”“纷五音之繁会兮，奏九歌而舞韶。”“梅为国花兮，膺民族之魂也，芳菲菲而难亏兮，兆国祚之祯祥。”漆雕先生继承传统，以梅言志，借梅寄情，妙笔奔放于天地，神思驰骤于古今，极赞梅花精神，尽倾胸中块垒，殊令人感动。梅自古称国花，誉为民族之魂，乃中华儿女对国家对民族深挚之爱，“芳菲菲而难亏兮，兆国祚之祯祥”正是诗人期盼国家与民族永远繁荣昌盛不受沾污与侵犯，逐日强大之深心。

《梅赋》中借梅陈情，数列时弊，痛斥腐败，确属难能之举，亦见诗人爱憎分明与正义之心，漆雕先生于自序《骚体诗创作之缘起》一文曾言：“吾之欲为骚体诗，本乎内心也，本乎国情也，本乎世道也，本乎民生也。”如此由衷之言，怎不令人赞叹！梅花既为国家民族之魂，即为圣洁正义之象征，国之内，民之中，岂能让腐败滋生，有伤国魂、有辱国体，有亏国花之誉，不治焉得安宁，不治安能平民愤！楚骚有且读且思，且读且悲，且读且叹之多层感受，今读《梅赋》，尤有此感。

诗人乃借龚自珍“病梅馆记”疗梅，出龚氏定盦之口，数陈民瘼，语于天帝曰：“从今后，不可妒梅轻梅斫梅删梅锄梅夭梅鬻梅遏梅毁梅而又尽掩梅之芳香兮；合令天下名士美人昂其头挺其胸瑟兮僩兮赫兮喧兮历历落落其才情兮凛凛冽冽其骨气兮浩浩荡荡其正气兮蓬蓬勃勃其喜气洋洋兮！”嘻吁快哉，结尾以“似含嗔而言笑兮，幸梅图之无恙也，意融融而情洽洽兮，日沉沉兮射壶觞”。喜梅图之无恙，又喜漆雕先生才情之高迈，笔墨酣畅，声韵并美，赋别具特色，牵动人心，某些句虽略见冗长或粗放，因可歌可诵，仍无伤大雅，诚千古之佳作也，爰志一律：

中华赖有风骚振，自此文心重咏梅。
铁骨凌寒无媚态，霜天抖擞报春来。
花能醒世标高格，笔可抒怀展异才。
今日漆雕成此赋，艺林声誉已如雷。

2013 年 4 月于京华客次

【注】：风骚振：风指《诗经》的国风，骚指屈原的《离骚》，

后来泛指文学。风骚振意谓中华因为有了风骚，始有文学的兴旺。

【释文】：中国有了风骚之后，文学便兴旺起来，自此文心注重咏梅，因梅花“铁骨凌寒无媚态，霜天抖擞报春来。”显示她不畏严冬风强雪暴，傲雪凌霜，报春传春的高风亮节。世人从梅花得到感悟、启发并以之为榜样。诗人爱梅，颂之以诗，借梅抒怀，显示异样的才华，漆雕先生今日这篇《梅赋》使之声名大振，可谓如雷般震耸发聩。刘麒子又及。

目　录

序一 …………………………………………………………… 毛　庆（1）
序二 …………………………………………………………… 刘麒子（1）

名家汇评《梅赋》综论

惊采绝艳
——读漆雕世彩《梅赋》 …………………………… 方　铭（3）
七　绝
——为漆雕世彩《梅赋》题句 ………………………… 杨金亭（5）
《梅赋》点评 …………………………………………………… 刘一诚（6）
读《梅赋》三首 ……………………………………………… 何念龙（15）
词宏文茂　怀远誉高
——谨为世彩兄文集题 ………………………………… 张　辛（17）
读漆雕君《梅赋》喜而答仄韵七绝三首 ……………… 毛　庆（18）
绝艺有幸今日传
——拜读漆雕世彩先生《梅赋》有感 ……【中国台湾】陈怡良（19）
巫山作笔赋梅魂 ……………………………………………… 雷庆翼（24）
读漆雕世彩《梅赋》感言 …………………………………… 崔富章（25）
题漆雕氏《梅赋》后 ………………………………………… 黄灵庚（27）
承先贤之衣钵
——感《梅赋》 ……………………………………【韩国】朴永焕（30）
步《离骚》后尘
——题漆雕先生《梅赋》 ………………………………… 姚　平（32）
漆雕世彩《梅赋》见赠以志 ………………………………… 刘宝安（34）
深得屈赋神韵 ………………………………………………… 夏传才（35）
《梅赋》自可光耀千古 ……………………………………… 林从龙（36）
为漆雕世彩先生《梅赋》题词 …………………… 爱新觉罗·启骧（37）

灵珠出心斋
——题世彩兄骚体古赋《梅赋》 …………【中国香港】张继纲（38）
《梅赋》读后 ……………………………………………… 王惠中（39）
绝顶敢攀登 ………………………………………………… 刘石林（40）
赋性异群芳　凌寒独妩媚
——读漆雕世彩《荆州梅赋》 ………………………… 胡光波（42）
《梅赋》规格宏伟
——致世彩大弟函 ……………………………………… 沈祥源（46）
赏漆雕先生《梅赋》 ……………………………………… 黄大荣（48）
弘扬传统　继绝楚骚
——漆雕世彩先生骚体长诗《荆州梅赋》艺术特色管窥 … 郑泽宇（50）
论《梅赋》叠音词的审美功用 …………………………… 邓嗣明（54）
梅与赋的精美合一
——评漆雕世彩先生《梅赋》 ………………………… 林家骊（60）
《梅赋》点评 ……………………………………………… 曹　山（64）
楚辞有来人　《梅赋》见功力 …………………………… 徐志伟（65）
辞颖意蕴志趣达
——读漆雕世彩先生的骚体诗 ………………………… 度成华（67）
他似屈子再现
——评漆雕世彩《梅赋》 ……………………………… 张中一（69）
《梅赋》简评 ……………………………………………… 刘生良（71）
向您学习 …………………………………………………… 黄震云（75）
令人新奇的《梅赋》 ……………………………………… 张宏洪（77）
读《梅赋》有感 …………………………………………… 陈咏红（80）
神形兼备　诗画合一
——论骚体长诗《梅赋》的诗画合一观 ……… 邓生国　龚奎林（82）
《梅赋》：生命的开显与超越 …………………………… 周进珍（88）
踵屈骚之体　彰民族之魂
——论《梅赋》的抒情主人公形象 …………………… 吴福秀（94）
致漆雕世彩先生函 ……………………………【日本】野田雄史（101）
梅花象征民族之魂
——骚体长诗《荆州梅赋》读后 ……………………… 殷光熹（102）
读《梅赋》 ………………………………………………… 凌　冰（106）
评《梅赋》纲目 …………………………………………… 丁　芒（107）
咏楚梅回赠漆雕先生 ……………………………………… 杨贤其（108）

评《梅赋》写作记 …………………………………………… 杨贤其（110）
贺《梅赋》鸿篇问世 ………………………………………… 李金坤（115）
揽得无边星斗入壶觞 ………………………………………… 林　峰（116）
致漆雕世彩先生函 …………………………………………… 胡可先（117）
岁寒君了自卓立
——评漆雕先生的《梅赋》 ……………………………… 郭　杰（118）
荣曜秋菊　华茂春松
——从漆雕先生《梅赋》看其骚体诗创作 ……………… 徐建平（122）
《梅赋》礼赞 ………………………………………………… 李燕杰（124）
读《梅赋》心中欢喜 ………………………………………… 冯宗有（126）
愿《梅赋》风韵流芳百世 …………………………………… 陈思田（127）
王翼奇题漆雕世彩先生《梅赋》 …………………………… 王翼奇（128）
《荆州梅赋》代之鸿篇 ……………………【中国香港】黄耀堃（129）
骚体古赋《梅赋》题词 ……………………………………… 龚克昌（130）
致漆雕世彩先生信函选刊六封 ……………【中国台湾】陈怡良（131）
为漆雕世彩先生《梅赋》作评 ……………………………… 刘精盛（136）
楚风其浩荡兮
——读漆雕世彩《梅赋》 ………………………………… 敢　峰（137）
承续楚辞传统　弘扬荆楚文化
——学者盛赞漆雕世彩《荆州梅赋》的文学探索 …… 黄道培（140）
书法家苦心研究 40 载　骚体辞赋再现荆州城 …………… 刘　婷（143）
师友钧谕 ……………………………………………………………（144）
尤得楚辞体风神 ……………………………………………… 何念龙（144）
《梅赋》惊艳无比 …………………………………………… 方　铭（144）
《梅赋》想象高迈 …………………………………………… 郭令原（144）
《梅赋》横空播大吕 ………………………………………… 袁世明（144）
振兴骚体可钦可敬 …………………………………………… 郭　丹（144）
《梅赋》叠字在比例上数量上超过了《周南》、《离骚》 …… 郑泽宇（145）
《梅赋》发清香 ……………………………………………… 萧东海（145）
荆楚骚体有人后继 …………………………………………… 温洪隆（145）
《石缘》实具史诗哲理之概 ………………………………… 杨贤其（146）
双凤舞 ………………………………………………………… 李达金（147）
当代骚体赋之精美典范 ……………………………………… 毛炳汉（147）
致漆雕先生函 ………………………………………………… 沈金浩（147）
致漆雕先生函 ………………………………………………… 徐志啸（148）

读《梅赋》 …………………………………………………… 张　仁（148）
读华章《梅赋》答友人 ……………………………………… 王少墨（148）
效法梅之精神 ………………………………………………… 孙继刚（149）
诗章全是美人魂 ……………………………………………… 张志和（149）
和世彩兄《七绝·作骚》步其原韵 ………………………… 黄震云（149）
兔年新春致漆雕兄 …………………………………………… 黄凤显（149）
辛卯新春致漆雕先生 ………………………………………… 余培一（150）
读《梅赋》小小的感想 ……………………………【日本】中村贵（150）
我们楚人的楚风犹存 ………………………………………… 范正刚（150）

《根赋》《宝剑赋》综论

礼赞奉献　骚之精髓
——评漆雕《根赋》 ………………………………………… 周秉高（155）
读《根赋》 …………………………………………………… 朱亚年（159）
评漆雕先生《宝剑赋》 ……………………………………… 艾国平（161）

《陵堂赋》综论

寄心楮墨　托以哀思 ………………………………………… 王玉娇（165）
诗之美在于情之美 …………………………………………… 邓嗣明（167）
读漆雕先生《陵堂赋》有感 ………………………………… 汪　伟（173）
《陵堂赋》点评 ……………………………………………… 曹　山（175）
彰显性情的抒怀之作
——读漆雕世彩先生《陵堂赋》 …………………………… 杨炳校（176）
越南人民英勇斗争史诗
——评漆雕世彩《陵堂赋》 ………………………………… 张中一（178）
《陵堂赋》赏析 ……………………………………………… 黄维善（180）

《赠妻诗》《白荷辞》综论

凤凰于飞　和鸣铿锵
——读漆雕世彩《赠妻诗》 ………………………………… 杨炳校（183）
楚云怜我独彷徨
——简析罗金萍女士《浣溪沙·思》 ……………………… 曹　山（185）

诗贵曲喻
——也谈罗金萍笔法 …………………………… 宋承焜（187）
漆雕世彩《赠妻诗》赏析 …………………………… 林祥征（188）
问世间情为何物
——读漆雕先生《白荷辞》 …………………………… 黄震云（190）
美好的爱情是透过您身上看到世界 …………………………… 李继尧（192）

《石缘》综论

《石缘》浅析 …………………………… 林家骊（197）
读漆雕先生所作《梅赋》、《石缘》有感 …………………………… 汤漳平（202）
奇石结缘　史诗传情
——读漆雕世彩的《石缘》（上） …………………………… 杨贤其（203）
鸿篇巨制　脉络分明
——读漆雕世彩的《石缘》（中） …………………………… 杨贤其（207）
继《离骚》统绪　续千古绝响
——读漆雕世彩的《石缘》（下） …………………………… 杨贤其（212）
求实求新说《石缘》 …………………………… 杨贤其（218）
谒金门　楚骚美韵实堪颂 …………………………… 邓嗣明（224）

“当代骚体诗创作第一人”综论

龙吟发荆楚 …………………………… 刘宝安（227）
漆雕世彩——当代骚体诗创作第一人 …………………………… 陈咏红（228）
当代骚体诗创作第一人
——漆雕世彩先生骚体诗集《梅赋》抉微 …………………………… 汤序波（235）
崔富章“漆雕世彩——当代骚体诗创作第一人”论点之论据 …… 杨贤其（238）

论漆雕世彩自书诗联及书法

枉说文章惊屈宋
——己巳春八十自寿 …………………………… 汤炳正（245）
致漆雕世彩同志函 …………………………… 张啸虎（246）
李杜启诗心
——题《漆雕世彩自书诗卷》 …………………………… 陈贻焮（247）

三间遗泽在
——《漆雕世彩自书诗卷》序言 …………………… 胡国瑞（249）
移人之情　味外之味
——《漆雕世彩自书诗卷》序言 …………………… 杨随震（250）
风流儒雅亦吾师
——《三贤堂楹联墨迹选》序言 …………………… 杨随震（251）
吾写自家诗
——《漆雕世彩自书诗卷》跋 ……………………… 吴丈蜀（252）
墨研吟咏　有晋唐风
——《漆雕世彩自书诗卷》跋 ……………………… 石声淮（253）
漫搦金毫跨紫鸾 …………………………………… 邹福清（254）
传播技艺　成就超越
——《三贤堂楹联选粹》序 ………………………… 李继尧（264）
情参弦外音
——漆雕先生书法新著的闲话 ……………………… 李昌林（267）
继绝响　发浩歌 …………………………………… 万　容（269）
日久弥新的美好记忆
——老师好的板书影响学生一生 …………………… 程龙虎（271）
大美有形
——漆雕世彩的书法 ………………………………… 黄震云（273）
龙行婉婉　凤舞翩翩 ……………………………… 潘啸龙（275）
书情诗意　馥郁高华
——浅谈漆雕世彩先生的书法艺术 ………………… 叶　子（276）
致漆雕先生函 ……………………………………… 刘梦芙（278）

骚体诗创作谈及其他

骚体诗创作之缘起和体验 ……………………… 漆雕世彩（281）
楚辞体手机短信的即兴制作
——也谈屈原文化与当代社会主义文化建设 ……… 漆雕世彩（291）
屈原文化与现代人际交往 ……………………… 漆雕世彩（306）
风骚叠音词之比较 ……………………………… 漆雕世彩（318）

跋 ………………………………………………… 黄震云（331）

名家汇评《梅赋》综论

惊采绝艳

——读漆雕先生《梅赋》

方　铭*

梅是中国文化中不可或缺的标志之一，梅、兰、竹、菊，象征着中国传统文化中高尚的道德品质，被誉为“四君子”。四君子中，梅居其首。这是因为梅花不仅以清雅俊逸的风度使古今诗人画家为它赞美，更以它的冰肌玉骨、凌寒留香被喻为民族的精华而为世人所敬重。

古往今来，中国文人志士虽然未必都有梅花的傲骨，但是这不影响他们热爱梅花、吟咏梅花。在流传的诗词文赋中，咏诵梅花的作品汗牛充栋，且常有佳作，如林逋《山园小梅》曰：“疏影横斜水清浅，暗香浮动月黄昏。”姜夔《暗香》曰：“竹外疏花，香冷入瑶席。”陆游《卜算子·咏梅》曰：“零落成泥碾作尘，只有香如故。”这些都成为耳熟能详的佳句。今人毛泽东以武装革命为己任，也不忘感叹梅花，《卜算子·咏梅》诗余也有“已是悬崖百丈冰，犹有花枝俏。俏也不争春，只把春来报”的句子。

中国屈原学会骚体诗创作与研究中心常务副主任、研究员漆雕世彩先生生活在楚国古地，热爱屈原，热爱梅花，用骚体这种形式创作了长达两千多字的《梅赋》，惊艳无比，为我们详尽展示了梅花的风采，令人钦佩之极。难得的是，用楚辞所特有的骚体这种形式来抒写对梅花的赞美与喜爱，历史上却并不曾见，而漆雕先生大作，可以填补此一空白。

楚辞体盛于战国时的楚国，为屈原所发扬光大，其长篇抒情诗《离骚》为楚骚代表作。刘勰《文心雕龙·辨骚》称《离骚》“奇文郁起”、“惊采绝艳”，其“衣被辞人，非一代也”，“才高者菀其鸿裁，中巧者猎其艳辞，吟讽者衔其山川，童蒙者拾其香草”。漆雕先生学习楚骚精神，以楚人的责任感与使命感继承了绚丽浪漫的楚文化，将其发扬光大。

楚辞体篇幅可长可短，更易于抒发人情，摹写情态。漆雕先生的《梅赋》发扬了楚辞体的优点，想象丰富，用词华丽，感情真挚，不仅用大量篇幅描写了千姿百态的梅花，着力表现了梅花于“霜风凝白”中“笑影流

---

* 方铭，中国屈原学会会长，法人代表。北京语言大学教授，博士生导师，《中国楚辞学》主编。

丹兮万里飘香”的独特韵味，更着重表达了梅的“兆国祚之祯祥”的崇高地位。

用骚体诗这一崭新而又古老的形式来抒写对梅花的喜爱与赞美，漆雕先生可谓别具匠心。《梅赋》描绘了梅花的风姿，体现了梅花的精神，也展现了绚丽多姿的楚文化的面貌。

《梅赋》体现了漆雕先生对梅的喜爱和对梅花精神的赞美。作品首先浓墨重彩地描绘了九卷梅图，将梅的千姿百态尽展于笔端，“屈龙骨入虬枝兮，舞青龙兮激昂，有玉龙之迴翔兮，出苍龙乎海疆”，这是龙梅；“倩工笔以写红梅兮，似大写意之凤冠。须蕊着于瓣蒂兮，分向背与阴阳”，这是凤梅；松梅则如“偃月”，“矗乔松之雄姿”，月梅之朦胧则如“吐满月之精魄兮，隐日星之辉光”……漆雕先生用赋这种体裁将梅的外部姿态展现得活灵活现，逼真而又生动，辞藻虽然华丽，但却相当贴切。

外部姿态的着力描绘只是《梅赋》的一小部分，作品更重要的笔墨放在对梅花精神的渲染之上。作者通过众仙之口对梅花作了高度赞美。“梅为国花兮，膺民族之魂也，芳菲菲而难亏兮，兆国祚之祯祥!”牡丹与梅花曾是人们印象中的国花。牡丹花朵硕大，色彩艳丽，具高贵荣华之富态。梅花的花朵要小多了，星星点点，或疏或密开满在乌黑而坚硬的干枝上，而干枝又往往曲折多姿，给人以风骨独傲之感。再加上梅花开于寒冷的季节，那时别的花都不敢吐芳，故而引起诗人们的赞美——梅花香自苦寒来。

漆雕先生《梅赋》高度赞美了梅的精神，誉之为“民族之魂”，称其能“兆国祚之祯祥”，可以说将梅花置于至高无上的地位，并告诫众人要珍爱梅花，不可“妒梅轻梅斫梅删梅锄梅夭梅鬻梅遏梅毁梅而又尽掩梅之芳香”，这充分表达了作者对梅花的深厚感情。

“春为一岁首，梅占百花魁”，“千百丛中一点红”。梅花的美与众不同，她的美绽放在风雪中，盛开在风雨里。看到傲立风雪之中的红梅，谁能不为她的精神迷倒，谁又能不被她的精神所吸引呢！漆雕先生被梅花的精神所打动，并用楚骚体这种形式表达自己的真情，读过之后更让人感动。漆雕先生以一个楚人的使命感与责任感在努力尝试着、工作着，《梅赋》就是他辛勤劳动的结晶，我们预祝他在未来创作的道路上写出更多更好的作品。

漆雕先生的《梅赋》给我们展现了梅的高洁和漆雕先生对梅的热爱，立意高迈，意境邃远，所虑者深，自不可与世俗所谓百城赋、百校赋相提并论。赋者，将以讽也，今世之赋，皆以颂体成文，失去赋文体之根本。如果漆雕先生把《梅赋》更名为《梅》或者《梅颂》，则更与作者的题旨相合。

2009 年 6 月写于北京

七　绝

——为漆雕世彩《梅赋》题句

杨金亭*

笺上龙骧曳梦催，
碧城十二百花偎。
疏狂天纵屈平笔，
裁赋驱骚独咏梅。

壬辰仲春鲁扬于北京

（2012.3.1）

* 杨金亭，中国作家协会会员，中华诗词学会副会长，《诗刊》杂志主编，《中华诗词》杂志主编。

《梅赋》点评

（依二〇一〇年二月作者修改稿评）

刘一诚

梅赋——赏朱由先生梅花图被酒作

朱子之高谊兮，招漆雕入画堂，
逊长揖以相迎兮，烩鲜鲤而飞觞。 ●“飞觞”点题“被酒”。

入秘室之幽窈兮，赏梅图兮开宝箱，
见卷轴之琳琅兮，透红梅之馨香。

赏花枝之陆离兮，呈意态乎万方。
沏龙井以进献兮，予心骨酥而意洋洋！

何茶香之挟酒香也，薰我至微醉，
既醉而复饮兮，意恍惚而迷狂。 ●由“迷狂”启下，幻出一篇绚烂。

謇[1]怪事以生发兮，身飘摇入混茫，
羌[2]朱子之殷勤兮，携我出残简斋[3]房。 ●“身入混茫”而驰乎天堂。

扶我坐鸾背兮，插双翼乎上翔，
吾令帝阍[4]开关兮，来吾驮夫太阳！

前玉虬使先驱兮，后天马使腾骧，
鸾皇为予鼓吹兮，驾苍龙而徜徉。

揽星斗以入怀兮，有风雷之生喉舌，
凌青空之冥漠兮，忽倏烁[5]乎苍茫。

望天地之广远兮，寻梅林乎前方，
予弭节[6]而徐降兮，瞰山原之银装。 ●绚丽烂漫，一篇锦绣。

怃[7]青霜之凛冽兮，凋万卉于大野，
喜红梅之绽放兮，競千枝于高冈。

朔风之憭栗[8]兮，骨铮铮而俊逸，
霰雪之扬威兮，气氤氲而芬芳。

立高标于巉峻[9]兮，迥[10]苏世而独立，
葆丽质于严冬兮，常贞心而坚刚。

忽云开而日出兮灼灼闪闪，松竹含碧兮郁郁苍苍，
楚水蒸霞兮灿灿烂烂，荆梅生彩兮矞矞皇皇[11]！

飞香兮走艳，耀白兮腾黄。
逞俊兮竞秀，含笑兮流芳。

浅红如桃之夭夭兮，嫩黄如杏之淡淡，
纳万卉于胸次兮，朱子跃跃欲写华章。

寻深处以移步兮，眇不知其所之也，
雪霏霏兮花苞瑟瑟，香馥馥兮醉吾心房。

●“寻”，上下求索

时朱子已颠狂兮，气磅礴而生胸，
分墨色之五彩兮，舞巨笔以颉颃。

忽风雷之隆隆兮，其声威动山川，
仙风之弥六合兮，云霾顿乎翕张。

笔纵横如龙虎兮，势腾跃而鹰扬。
见龙梅之呼啸兮，闪鳞甲之寒光。

●似“龙”之梅。

屈龙骨入虬枝兮，舞青龙兮激昂，
有玉龙之迴翔兮，出苍龙乎海疆。

何朱子之裕如兮，挥就龙梅之华章，

骋圣手之无极兮，复写楚梅如凤凰。

倩工笔以写红梅兮，似大写意之凤冠，
须蕊着于瓣蒂兮，分向背与阴阳。

●似“凤”之梅。

施撞粉以写新蕾兮，觉透明而含水，
添胶矾以写初雪兮，显背景之浑茫。

写梅干如凤翅兮，生鳞皴[13]于其上，
展花枝之翼翼兮，似丹凤之朝阳！

发红光以四射兮，见凤凰之涅槃，
添火色之炽烈兮，驾火凤以翱翔。

画松梅之偃月兮，矗乔松之雄姿，
松愈老则愈奇兮，梅愈古而愈芳。

●松梅。

画月梅之朦胧兮，悟动感之迴旋，
吐满月之精魄兮，隐日星之辉光。

●月梅。

疑八卦之循轨兮，与昊天之同步，
浮玉色之清标兮，御日月而飞翔。

●发奇想。

藏精义于幽窈兮，何禅心之圆转，
月轮运于苍穹兮，何静谧而安详。

绽盈盈之冷艳兮，态颤颤而流光，
有疏影之横斜兮，浮暗香乎昏黄。

停朱子之妙笔兮，敛雄芒乎佩囊，
得梅图之九卷兮，复携手而前行。

●已得梅图九卷，再前行，寻觅不止。

入云层而寻觅兮，欲一览乎八荒，
驾长虹之翙翙兮，挥鸾旗而飞扬。

●上下求索。

跨神鹏以南征兮，遭[14]吾道夫荆襄，

展鹏翼而垂天兮，聊从容而迴翔。

畅予怀而弭节兮，神高驰乎天堂，
聊欣欣以淫游兮，忽见帝驾辇乎前方。

●“天堂”神游。

百神礼而咸集兮，九嶷袅袅以迎，
吾与朱子觐[15]见兮，起欢声而动宫商。

纷五音之繁会兮，奏九歌而舞韶，
扬玉桴以击鼍[16]鼓兮，疏缓节兮高倡。

奏竽瑟以击磬兮，众仙女舞兮袖扬，
帝威仪兮龙颜和，上金殿兮居中央。

●想象丰富，纵横驰骋，思接千里，视通万里，吐纳珠玉之声，舒卷风云之色，最是诗人本色。

帝曰：“汝乃荆州梅乎，何不示尔绮章？”
帝览梅图之典丽兮，何喜泪之汪汪。

曰:“汝能为朕写巨幅梅耶?”答曰:“然。”
朱子轩昂立乎天阙，我振衣兮随登场。

蓄江海以停胸兮，视万里而骛[17]八方，
濡海水以为墨兮，裁蓝天而为纸张。

●神来之笔！噫，佳句本天成，妙手偶得之！
自“蓄江海以停胸兮”至“笑影流丹兮万里飘香”三十四句，运笔腾挪，造语高华，想象奇特，景象阔大，以画梅人立于天地之间来凸现充塞于天地之间的浩荡文气，浩然正气——实乃作者胸中氤氲之气也，实乃作者人格之折射也。

挥椽笔以遣兴兮，众仙牵纸而来傍，
劈空一画兮混沌开裂，纵情挥洒兮天地低昂。

天风浪浪兮拂我襟袖，雷电轰隆兮烟云奔忙，
清光骤凝兮江海震沸，虬龙夭矫兮鳞甲流光。

当其时也，朱子兴起，
水墨淋漓兮豪情万丈，五彩斑斓兮动千里霞光，
墨雨飞落兮疑星云之过霄汉，笔行纸上兮如群帝之骖龙翔。

疏处可走马，行八骏之容与，

密处不使透风，挺枝干之幽长。

施浓墨以为底兮，忽黑云以压城廓，
着淡墨以写意兮，袅白云之轻扬。

或运笔迅疾兮，如轻车骏马之奔驰，
或运笔徐缓兮，如清溪落花之未遑。

忽呼啸兮龙梅蜿蜿，忽翻飞兮凤梅皇皇，
忽突兀兮鹤骨崚嶒[18]，忽偃蹇兮逸趣悠长。

霜风凝白兮千枝竞秀，笑影流丹兮万里飘香，
气馥馥兮芳菲菲，帝啧啧赞兮眉飞扬。

帝曰：
“吾何心仪而神驰，吾何瞻依而想望！”

●“帝”赞梅花图。

“吾何方身以为剖兮，化吾身为二千万？
梅花一树兮一朱子，梅花一树兮一帝王！”

仙之人兮列如麻，齐鼓掌兮齐引吭，
掌挟金声兮飞广宇，其声隆隆兮裂山梁！

笔正酣兮意正欢，又闻人声兮鸣金瑺，
梅颠梅痴携梅友，峩其冠兮执缣缃。

簇兮拥兮阎立本[19]，步摇摇兮彳相徉，
王咎王冕吴昌硕，山月天寿扶齐璜[20]。

佩兰芷兮贯薜荔，香馥馥兮沐艳阳，
聚画圣兮济济，何意绪之洋洋。

互作揖以寒暄兮，忽临睨夫华章，
惊构思之雄奇兮，言技法之否臧[21]。

众仙叹曰：

●“仙”赞梅花图。

"朱子之逸才兮，如行空之骥也！"

"朱子之健笔兮，似搅海之龙也！
恢楚艺之煌煌兮，写楚梅之韵长；"

"梅为国花兮，膺民族之魂也，
芳菲菲而难亏兮，兆国祚[22]之祯祥！"

忽定盦[23]之盡[24]然兮，出涕泪之汪汪。
仍辟梅馆以疗梅兮，吾唏嘘而感伤。
循定盦之哭诉兮，见残梅之偃蹇[25]——
"或屈枝以致病兮，或斫干而夭殇。"

●梅为国花，膺民族之魂，兆国祚之祯祥——诗之眼也。

"或水淹其灵根兮，或火烧其坚节，
或剥皮以暴其骨兮，或折茎以斧戕[26]。"

●拓开一笔以启下，揭示事物暗面，引出世间不平，升华主题。

"或泼秽以污其色兮，或揉挫以烂其叶，
或割蕚以付浊流兮，或掐蕊而弃粪筐。"

"或锯劈以毁其天姿兮，或顿挫以断其骨，
或拂逆其耿耿意志兮，或剪灭其莹莹花光。"

吾与朱子问曰："何至于此耶？"

定盦汪然出涕曰："皆因权贵豪富而不仁者而遭殃！"

朱子叹曰："吾徒画其容表，夫何不为呼救其心骨而奔忙！"

吾曰："画梅事小，毁才事大，忧国之意深且长！"

……（略去 26 行）

吾愈听而愈愤，朱子攘臂兮瞋目望[27]，
艴然[28]兮众仙，齐向銮驾兮掀长髯。

吾与朱子厉声语于天帝曰：

“从今后，不可妒梅轻梅斫梅删梅锄梅夭梅鬻梅遏梅毁梅而又尽掩梅之芳香兮；

合令天下名士美人昂其头挺其胸瑟兮僩兮赫兮喧兮[28]

厉厉落落其才情兮凛凛冽冽其骨气兮浩浩荡荡其正气兮

蓬蓬勃勃其喜气洋洋兮！”

●揭出主旨。

恰豪语之喧哗，忽吾跌落乎天堂，

怵哇然而惊起兮，握四手以端详。

●“跌落天堂”与前驰乎天堂呼应。

似含嗔而言笑兮，幸梅图之无恙也，

意融融而情洽洽兮，日沉沉兮射壶觞。

●以“壶觞”与前“飞觞”相应作结。

附记

乙酉腊月六日午，朔风凛冽，老友朱由先生召予痛饮，为吾一人备满桌龙酢，满壶琼浆。宴罢，出自作梅花图以示，二人相对而坐，载言载笑，且赏且茶，至灵心焕发处，奇思卓见翩翩而至，珍词绣句汩汩而来，兀兀陶陶，侃侃而谈。临别，先生持中国香港国际统一出版社《朱由书画》精装一册，题款“世彩金萍伉俪纪念朱由顿首”以赠，嘱撰长文以阐发其奥义微旨，余欣然允所请。然腊尾春头，俗务缠身，欲迳伺寒假得闲撰作。寒假至，从予学书者，纷至沓来；春节到，家中宾客满座，书画弹唱，京剧堂会，且舞且歌，余亦为新年之洋洋喜气所感，心荡意浮，不能专静于纯一也。迨至丙戌正月初四至初十日，趁探亲访友送往迎来之隙，或于深夜写作，或凌晨四时即起，精神亢奋，手自打颤，走笔不计字形之妍丑，笔尖时有戳穿纸背，如是者七日，遂成此篇。世彩记于楚都三贤堂上，时二OO六年二月十日夜十时。

点评：

●起篇二人“飞觞”对饮，凤头也；中段华腴丰美，猪肚也；结尾“日射壶觞”，繁响俱绝，戛然而止，简短有力，“豹尾”也。全篇316句，2222字，无一笔不写“梅”，无一处不写“朱子”，“我”亦参与其间，巡天入地，上下求索，大笔挥写，结构缜密，交错为文，遂生壮采。发浩歌雄唱，乃惊屈宋，出宏词丽藻，直逼风骚。漆雕世彩先生之辞赋，实为恢弘我楚文艺续百代风骚之作也，于此可证古人“唯楚有才”之语为不虚也。

●全篇用《佩文诗韵》下平声七阳，一气贯下，一韵到底，诗思涌注，纵横驰骋，其间叙事议论写景抒情交融一体，波澜起伏，境象迭出。300余行之长诗，自始至终，仅用一韵，既见其奇，又见其难，终见其巧。

2010年3月3日

注：

1. 謇jiǎn：楚方言，语助词。《离骚》："謇吾法乎前修兮，非世俗之所服。""謇朝谇而夕替。"

2. 羌qiāng：发语词，楚方言。《离骚》："羌内恕己以量人兮，各兴心而嫉妒。"

3. 残简斋：朱由先生原名朱同祖，字任之，号残简斋主、荆州梅。中国书法家协会会员，荆州市书法家协会副主席。

4. 阍hūn：宫门《旧唐书·韩思复传》："帝阍九重，涂远千里。"帝阍，上帝的看门者。《离骚》："吾令帝阍开关兮，倚阊阖而望予。"

5. 倏烁shū shuò：光闪动。《楚辞·九思·悯上》："云蒙蒙兮电倏烁。"

6. 弭mǐ：停止，消除。弭节，犹按节，缓行。《离骚》："吾令羲和弭节兮，望崦嵫而勿迫。"王逸注："弭，按也，按节徐步也。"《汉书·司马相如传》："于是楚王乃弭节徘徊，翱翔容与。"

7. 怃wǔ：怅然失意貌。《孟子·滕文公上》："夷子怃然为间。"

8. 憭栗liáo lì：凄凉，寒冷。《楚辞·九辩》："憭栗兮若在远行，登山临水兮送将归。"

9. 巉峻chán jùn：山势高险。《文选·宋玉·高唐赋》："登巉岩而下望兮"。

10. 迥jiǒng：远。曹植《杂诗》："之子在万里，江湖迥且深。"

11. 矞yù矞皇皇：万物逢春生机蓬勃的样子。梁启超《少年中国说》："奇花初胎，矞矞皇皇。"

12. 颉颃xié háng：鸟飞上下貌。《诗·邶风·燕燕》："燕燕于飞，颉之颃之。"

13. 皴cūn：皴法，中国画技法名。用以表现山石、峰峦和树身表皮的各种脉络纹理。表现山石、峰峦者，主要有披麻皴、雨点皴、卷云皴、解索皴、牛皮皴、折带皴、括铁皴、大斧劈、小斧劈等；表现树身表皮者，则有鳞皴、绳皴、横皴等，它们都是以各自的形状命名的。

14. 邅zhān：转，改变方向。《离骚》："邅吾道夫昆仑兮"。王逸注："邅，转也，楚人名转曰邅。"

15. 觐jìn：诸侯秋朝天子之称，见《仪礼·觐礼》。后为晋见国家元首的通称。

16. 鼍 tuó：亦称扬子鳄，鼍鼓，用鼍皮蒙的鼓。 《诗大雅·灵台》："鼍鼓逢逢。"许浑《赠所知》诗："湖日似阴鼍鼓响，海云才起蜃楼多。"

17. 骛 wù：乱驰，交驰。《文选·班固〈答宾戏〉》："战国横骛。"李善注："东西交驰，谓之骛"。

18. 崚嶒 léng céng：高峻突兀貌。杜甫《望岳》诗："西岳崚嶒竦处尊"。

19. 阎立本：唐画家，与其父兄皆擅工艺、绘画，驰名隋唐间，世存《历代帝王图》现藏美国波士顿艺术博物馆。

20. 王咎、王冕、吴昌硕、关山月、潘天寿、齐白石，皆中国历代画梅高手。

21. 否臧 pǐ zāng：否臧即臧否，犹言好坏得失。《诗·大雅·抑》："未知臧否。"

22. 国祚 zuò：犹言国家、国统。宋·王应麟《三字经》："元灭金，绝宋世，莅中国，兼戎翟，九十年，国祚废。"

23. 龛 ān：定龛，即龚自珍，清代思想家、文学家，一名巩祚，号定龛。《病梅馆记》、《乙亥杂诗·九州生气恃风雷》皆为其代表作，今人辑有《龚自珍全集》。

24. 衋 xì：伤痛貌。曾巩《寄欧阳舍人书》："至其所可感，则往往衋然不知涕之流落也。"

25. 偃蹇 yǎn jiǎn：困顿，卧病不能做事。《晋书·郭璞传》："庄周偃蹇于漆园。"

26. 瞋目：瞋 chēn：瞪出或睁大眼睛，表惊诧或愤怒。《国策·燕策三》："士皆瞋目，发尽上指冠。"《汉书·项籍传》："羽瞋目叱之。"

27. 艴然：艴 fú，恼怒的样子。《孟子·公孙丑上》："曾西艴然不悦。"

28. 瑟兮僩兮赫兮喧兮：庄重开朗，仪表堂堂的样子。瑟 sè：庄严的样子。僩 xiàn：胸襟开阔，宽大，内心宽裕。赫 hè：显耀。

读《梅赋》三首

何念龙*

一篇梅赋跃龙门，绝胜士林独占春。
屈子九泉应有慰，和靖地下叹无伦。

楚辞风韵惊重现，疏影精神喜再芬。
千古文坛两合美，始知君是第一人！

辞赋灵均光日月，梅花歌咏颂芬芳。
交融双美漆雕氏，人格风标万丈长！

2008年11月14日于武昌

［附一］

何念龙　易中天　漆雕世彩酬唱篇

戏易中天师弟评为武大十位杰出校友

何念龙

寂寞当年出珞珈，孰知重返倍荣华。
樱花不解人间事，一样淡妆映晚霞！

蒙赠珠玉，步韵奉和念龙兄一哂

易中天

玉树芝兰满珞珈，樱花枫叶叶共芳华。
达人晓畅尘间事，且赋春晖颂晚霞。

* 何念书，湖北省社会科学院文学所研究员，中国屈原学会理事。

接念龙函，喜读念龙、中天诗，步其原玉

漆雕世彩

潇洒风神出珞珈，银屏内外放光华。
侧身天地登峰顶，万丈雄心万丈霞！

2009 年 7 月 16 日

[附二]

2009 年深圳屈原与楚辞学国际学术研讨会
念龙、世彩手机短信选刊

何念龙

三秋发桂萼，气爽碧天高。
南国期相见，推心情益豪。

2009 年 10 月 21 日

漆雕世彩

碧天高兮悠悠，桂香发兮三秋。
期相见兮南国，纵高论兮发清讴！

2009 年 10 月 21 日

词宏文茂　怀远誉高

——谨为世彩兄文集题

张　辛*

不学诗无以言，通六义①，音和象生②，词宏文茂；

须明道③而为艺，去三端④，易简⑤形上⑥，怀远誉高。

注：

1. 六义：即风、雅、颂、赋、比、兴。前三义乃体裁，后三义则诗法。

2. 音和象生：诗之特质有二，一是语音之和谐；二是语义之形象。

3. 明道：徐悲鸿先生曾揭示不少人从小习书而终老不过一区区书匠的原因是“不明道”。

4. 去三端：老子曰：“是以圣人去甚、去奢、去泰。”

5. 易简：周易者，三易也，简易、变易、不易。以简为第一义。

6. 形上：苏东坡主张形上词。为诗为词最关要者是追求形而上的意义。

此夫张辛于燕园卜彝堂

2013年6月28日

* 张辛，北京大学教授，博士生导师，北京大学十佳教授之一，中国书法家协会学术委员会委员，北京大学书画协会会长。著有《中国古代礼器研究》等专著。

读漆雕君《梅赋》喜而答仄韵七绝三首

毛　庆

一

香草美人传万古，梅章代代继诗祖。
惜无骚体咏“迎春”，双鲤喜来三叹句。

二

楚辞难读更难写，苦构长吟连日夜。
若向高天颂一篇，梅神泣泪洒郊野。

三

研屈学辞三十载，未成只句接前代。
漆君大作献骚坛，令我抚怀深感慨！

2006年9月1日

绝艺有幸今世传

——拜读漆雕世彩先生《梅赋》有感

［中国台湾］陈怡良*

一、小引

文学创作，可说是文人墨客才华的展现，咏作古典诗词，本就不是一件容易事，今漆雕世彩先生，因仰慕屈原、研究屈原，进而仿作屈骚，更属不易。个人有幸在2007年楚辞国际学术研讨会上，认识漆雕世彩、罗金萍贤伉俪，承其不弃，致赠其以骚体所作《梅赋》一篇，并嘱个人能加评论，谓无论长短、褒贬、笑骂、毁誉、唱和等，均无不可。

以梅具有极高之观赏价值，古今文人雅士，无不喜欢栽种。《花镜》一书云："梅为天下尤物，无论智、愚、贤、不肖，莫不慕其香韵而称其清高。"梅值得文人喜爱与称颂，单宋代，即有两位爱梅如痴之文人。如画家宋伯仁，有《梅花喜神谱》二卷，凡绘梅花百图，各具风姿，亦皆标目，且各缀以五言绝句一首。另有诗人林逋，不娶，无子，居处多植梅畜鹤，人誉为"梅妻鹤子"，后更写下咏梅之千古绝唱《山园小梅》诗。以梅具"凌寒独自开"之品质，向为人所称扬，故古有《五清图》画，即指松、竹、梅、月、水之纹图，盖均属清莹晶亮者。梅又与兰、竹、菊共称为"四君子"，文房清供，所以独取此四者，无他，则以"幽芬逸至，偏能涤人之秽肠，而澄莹其神骨"（《竹堂四君子画谱》）。由上可知，梅为诗人画家及书法家喜爱，以入彼辈之诗、书、画之中，诚有至理。

梅虽常成为诗人吟咏之对象，惟为辞赋家所吟咏者，则较少见，唐·宋璟曾作《梅花赋》清便富艳，吐婉媚辞，被皮日休评为"得南朝徐庾体"（《桃花赋序》），则其风格可知。宋·朱熹亦尝作《梅花赋》，文以宋玉藉观梅寄其为屈原之被放，而鸣不平，此当是朱熹借文影射，抒其不受朝廷重用之愤慨而作。明·唐寅亦有《惜梅赋》一篇，其主旨乃"怜惜梅

---

* 陈怡良，中国屈原学会顾问。中国台湾嘉义人，1940年生。1963年国立成功大学中国文学系毕业，后留校任教。2005年自教授职退休，现为本系兼任教授。主要从事楚辞学、中国神话、魏晋南北朝文学、陶谢诗、中国文学史、中国文学欣赏等方面之教学与研究。著有《屈骚审美与修辞》（文津）、《屈原文学论集》（文津）、《楚辞天问研究》（第一）、《陶渊明之人品与诗品》（文津）、《陶渊明探新》（里仁）、《陶渊明生平及其思想研究》（兴业）。

株”、“生不得其地”而叹惋，表达才子唐寅，以梅为友，借梅自况，体现其随性适意之高雅情趣。

漆雕先生之《梅赋》，乃因见老友朱由先生所画梅花图，突萌奇思，灵感涌现而作，可谓别具怀抱，情有独钟。今作者冲和为怀，不嫌个人鄙陋，再三恳托评其大作，惟虽感其至诚，然实不敢妄加评骘，谨抒写所感于卜。

二、《梅赋》之艺术美

纯文艺创作要真正地呈现美，则必在作品之内容与形式、思想与艺术方面，体现其艺术之美。当然，艺术欲求美，必须有独创性，表现出鲜明之艺术个性。因之任何作品，唯有具备独特的风格才美。若以之检视《梅赋》，个人以为完全符合此标准。而此赋，个人以为至少有八大美感魅力，谨简要略述如下：

（一）主题具端直雅正之美

《梅赋》浮面虽赞颂朱由先生之梅花图，妙笔生辉，圣手挥洒，实际梅“高标于巉峻，苏世而独立”，矗立于寒冬之中而不凋，其凌霜傲雪、坚贞俊洁、凛冽之精神，早为古今忠臣义士所感动、所取法，故其笔触，又加以延伸，借梅树之受挫，为人间不平事，抒其关怀，发其悲悯，因之梅又成为正义、善良、才情、不忍、人品之象征。

漆雕先生乃性情中人，其咏梅大作，岂是言不由衷、无的而发？盖人世不平之事多矣，作者器宇轩昂，欲以笔代剑，铲除世上之黑暗面，从而发扬人间之光明面，用心良苦。“辟梅馆以疗梅兮，吾唏嘘而感伤”，只此一句，即含多少热情、多少恻隐、多少慈爱！足见其大作之主题。端直中正，思想呈现正气浩然之美。

（二）形式具袭古拓新之美

以骚体创作之《梅赋》，形式明显因袭屈骚，甚至文句亦偶见袭自屈骚之成句，四句一节，奇句以“兮”字收尾，偶句则押韵。全文近两千字，体制弘伟，可谓“今世之《离骚》”。该文虽袭古，却不泥古，而是能翻陈出新，脱胎换骨。譬如，《离骚》虽以六、七言为主，其中间有五言，甚至有八、九言者，押韵则有八十一次换韵。所用韵字共一八六见。

而《梅赋》则虽仍以六、七言为主，其中亦间有一言、二言、四言、五言、八言、九言，甚至达到十几言、二十几言者。押韵虽亦二句一押韵，却不换韵，而是用《佩文诗韵》，下平声七阳，一韵到底，具见《梅赋》并非一味崇古、泥古，一切唯古是尊，而是以古为式，虽是以屈骚为师，却求新求变，而具袭旧创新之美。

（三）结构具回环往复之美

屈原创作之《离骚》，其结构回环往复，自现实写到超现实，又由超现实返回现实，一唱三叹，“一篇之中，三致志焉”（《史记·屈原列传》），所致志者，乃在忠君爱国，心系百姓。有此崇高情操，其人其作，因之同垂不朽，古今传诵。

而《梅赋》架构，亦是如此。其文自观画赏画，而因酒香熏人，竟至恍惚迷茫，油然生起神思幻想，坐鸾背，驾苍龙，直飞仙界，叩天阍，寻梅林，后再历经与天帝、百仙、清代诗人龚自珍之对话情节，始返现实人间。而一篇之中，再三致意者，则在坚持美善，为世人树立典范。面对世人之不惜梅、不护梅，作者忧愁幽思，悲天悯人，期能净化人心，导正人性。主旨如此，可知其结构奇特，魅力无穷，而具往复回旋之美。

（四）语言具雅丽璀璨之美

《离骚》一文，个人曾撰《屈原的审美观及〈离骚〉的“奇”、“艳”之美》（《先秦两汉学术》第五期），誉扬《离骚》之语言，是“丽辞艳句，文采斐然”。今观漆雕先生在《梅赋》中之遣词造句，亦见由于才情高，腹笋丰，故一搦管写作，颇能得心应手，除袭用经传文章，如《诗经》、《楚辞》甚至佛教经典等典籍之字词外，亦能与现代语汇结合，运用丰富之辞藻，如某些联绵词，若轰隆、莹莹、历历落落、凛凛冽冽、浩浩荡荡、蓬蓬勃勃等造句，以求雅丽。

又某些字词虽俗，作者亦能善加组织，加以雅化，如“化吾身为二千万”、“裁蓝天而为纸张”等。至于句式之灵动变化，多彩多姿，若“着淡墨以写意兮，袅白云之轻扬”、“聚画圣兮济济，何意绪之洋洋”等，更不在话下。总之，作者遣用语言，或铺陈、对仗，或问答、对比等，无不求之参差错落，婉而成章，生动地呈现，因之此咏梅力作之语言，确具跌宕光艳之美。

（五）想象具神奇驰骋之美

想象本为创作之源泉，如无法想象，即使是天才，亦无能发挥。漆雕先生于《梅赋》文中，亦发挥其奇妙之想象力，“精骛八极，心游万仞”（陆机《文赋》），当其赏画而痴迷时，即起幻觉而登天，欲揽星斗，驮夫白日，上下求索，观乎四荒，驾八龙，挥云旗，展鹏翼，驰天堂，得见天帝，与其晤谈。

文中又加入作者知友朱由先生之笔酣画梅，引发众神仙之赞叹，忽又加入清代诗人龚自珍之惜梅哭诉，愤然抨击人世之伤梅，之使作者与朱由先生联袂向天帝陈词，请其护梅，为人间伸张正义，而后方如大梦初醒，返回现实人间，意融情洽，时日已西沉矣而作结，可谓无限神奇，妙想连连，其中壮观之场面，令人目眩神夺，则其文之宏伟磅礴，想象之丰富诡秘，及其引发之审美感应，不难想见。

（六）感情具浓烈真挚之美

凡为诗人作家，其感情如不饱满，如不浓烈、不真诚，则如何有引人感人之创作以出？《梅赋》作者漆雕先生，个人虽与其认识时日不长，然感其人之真诚、之恳切，而一见如故。拜读其大作后，更觉其与朱由先生之相交莫逆，坦诚以见。文中或述其与朱先生之高谊，或称颂朱先生之梅花图，甚至在饮酒后，进入幻思之中，亦多方称美朱先生之梅画，此非有极真实、强烈、深刻之友情，是不可能的。若为虚假，则只能引起厌恶之情绪，亦因感情是如此之真实不欺，方更能激起读者审美之愉悦感。

再者对梅花之坚贞刚烈、气馥芬芳，亦是备致赞扬，表现出感情之真挚美。另外，文中借清代诗人龚自珍控诉世人之毁梅，激起作者与朱由先生填膺之义愤，均见该文流露感情之强烈性，凡此无不具有感人动人之美学力量，则该文在感情上，所呈现的浓烈真诚之美，由此可知。

（七）意象具绚烂多姿之美

意象，文论家无不以为是诗歌创作之核心，为创作诗歌思维过程中之主要符号元素，而审美又与意象结下不解之缘。古典诗歌向来注重意象美之创造。确实，美之意象，当是诗人才华之试金石。在《梅赋》文中，作者漆雕先生形容梅树是“写梅干如凤翅兮，生鳞皴于其上。展花枝之翼翼兮，似丹凤之朝阳”；写红梅之初绽，是“发红光以四射兮，见凤凰之涅槃，添火色之炽烈兮，驾火凤以翱翔”。象与意，情与景，相融相成，引人进入联想与想象的艺术世界。

而上述例句，不但具有清新脱俗之动态美意象，更具有奇特之新颖比喻，化静为动，化美为媚，作者飞舞之笔花，功力之厚实，值得肯定与称道。其余如“松愈老则愈奇兮，梅愈古而愈芳”，松与梅之意象组合，表现出具有强烈的艺术对比之美学作用，自然能让读者怦然心动。总之，漆雕先生在文中构思组合之意象，极为丰富，亦极具美的感染效果。在此，个人始判定其意象具绚烂多姿之美，当是不虚妄。

（八）修辞具灵活巧变之美

以往学者论文，一般多以神韵情理为首要，而以章句修辞为末节，实际若欠缺灵巧之章句，则神韵气味，实亦无法呈现。而古人早已注意修辞之重要，如云“修辞立其诚” （《易·乾·文言》）、 “情欲信，辞欲巧”（《礼记·表记》）云云。而《梅赋》此文，亦颇注重经营，如以“示现法”，铺述朱由先生挥毫作画之情况，使之情景历历，宛在眼前。以“比喻法”形容红梅之色泽，如桃之夭夭，如火凤之翱翔。将梅树之枝干，形容其若舞青龙，如凤翅之伸展。朱由先生之逸才，如行空之骥，健笔则如搅海之龙。以“象征法”隐喻作者与朱由先生，仰慕梅花之高洁风骨，且以之象征人世之正义、良知、才华、仁爱等。

另以鹏翼垂天，从容回翔，象征朱由先生作画之气魄。又以“用典法”想象与唐代画家阎立本共步徜徉，与历代画梅高手，如工倍、工冕、吴昌硕、关山月、潘天寿、齐白石等画家，共聚一堂，作揖寒暄。另以“问答法”叙述作者、朱由先生，与天帝、百仙、清代诗人龚自珍之对话。其他亦运用“开阖法”、“虚实法”、“衬托法”、“对偶法”、“对比法”、“错综法”等技法，均见作者运笔之匠心，在法度之中求新奇变化，宜《梅赋》之手法，既具灵巧多变之美，且因其字词之平仄相间，又大大加强音韵和谐之美感。

三、结语

文学本具四大要素，即思想、感情、想象、技巧，缺一不可。《梅赋》之中，灌注作者情感之生命，又以梅之遇寒不凋、坚贞不坠之品质，作为思想之主导，再发挥其独特之巧思，高妙之手法，驰骋其想象，终能完成此一今世骚坛名作，确实难能可贵。作者漆雕先生，拥有旺盛之创作力，深信俟诸异日，必另有呕心沥血之杰作问世，吾人可拭目以待。

以上乃笔者个人初阅《梅赋》之粗浅心得，虽胪列该文荦荦大者之数项艺术美感特征，然其文吞吐之妙，与其隐藏不露之美，含蓄蕴藉之微旨，必不止于此，来日若能善加玩味，或能有更深入之体会。另对漆雕先生对屈骚之借鉴、仿效，崇古却非一味泥古，“师圣人之遗书”（陶渊明《感士不遇赋》语），颇感其虽已得屈骚之三昧，然在主题、风调、题材、情韵、修辞等方面，却能通变求新，别辟一家，另开生面，成为独步骚坛之精品。个人于此，衷心感佩。古有谓“赠人以言，重于珠玉”，因之个人特以“绝艺有幸今世传”一语赠之，藉表敬枕，祈请笑纳弗却，则幸甚！

2008年2月26日于中国台湾台南市

原载《职大学报》2010年第1期（总第76期）《楚辞研究》专栏

巫山作笔赋梅魂

雷庆翼*

漆雕先生用巫山作笔，长江为墨，本屈原之精神，步宋玉之后尘，塑梅之品性为《梅赋》，篇幅宏伟，一气呵成。虽未臻于完美，然绣词佳句迭出，出神入化，感情激越，思想深沉，亦可感天地而泣鬼神！

2008 年 1 月 9 日

* 雷庆翼，1948 年生于湖南祁东，湖南衡阳师范学院中文系教授，中国屈原学会理事，湖南省屈原学会副会长，全国大专院校古代文学学会副会长。

读漆雕世彩《梅赋》感言

崔富章*

2007年9月，浙江大学举办楚辞学国际研讨会，漆雕世彩贤伉俪应邀来杭，接谈之间，情意殷殷，温馨有加，并惠赠大作《梅赋》一部。与友朋争睹，致函求索，虽不情之请，世彩大喜，欣然惠寄三部。我捧读再三，感触连连，兹略述心得，亦以识友朋之谊也。

在中国屈原学会诸位会员同仁中，漆雕世彩可谓独具一格。他"发愤读楚辞"之后，立志"振兴骚体诗"，全身心地投入创作之中。他一方面用心鉴赏屈原作品，同时与现实生活相呼应，内化为创作灵感，运用骚体诗形式，表达自己的爱恨情仇。他的作品，既有《梅赋》这样的长篇大赋，亦不乏《根赋》、《致贪官》、《天路殊兮》等中短篇诗赋。2006年12月中国文史出版社出版《梅赋》一书，收录近三十篇作品，无论长短，皆言之有物，虎虎有生气。字里行间跳跃着一颗炽热的心，具灵动之美，隐约间闪现着楚辞之神韵。我的阅读体验证明，漆雕先生"学写骚体诗"是成功的，他为新时期楚辞学的发展和繁荣作出了独特的贡献！应该可以这样说，他是新中国骚体诗创作第一人。他的《梅赋》是自屈原《离骚》而后，两千多年来新中国第一本个人骚体诗集。

以屈原及其作品为代表的屈骚精神，是志士仁人的"精神家园"，士人品格的榜样典范。屈原形象的主体是忧国忧民之情怀，嫉恶如仇之硬气。世彩之《梅赋》，娴熟化用美人香草，楚辞典章，且得其精神，将梅之品格观照现实生活，高唱"梅为国花兮，膺民族之魂也，芳菲菲而难亏兮，兆国祚之祯祥!"疾呼"不可妒梅轻梅斫梅删梅锄梅夭梅鬻梅毁梅而又尽掩梅之芳香兮"，抨击压抑人才的种种弊端，将落脚点放在梅的品格以及对社会现实的评判上，深化了《梅赋》的精神境界，此乃刘勰主张的"兴之托谕，婉而成章，称名也小，其类也大"！在骚体诗发展史上，不乏刻意形似、殊欠深度的教训。漆雕先生秉赋楚人特质，胸怀"大忧患"之

---

* 崔富章，浙江大学教授、博士生导师，中国屈原学会名誉会长，中国诗经学会常务理事。主要研究方向为楚辞学和版本目录学，已出版专著《四库提要补正》、《楚辞书目五种续编》、《诗骚合璧》、《嵇康集译注》（中国台北三民书局1997年版），主编《中国文化经典直解丛书》（浙江文艺出版社1996～1999年版）、《为人处世名言辞典》，发表论文数十篇，如《浙江四十年楚辞研究概述》等，多篇论文由中国人民大学报刊资料复印中心转载。

心，顺应时代呼唤，深入开掘主题，做到内容和形式的统一，坚持骚体诗发展的正确方向，身体力行，成就荆楚大地一奇葩，可喜可贺！

南宋诗人刘克庄以《落梅》诗“东风谬掌花权柄，却忌孤高不主张”而惹祸，无奈叹道：“梦得因桃却左迁，长源为柳忤当权；幸然不识桃与柳，也被梅花累十年！”这桩梅花公案，连累而及，多位诗人落难，直至《江湖集》毁板，坊主陈起“流配”。梅花与人事政治缘分非浅，由此可窥一斑。历经磨难的中国人民，终于迎来中华民族伟大复兴的新时代，在这百花齐放、放声歌唱的好时代，集才气、灵气、阳刚之气于一身的漆雕世彩呀，努力前行吧，在振兴骚体诗的长征路上，跑好你的这头一“棒”！

崔富章　写于杭州西溪路寓所

2009年6月30日初稿，8月18日改定

原载《职大学报》2010年第1期（总第76期）《楚辞研究》专栏

题漆雕氏《梅赋》后

黄灵庚*

宋之文士喜梅，以梅与松、竹为“岁寒三友”。盖竹之轩然挺直，无折绕之形，而直像云霄，像君子正直之态也。松之樛然绝壁之上，不肯俯首低眉，若龙蛇跃乎苍穹，像君子超拔之姿也。而梅之臞然似玉，皎然如冰，新月初上，庭树星星点点绽放于霜雪皓灏中，未以寂寞而息芳，像君子高洁之性也。是故三物皆入之于诗词或丹青，为文士风雅时尚之举，而历元明以下未绝。

若夫吟梅之诗，连篇累牍，不可穷尽，至有一人动辄数百篇而未能休。然未见以骚体赋梅者，惜哉！抑梅未见于屈子之句，其时未有梅生于楚耶？抑前贤未造，而后世君子未敢草次别作新声耶？将骚之体制虽可以形楚橘，可以品兰蕙，而不宜乎赋之于梅耶？今观世彩兄《梅赋》，则胸中涣然冰释矣。夫草木之有性，需待人之所共识；故非屈子未见梅也，盖其时虽识得兰蕙之性，而未能识梅之性也。非骚体文字不宜形于梅也，盖后世文士未能驾驭之也。世彩兄既生于人共识梅之品性之后，又深得骚体之精髓，宜乎其能续前修之所阙，而有此《梅赋》之作也，漆雕兄乃两千余年来以骚体赋梅之第一人也。

夫世彩兄之赋梅也，缘乎朱由先生之画。而世彩兄据画形诸文字，盖有过于其丹青者。始则“招漆雕入画堂”，一盅下腹之后，方“见卷轴之琳琅兮，透红梅之馨香”，于是猝然兴起，襟怀大开，心驰九垓，情骇八极，飘遥乎若凌云凭虚，翱翔乎似乘槎登遐。使役灵神，无所不至；齐会妖女，各逞艳姿。仿佛睹三闾乘玉虬而驷鷖，神高驰之默默。要眇听师旷抚琴瑟而清歌，意欲止而怅怅。生机频发其磅礴，气象万变而偃蹇。惟夫想象之奇妙，构思之弘壮，结撰之精巧，吐辞之雅丽，落笔之神速，书体之乶扬，庶几可与枚贾齐驱，可与马扬比侔矣。写画者若朱夫子焉能臻至于是耶！世彩兄生于江陵辞赋之乡，且沾濡之楚声楚韵既久，于骚体亦独

* 黄灵庚，浙江浦江人。现为浙江师范大学教授，中国古典文献学、汉语言文字学硕士生导师，浙江省文化工程基地浙江师范大学江南文化研究中心首席专家，中国屈原学会副会长。专攻文字、音韵、训诂学、中国古典文献学，重点为楚辞文献。出版学术专著《离骚校诂》、《楚辞异文辩证》、《楚辞要籍解题》、《楚辞章句疏证》、《楚辞集校》、《楚辞与简帛文献》、《训诂学与语文教学》、《唐诗异文词义研究》等。

有所钟。彦和不亦云乎，“才高者菀其鸿裁，中巧者猎其艳辞，吟讽者衔其山川，童蒙者拾其香草”。世彩兄则兼而有之矣，盖得其形似而已。

然以考亭观之，盖踵武屈宋者，必得其真实心地，真实性情。而真实心地、性情之汩汩然来，必有如屈宋千难万险、流离迁徙之经历，遭谗见放，抑郁冤屈，穷极困苦，欲生不能，欲死不得，发诸诗赋，出于天然。以为能继踵屈宋者，汉代惟贾傅一人耳。后世其赋，则莫不异代同悲，潸然涕泣矣。是故文公以《七谏》、《九怀》、《九叹》、《九思》四篇“虽为骚体，然其词气平缓，意不深切，如无所疾痛而强为呻吟者”，而删芟之不存。今观世彩兄生当承平之世，衣食无虞，晚居京师，开庠序之舍，课童子以书法，优游于荆楚、燕赵之间，日与文人雅士论文赏诗，燕宴之乐，至于无穷。若欲揣摩得屈宋心地，愤屈宋之所愤，舒屈宋之所舒，不亦戛戛乎难哉！“诗穷而后工”，若置世彩兄于窘迫而落于穷士之境以求其赋之工，宁其毋求赋之工而作达士以终其生，余心诚不忍见之，但形似可矣，不必强其神似矣。呜呼！世彩兄未知意下何如哉！

世彩姓漆雕氏，孔门漆雕开之第七十五世裔孙①也。开字子开，一曰字子若，少孔子二十一岁。习《尚书》，不乐仕。《孔子家语》称“蔡人”，郑玄云“鲁人”。未审孰是。唐赠滕伯，则以为“鲁人”。宋封“平舆侯”，则以为“蔡人”也。江陵之有漆雕氏，自江西迁来，于漆雕氏一百又八世时，因元末福通起义，徙至楚地。然世彩，圣贤后也，亦淡泊无仕志，然好学博问，以诗赋书法称于世云。时维玄黓执徐之岁，仲春橘月，浦江后学黄灵庚题于金华寄庐丽泽花园。

2012 年 3 月 11 日

[附]

读《梅赋》戏赠世彩兄二律

黄灵庚

漆雕世彩赋寒梅，似见琼楼倩影来。
月漾黄昏铸瘦骨，雪销精白报春晖。
劲节不移坚铁石，娇容自在清尘埃。
风流僵卧醉门东，一树怡神颜笑开。

① 自神龙发脉，至孔门三贤，计五十三世，至漆雕世彩，计一百二十八世。漆雕世彩乃漆雕开之第七十五代裔孙也。

其　二

闻道孤山林处士，临湖筑舍伴芳魂。
哪如新作漆雕赋，似读旧馆定庵文？
观化于中占剥复，探玄即此贯天人。
千姿百态难穷貌，楚辞一曲最精神！

2009年8月24日

承先贤之衣钵

——感《梅赋》

[韩国] 朴永焕*

荆楚大地，沃野千里，人杰地灵，向出鬼才。漆雕世家，学源悠悠，既自孔门受学，又浸染于楚都屈氏之灵芬，悠悠两千余载，传至当代，得出“世彩”，一枝而独秀。

事事皆有缘起。同为中国屈原学会之会友，余则得以借屈原之名义而有幸结识当代杰出的骚体诗人兼书法家——漆雕世彩先生。继而获赠漆雕先生之贵作——《梅赋》。乍读之，不禁拍案叫绝；再读之，心神也为之往驰；又读之，先生之志甚与我心有戚戚焉。于是，不得不为漆雕先生之《梅赋》申明大义，广宣先生之宏旨。

《梅赋》读来，偶感三绝。一绝，看似吟咏大地傲立一处梅花，实则观梅图而作叹词。二绝，叙述与友人酬酢之现实中，往来于梦幻与想象。三绝，借梅之精神与气骨喻中华大地之仁人志士，斥现实社会之紊乱。漆雕先生不但将骚体的铺陈形式运用得活灵活现，而且也将屈原的一身忧国忧民的浩然正气展现得荡气回肠。良久思来，漆雕先生不愧为千年楚都之再出精魂！

细细品来，《梅赋》一韵通底，为2222字，实属不易之作。开篇以酒香、茶香、“梅香”熏染得赏朱子之美图的气氛，进而借酒劲暗入太虚之幻境。梦兮，幻兮，人孰得知？然，梦幻中自有翱翔驰骋之妙景，梅之栩栩如生于此中如真实般展开。画映入人脑耶？人进入画境耶？美轮美奂，无暇顾及真假，也无须究其真假。梅之傲态且不论，先生之友——朱子之作画神姿俊势也够磅礴激昂，读之撼人魂魄。朱子作梅之树、干、花、蕊，旁添梅之景之松之月，无不于先生语中极尽神态。赋中之笔并未就此停歇，为先生作梅而后，复而为天帝作梅。朱子以天地为卷、江海为墨之恢宏气势，更让人读之始而心惊骨骇，继而心驰神往，终而心花怒放。可赋旨并非如此，先生又借梅之伤残，影射社会现实之悲惨民情，倡导国家应该重视人才、珍惜人才。起承转合，如此反复之后，全赋之内涵豁然凸

* 朴永焕，韩国东国大学中文系教授；北京大学东北亚研究所客座研究员；中国屈原学会常务理事；南通大学楚辞研究中心客座研究员。

现，使读者陡然而生一股荡气回肠之感。

仅以“梅”字兴起，却包囊梅之美态与精神、作画朱子之神笔、国家民族之忧患，兼顾个人、友情与人丈夫之情怀，赋之内容丰腴而情感雄厚，更展示了漆雕先生超群的文学才思与深厚的创作功底。然，文艺情思间或人人可得而有之，敢于创作之勇气与豪情却不可轻易获矣。感先生于惶惶现世之中，处污浊而自洁，勤振笔而承先贤屈原之骚体衣钵，为无助之百姓申蔽日之哀怨、诉愤然之血泪，其怀之广袤邪，其志之高洁邪！漆雕先生不愧是楚之后人也！

朴永焕

2011 年 1 月 27 日于韩国首尔

步《离骚》后尘

——题漆雕先生《梅赋》

姚　平[*]

荀子最早写赋。赋从屈原《离骚》以来，大体经历骚赋、骈赋、律赋、文赋的发展过程。律赋除科举使用外，影响不大，其他三种形式，曾盛行汉魏六朝唐宋，迄今也已式微。今天写赋的人很少，急待抢救。要振兴中华文化，则应提倡写赋，以存亡续绝。盛世兴文，此其时矣！

漆雕世彩先生，不仅擅长诗书画，还善写赋。骚体长诗《梅赋》属骚赋，着笔汪洋恣肆，痛快淋漓。从饮酒对话开始，引发胸胆开张，想象飞驰，甚至天上地下，引古证今。真乃神游八极，思接万仞也，颇有《离骚》遗意，又富时代色彩。熔古今于一炉，得敷陈之真谛，良可喜也。

维朱公之妙画兮，引漆雕之豪情。
绘梅图之极致兮，叩天地而远征。
真锦心而绣口兮，赞梅花之精神。
岂何逊之可比兮，步《离骚》之后尘。
似林逋之格调兮，有王冕之胸襟。
融高启之超迈兮，得白石之空灵。
染梅妃之风韵兮，同毛公之卓吟。
为梅花以增色兮，实赋苑之福音。

2007年12月22日于寒梅阁

［附］姚平先生诗五首

一、京华幸会漆雕先生（藏头诗）

京古城新石景旁，华堂雅集喜洋洋。
幸研诗处吟今楚，会泼墨时承昔王。
漆水染山皆彩画，雕龙绣虎尽华章。

[*] 姚平，世界汉诗协会常务理事兼陕西联合会会长，《雁塔诗词》主编。

先书锦字成长卷，生气欣欣耀远方。

2000年4月28日于北京石景山　八角饭店

二、赠漆雕世彩先生

漆似胶如重友情，雕龙岂作不平鸣。
世间艺术诗书画，彩色斑斓任纵横！

三、酬漆雕世彩先生惠诗词选及《三贤堂楹联选粹》

诗书双绝楚之雄，奉祖三贤有古风。
屈子金辞驰大地，王郎铁画舞长空。
京华共室机缘巧，湖北丢函际遇同。
愧我迟迟桃李报，临流拜手灞桥东。

四、谢漆雕世彩先生惠赠书法作品集

京华有幸结诗缘，与会同房共一船。
笔舞龙蛇生妙境，话连山海得新传。
楚天浩瀚思云梦，秦地绵延俯渭川。
几度飞鸿舒远意，雄辞继屈领真诠。

五、向漆雕世彩先生致歉

沉疴扰我实难消，辜负浓情对漆雕。
评赋未成因病目，寄书迟达懒弯腰。
天怜老迈无穷恨，人到颓唐有甚招？
但愿前途能好转，诗坛执笔乐逍遥！

2006年9月5日于西安

漆雕世彩《梅赋》见赠以志

刘宝安*

紫气东来感物华，尧封禹治绽奇葩。
寻根长忆荆州府，悟道惯看江水槎。
池墨三枯笔犹健，韦编复绝志堪夸。
深谙骚体招魂在，无愧诗林一大家。

2012年7月1日于北京西城区
太平桥大街四号九层中华诗词学会

* 刘宝安，《中华诗词》资深编辑，著名诗人。

深得屈赋神韵

夏传才*

屈子辞赋冠绝千古，其所创骚体诗，古人拟作而有成者甚稀，近世尤无。漆雕世彩先生《梅赋》一书二十五篇，深得屈赋神韵，可谓现代写作骚体诗而有良好成绩之第一人也。

夏传才

2010 年 5 月，时年八十七岁，手颤

* 夏传才，安徽亳州人。1924 年生于今安徽省亳州市。现任河北师范大学教授，博士生导师，中国诗经学会会长。著有专著《诗经研究史概要》、《诗经语言艺术》、《中国古代文学理论名篇今译》。

《梅赋》自可光耀千古

林从龙*

《梅赋》其所以为世人瞩目，我想一是作者对骚体诗的热爱与精研，二是作者古典文学基础的扎实，三是作者的形象思维与想象力的超人之功。"屈原辞赋昭日月"，《梅赋》自可光耀千古。

林从龙

2010年9月4日

* 林从龙，1928年出生，湖南宁乡人，历任河南省文史研究馆馆员，《中原文史》主编，《中州诗词》主编，中华诗词学会顾问，中国诗词研究会名誉会长，世界汉诗协会名誉会长，河南诗词学会会长，中华诗词文化研究所所长，《中国诗词月刊》顾问，《中国当代诗人词家代表作大观》编委会顾问，中国民族艺术家协会学术顾问，中国杜甫研究会副会长。享受政府特殊津贴。

为漆雕先生《梅赋》题词

爱新觉罗·启骧*

楚之魂，骚之裔。国之宝，久蒙翳。
有漆雕，自砥砺。继绝学，恢绝艺。
究幽窈，天人际。《梅赋》出，含妙谛。
新楚辞，何瑰丽。新境界，梅无媲。
功在今，垂万世。名赫赫，德懿懿！

辛卯夏爱新觉罗·启骧于北京

2013年6月8日

* 爱新觉罗·启骧，清代雍正第九代孙，著名书法家启功先生堂弟，北京文史研究馆馆员。

灵珠出心斋

——题世彩兄骚体古赋《梅赋》

[中国香港] 张继刚*

夫子遗骚句，文赋留长篇。
《梅赋》三千字，灵珠出心斋。

又，读漆雕氏《梅赋》献辞

先生续楚辞，世惊锦绣篇。
咏梅形与神，楚人未占先。
《梅赋》横空出，墨香冽霜天！
林逋孤山客，焉能与比肩！

此诗赞吾友之所作也，亦咏吾生之乐怀咏梅之志也，吾以为，冰圞冷玉之美，雪絮飞花，魂绕罗浮，偷香空山，凡此种种，皆得一赋也。

然辞赋渊源久远，体裁各异，峰峦相对，江河分流，其精微奥妙之楚辞，实乃吾华夏千古文苑之奇葩也。楚辞以屈子《离骚》为典范，为极则，震古烁今，向为人重，历二千余载余音不绝；但可惜，近千数百年来，犹未见专作骚体诗赋之传人，亦未见骚体诗赋之专集，故思痛耳。

今所喜者，楚人世家漆雕氏，吾友世彩先生所作骚体诗集《赋梅》，发胸中畅意，引无限遐思，赋梅花之绚丽，颂梅骨之铮铮，得梅之精神魂魄，构思壮美，挥墨成篇，成硕伟之作，有寰宇之象；作者忧心国事，哀痛民生，可谓黄钟大吕，可谓骚体诗赋宏伟而又灵妙之作也。吾感其雄词伟句，满纸珠玑，喜之爱之，读之诵之，咏之歌之，不知手之舞之足之蹈之也。

张继刚壬辰夏月拜撰于沐庐草堂
2012 年 8 月 20 日

* 张继刚，中国香港中文大学教授，博士生导师，享受国务院专家津贴。师从杨仁恺先生近三十年，已出版《张继刚画集》，《张继刚花鸟画集》，《明清近现代画家书·张继刚卷》，《沐芦草堂书画跋记》，《沐芦草堂丛稿》。

《梅赋》读后

王惠中*

梅画幽香自一奇，神来之笔莫求乩。
举杯共醉仙基下，风骨飘然入紫霓。

2006年7月29日

又，人月圆·题赠金萍、世彩贤伉俪

荆沙圣地姻缘好，人道最风流。诗书传世，琴笳共舞，相契相投。郎才女貌，锦心绣口，其乐悠悠。仁慈谦慎，恩情似海，偕老良俦！

2006年7月30日

* 王惠中，中华诗词学会会员。

绝顶敢攀登

刘石林[*]

我一直认为，屈原首创的骚体诗，或者说是骚体赋，是我国诗歌园地中的“珠穆朗玛峰”，两千多年来，不仅无人能逾越，就是宋玉、唐勒、景差，也诚如司马迁所说：“皆好辞而以赋见称，然皆祖屈原之从容辞令，终莫敢直谏。”他们也未能逾越这座高峰。延到近世，更是高山仰止，望而兴叹，敢于攀登者可说是凤毛麟角了。最近有幸拜读漆雕世彩先生的大作《梅赋》，顿觉眼前霞光闪耀，一股清新之气扑面而来，一路读下去，我仿佛已经不是我了，而是随着作者的笔触，入秘室，探幽香，扶摇直上，直达天庭而上下求索的抒情主人了。

全诗破题，实在平淡无奇：友人朱子邀请作者入画堂飞觞品鲤，不过以为是叙叙友情而已，所以只用了简练的两句一带而过，足见作者在无关紧要处惜墨如金。酒至半酣，友人邀作者进入秘室，品龙井，赏梅图，廖廖数语，直奔主题，文章也随着进入秘室之门而迅速升华，作者挥墨如雨，酣畅淋漓，尽展文思。秘室中，“梅香”、酒香、茶香、鲤香、翰墨之香扑面而来，使读者随着作者——文中的抒情主人公一下子“恍惚而迷狂”，其思维顿时乘鸾背，插双翼，扶摇天国，开始了第一次上下求索之旅。抒情主人公驾虬龙，驱天马，借风雷之势，背负太阳，摘星揽月，俯瞰大地，所见不是江河湖海，丛林山崖，芸芸众生，而是白如雪，红似火，云蒸霞蔚中的一片梅林，有的虬枝峥嵘如龙腾空，有的张牙舞爪如虎乘风，有的舒展双翅如凤翔云，有的枝干笔立如松挺拔……花瓣飘洒，鳞甲寒光，色彩斑斓，裔裔皇皇，苍穹玉兔，冷艳浮香，清风徐来，静谧安详，浸入肺腑，令人如痴如狂……这是梅林吗？不，抒情主人公骤醒，这是悬于秘室内朱子所绘之梅图。作者的思维回到了秘室，读者也随之如梦方醒，这是作者借龙、虎、凤、月、风、松等赞梅，由赞梅而实赞朱子深厚的绘画功底，意透纸背。作者的称赞够吗？作者觉得不够。于是作者又邀朱子开始了第二次上下求索之旅，径直来到了天庭……这段初看似乎与梅和梅图无关，“帝曰”一句，可谓神来之笔，借一“曰”字猛一转折，不仅扣紧了主题，而且更进了一层。这种信手拈来的神来之笔，没有深厚

---

* 刘石林，中国屈原学会理事，湖南省汨罗屈原纪念馆馆长。

的写作功底是“拈”不来的。你看，友人朱子遵帝嘱裁天为纸，濡海作墨，令众仙铺纸，令天风挽袖。朱子挥舞如椽巨笔，如龙搅海，水墨淋漓，五彩斑斓，巨幅梅图一蹴而就，跃然纸上，疏处行马，密处如墙，墨浓处似黑云压城，墨淡处如轻烟袅绕，千枝竞秀，万朵争香……天帝为之赞赏，全文达到了高潮，令读者心旷神怡。“语于天帝”更是画龙点睛，揭示了全文的主题，比兴之贴切，意蕴之深远，尽在这寥寥 88 个字中展现。“梅”代表了什么：作者不单纯是为了赞梅而作《梅赋》，也不纯粹是为了赞朱子作画之深厚功力而作《梅赋》，文章的主题得到升华。最后，作者与朱子回到现实，“壶觞”与“飞觞”首尾相和，浑然天成，使全文形成了一个紧密的整体，天衣无缝。

历来咏梅之作，可谓汗牛充栋，然咏梅图且通过赞梅图而咏梅之作却不多见。

特别是作者赞梅之品格、赞朱子画梅之雄健笔力，摆脱了古人的窠臼，独辟蹊径，文外之意，又给人更深层的启迪，其浪漫的情思，更是令人赞叹不已。读者随着作者的笔锋，遨游苍穹，腾乎大海，急驰于灼热的阳光之中，信步于朦胧的月光之下……不论何情何景，又总是徜徉于灿烂的梅林之中，长篇巨构，峰回路转，又紧紧扣住了爱梅、惜梅、培梅、扬梅之主题。随着行文的深入，使人深感不能亲睹朱子梅图之遗憾！

毋庸讳言，其文也有美中不足之处，如文中几乎是一字不改地搬用了屈原《离骚》的原句。又如天帝赞梅已达全文高潮，接下来再写“众仙叹曰”实属多余。一块美玉，并不因为它稍有瑕疵而影响它的纯朴、美丽，一篇文章也是如此，哪怕是世界级大师的文章，也不可能尽善尽美。漆雕君这篇《梅赋》也是这样，虽稍嫌冗长、重复，仍不失为一篇佳作，更何况骚体赋是一种令人望而生畏的文体。唐代诗人贾岛《宿松山寺》诗云：“绝顶人来少，高松鹤不群。”漆雕君这种勇于攀登绝顶独立高松的精神，已经令人十分钦佩了，何况还达到了常人不敢企盼的高度呢！

2006 年 7 月于汨罗江畔

赋性异群芳　凌寒独妩媚

——读漆雕世彩《荆州梅赋》

胡光波[*]

荆州，素称江南历史名城，文化底蕴深厚，孕育的楚文化，诡异奇崛，神秘怪谲，而“信鬼而好词”（《楚辞章句·九歌序》）的民风，与中原淳厚质朴的习俗大相异趣。据《禹贡》载，荆州为大禹所分九州之一，囊括湘鄂两地。由于古代和中原阻隔，文化滞后，荆人被目为“荆蛮”；西周时荆人常啸众抗争，又被称为“反荆”。荆人先祖的强悍刚硬、桀骜不驯，由此可见一斑。自秦汉以来，荆州一直是封王置府的重镇，人杰地灵，素称文化之邦：出土的战国丝绸、越王勾践剑、石磬编钟等，即为列代见证；屈原、楚庄王、张居正等，堪称奕世伟人。因荆州地势险要，沃野千里，历来兵戎相争，造就辉煌的三国文化。而最令人称奇的《楚辞》，因幻象丛生，情韵哀婉，超世想远，拔俗思深，与代表中原文化的《诗经》，颉颃百代。后人承屈骚余绪，创立了骚体诗，并分蘖出辞赋，其光彩至今熠熠生辉。

可惜，进入20世纪，西学步步侵入，咄咄逼人，传统向隅而泣，备受鄙弃。骚体诗和辞赋这古老的文体，虽有少数国学专家孜孜研讨，而创作则气息奄奄，难以为继，即使偶有佳作，也不能取悦大众，仅为一二学友，私下侑酒相赏之物。近来《光明日报》创设“百城赋”专栏，但未激起人们的浓郁兴趣去读这些骈四俪六、雕典琢故、语意含蓄、气象氤氲的文字。不过，令人欣喜的是，看似“背时”的环境，并未冷冻一些眼注情系的爱好者的热血。

漆雕世彩先生，生于荆楚大地，自幼酷嗜传统艺术，书品画作皆有可观，由于长期从事语文教学，于传统韵文情浓意厚，诗词楹联意态自美，尤其韵羡意辞双绝的楚骚，常欲继骚作赋，以摅其志，故一直暗蓄元气精力，为赋新词宵夜耿耿。近年来，他于劳作之余，倾力骚体诗的阅读创

---

* 胡光波，湖北师范学院文学院副教授，发表《刘熙载的文化选择与文论成就》、《论唐代诗格之“势”的源流演变及理论内涵》等各类文章三十多篇，另编写《清代唐诗论评选》、写作《清代唐诗学史稿》相继出版。《论唐代诗格之“势”的源流演变及理论内涵》曾获黄石市社会科学优秀成果奖（2003年）。

作，成绩斐然，其《根赋》、《陵堂赋》、《白荷辞》等系列作品，已结集为《骚体长诗——梅赋》一书梓行，其中《荆州梅赋》是同类之作的翘首。该文原以《梅赋》刊发于《人文荆州》2006 年第 4 期。面世后，作者意犹未尽，不时默诵悄吟，一有所得，即点抹修润。为臻佳境，广寄好友，请益学人。参酌众说，修订全文，点明赋梅之地，于题添“荆州”。后以《荆州梅赋》为题，再刊于《荆州日报·荆州地理》2008 年 2 月 1 日，并得配摄影和国画多幅，图文并茂，相得益彰。

梅与松、竹并称“岁寒三友”，历来为传统文人学士钟爱。中国历代咏梅之作，不绝如缕。《诗经》即有“有条有梅”（《终南》）、“摽有梅”（《摽有梅》）、“墓门有梅”（《墓门》），把梅作为吟咏对象。后来诗人，如庾信、萧纲、杜甫、李商隐、苏轼、陆游等，都写了大量咏梅诗词。宋人林逋甚至爱梅如命，至有“梅妻鹤子”佳话。梅花，开放于冬春之交，人称“报春花使”，其傲雪怒放的风姿，牵惹了文人的情愫，或以达夫妻相思之苦，或以敦同好深厚之谊，或以示个人高洁之志，或以傲权贵卑鄙之性。古人讲求君子比德，梅以其清雅俊逸、冰肌玉骨、凌寒留香，象征快乐、幸福、长寿、顺利与和平等五福，而其生长过程，也被人们比附乾元四德——元亨利贞。

漆雕氏之《荆州梅赋》，系隆冬之际，朔风凛冽，老友招邀，饮酒观画、越世高谈之后，对其时主客欢畅情景的感念追记，其情发自生命深处，其意欲摹梅之神韵，直抉梅之精神。由于作者熟谙楚骚，故依屈骚之体，颇得几分神似，拟议其语气，仿佛其笔力，四句一节，句中多以“兮”调整节奏语速；句式不囿于七言，本着情感之流，或短促以求简，或绵长以求缓；以观画为基，故呈思驰象中，写意为上，写实隐曲，而其意始终紧扣画意，从中着意生发，无拘无束，可谓兴起思开，情浓趣盛，画启诗理，诗表画韵。

全文一开始即极力渲染友人的热情殷勤高谊，既有“长揖”，又是“鲜鲤”，主客之间不由不“飞觞”。酒酣之后，主人从秘室之宝箱，捡出得意之《梅花图》，领人赏玩。为助客兴致，主人又以极品茶捧献，于酒茶互进中，主客二人醉而饮，饮复醉，终于在癫狂状态，暂时忘怀尘世，进入奇异的幻想。诗至第五节“出残简斋”稍为一顿，旋即转入对梅的憧憬之中。先是飞升上天，展翅高翔，“玉虬天马为吾开道，鸾皇为吾鼓吹”，而驾苍龙横空行走，揽星斗，凌青云，徜徉于冥漠之地，终于发现一片梅林。然后极力渲染时令的清冷，在万卉纷谢之时，突现梅怒放之风姿：千枝振于高冈，迎朔风而俊逸，于霰雪扬威之际，骨铮铮，气氤氲，芳馥郁。再回笔一转，把梅于严冬之际，树高标、葆丽质、苏世独立、贞心常刚的本性揭出，并于云开日出一片光明之中，描绘松竹含碧郁郁苍苍，更突现于梅的矞矞皇皇。于是在万象生新，呈现飞香走艳、耀白腾黄、逞俊竞秀、含笑流芒的光景。而朱子观物取象，心有所动，不禁搦翰濡墨，再绘华章。以下作者用极生动的笔调，把朱子酒狂作梅图的场景刻画出来。

但见他以大写意之手笔，呈造化之元功，施撞粉点新蕾，添胶砚敷初雪，于浑茫的背景之中，令人感到透明含水之态。其所画梅：枝干舒布如凤翅，垂翼结繁；花蕾点缀如龙鳞，丹凤向阳。其色如红光四射，炽焰张天，似凤凰涅槃，驾火飞升。其绘松梅，如偃月，乔松叠立，松老而愈奇，梅古而愈芳，尽显雄姿媚态；其绘月梅，被朦胧而吐月辉，隐日星而动回旋。宛如循轨八卦，同步昊天，精义幽窈，禅心圆转，如月轮在苍穹运转，呈现静谧安详。在一派盈盈冷艳、颤颤流光之中，梅之疏影横斜、幽香浮动，令读者能不心醉神迷？上述描写，显示作者心灵之敏感，观察之细微，刻画之逼真，为下文虚纳摄景、神驰成像做了良好的铺垫。

在朱子停妙笔、敛芒佩囊、成梅图九卷之后，主客二人又携手前行。这部分从写实蹿入写意，着力描绘朋友为理想的寻觅。于是，驾八龙，挥云旗，观乎八荒，而其心系之处，仍是荆襄大地。在神游之中，忽见天帝驾鸾驻跸前方，而百神礼会，引商刻羽，五音繁会，玉桴击鼓，九歌韶舞，竽瑟高奏，仙女袖扬，一派天上仙境，奇美妙神，顿时展现出来。天帝观荆梅之典丽，忍不住喜泪汪汪，进而要求朱子写巨梅以偿观赏之愿。于是朱子傲首昂立天阙，“我”亦振衣助势。于是一幅幻想中的朱子画梅场景，又渐渐展现而出。

但见朱子雄视万里，神骛八极，胸蓄江海，濡海为墨，裁天作纸，众仙也乐于牵纸助阵。笔起处，纵情挥洒，犹如混沌初开，阴阳方划，天地为之低昂，人神为之赞叹。天风拂袖，雷电烟云为之造势，江海鼎沸，龙甲流光。朱子抒豪情，泼水墨，手展千里云，笔越万仞霄，疏处如八骏容与，密处如枝干奔凑，浓墨如黑云压城，淡墨如白云轻扬，时而笔如轻轺骏马，时而笔如清溪落花，忽如龙梅蜿蜒，忽如鹤骨突兀，霜风凝白处千枝竞秀，笑影流丹处气馥芳菲，天帝不由得赞叹不置，也为朱子之梅图所感染：“吾何心仪而神驰，吾何瞻依而想望！吾何方身以为剖兮，化吾身为二千万？梅花一树兮一朱子，梅花一树兮一帝王！”于是众仙列阵，鼓掌齐吭，金声玉振，声隆山坼。群情激动之时，又有历代钟情之者聚，原来是王咎、王冕、吴昌硕、关山月、潘天寿、齐白石众绘梅高手，不约而同，真乃群贤毕至。大家拱手作揖观画，惊叹朱子构思之奇，臧否朱子技艺之工。以下转入众仙对梅的颂赞。

梅为国花，梅为国魂，芳菲难亏，国祚祉祥。而龚自珍作《病梅馆记》对文人学士以病态的审美观，对梅“斫直、删密、锄正”哀叹。激于义愤，朱漆两人毅然向帝申告："从今后，不可妒梅轻梅斫梅删梅锄夭梅鬻梅遏梅毁梅而又尽掩梅之芳香兮；合令天下名士美人昂其头挺其胸瑟兮［僩］兮赫兮喧兮厉厉落落其才情兮凛凛冽冽其骨气兮浩浩荡荡其正气兮蓬蓬勃勃其喜气洋洋兮！"这段话语，可谓豪气雄遒，正声申辩，是对天下才子悲惨命运的浩叹，是对统治者对天下才子限制扼杀的控诉，也是亟欲为梅的生长创造良好环境的呐喊，把全文的主题推向高潮。

漆雕世彩先生《荆州梅赋》，从观梅画梅入手，以狂放的想象、神奇的夸张、酣适的情感、饱满的笔墨，把荆梅的形态意蕴、神韵、格调，刻画得巨细无遗，达到诗画合一。难能可贵的是，作者咏梅，把梅"品流不落松竹后，怀抱惟应风月知"的品质，具体地烘托而出，回避了理在笔先的习弊，以梅图的生成，把荆梅和朋友两人的心志，呈示出来，物人比德，现实幻想交织，在充分铺叙的基础上，最大限度体现骚体诗比兴的艺术张力，最后把着眼点落在梅的命运，历观梅史，郁愤迸发，声动天庭，要求天下人助梅顺梅惜梅，不可强梅就范，造成天下病梅成灾，此乃卒章显其志也。

2008 年 4 月 5 日写于

湖北师范学院学报编辑部

［附］胡光波先生致函改《梅赋》：

漆雕先生：

您好！获赠大作《梅赋》已年余，不时展玩，觉深得屈子神韵，并在友朋中传阅，大家一并称赏。

在学习中，以愚意对尊品略有损益，但不敢呈示先生久矣。斟酌再三，今战战兢兢贡于先生，聊作读后三感。先生如可之，吾窃喜。先生若以为妄改，且置之弃之。

农历年节将至，姑以为缛贽，献野芹之意。

2008 年 1 月 11 日

对胡光波教授所提的修改建议，总共采用 12 条。世彩记。

2008 年 2 月 22 日

《梅赋》规格宏伟

——致世彩大弟函

沈祥源*

世彩大弟：所寄文章及书籍，均已收到，谢谢！

梅花赋读过，确实文采斐然，规格宏伟；但我看了他人评述，觉得自己也写不出什么新意，请一级作家曹建勋写一篇。他与我同学，武大毕业，后因住医院耽误了。我建议他不必长篇，题字也行，他就写了几句诗，原手稿容后寄，现抄录如下：

诗一首

漆光闪耀烛书坛，雕龙睛点掀巨澜。
世间举目望荆楚，彩绘人生岂一般。
世彩道兄两正！

曹建勋　丁亥年冬月　于东湖　湖光轩

我因杂事繁忙，加上疏懒，很少动笔写东西了，因师生旧情难忘，随意写一五古，不求文采，但求辞达。文如下，供一笑：愚兄　祥源顿首　二〇〇七年七月于武汉大学珞珈山。

赠世彩大弟

漆姓世少见，雕室古多贤。漆雕合为氏，孔门英杰显。
德行称九州，才艺耀中原。历经百余代，薪火继宗先。
当今荆楚地，后裔非等闲。仁弟名世彩，漆雕一脉传。
少怀长风志，负笈潜城南。有幸能相识，忝结师生缘。

---

* 沈祥源，1938年10月出生，湖北黄冈人。中国民主同盟盟员。武汉大学文学院教授，汉语史硕士生指导教师、博士点指导小组成员。主要论文有《关于普通话教学》、《写作的音韵艺术》、《评估我国古代语法研究的新视角》等；专著有《花间集新注》、《千家诗助读》、《实用汉语音韵学》（主编）、《古代汉语》（主编）、《文艺音韵学》、《中国文学史》（参编）等。

农家淳朴儿，攀登不畏艰。闻鸡便起舞，磨杵食一箪。
成绩居前茅，格物苦钻研。课余兴趣广，歌管飘校园。
忆昔世道乱，角逐物相残。君存全贤意，心坦地自宽。
任他风浪起，稳坐钓鱼船。人生各所好，君尚真美善。
红梅意志浓，风韵两相妍。卌载寒彻骨，文采动艺坛。
诗词曲文赋，又创妙楹联。临池练书法，深得名家赞。
多才多艺身，著述百万言。更有兴学情，惠及平民遍。
弟子八千数，辛勤滋蕙兰。桃李正芳菲，功德述不完。
人生重事业，风流动江关。我愧为君师，平庸喜偷闲。
见君事有成，心亦多荣感。如今逢盛世，春光满人间。
祝君上层楼，鸿图大发展。家和万事兴，成就更壮观。
鸾凰和谐鸣，身心永康健！

2007年7月于武昌珞珈山

赏漆雕先生《梅赋》

黄大荣[*]

赋梅不易，写好更难，盖因天下诗词家车载斗量的佳作，几乎写尽了梅的神韵、梅的品格、梅的精神。漆雕先生的《梅赋》，如此真幻杂糅，绚烂奇诡，如此汪洋恣肆，气韵酣畅，得楚辞之神髓，发前人所未发，是我近年读到的一篇辞赋上乘之作。

假如像《梅赋·附记》那样，如实记述诗人与他的画家朋友朱由先生的一次过往，也有文采，也有情感，那是时下散文或叙事诗通常的写法，则因其缺乏艺术想象力、冲击力而嫌平淡，读后不免像作家韩少功那样，站在颓世废墟的湖湘之地深情而无奈地慨叹：绚烂的楚文化流失到什么地方去了？

《梅赋》不然。诗人由“飞觞”而“迷狂”，惚兮恍兮，坐鸾背，凌青空，寻梅林，瞰雪原银装，上穷碧落下黄泉，终于寻见楚水荆梅——幻出癫狂朱子分墨画梅的奇景。既由朱子开宝箱以《梅图》见示，诗人因赏图而醉，此一章作画之幻景，也便意料之外、情理之中了。虽为幻象，诗人唱来层次井然，别具一格。他不写朱子笔飞龙蛇，径将朱子笔下之梅喻龙、喻凤，接下来的松梅、月梅的吟唱，将松的精神、月的魂魄融入梅中，独得朱子画梅的神韵真意。当然，对梅的审美与寄寓，已然分不出客观主观、是朱子还是漆雕了，真妙笔也。通章惟“疏影横斜，暗香浮动”借鉴前人，大约此二句写照传神，已臻化境，诗人情有独钟，甘愿实行“拿来主义”，用得恰到好处，亦属锦上添花。“得梅图之九卷兮”为此章作结，九卷实写四卷，“九”言其多也。

诗人似乎意犹未尽，奇想联翩，复又幻出与朱子同游天庭。天帝称朱子“荆州梅”，奇名奇喻。以下为朱子应诏，当场泼墨，天帝天仙赞梅一章。此章不可无，盖为全篇主旨作近铺垫、强铺垫也：

“吾与朱子厉声语于天帝曰：

从今后，

---

* 黄大荣，湖北沙市人，历任沙市文联副主席，沙市作家协会主席，荆州市文联副主席、市作家协会主席，《中华传奇》杂志社社长、主编，湖北省作家协会理事，湖北省通俗文学学会常务理事。1988年加入中国作家协会。著有长篇小说《国宝》、《炎凉世界》等。

不可妒梅轻梅斫梅删梅锄夭梅鬻梅遏梅
毁梅而又尽掩梅之芳香兮，
合令天下名士美人昂其头挺其胸瑟兮僩兮赫兮喧兮
历历洛洛其才情兮凛凛冽冽其骨气兮浩浩荡荡
其正气兮蓬蓬勃勃其喜气洋洋兮！”

形象寄寓，终觉得难以阐发“奥义微旨”，诗人胸中块垒，早已经壅塞入喉，不吐不快。一腔豪情豪气，冲决而出，好似京剧里的“剁板”，二字一顿，三字一挫，复取双声叠韵，铿铿锵锵，金声玉振，掷地有声，大有撼天动地之慨！至此，《梅赋》不仅得楚辞之文采音韵，更得了楚辞之精神。

漆雕先生生息于荆楚故地，深受其两大文学传统的滋养、浸润。窃以为，性灵派反对剿袭、泥古，力主通变；独抒性灵，不拘一格，文章非自胸臆出，不肯下笔；以及推崇民间通俗文学，不避俚俗，这些主张，实与屈宋《楚辞》一脉相承。文学的本质与规律，尽在其中，舍此岂有他哉。楚辞的博大、深沉，瑰丽、奇峻，澎湃洋溢的浪漫主义激情，对严峻现实与民生艰难的倾情关注，迄今令世人高山仰止，自愧难以企及。“诚既勇兮又以武，终刚强兮不可凌。身既死兮神以灵，子魂魄兮为鬼雄”，楚人的刚毅执著，流淌在我们的血脉；“怀疑自遂古之初，直至百物之琐末，放言无惮，为前人所不敢言”，《天问》的心驰无极，飞扬于我们的神思；“心灵无涯，搜之愈出，相与各呈其奇，而互穷其变，然后人人有一段真面目溢露于楮墨之间”，屈子、三袁的真性情，将成全我们的文学大梦。

文学乃想象的天堂，情感的天堂，思想的天堂。所谓天堂，作家诗人创造的有别于现实世界之另一世界也。漆雕驰乎天堂，神游万仞，心翔无极，洋洋洒洒，痛快淋漓，赢得一次精神的自由翱翔，一次心灵人格的洗礼。

然而，诗人最终还是跌落人间，回到现实，回到世俗生活的平平淡淡，间或还会“仍辟梅馆以疗梅兮，吾唏嘘而感伤”！

这便是人间诗人的漆雕、人间画家的朱由以及芸芸众生的人间你我，与现实与人生与理想与楚辞与梅花与上帝的关系。

诗人最后的调子低了下来，回归于平实与平静，他似乎已无意徘徊久留于他的得意的吟唱。从艺术上讲，有如豹尾，收煞干净利落，从精神上讲，它让我们冷静面对不能不面对的眼前的一切。

朱子应天帝诏写一章，似有可问之处。作为“厉声语于天帝”的一番慷慨陈词的铺垫，逻辑关系尚欠谨严。既有大段朱子画梅幻象在先，此章着墨太多，亦有重复冗繁之嫌。姑妄言之，合则取，不合则漆雕先生不予置理可也。

2006年7月9日草于古城陋巷思雨楼

弘扬传统　继绝楚骚

——漆雕世彩先生骚体长诗《荆州梅赋》艺术特色管窥

郑泽宇*

《荆州日报》2008年2月1日发表的漆雕世彩先生的骚体长诗《荆州梅赋》，真是令人大开眼界。骚体诗这种文学样式，由于年代的久远和写作的繁难，一直比较寂寞。自屈宋而后，两千多年来，其体式微。《荆州梅赋》的横空出世，为当代文坛增添了一朵娇艳的鲜花。

《荆周刊》2008年1月12日从来自全国各地的一万多条"一句话叫响荆州"广告语中遴选出60条公布于众，拙作"古楚风骚，三国风云，水乡风情"有幸入围。"古楚风骚"就是指"楚风"（以《诗经》中的《周南》、《召南》为代表："《周南》、《召南》就是《诗经》里的《楚风》。"——胡适《谈谈〈诗经〉》）和"楚骚"（以《楚辞》中的《离骚》为代表）。作为荆楚儿女的漆雕先生，胸怀弘扬荆楚文化的使命感，知难而上，近年来，致力于骚体诗的研究与创作，取得了丰硕的成果。《荆州梅赋》就是他献给大家的最为出色的力作。笔者不揣谫陋，来谈一谈这篇诗赋的若干艺术特色。

弘扬楚骚之骚雅

《离骚》是荆楚先贤、伟大的爱国诗人屈原的代表作，是我国古典文学中最长、最宏伟、最壮丽的政治抒情诗，也是一篇光耀千古的浪漫主义杰作，它代表了楚辞的最高艺术成就。《荆州梅赋》的作者不仅遵循了屈原的浪漫主义手法，天上人间，任意纵横，而且直接从《离骚》中吸收了丰富的营养，来滋润自己的作品。刘勰在《文心雕龙·辨骚篇》中说："名儒辞赋，莫不拟其仪表（后世有名文人写作辞赋，没有不模拟效法他的）"。

例如，"前玉虬使先驱兮，后天马使腾骧。鸾皇为予鼓吹兮，驾苍龙而徜徉"就化用了"前望舒使先驱兮，后飞廉使奔属。鸾皇为余先戒兮，雷师告余以未具"。"欲上下而求索兮，将往观乎四荒"化用了"路漫漫其

* 郑泽宇，中国楹联学会会员，荆州市楹联学会会长。

修远兮，吾将上下而求索”。“驾八龙之蜿蜿兮，挥云旗而飞扬”化用了“驾八龙之蜿蜿兮，载云旗之委蛇”。“畅予怀而弭节兮，神高驰乎天堂”化用了“抑志而弭节兮，神高驰之邈邈”。“聊欣欣以淫游兮”化用了“聊浮游以逍遥”。“百神礼而咸集兮，九嶷缤其以迎”化用了“百神翳其备降兮，九疑缤其并迎”。除此之外，还有直接引用的“吾令帝阍开关兮”、“奏九歌而舞韶”等。而“迥苏世而独立”则源自屈原的另一名作《橘颂》之“苏世独立”。

这种化用的手法，在古典诗歌的创作中是很常见的。例如，秦观《满庭芳》中的“斜阳外，寒鸦万点，流水绕孤村”化用了隋炀帝绝句中“寒鸦千万点，流水绕孤村”。又如，王安石《桂枝香·金陵怀古》中“至今商女，时时犹唱，后庭遗曲”化用了杜牧《泊秦淮》中“商女不知亡国恨，隔江犹唱后庭花”。这种利用前人作品中的某些文句，或增减字词，或变换结构，使其成为自己作品中的句字的方法就叫做“化用”，它可以使文字典雅警策，增强作品的表现力。

光大楚风之风韵

汉语词汇有不少是摹写视觉和听觉的，也就是说用双声、叠韵、叠字或其他方式来描绘一种形象、声音，或表达一种情感，使诗文色彩瑰丽，形象生动。这在修辞方法上叫做摹状。《文心雕龙·声律篇》中说：“凡声有飞沉，响有双叠（凡是语音的声调都有飞沉平仄，字词的音响有双声叠韵）。”

《诗经》里有大量的这种摹状形容词。开篇第一首《关雎》第一句“关关雎鸠”便有叠字“关关”，第三句“窈窕淑女”又有叠韵字“窈窕”，第五句“参差荇菜”还有双声字“参差”，第十二句“辗转反侧”更有双声叠韵字“辗转”。第五首《螽斯》竟然句句都有叠字：“螽斯羽诜诜兮，宜尔子孙振振兮。螽斯羽薨薨兮，宜尔子孙绳绳兮。螽斯羽揖揖兮，宜尔子孙蛰蛰兮。”

漆雕先生精心打造的《荆州梅赋》深得此法之精髓。第二节“入秘室之幽窈兮，赏梅图兮开宝箱。见卷轴之琳琅兮，透红梅之馨香”，便连用了“幽窈”、“琳琅”和“馨香”三组双声字。第五节“怪事以生发兮，身飘摇入混茫。恙朱子之殷勤兮，携我出残简斋房”，又连用了“飘摇”、“殷勤”和“残简”三组叠韵字。

至于叠字，更是层出不穷。例如，中间的“雪霏霏兮花苞瑟瑟，香馥馥兮醉吾心房”和收尾的“意融融而情洽洽兮，日沉沉兮射壶觞”，都是2句中便有3组。而“忽云开而日出兮灼灼闪闪，松竹含碧兮郁郁苍苍。楚水蒸霞兮灿灿烂烂，荆梅生彩兮裔裔皇皇！”4句中竟有8组。还有“合令天下名士美人昂其头挺其胸瑟兮僩兮赫兮喧兮厉厉落落其才情兮凛凛冽冽其骨气兮浩浩荡荡其正气兮蓬蓬勃勃其喜气洋洋兮！”1句中叠字竟然达到了9组之多，均远远超过了《螽斯》6句中有6组的纪录。

顾炎武《日知录》卷二十一说：“诗用叠字最难，《卫风》‘河水洋洋，北流活活，施罛濊濊，鳣鲔发发，葭菼揭揭，庶姜孽孽’连用六叠字，可谓复而不厌，赜而不乱矣。《古诗》‘青青河畔草，郁郁园中柳，盈盈楼上女，皎皎当窗牖，娥娥红粉妆，纤纤出素手’连用六叠字，亦极自然。下此无人可继。”顾炎武的担心是多余的，漆雕先生不仅继承了其风韵，而且将其发扬光大。《诗经》叠字较多，《周南》11首，《召南》14首，共有76节，叠字共有44组；《楚辞》中，《离骚》92节，叠字17组；而漆雕先生的《荆州梅赋》68节叠字竟达50组之多，无论是在比例上还是在绝对数量上都超过了《周南》、《召南》、《离骚》！

传承风骚之对偶

把两个字数相等、结构相同或相似的语句并列在一起以表达相关或相反内容的修辞方法叫做对偶。对偶句由于字数相等，音节和谐，符合美学上的均齐原则，因此能使诗文产生整齐的美感，并能增强语言的音韵美。

《诗经》中有“是刈是濩，为絺为绤”（《葛覃》）；“遵彼汝坟，伐其条枚”（《汝坟》）；“喓喓草虫，趯趯阜螽”（《草虫》）。《楚辞》中有“桂棹兮兰枻，斫冰兮积雪”（《湘君》）；“朝搴阰之木兰兮，夕揽洲之宿莽”；“惟草木之零落兮，恐美人之迟暮”；“既滋兰之九畹兮，又树蕙之百亩”；“朝饮木兰之坠露兮，夕餐秋菊之落英”。以上这些都是一句对一句的单对。《荆州梅赋》中则有“飞香兮走艳，耀白兮腾黄”；“逞俊兮竞秀，含笑兮流芳”；“浅红如桃之夭夭兮，嫩黄如杏之淡淡”；“忽呼啸兮龙梅蜿蜿，忽翻飞兮凤梅皇皇”；“霜风凝白兮千枝竞秀，笑影流丹兮万里飘香”；“楚水蒸霞兮灿灿烂烂，荆梅生彩兮裔裔皇皇！”真是满目琳琅！

在上述单对中，有的不仅上下两句成对偶，而且在一句中又自成对偶。例如，《诗经》中的“是刈是濩，为絺为绤”，是“是刈”对“是濩”，“为絺”对“为绤”。《楚辞》中的“桂棹兮兰枻，斫冰兮积雪”，“桂棹”对“兰枻”，“斫冰”对“积雪”。同样，《荆州梅赋》中的“飞香兮走艳，耀白兮腾黄”，“飞香”对“走艳”，“耀白”对“腾黄”。“逞俊兮竞秀，含笑兮流芳”的情况也类似。

《诗经》中还有“昔我往矣，杨柳依依。令我来思，雨雪霏霏。”（《采薇》）《楚辞》中还有“擥木根以结茝兮，贯薜荔之落蕊。矫菌桂以纫蕙兮，索胡绳之丽丽。”（《离骚》）这些都是两句对两句的偶对。《荆州梅赋》中则有“怃青霜之凛冽兮，凋万卉于大野。喜红梅之绽放兮，竞千枝于高冈”，“朔风之慓栗兮，目铮铮而俊逸。霰雪之扬威兮，气氤氲而芬芳”。

上述对偶的使用，使语言形式整齐，结构匀称，形成整齐的美。从语音上说，使音律和谐，朗朗上口，形成音乐美；从表意上说，使语言表达凝练、含蓄，产生言简意赅的表达效果。

吸收传统之精华

漆雕先生在《荆州梅赋》中还吸收了不少先贤名家的优秀成果，使得这篇作品更加熠熠生辉。《荆州梅赋》是写梅花的，当然少不了借鉴古往今来咏梅的名篇警句。例如，“有疏影之横斜兮，浮暗香于昏黄”化用了林逋《山园小梅》中“疏影横斜水清浅，暗香浮动月黄昏”。“吾何方身以为剖兮，化吾身为二千万？梅花一树兮一朱子，梅花一树兮一帝王”，化用了陆游《七十八岁梅花诗》中“何方化作身千亿，一树梅花一放翁”。篇末定盦然泪下哭诉之情节，更是取材于龚自珍（号定盦）的散文小品《病梅馆记》。

另外，“跨神鹏以南征兮，邅吾道夫荆襄。展鹏翼而垂天兮，聊从容而回翔”，化用了《庄子·逍遥游》中“有鸟焉，其名为鹏，背若泰山，翼若垂天之云；抟扶摇羊角而出者九万里，绝云气，负青天，然后图南，而适南冥也”。

《荆州梅赋》通过以上艺术手法，刻画了梅花品格的高洁，赞颂了朱由（号荆州梅）先生画梅技艺的高超，展现了朱漆两位艺术家之间友谊的高雅。笔者也是梅花的爱好者，20世纪90年代初曾在《沙市日报》（1991年12月24日）上发表了《七律·咏梅》：

独立寒冬绝俗尘，关山装点倍精神。
暗香疏影花枝俏，铁骨冰心品格纯。
傍菊依莲堪媲美，凌风傲雪不争春。
群芳烂漫韶光好，笑在丛中意味深。

这首诗于2007年参加了在南京举办的中国咏梅诗词歌曲大赛。赛事于今年3月揭晓，拙诗被评为优秀作品，并被编入中国文联出版社同期出版的中国（南京）咏梅诗词歌曲征集优秀作品集《清声雅韵颂国魂》。很荣幸地读到漆雕先生的《荆州梅赋》，欣然命笔，草成此文。

2008年4月于春雨斋

论《梅赋》叠音词的审美功用

邓嗣明*

漆雕世彩先生的新作《梅赋》，乃其屈骚美文的又一力作。他遥承屈子香草美人、狂怪率真之传统，将朱由先生之梅画内韵揭示得要眇宜修，风采别具。写人，熏香掬艳，炫目醉心，运密入疏，寓浓于淡，极儿女燕昵之态；状景，则汪洋恣肆，大开大合，一片云烟之气。作者在古老的文本里注以现代汉语之精华，遂使骚型体式焕发出青春的光焰。全诗迂回断续，典丽清纯，天上人间，一波三折，给人瑰伟奇肆之美趣。然就其语言而论，实多直寻，而少补假，得自然之英旨。其间最为传神显韵者，乃为叠音词之运用。

叠音词，常在诗词中展现其深婉之姿，给人一种特殊的音乐形象感受，表达出一种舒缓、悠然、深沉、婉转、缠绵之情感。溯其源，其美趣乃出于风骚传统。如《诗经·采薇》："昔我往矣，杨柳依依；今我来思，雨雪霏霏。"写征夫归途中所见所感，以"依依"模写出征时杨柳迎风摇曳之态，以"霏霏"状其归来大雪纷扬凄冷之景，声调谐美，意象优雅，借物象映衬人物内心的悲凉。这些叠音词，读来上口、亲切，易记易传。正如顾炎武言："诗用叠字最难。卫诗'河水洋洋，北流活活，施罛濊濊，鳣鲔发发，葭菼揭揭，庶姜孽孽'，连用六叠字，可谓复而不厌，赜而不乱矣。古诗'青青河畔草，郁郁园中柳。盈盈楼上女，皎皎当窗牖。娥娥红粉妆，纤纤出素手'，连用六叠字，亦极自然。"（《日知录》上海古籍出版社 1985 年版）在谈到《楚辞》之叠音词时，亦云："屈原《九章·悲回风》：'纷容容之无经兮，罔芒芒之无纪。轧洋洋之无从兮，驰逶迤之焉止。漂翻翻其上下兮，翼遥遥其左右，泛潏潏其前后兮，伴张驰之信期。'连用六叠字，宋玉《九辩》：'乘精气之抟抟兮，骛诸神之湛湛。骖白霓之习习兮，历群灵之丰丰。左朱雀之茇茇兮，右苍龙之跃跃。属雷师之阗阗兮，通飞廉之衙衙。前轻辌之锵锵兮，后辎乘之从从。载云旗之委蛇兮，扈屯骑之容容。'连用十一叠字，后人辞赋亦罕及之者。"（同上）他之所

---

* 邓嗣明，湖北省文艺理论家协会会员。湖北省有突出贡献中青年专家，著名文艺理论家，中学语文特级教师。享受政府专项津贴，荆州市文艺理论家协会副主席。著有《中国词美学》等专著多部。

以极口称赞诗骚连用叠字，甚至以为“下此即无人可继”，就因为叠音词，状物拟声，能传出客观物象之意态神韵，增进情感强度，显示出复沓的音节之美。

北宋著名词人宋祁尝言：“《离骚》为词赋之祖，后人为之，如至方不能加矩，至圆不能过规。”这话，表达了他对骚型体文学的崇拜之情，亦显现了屈赋乃不可企及之典范。当然，他的这种说法，亦乃井蛙之见。当年，淮南子作《招隐》，亦具纵横艰大之势。胡应麟评曰：“至淮南《招隐》，叠用奇字，气象雄奥，风骨棱嶒，拟骚之作，古今莫迨。”（《诗薮》上海古籍出版社 1979 年新一版）洵非虚语。在《梅赋》中，漆雕先生亦恰当运用叠音词，抒情状物，间色造境，遂使句意舒缓，语势回环，亦具审美之魅力。

在我看来，《梅赋》中叠音词的审美功用，主要表现在如下方面：

（一）具象美

以叠音词示现意象美，也始于诗骚。刘勰《文心雕龙·物色》云：“诗人感物，联类不穷。流连万象之际，沉吟视听之区；写气图貌，既随物以宛转；属采附声，亦与心而徘徊。故‘灼灼’状桃花之鲜，‘依依’，尽杨柳之貌，‘杲杲’为日出之容，‘瀌瀌’拟雨雪之状，‘喈喈’逐黄鸟之声，‘喓喓’学草虫之韵……并以少总多，情貌无遗矣。”《离骚》更以众多叠音词展示纷繁多姿意象美，俯拾即是。如“余固知謇謇之为患兮，忍而不能舍也”这一句中用了叠音词“謇謇”。王逸注曰：“謇謇，忠贞貌也。《易》曰：‘王臣謇謇，匪躬之故。’”（《楚辞章句补注》吉林人民出版社 1999 年版）朱熹注云：“謇謇，难于言也。直词进谏，己所难言，而君亦难听，故其言之出，有不易者，如謇吃然也……言己知忠言謇謇，必为身患，然中心不能自止而不言也。”（《楚辞集注》上海古籍出版社 1979 年版）从这里，我们可以看出，叠音词所展现的是一位敢于直言，而又由于激动而有点口吃的直谏大臣的忠贞形象。

可见，由叠音词构成的意象，其独特审美功用乃在导引鉴赏者破译诗的情感密码，就像诗人创作过程中的审美想象那样，鉴赏者在“再造性想象”活动中，深入到音韵的内涵中去品赏一种具象美。本此，中国台湾诗人余光中尝言：“诗人内在之意诉之于外在之象，读者再根据这外在之象试图还原为诗人当初的内在之意。”（《论意象》）诗人总是通过意之象，向读者发出信息，表情达意。其中的“意”具有指向性，并将这种指向性通过具象外射出来，蔓延成为暗示的烛光，导引着读者走向诗的深层底蕴去察幽探胜。从这层意义上说，创作是诗人对审美对象的阅读，从而营构出审美意象；而阅读，则是在意象导引下体味作品之具象，从而发掘出诗人的心意情思。

漆雕先生正是这样用叠音词来阅读他的审美对象，从而营造具象美。请看他的诗行：

朔风之憭栗兮，骨铮铮而俊逸，
霰雪之扬威兮，气氤氲而芬芳。

立高标于巉峻兮，迥苏世而独立，
葆丽质于严冬兮，常贞心而坚刚。

忽云开而日出兮灼灼闪闪，松竹含碧兮郁郁苍苍，
楚水蒸霞兮灿灿烂烂，荆梅生彩兮矞矞皇皇！

飞香兮走艳，耀白兮腾黄。
逞俊兮竞秀，含笑兮流芳。

浅红如桃之夭夭兮，嫩黄如杏之淡淡，
纳万卉于胸次兮，朱子跃跃欲写华章。

寻深处以移步兮，眇不知其所之也，
雪霏霏兮花苞瑟瑟，香馥馥兮醉吾心房。

时朱子已颠狂兮，气磅礴而生胸，
分墨色之五彩兮，舞巨笔以颉颃。

忽风雷之隆隆兮，其声威动山川，
仙风之弥六合兮，有云霾之翕张。

这几节乃《梅赋》之精彩华章，叠音词在这里亦得到极大张扬。一幅幅丰美之意象透纸而出，立于读者面前："朔风之憭栗兮，骨铮铮而俊逸，霰雪之扬威兮，气氤氲而芬芳。""忽云开而日出兮灼灼闪闪，松竹含碧兮郁郁苍苍，楚水蒸霞兮灿灿烂烂，荆梅生彩兮矞矞皇皇！"铮铮，显现画师笔下梅干铁骨，揭示一种具象。梅花，历来是画家笔下四君子之一。著名画家潘天寿题梅云："铁杆轮逡尽十围，繁花天半与霞绯。"所显现的，乃梅品孤高，梅神坦然之节操风姿。柳亚子《为廖夫人题画四首》之一，言："殷红富贵尽风流，未必人间见白头。何似寒梅留劲节，漫天风雪不

须愁。”诗人一改前人多写梅之清香，而写梅留“劲节”，将梅之品格以更高定位，赞梅亦赞人，具有创新意味。漆雕先生则一边写梅，一边写人，梅里有人，人里有梅，梅人合一，表面赞梅画，实则赞人之风骨。画师朱由先生，以传写汉简而名重荆楚。他书画兼擅，其梅花自具品格。在长期的研习中，沉湎其中，人谓之“荆州梅”，而他自号“梅里梅气”，足见其执著之状。对于这样一位倔强老人，我心仪已久，可惜从未谋面。他曾托他的公子带给我一本《朱由书画》，并邀请我去他家做客，但终因忙碌，未能如愿。接读漆雕先生之《梅赋》，浮想朱老之清韵，亦一乐事也。其句“忽云开而日出兮灼灼闪闪，松竹含碧兮郁郁苍苍，楚水蒸霞兮灿灿烂烂，荆梅生彩兮矞矞皇皇！”连续用了“灼灼闪闪”、“郁郁苍苍”、“灿灿烂烂”、“矞矞皇皇”诸叠音词，写出了荆梅的妍丽，也写出了朱老先生的孤高人品，写梅即写人，风姿绰约，传神显韵。这就是《梅赋》中叠音词的神奇审美功用，表现出一种具象之美。

从诗歌美学的观念看来，诗是主抒情之美文学，正如叶嘉莹先生所论，它主要不是诉诸知性而是诉诸感性。因此，它对于读者，不是被动接受而是主动触发。在美的意象里，诗人的内在之意融化于外在之象，读者正是根据外在之象，去寻索与领悟诗人的内在之意。同时，欣赏者亦变被动消极接受，而为主动积极之参与和创造。审美实践表明，美的意象能调动读者之生活经验、艺术修养和想象能力，使其在审美活动中补充、丰富和发展诗人所完成的意象，在再创作与再评价中和作者共同进行意象创造。有学者把这种意象称之为“再生性意象”、“再造性意象”或“继起性意象”。如果诗行只是一些概念堆积或陈旧形象的拼凑，而缺乏鲜明独特的内涵丰厚之具象，那么这种给予读者主动自由的美的再创造，就将成为画脂镂冰。

在诗歌美学中，意象与美结下的是不解之缘，因为美是具象的。美的性质是可感的，乃诉诸人的直觉形象的事物；只有形象，只有那种能够引起人们的审美情感的具体鲜明的形象，才具有审美属性，才能成为人们的审美对象，才构成诗之意象，否则就不能召唤人的审美快感。车尔尼雪夫斯基说：“美感的主要特征是一种赏心悦目的快感。”（《美学论文选》人民文学出版社 1957 年版）要能够悦之于“目”而赏之于“心”，就必须有赖于鲜明生动的创造性形象，而人们正是在对艺术形象的审美欣赏活动中，产生审美的愉快与喜悦。《梅赋》以叠音词打造意象美，极具具象性。这一点很难把握，非吸收楚骚之神韵，绝不能办。正如沈德潜曰：“孟东野诗，亦从风骚中出，特意象孤峻，元气不无斲削耳。”（《说诗睟语》）请欣赏以下句子：

浅红如桃之夭夭兮，嫩黄如杏之淡淡，
纳万卉于胸次兮，朱子跃跃欲写华章。
寻深处以移步兮，眇不知其所之也，
雪霏霏兮花苞瑟瑟，香馥馥兮醉吾心房。
时朱子已颠狂兮，气磅礴而生胸，
分墨色之五彩兮，舞巨笔以颉颃。
忽风雷之隆隆兮，其声威动山川，
仙风之弥六合兮，有云霾之翕张。

这些诗句中的叠音词，都显现出一种丰厚之意象。夭夭，状茂盛而艳丽；淡淡，显鲜嫩而雅淡；跃跃，写人物心情欢悦激动；霏霏，形雪片密如繁英；瑟瑟，传花苞洁净鲜明；馥馥，谓香气馥郁浓烈；隆隆，言声音之剧烈震动……变无形为有形，化声韵为意象。叠音错落，气韵流动，常常给人一种“百转千回，绕梁三日”之美感，让人领略一种“大珠小珠落玉盘”的美学享受，让语言平添一种音乐之风神。叠音词的大量存在，确使汉语有一种得天独厚的现美之功。诚如明人李重华所云：“叠音如两玉相叩，取其铿锵，双声如贯珠，取其宛转。”（《贞一斋诗说》）

（二）动态美

叠音词所营构的意象，常常呈现出一种动态美。这种美，极为美学家所称道，谓之“化美为媚”。

欧洲文艺复兴时期，意大利诗人阿里奥斯托，在他的叙事诗《疯狂的罗兰》中描绘了美女阿尔契娜之形象，诗人多方面地表现她的容貌和体态，博得了意大利学者道尔齐的赞赏，认为读者“会认识到在什么程度上高明的诗人也是高明的画家”。而德国著名美学家莱辛则不同意这种看法，于是，他在其名著《拉奥孔》里提出了“化美为媚，媚就是在动态中的美”的著名论点，他认为，“媚比起美来，所产生的效果更强烈。阿尔契娜的形象到现在还能令人欣喜和感动，就全在她的媚”，在于诗人对她的眼睛所作的“娴雅地左顾右盼，秋波流转”的暗示（《拉奥孔》人民文学出版社 1979 年版）。我国著名美学家朱光潜先生对此解释说：“莱辛推阐诗不宜描写物体之说，以为诗对于物体美也只能间接地暗示而不能直接地描绘，因为美是静态，起于诸部分的配合和谐，而诗用先后承续的语言，不易使各部分在同一平面上现出一个和谐的配合来。”（《诗论》生活·读书·新知三联书店 1984 年版）他还指出，这种暗示有两种，其中一种就是化美为“媚”。（同上）因此，诗中所谓化美为媚的意象创造和组合，亦即从动态中去描写物象，或者描绘物象的动态，而避免纯静止的叙述。

事实上，人世间的万事万物都处在运动之中，静止则是相对的，此乃化美为媚之生活依据。同时，具有流动美的意象，较之静态的意象更富于生命力，更能调动读者的本身对于流动状态之联想。抒情诗，长于写景状物，抒情寄慨，刻画人物形象并非抒情诗之所长。但如果善于经营动态意象，却可以获得出乎意外之美学效果。《梅赋》中，叠音词对于意象的营造，确乎注意到了这种动态美。

请看下面诗句：

梅干舒如凤翅兮，生鳞皴于其上，
展花枝之翼翼兮，似丹凤之朝阳！

绽盈盈之冷艳兮，态颤颤而流光，
有疏影之横斜兮，浮暗香乎昏黄。

欲上下而求索兮，将往观乎四荒，
驾八龙之蜿蜿兮，挥云旗而飞扬。

百神礼而咸集兮，九嶷臬臬以迎，
吾与朱子觐见兮，起欢声而动宫商。

帝曰："汝乃荆州梅乎，何不示尔绮章?"
帝览梅图之典丽兮，何喜泪之汪汪。

诗行飘逸灵动，具有一种动态感："梅干舒如凤翅兮，生鳞皴于其上，展花枝之翼翼兮，似丹凤之朝阳!"显现的是梅干如凤鸟翱翔，花枝似飞鸾飞动之意象。恰切生动，如落花依草，点缀映媚，传出画韵动态之美。古人尚有"翼翼飞鸾，载飞载乐"之句，其神韵，正来自叠音词"翼翼"之妙用。

诗中诸如"绽盈盈之冷艳兮，态颤颤而流光"，"驾八龙之蜿蜿兮，挥云旗而飞扬"。"百神礼而咸集兮，九嶷臬臬以迎"，"帝览梅图之典丽兮，何喜泪之汪汪"……之句，渲染出一种人神共进的飘摇飞动之美趣。其叠音词"盈盈""颤颤""蜿蜿""臬臬""汪汪"所构成的动态连续演示，使静止凝定的画面呈现出流动摇曳情态，复沓婉转，意象奇奥，展现出人美，画美，情韵美。

2010年11月6日夜

梅与赋的精美合一

——评漆雕世彩先生《梅赋》

林家骊*

《梅赋》是漆雕世彩先生欣赏友人朱由先生所画之梅而作，全赋316句，2222字，是当代第一篇骚体长诗，全赋以梅为中心，又无处不写“朱子”与“我”，行文如行云流水，出入古今，上下求索，可以说是“朱子”之梅与“漆雕”之赋交融合一。其构思缜密，循环往复；想象丰富，采用多种艺术方法，语言绮丽，直追骚人；托物言志，忧国忧民；模拟楚辞，创造出新篇章，取得了很大的成功。

一　构思缜密　循环往复

《梅赋》行文跌宕起伏，构思缜密，全赋共分为六节，从“朱子之高谊兮”至“予心骨酥而意洋洋”为第一节，由现实写起，交代事由，应友人“朱子”之邀共赏梅图。紧接着“何茶香之挟酒香也，薰我至微醉，既醉而复饮兮，意恍惚而迷狂”，承上启下，忽入幻境。由此至“香馥馥兮醉吾心房”为第二节，写“朱子”与“我”飞升以寻梅林，赞荆梅之独立坚贞品格及其美丽醉人。从“时朱子已颠狂兮”至“浮暗香乎昏黄”为第三节，写“朱子”画梅图，“龙梅”、“凤梅”、“松梅”、“月梅”等，华彩俊逸。从“停朱子之妙笔兮”至“兆国祚之祯祥”为第四节，写“朱子”与“我”携梅图南征而神游至天堂，觐见天帝，为天帝画梅，天帝、画圣及众仙赞梅，赞其构思技法之雄奇，纵横开阖，壮阔宏丽。从“忽定盦之畫然兮”至“蓬蓬勃勃其喜气洋洋兮”为第五节，写龚自珍疗梅、哭梅，并痛陈因权贵豪富不仁而导致社会黑暗，“我”与“朱子”听后厉声语于天帝，弘扬正气，莫要毁才。从“恰豪语之喧哗”至“日沉沉兮射壶觞”

---

* 林家骊，浙江大学人文学院中文系教授、中国古代文学专业博士生导师；浙江树人大学人文学院院长，中国屈原学会副会长。主要从事中国周秦汉魏晋南北朝文学、中国古典文献学、浙江地域文化研究；任浙江大学楚辞学研究中心副主任。先后承担国家哲学社会科学研究规划基金项目、国家社科基金项目、教育部项目、全国高校古籍整理研究工作委员会项目、浙江省哲学社会科学研究规划基金重点项目、浙江省社联重点项目等10余项。在《文学评论》、《文史》、《文学遗产》、《文献》、《中华文史论丛》、《浙江大学学报》等刊物发表学术论文100余篇，出版著作17部。

为结尾，从天堂跌入现实，与开头遥相呼应。从整体来看，全赋遵循着“实—虚—实”的情节模式，开头是实写，中间四节是虚幻的，结尾又回到现实，首尾呼应，循环往复；在中间四节中，虚中有实，虚实难以截然区分，作者赞梅之美丽，歌颂梅之坚贞不屈品质，又由梅之被摧残，联想到有才之人不受重视，呼吁社会爱惜人才，将古老的艺术形式融入现实生活中，亦真亦幻。

二　想象奇诡　惊采绝艳

从与“朱子”入画堂赏梅写起，“意恍惚而迷狂”，跌入幻境，一直到第五节，作者充分展开想象，上下千年，纵横驰骋，飞升天际，寻找梅林，与天帝及众仙对话，为天帝画梅，后又转接龚自珍疗梅，想象奇异。如第二节写上天以寻梅林，犹如仙人飞升，“坐鸾背”、“驱玉虬”、“腾天马”、“驾苍龙”等等，甚至发出“吾令帝阍开关兮，来吾驮夫太阳”此惊人之语，可见其想象之大胆离奇。第三节写“朱子”观荆梅心有所动，其颠狂画梅场景，乃一篇锦绣，画龙梅其笔纵横如龙虎，势腾跃如鹰扬，具体体现为“屈龙骨入虬枝兮，舞青龙兮激昂，有玉龙之迴翔兮，出苍龙乎海疆”；画凤梅则“写梅干如凤翅兮，生鳞皴于其上，展花枝之翼翼兮，似丹凤之朝阳”，“发红光以四射兮，见凤凰之涅槃”；画松梅如偃月，“矗乔松之雄姿”，显出雄奇之美；绘月梅“吐满月之精魄兮，隐日星之辉光”，宛如八卦循轨，与天同步，玉色清标，显出朦胧美。各极其态，绝不相类，最终呈现出“绽盈盈之冷艳兮，态颤颤而流光，有疏影之横斜兮，浮暗香乎昏黄”的醉人梅图，与前“时朱子已颠狂兮，气磅礴而生胸，分墨色之五彩兮，舞巨笔以颉颃”相映衬。又如第四节写神游天堂，九嶷之神相迎，奏九歌舞韶，扬玉桴击鼍鼓，众仙女起舞飞扬等等，无一不体现出其想象丰富；为天帝画梅，更是天人巨笔，惊采绝艳：“蓄江海以停胸兮，视万里而骛八方，濡海水以为墨兮，裁蓝天而为纸张。挥椽笔以遣兴兮，众仙牵纸而来傍，劈空一画兮混沌开裂，纵情挥洒兮天地低昂。”极尽夸张，以海水为墨，以蓝天为纸，可见其视野之开阔；接着“墨雨飞落兮疑星云之过霄汉，笔行纸上兮如群帝之骖龙翔”，健笔如飞，既是想象夸张，又是比喻，这也就更加衬托了“朱子”画技之高超。赋中对朱子画梅情形的描写，采用各种艺术手法，驱使宏辞丽藻。拟人法、衬托法如“天风浪浪兮拂我襟袖，雷电轰隆兮烟云奔忙，清光骤凝兮江海震沸，虬龙夭矫兮鳞甲流光”，夸张法如“疏处可走马，行八骏之容与，密处不使透风，挺枝干之幽长”，排比法如“忽呼啸兮龙梅蜿蜿，忽翻飞兮凤梅皇皇，忽突兀兮鹤骨崚嶒，忽偃蹇兮逸趣悠长”，又以众画圣王呇、王冕、吴昌硕、关山月、潘天寿、齐白石来赏梅，衬托“朱子”所画梅之美丽。总之无论是采用衬托法、比喻法，还是夸张法、排比法，都体现了“朱子”画梅之美，也使本赋显得惊采绝艳。

三　托物言志　忧国忧民

《梅赋》名为咏梅，但透过字里行间，依然能够感到作者及友人对梅所象征品格的称赞及其所寄托的忧国忧民的情怀。用赋中语即“恢楚艺之煌煌兮，写楚梅之韵长；梅为国花兮，膺民族之魂也，芳菲菲而难亏兮，兆国祚之祯祥！”自古以来，梅就受到文人墨客们的喜爱，赞扬其不畏严寒独自开的坚贞品质及其幽香沁骨之芬芳，如有“梅妻鹤子”之称的宋人林逋《山园小梅》之“众芳摇落独暄妍，占尽风情向小园。疎影横斜水清浅，暗香浮动月黄昏”句，赞梅之高节与清香；王安石《梅花》诗称赞梅花“凌寒独自开”、“唯有暗香来”的高洁品质；朱熹《梅花赋》以屈原不遇寄托自身感慨等等，可知，梅为文人们喜爱，并被寄予一定的象征意义。作者写荆梅“忼青霜之凛冽兮，凋万卉于大野，喜红梅之绽放兮，競千枝于高冈。朔风之憭栗兮，骨铮铮而俊逸，霰雪之扬威兮，气氤氲而芬芳。立高标于巉峻兮，迥苏世而独立，葆丽质于严冬兮，常贞心而坚刚”，表达了对其傲雪而开、凌寒独立、坚贞不屈品质之赞美，其实也是以梅寓人，对具有这类品格之人物的赞扬。其以梅寄托忧国忧民情怀最突出的体现就是赋中的第五节，定盦“仍辟梅舘以疗梅兮，吾唏嘘而感伤”，化用龚自珍《病梅馆说》及《己亥杂诗》之“九洲风气恃风雷”，将梅与人才相结合，融入当下的现实生活。定盦哭诉梅备受各种摧残情况，实是隐喻社会的毁才现象，“君不见（闻）兮”一连八句，愤然而出，痛陈与民生密切相关的反映社会黑暗面的事件，高校教育、税务不公、煤矿灾难、贪污腐败、贫富不均等现象，归结于“权贵豪富而不仁者而遭殃”。“吾”与“朱子”向天帝厉声曰：“从今后，不可妒梅轻梅斫梅删梅锄梅夭梅鬻梅遏梅毁梅而又尽掩梅之芳香兮；合令天下名士美人昂其头挺其胸瑟兮僩兮赫兮喧兮厉厉落落其才情兮凛凛冽冽其骨气兮浩浩荡荡其正气兮蓬蓬勃勃其喜气洋洋兮！”惊天动地，豪气干云，由梅之被毁，而联想到社会上的名人志士之不平遭遇，呼吁社会弘扬正气，重用人才，不要让历史上的悲剧重演，暗含其对现实的忧患，《梅赋》的主题于此也得以升华。

四　追踪屈子　模拟楚辞

《梅赋》采用骚体形式，歌咏荆梅，“纪楚地，名楚物”，又“书楚语，作楚声”，在语言、音韵及句式等的运用上有许多特色，模拟楚辞。楚地方言的运用在《梅赋》中亦有体现，如语助词“謇”（“謇怪事以生发兮”），《离骚》：“謇吾法乎前修兮，非世俗之所服。”发语词“羌”（“羌朱子之殷勤兮"），《离骚》："羌内恕己以量人兮，各兴心而嫉妒。""邅"（"邅吾道夫荆襄"），《离骚》："邅吾道夫昆仑兮"。王逸注："邅，转也，楚人名转曰邅。"联绵词如"相徉"、"倘佯"、"飘摇"、"逍遥"、"倏烁"、"苍茫"、"憭栗"、"氤氲"、"颉颃"、"斑斓"等。如同楚辞，此赋亦使用叠音词，有的是三字式，或作形容词词尾，或作名词词尾，用来写梅或表达欢快的情感或渲染气氛，如"意洋洋"、"骨铮铮"、"雪霏霏"、"香馥馥"、"意融融"、"情洽洽"、"日沉沉"；还有的叠音词是两字组合成的四字式，如"灼灼闪闪"、"郁郁苍苍"、"灿灿烂烂"、"裔裔皇皇"、"厉厉落落"、"浩浩荡荡"、"喜气洋洋"，这样就大大增强了辞赋的音乐美，并且有利于情感的抒发。

《梅赋》四句一节，奇句以"兮"字收尾，偶句押韵，体制模拟骚体诗，用平声"阳"韵，一韵到底。三、四、五、六、七、九言交叉运用，其"兮"字句运用灵活，或用于句尾，或用于句中，常用的有三类：○○○○○○兮（"倩工笔以写红梅兮"），○○○兮○○○（"仙之人兮列如麻，齐鼓掌兮齐引吭"），○○○○○兮（"扶我坐鸾背兮"），这是楚辞体常用的句式。更有长达几十字的长句"合令天下名士美人昂其头挺其胸瑟兮僩兮赫兮喧兮厉厉落落其才情兮凛凛冽冽其骨气兮浩浩荡荡其正气兮蓬蓬勃勃其喜气洋洋兮"，56字，有意突破楚辞体诗的规模，尽情挥洒，豪情万丈，是作者的独创。

《梅赋》以梅喻人，将叙事议论写景抒情交融一体，上下古今，纵横驰骋，既展现了"朱子"出神入化之画技，也体现了作者杰出的艺术才情，达到了赋与画合一的境界。作者在《梅赋·骚体诗创作之缘起》中说"生息于楚地，当我面对九嶷衡岳、江汉沅湘、云梦大泽、浩渺洞庭，面对楚地的民俗、民歌、民乐、民谚、民谣、民隐、民瘼等，怎能不有感于心，发而为文？我责无旁贷要继《离骚》之统绪，续千古之绝响！"这便是漆雕先生，立志抒写当代的骚体诗，继承楚辞传统，在形式上力求突破，取得了很大的成功，是当之无愧的当代楚辞体创作的第一人。

2012年8月13日

《梅赋》点评

曹　山*

漆雕世彩《梅赋》谦称被酒之作，而作者行思敏捷，运笔腾挪。放联想于千里之外，收立论于尺幅之中。体仿古骚，却有新颖务实之感；篇成大制，却无靡漫冗长之虞。章奇句秀，气雅情深。闻梅香馥郁，尝酒力雄浑。高山流水，似听鼓琴之雅致；石破天惊，如看赤壁之雄豪。疏密相间，堪称巧制，文情并茂，可谓妙哉！

2006年4月26日

* 曹山，中华诗词学会会员，诗刊《三湖雪》主编。

楚辞有来人　《梅赋》见功力

徐志伟*

多年前，当我刚跨入教师行列，听同仁们兴致勃勃地介绍同事时，漆雕世彩的名字就如磁石般吸引了我，脑际里总是纵横驰骋着这样的场景：雕龙画栋的房屋、古色古香的家具、龙腾凤舞的书法、中华民族悠久灿烂的文化……

好美好诗意好抒情的名字呀！名如其人还真没错。熟识了，我渐渐知晓，漆雕先生的古文功夫不仅了得，还练有一手好书法。后来，我改行从事新闻工作，听到的有关漆雕先生的新闻就更多了：他的书法作品享誉海内外，时有作品在美国、日本等参展并获奖；他开办了漆雕书画艺术学校，多年坚持下来已惠及八千弟子并遍布全国。前不久收到他寄来的散发着墨香的新书《梅赋》又令我大为震惊：其楚辞风格如云水襟怀、气势宏阔，疑是屈原重返人间。

漆雕先生的多才多艺真是令人景仰。

楚辞是战国时代的伟大诗人屈原在楚国民歌的基础上开创的一种新诗体，又称骚体诗，有着浓郁的楚地特色。然而这种文体因为要求作者眼界宏阔、学识渊博、思想深邃、情感丰富，文采、物事、情态三要素具备，故后人一直无法超越，乃至逐渐走向衰落。生于楚地长于楚地的漆雕先生，每每扪心自问：难道今人不能有《楚辞》的磅礴大气？不能写出争光楚山楚水的新时代骚体诗？

《梅赋》，便是漆雕先生数十年磨一剑，为传承《楚辞》这一瑰宝，呕心沥血续出的精品力作！

捧读这本《梅赋》，字字如玑珠句句皆亲切，哪一篇，哪一章不尽显楚风楚韵楚情楚调！

综观《梅赋》的风格淋漓酣畅，汪洋恣肆，想象丰富，题材广泛。字里行间，无不包容着爱楚地爱楚人的浓厚思想感情。作者用现实主义和浪漫主义相结合的手法，抒写改革的成就、山河的美好，鞭笞贪官的腐败，讴歌真挚的友情、爱情、人间之情。

在体式上，作者运用的句式长短不拘、参差错落。如首篇《梅赋》，

---

* 徐志伟，北京，《中华建筑报》编辑。

六言、七言交错运用，既采用了民歌形式，也汲取了散文的笔法，形成一种句式长短不拘、韵句散语相间，将骚体诗发扬光大的表现形式。

在语言风格上，作者着力于还原楚语楚声，除多用“兮”这个楚辞中特有的语气助词外，运用大量的叠音词让其朗朗上口，富有音乐动感与铿锵的节奏。《宝剑赋》是一首赞颂改革开放理论给神州大地带来日新月异变化的诗篇。前八句“良工铸宝剑/晃晃百炼钢/凛冽青霜出/霍霍动八荒/寒光射牛斗/飒飒英风张。”连用三个叠音词“晃晃、霍霍、飒飒”，把邓公明亮的政策导航、改革的巨大声浪以及人民英姿勃发的景象描摹得声情并茂，读起来充满了节奏美、旋律美。

说楚辞难写，难在其人物形象的塑造上，而作者在《梅赋》中的刻画人物形象可谓独树一帜。他将其内在与外在美和谐地统一起来，每一个人物在他的笔下均惟妙惟肖，栩栩如生。如首篇《梅赋》，写老友朱君召其痛饮，开头便直入主题：“朱子之高谊兮/招漆雕入画堂/逊长揖以相迎兮/烩鲜鲤而飞觞……”透过这寥寥数语，一个热情好客、谦逊有涵养的画家形象便呼之欲出，在这样的状态下饮酒，真是酒逢知己千杯少呀！

“在当代诗坛上，像这样的骚体长诗，恕我斗胆直言。当属独一无二。”这是云南大学中文系教授殷光熹先生的评价。写时代特色，写新人新事新风尚是漆雕先生这本《梅赋》的最大特点。因而《梅赋》也是献给荆楚人民不可多得的精神食粮。我们期待，漆雕先生传承《楚辞》一如既往，书写更多更美更贴近时代的精彩华章。

漆雕世彩将一如他的名字永放异彩！

2008年11月17日

辞颖意蕴志趣达

——读漆雕世彩先生的骚体诗

度成华*

我与漆雕先生相识在读华中师范学院函授的日子里，那个时候，是我们求学最苦的一个阶段，每年的集中面授，都是在寒假和暑假，也就是一年中最热和最冷的时候，我曾在一篇小文章中写道：冬天，我们用口中呼出的热气暖和僵硬的手指，尽快地记下老师讲授的精彩情节；夏天，我们又用干毛巾垫在胳膊下，不让汗水打湿长长的卷面。华师大每次总为我们这些函授生派来最好的老师，让我们在知识的海洋里得到最好的引领，经过了十年动乱的一代人，其学识真的像磁石一样吸引着我们每一个人的心，而在那个奋力上进的集体中，漆雕世彩又是特别努力的一位，他的专注精神，他的钻研风范，时常在同学中传为佳话。就连他用小楷做的笔记，也时常让大家传来传去，我有时就说，要是自己能写出漆雕那样的好字，该是多美妙的事啊。可我没有在那方面下工夫，自然得不到那样的成果。

漆雕在华中师范学院毕业之后，开办了书法私塾，在荆沙一带成为名人，不断有书法作品登上大雅之堂，教出的学生也屡屡获奖。与此同时，他还刻苦钻研，向民族文化深层次开掘，集中在一点，就是对骚体诗的学习与写作。我记得在华中师范学院学习时，有两个章节是老师都认为太难，那就是古汉语中的音韵，古文学中的楚辞。因为老师的首肯，考试时，对这两个章节作了弱化处理。但楚辞是我们楚文化的重要内容，其中的《离骚》更是探索精神，超凡想象，精美言辞的完美结合，骚体诗也就是由此而来，漆雕在钻研中感叹：“我们生息于楚地，面对九嶷衡岳的高山，面对江汉沅湘的长流，面对方圆九百里的云梦泽，我们怎能不有感于心，发而为文？我们理所当然，责无旁贷地要继《离骚》之统绪，续千古之绝响，这便是我一个土生土长于楚地的当今盛世子民，立志学习博大艰深的楚辞，从而挥写出无愧于伟大时代的当代骚体诗的原因。”为此，漆雕发愤苦读，楚辞中有很多难读难识之字，难懂难解之句，好在漆雕心无旁骛，功无泛滥，专心一志，力聚一点，加上当代出了不少有益的楚辞注

---

* 度成华，华中师范大学中文系毕业，湖北沙市六中副校长。

释的工具书，让他得以站到学术大家的肩上，上九天揽月，入书山寻凤。有此基础，漆雕再下决心，学写骚体诗，时时苦思冥想，每每字斟句酌。高处不胜寒，绝顶人罕至，漆雕深入其间，赋中探珠，终有所成。其中《梅赋》一章，成就最高。此篇是从应友人与画师朱由先生之邀，观赏朱先生的梅画着笔，赏画过程中，我们看到了朱先生艺术画笔之高妙，漆雕赏画文笔之超凡，“立高标于巉峻兮，迥苏世而独立，葆丽质于严冬兮，常贞心而坚刚”，“倩工笔以写红梅兮，似大写意之风冠。须蕊着于瓣蒂兮，分向背与阴阳”。工笔实写，让人顿感朱子画风雄奇，诗赋却由此进入奇想境界，由画入境，朱子手握巨笔，颠狂而入仙界，一时风雷隆隆，云霾翕张，手中之画，画中之梅，梅而成龙，一时飞动，两人驭龙而入仙地，在天帝的要求下，朱子“蓄江海以停胸兮，视万里而骛八方，濡海水以为墨兮，裁蓝天以为纸张。”“水墨淋漓兮豪情万丈，五彩斑斓兮动千里霞光。”其实，这雄奇的画面，只是梅的背景，当巨幅梅花图画成，仙界也为之震惊，天帝也说：“吾何心仪而神往，吾何瞻依而想望。”可是，在朱子之心，在漆雕之心，真正关注的是国花受损，民魂受难，画梅事小，毁才事大，忧国之意深且长。两人同时向天帝发出内心的呼喊，不可妒梅轻梅斫梅删梅锄梅夭梅鬻梅遏梅毁梅而又尽掩梅之芳香。有趣的是，两人的心语发出，还不等天帝作答，便从天堂跌落至凡间，重回画室。这一结语，真是耐人寻味，启人深思。原来，漆雕所言，由梅而才，还是讲的珍惜人才之理，我们从漆雕诗中，读出了更多的思考，更多的感叹。

现在《梅赋》已由中国文史出版社出版，集子中除了此篇大作，还收录了漆雕的一些书法作品，一些其他的诗作，版式清新，格调高雅，制作精美，捧在手中，美感顿生。这是漆雕先生在完成多项文化成果之后，又一新的力作，作为同窗好友，看到漆雕先生做出如此不凡的成绩，心有欣喜，也有艳羡，作此短文，聊为祝贺。

2010 年 5 月 18 日

他似屈子再现

——评漆雕世彩《梅赋》

张中一*

赋，在先秦时代并非指辞体，原意指“田地税”。先秦时代按田赋出兵，故称兵为赋。引申义指“用兵之事”，即治理国家大事。《梅赋》者，全篇316句，2222字，无一处不写国家大事，妙笔生花，构思缜密，层层深入，扣住人心，发内心宏论，激当代波涛，透红梅之馨香，色染当今时势，入人肺腑。他在问天，天不答；他在问地，地无声；他在问人，人哭泣；六方寂静，唯有《梅赋》一曲高歌。

作者漆雕世彩，屈原诗祖弟子门客，拜倒《离骚》诗情，学《离骚》风韵，扬《离骚》英灵，作《梅赋》奇篇，讽谏时世，开当代文学骚体之先河，敢与《离骚》挑战，发《离骚》不能说的话，唱《离骚》不能唱的歌，做《离骚》不能做的事。它似剑一般锋利，剑剑刺向邪恶，刀刀杀在要害。它又似一柄指挥前进的旗，挥向更美更美的明天。

读《梅赋》激情万千，“纷五音之繁会兮，奏九歌而舞韶。”我情不自禁，评点文字自觉有愧。《离骚》全篇373句，2400多字，后人读了两千多年，仍旧在诗意中徘徊，说不出它的主题。《梅赋》鸿篇，虽是骚体，内容却如春风温暖人心，诗情画意展开，让人舒畅，主题明朗，叙的都是国家大事，有悲，有喜，有情，有意，都指向美好的明天。

漆雕世彩弘扬骚体诗文，是“上下求索”的典范，屈原的再传弟子，功过是非，自有历史评说。

漆雕者，姓也，奇矣！追索漆雕历史，属复姓。“姓”不是自古就有的，是在特定的历史条件下才产生的。在距今7000年新石器时代河姆渡遗址中已经出现漆器和漆雕艺术，原意为漆器工艺，不是姓也不是氏。秦始皇统一中国后，为了便于中央朝廷对地方人口的管理，建立了户籍制度，凡是在中国境内的公民都必须登记造册入户籍，人人都必须有姓有名。才兴起以“氏、江、河、山、田、官职、职业、工种，牲畜”等为姓，中国才出现姓氏合一的姓名。世彩，名也。漆雕先祖善于漆器制作和雕刻技艺，故以职业为姓也。漆雕艺术是楚文化精华，与屈原作品同时闪烁楚文

* 张中一，中国屈原学会会员，湖南省岳阳博物馆研究员。

化的光辉。世彩者，21世纪涌现出的楚辞屈赋传承专家，他把两千多年前的辞赋与当代社会生活众生万相从形式到内容熔铸在一起，开辟了楚辞的新格局，像一丝丝清风飘飘，由小而大，由近而远，吹得人心舒畅，胸中激起千层浪，像屈原在当世呐喊，音容笑貌全映在网络上，“招漆雕入画堂，意恍惚而迷狂。”他似屈子再现。

2010年6月17日

《梅赋》简评

刘生良*

自骚体寝声，鲜能承绪。奇文再起，其《梅赋》哉！

漆雕君这首长达 316 句 2200 多字的骚体长诗，用第一人称自叙的口吻，以赏朱由先生梅花图为线索，融叙事、描写、抒情、议论为一体，集赏图、咏物、赋画、寓论于一篇，既生动地鉴赏品评了朱子所作梅图的技巧艺境，又艺术地描述再现了朱子作画的情景过程，更热情地讴歌颂扬了作为共同审美对象的梅之精神品格，还巧妙地阐发寄寓了画作与赋作二者共有的珍惜关爱人才的奥义幽旨，体物写志，铺采摛文，构思奇巧，创格新特，境界高远，立意深微，气势如虹，笔力雄浑，其咏梅似《橘颂》而更宏富，其思致学《离骚》而有创新，不啻为《楚辞》之后的骚赋杰作，又诚乃直追屈宋逸步的一篇奇文。

《梅赋》之奇，一是文笔翻转，一线贯穿。全诗以饮酒赏图为线索，贯穿始终，而中间腾挪翻转，颇多奇变。诗以受邀对饮赏图开篇，交代事由缘起，至"謇怪事以生发兮，身飘摇入混茫"一转，由真入幻，幻想自己与朱子凌空飞翔，赏梅赞梅，神思骤起，迷离惝恍，渐入奇境；至"时朱子已颠狂兮，气磅礴而生胸"又一转，由幻想一同赏梅赞梅转入幻想朱子乘兴创作梅图，自己亲观欣赏，既是敷陈幻事，亦是幻观所感和随机点评，墨飞笔舞，兴高采烈，酣畅淋漓；至"停朱子之妙笔兮，敛雄芒乎佩囊"又一转，由幻想作画与点评转入神游天界，为天帝画巨幅梅，天帝与众仙欣赏赞叹，境界又高出一层，大笔挥洒，尽兴抒写，气象万千；至"忽定盦之盫然兮，出涕泪之汪汪"又一转，联想到龚子《病梅馆记》，转入爱梅惜才的感慨愤激，并厉声语天帝，这又宕开一笔，翻出一层新意，亦是梅图和《梅赋》微言幽旨之所在，作者心潮澎湃，激越恣肆，豪语惊天；至"惊豪语之喧哗兮，忽吾跌落乎天堂"又一转，跌落现实，呼应开头，首尾圆合，结束全篇。通观大作，既一线横贯圆绾，又颇多顿宕跌转，大起大落，忽上忽下，离合纵控，出没变化，于是峡云层起，海市幻生，因而笔致飘逸，奇趣横生。

---

* 刘生良，陕西师范大学教授，博士生导师，中国诗经学会常务理事，中国屈原学会常务理事。著有《鹏翔无疆——〈庄子〉文学研究》、《楚辞著作提要》。

《梅赋》之奇，二是真幻交映，虚实相生。其开篇16句以对饮赏图始，结尾8句以赏图对饮终，是为真实；中间绝大部分篇幅所写之迷离恍惚，升天入地，咏梅赋画，为巨幅画，在天庭发感慨、抒忧愤，向天帝诉心声，表胸臆，是为虚幻。而这诸多虚幻情景，又皆来自于作者被酒观画时的一系列神思遐想，或者说是由其观画之感想、想象乘酒兴幻化出的一幕幕情景，故幻中有真，虚中有实，亦幻亦真，亦虚亦实，幻以映真，虚以带实，真真幻幻，虚虚实实，交融成文，叠映入目，实意识之潜流，有动画之美感，而且愈出愈奇，愈转愈深。真幻交错交映，虚实相融相生，只见云气空濛，往返纸上，烟波万状，隐现篇中，可谓奇思冥想，想入非非，真情实感，出神入化，真乃奇矣妙矣！

《梅赋》之奇，三是梅、图相关，一笔双写。作者缘梅图作赋，上下求索，由画中之梅联想到自然之梅，由飞翔赏梅联想到挥笔画梅，由人间作画畅想到天宫绘图，进而又联想到龚子文中之病梅及其感慨叹息，在愤激嗔怒中厉告天帝，就这样不断开拓出一层又一层意境，从而表达了画家和作者苦心孤诣的共同命意。这既是梅赋，也是画赋，是梅花图赋，是朱子梅图创作之赋，又是观朱子梅图有感而发的抒情言志之赋。其微旨奥义，既属于这篇《梅赋》，同时也是对朱子梅图之深刻命意的阐发揭橥。《梅赋》之梅，既是自然界中作为物质形态的梅，也是为历代文人所歌咏、存在于人们审美意识中作为精神形态的梅，具体说来，乃是朱子梅图中来源于自然界和人们审美意识中物质与精神合二为一的作为描绘对象并经过审美加工创造的栩栩如生并已成为艺术形象且具有象征意味的美术作品中的梅，即所谓画中之梅。作者梅、图同赋，一笔双写，铺采摛文，皆臻极致，这就使得本文似咏物而显然超出了咏物，似题画而决非全然是题画，双关融汇，匠心独运，洋洋洒洒，淋漓尽致，既得屈骚托物言志、尽兴抒写之真传，又有庄文就事寓言、充分铺叙之妙谛，还可以说是另一种形式的诗中有画或以画入诗，从而进一步显示出其构思及敷写之奇妙。

关于《梅赋》的其他特点，如体制宏伟，想象丰富，文情并茂，文采斐然，采用骚体形式而有所突破，句式灵活多变，话语深入浅出，全诗一韵到底等，时贤已多有评论，兹不赘言。总之，本文是远绍《楚辞》深得其风神情韵的骚赋奇文，为眼前所罕觏之优秀新骚体诗。

若要挑剔不足，大致有三：一是副标题中的“被酒作”三字似应删去，因具体情形读完全诗后不言自明，不必在此提前告知，明确披露，以免影响读诗时含蓄朦胧之美感；二是开头、结尾用笔似较平淡，若开篇加两句以描述背景，结尾加“乱曰”以总括点题，似乎更好一些；三是“帝曰”、“众仙叹曰”独占一行，在分节组句上似不尽妥当。

除《梅赋》外，诗集中其他各篇亦多精彩之作，且各有特色。如《根赋》亦观画之畅想，而又才思泉涌，激情喷薄，既活画出根的形象，更颂扬了根的精神，还揭示了根的象征意蕴。《白荷辞》热情洋溢，清新流丽，描写白荷的芳容令德，极尽赞美；所塑造的美丽形象，亦荷亦人。篇中句句赞荷，又句句颂人，但见荷与人分不得是一是二，有水月镜花之妙。其多重美感，令人享味不尽。联系集中之《赠妻诗》，这作为人间仙姝、女中君子之化身的白荷，岂非其爱妻之象征耶?《陵堂赋》悼念越南已故领袖胡志明主席，颂扬伟人的丰功伟绩和美德懿范，感情真挚深沉，文字清朴庄重，睹物思人，哀婉低回，读之令人感动。

漆雕君近期新作骚体长诗《石缘》，写法与《梅赋》近似而颇有变化，以观石之幻想起笔，循序渐进，逐层抒写，歌颂风石凰石的神奇天缘和浪漫爱情，而有神话、历史之内蕴，实为人世间纯洁真挚爱情之颂歌。蕴涵丰富，耐人寻味。

2011 年 12 月 23 日

[附]　短信三篇

世彩兄：

您好！

今随信将《梅赋》简评发来，敬请斧正。很早就答应为兄之大作写一短评，无奈上课太多，又事务繁杂，难得空闲。记得一个多月前曾痛下决心，硬抽出时间，计划在十天之内完成此事，并曾电函告知您，谁知仍难以摆脱杂事干扰，一再耽延，致使许诺落空。至本月十号前基本写起，本想再仔细推敲、修改一遍发给您后再去海南考察，没想到又是事不由人，不仅此事未做完，南行也甚是仓皇。十五号从海南返回，补课事紧，且又感冒多日。直至今日，才算修改定稿。虽认真从事，勉力为之，然才力不济，所评肯定不尽妥帖到位，故望兄在谅解之余，该改的地方请大胆删改，我决不计较。

前次信函曾邀我加入骚体诗创作中心，因想到自己没有骚赋创作才能，起不了作用，故一直没有作答复。如不嫌滥竽充数，蒙兄不弃，亦盛情难却，现说明愿意加入，聊且充数尽可能帮点小忙而已。实际上也可能真的起不了一点作用。只待新人起来，即行退出。

就此达知，余容后叙。

顺祝您新年快乐！阖家幸福！万事如意！

生良拜书 2011 年 12 月 23 日

世彩兄：

今天下午有个活动，兄之惠函刚才看到。谢兄的夸奖鼓励。我只怕写不好，有负兄之厚望，事实上还觉得不尽妥帖到位，能如此蒙兄嫂偏爱，弟亦深受感动，谢谢！说起来，我读到你所提到的那几首诗，包括《石缘》，我都强烈地感受到有你们伉俪情深的切身爱情体验作基础，才能写出这样的佳作的。我确有此看法，没想到还说准了。因此，顺祝兄嫂福爱无疆，余容后叙。

生良 2011 年 12 月 25 日 19：59

生良兄：

已收到您的大文及信函，谢谢！已与妻沐手端坐连续拜读先生之大作《梅赋〈简评〉》七遍矣！吾兄工作如此之忙，时间如此之紧，能写出如此精彩之文，实在令我们太感动了！先生发拙著于幽微，见解新颖，剖析深刻，行文气势磅礴，激情洋溢——先生笔锋夹带情感，于读者别有一种魔力焉！先生有一双慧眼，触看透我的心肝五脏！拙文中要害，先生一语道破！一一道破矣！包括《白荷辞》、《赠妻诗》、《叠字歌》及《陵堂赋》中胡志明之爱情、《石缘》中凤石凰石之浪漫，皆从切身感受道来，都被吾兄一双法眼看破矣！生良兄，您当然是我的知音了，谢谢先生！世彩拜于北京海淀三贤堂上。

2012 年 12 月 25 日

向您学习

黄震云*

世彩先生大著骚体诗集《梅赋》在2007年杭州学术会议上已收到，但因平时有些事扯来扯去，所以确未及时拜读，搬家时又不知何往。昨日又收到先生来函，中有熟人丁芒等人、学界夏传老、方铭先生、黄灵庚先生等书札若干之品评文字，感先生之真挚，品各界之妙文，认真地阅读了大著。那首先写在前面的几幅字，我觉得很好，如行草《一天》中堂，行书《青山》团扇，精妙风骨，天赋书写，自成一家，显灵动气派。

《梅赋》写法是一种创新或言探索，亦体现了阁下高雅。论如《楚语二一七条》，情如《梅赋》、《宝剑赋》、《赠妻诗》，所谓剑气箫音，各具风流。学本无体，唯在于用，世彩先生之作得其本真，可喜可贺。

屈原所作，承前启后，骚体实为悲歌。世彩先生之作，取其本土精神，又乐为其精神强烈，言传赓或翻新都是，其又一过人之处。世彩先生今天用古老的诗体写作，读其文字间，确有功底。这不仅是楚人之故，或出于名校中文专业的原因，我想还是出于对楚辞的热爱。自古以来，优秀的艺术家都是素养很高的学者，但在今天却越来越少，而世彩先生则兼有，确实值得肯定与尊重。以楚风梅质书写人生与情态，世彩先生，向您学习！

从年龄上说，世彩先生早于兄弟我十岁，早年虽一面之交，但不敢忘其厚爱。欣闻世彩先生《海内名家评〈梅赋〉》即将出版，十分高兴。像这样的作品集——海内外一百多位大学教授同时评当代人创作骚体诗的论文集，当下在全国真还没有！一方面是《梅赋》写作的超越，另一方面是传统的记忆，而友情随之发扬。用心用笔书写楚辞，是世彩兄给我们当代文化和学术界带来的新气象。

同时，世彩兄担任了中国屈原学会理事，中国屈原学会楚辞创作与研究中心的常务副主任，这是海内外学界对世彩兄的肯定。

---

* 黄震云，文学博士，中国政法大学人文学院教授、文艺学硕士研究生导师。中国辽金史学会副会长。著作有《楚辞通论》等9部。在《文学评论》、《民族研究》、《文艺研究》、《北京大学学报》、《人民日报》、《光明日报》等报刊发表论文200多篇，人大复印30多篇，兼任中国屈原学会副会长，骚体诗创作与研究中心常务副主任。

近年来，世彩兄还应邀在北京大学作《楚辞·书法·人生》的演讲，三次在中国国家图书馆作《书法的临帖与创作》的演讲，还应邀参加2012’中国书法家协会送楹联下乡现场书写、2012’北京著名书画家迎春笔会、北京大学首届书法艺术研究班20年回顾作品展、北京大学115周年校庆“北大校友第一次书作展”等诸多书画雅集，世彩兄的书法作品，还参加了香港国际拍卖有限公司举办的“中国当代实力派书画拍卖专场”、北京东方朗坤国际拍卖有限公司举办的“中国书画名家作品爱心助学义拍”、北京大向艺术画廊举办的2012年中关村图书大厦漆雕世彩书法现场书写销售专场等活动，成果丰硕，悉数捐赠。也许，受世彩先生的影响，研习书画，诗兴风雅，蔚然成风。京城学界名流如黄风显、方铭等先生，皆引世彩为兄弟。前日见方铭兄作本命年格律诗数首，亦见其书法作品赠送给一个出版社的领导，真是好得不得了！

我本不善书艺，多年一直写不好。也受世彩兄影响，每每有闲，就狂写几个，《兰亭序》、《灵飞经》亦置之床头，感觉这个原来很有意思，三番五次在世彩兄那儿写字，喝酒，好在世彩兄为人厚道，既诲人不倦，又诲人不倦，友人亦称我的字有长进，有时自己竟然私下有喜色，所以，真应感谢世彩先生。欧耶！我有这样一位杰出诗人、书法家的朋友和兄弟，真是满满的美，怎一个好字了得！用流行的话说：亲，你懂的！

壬辰夏正，黄震云于北京

2012年3月13日

令人新奇的《梅赋》

张宏洪*

漆雕世彩所作的《梅赋——赏朱由先生梅花图被酒作》是一篇令人新奇的文学作品。我一获此赋，连诵数遍，新奇之感纷至沓来。

当代善作赋者罕见，而漆雕世彩在应邀出席朱由先生的酒宴后，欣赏了朱之画作《梅花图》，“奇思卓见翩翩而至，珍词绣句汩汩而来”，终获此鸿篇巨制，新奇一也！赋起于战国时期屈原等作者创制的“楚辞”，盛于有汉一代。汉代以后赋的创作虽代不乏人，但与唐诗、宋词、元曲、明清小说相比，不再成为有时代标志性意义的文学体裁。至于当代，更是有赋体几乎失传之感。而漆雕世彩却十分娴熟而充分地利用赋体“铺采摛文，体物写志”的特点，将自己赏画的所见所思所感通过60节316句的鸿篇巨制淋漓尽到处、气势充沛地表达了出来，大大突破了赏画（也称“题画”）总用短篇小制的传统惯例。古为今用，令人顿感新奇！

漆雕世彩《梅赋》尤得楚骚风神，又不令当代读者感到古奥难懂，实为楚辞体佳作，新奇二也！全赋成功地继承了屈原赋的写作技巧和艺术特色。一是娴熟地运用屈赋《离骚》、《九章》、《九歌》等代表作的句法和感叹词不达意“兮”字。二是有分寸地运用了两个古楚方言词：“謇”、“羌”。三是恰到好处地选用了具有屈赋特色的意象，例如鸾皇、帝阍、天帝、玉龙、日月、百神、九嶷、兰芷、薜荔，恍惚、炽烈、安详、逍遥、蜿蜿，驾苍龙、淫游、弭节、上下求索、观乎四荒，等。四是成功地运用幻境、铺陈手法，全赋除一、二、三节作交代之处，从第五节第一、二句“謇怪事以生发兮，身飘摇入混茫”起，开始以幻境为舞台来展开对朱由作梅花图的铺陈。这些写作技巧和艺术特色的继承使整篇作品呈现出楚辞所特有的艺术品位。同时，作者也作了旨在当代化的艺术创新。一是全篇采用现代诗韵“方韵”，四声通押，使读者得到现代诗歌的音韵之类。二是诗中采用大量现代汉语词汇，使当今读者没有字面理解上的阻隔。三是

---

* 张宏洪，宁波大学副教授、副研究员。现任法学院党委书记、副院长。主要从事中国古代文学的教学、研究和人力资源管理研究。发表学术论文、研究文章40余篇，参编出版辞书、著作4部；主持或参研省、市哲学社会科学规划课题，省科技厅、教育厅课题等5项。兼任中国屈原学会常务理事。

采用了当代新诗中常用的长句入赋，如："吾与朱子厉声语于天帝曰：从今后，不可妒梅轻梅斫梅删梅梅锄梅夭梅鬻梅遏梅毁梅而又尽掩梅之芳香兮"。这些艺术创新使作品趋向当今读者的阅读习惯和审美情趣。何念龙先生认为"《梅赋》尤得楚辞体风神，千年骚坛寂寞，后继难得此佳作也。"实为剀切之论。

漆雕世彩《梅赋》将赏画、咏梅水乳交融，无论是赏画还是咏梅，其立意、抒情，均高华而脱俗，独树一帜，新奇三也！沈德潜《说诗晬语》云："唐以前未见题画诗，开此体者老杜也。"题画诗的写法大致有三：一是述画并赞扬画家妙技；二是描摹画形神态，抽绎出画中境界；三是借题发挥，抒发感受和寄托。漆雕世彩《梅赋》将三种写法熔于一炉，并且从书法家特有的艺术目光和审美角度出发，以辞赋家特擅之夸张与铺陈，写出朱由画梅时的豪放情状和磅礴气势："时朱子已颠狂兮，气磅礴而生胸；分墨色之五彩兮，舞巨笔以颉颃。忽风雷之隆隆兮，其声威动山川；仙风之弥六合兮，有云霾之翕张。""蓄江海以停胸兮，视万里而骛八方；濡海水以为墨兮，裁蓝天而为纸张。挥椽笔以遣兴兮，众仙牵纸而来傍；劈空一画兮混沌开裂，纵情挥洒兮天地低昂。""当其时也，朱子兴起；水墨淋漓兮豪情万丈，五彩斑斓兮动千里霞光；墨雨飞落兮疑星云之过霄汉，笔行纸上兮如群帝之骖龙翔。"也写出朱由炉火纯青的画技："疏处可走马，行八骏之容与；密处不使透风，挺枝干之幽长。施浓墨以为底兮，忽黑云以压城廊；着淡墨以写意兮，袅白云之轻扬。或运笔迅疾兮，如轻车骏马之奔驰；或运笔徐缓兮，如清溪落花之未遑。"又写出《梅花图》中各种梅花的状貌和意境："何朱子之裕如兮，挥就龙梅之华章；骋圣手之无极兮，复写楚梅如凤凰。倩工笔以写红梅兮，似大写意之凤冠；须蕊着于瓣蒂兮，分向背与阴阳。施撞粉以写新蕾兮，觉透明而含水；添胶矾以写初雪兮，显背景之浑茫。写梅干如凤翅兮，生鳞皴于其上；展花枝之翼翼兮，似丹凤之朝阳！……画松梅之偃月兮，矗乔松之雄姿；松愈老则愈奇兮，梅愈古而愈芳。画月梅之朦胧兮，悟动感之回旋；吐满月之精魄兮，隐日星之辉光。"在漆雕世彩看来，朱由笔下的梅是人才的象征，因而他最后以抒情主人公的口吻写道："吾与朱子厉声语于天帝曰：从今后，不可妒梅轻梅斫梅删梅锄梅夭梅鬻梅遏梅毁梅而又尽掩梅之芳香兮；合令天下名士美人昂其头挺其胸瑟分僩兮赫分喧兮厉厉落落其才情兮凛凛冽冽其骨气兮浩浩荡荡其正气兮蓬蓬勃勃其喜气洋洋兮！"这是为梅的疾呼，也是为人才的疾呼！梅花是我国历代文人寄兴歌咏的重要对象，因此历史上留下不少咏梅的名篇佳作。如唐代柳宗元《早梅》有句："朔风飘夜香，繁霜滋晓白"，写出梅蔑视风霜、泰然冷对的神韵，正是诗人横眉贬谪的精神写照。宋代，林逋《山园小梅》被视为"脍炙天下"的咏梅绝唱，其中“疏彩横斜水清浅，暗香浮动月黄昏”两句，将梅置于清浅水边、黄昏月下来刻画，表现出梅花不染尘俗、神清骨秀、品格高清的风采。陆游的词《卜算子·咏梅》是以梅自喻的名篇，“无意苦争春，一任群芳妒。零落成泥碾作尘，只有香如故。”数句表现出作者旷达自信的情怀和坚定不移的爱国立场。元代王冕擅画梅花，也写了不少题梅诗，《墨梅》系其中名篇，“不要人夸颜色好，只留清气满乾坤”两句表达出自己蔑视权贵、留惠世人的高尚节操。明代徐渭《题画梅》：“从来不见梅花谱，信手拈来自有神。不信试看千万树，东风吹着便成春。”表现出自己作画、作诗不受前人成法所限、追求“神韵”的艺术个性。艺术贵在独创。以上列举的诸篇，之所以同为咏梅而却都能流传于世，正是因为他们在立意和艺术表现上具有鲜明的独创性。漆雕世彩深知这一艺术规律，为此他使自己的赏画和咏梅别具特色，自成一家！

漆雕世彩，生于长于古楚郢都之地，故以“楚人”自谓，自幼酷爱书法。20 世纪 80 年代初，中国屈原学会成立，他即加入学会。从此开始研究楚辞并尝试写作楚辞体作品。我和他在屈原学会的第二次年会上相识，已 20 余年矣！如今他的书法已卓然成家，赋的创作也成果斐然，我由衷地祝愿他为楚文化的弘扬再作新贡献。

2006 年 7 月 28 日于浙江宁波大学

读《梅赋》有感

陈咏红*

余生于岭南广府，此处河海相望，四面通衢，生活世俗。早闻世彩先生热心骚体诗创作，已是惊叹；丙戌季秋，收到世彩先生《梅赋》，始获观全集。余读之，感其诗而重其人，此情此景，安能无言哉！

一、世彩先生敢于担当

《梅赋》二十六篇，咏物理，叙家事，抒哀思，感情深挚动人，其诗乃生活感悟之积淀与浓缩。世彩先生之《梅赋·自序》言及“骚体诗创作之源起”，从中可知，其进行骚体诗创作之初心乃欲以“土生土长于楚地”之“当今盛世子民”之身份，“继《离骚》之统绪，续千古之绝响”。其创作动机可谓凝聚着对楚地人民及文化之热爱，具有担当发扬绝学重任之气概。方今喧嚣之世，尚孜孜以求，摒弃名利之心，醉心韵文之内如世彩先生者，有几人哉！再者，生计之馀能有此收获，诚不易也。躬勤黾勉，才得此成果。世彩先生之《梅赋》于当代骚体诗创作史上立下首善之功。

二、《梅赋》善与当代生活结合，思想蓬勃

骚体为古体，如何反映当世生活？此乃创作之难点。但《梅赋》以真情运当世宜古宜今之意象，使创作难点得以化解。《梅赋》二十六篇，题材偏重于游踪、交游、亲情。以真率之情，记录人生轨迹。纵目山川，笔下皆成胜迹；感怀古今，胸中自有丘壑。状景抒情，每多佳句，教余多有感悟与惊喜。如，“揽星斗以入怀兮，有风雷之生喉舌”（《梅赋》），状情不自禁之发抒欲望；“施撞粉以点新蕾兮，觉透明而含水”（《梅赋》），传画家朱由画梅之妙技；“凌波微步，身姿瑟瑟”（《白荷辞》），咏荷花娇羞姿势；“我心泣血兮，肝肠为摧兮！海天茫茫兮，云雾低垂兮”（《望台湾》），写热望台湾回归之夙愿……从中可见，世彩先生善感而敏锐，能为

---

* 陈咏红，女，中国屈原学会理事，广州大学中文系副教授。著有《唐宋讽刺寓言》、《唐诗宋词名篇注评》等专著。发表过《中国古代文学教学与大学生创新能力的培养》、《老庄思想对中国古代文学教学实践的启示》、《宋代理学思想与宋词教学》、《谈“即兴演讲”的训练方法》等教学论文。

擦肩而过之美而感动；善思而谦逊，能对生活之得失辩证看待；善动而勇毅，心系国家、民族兴亡。其起兴之心，惟骚体诗之吟咏始能释解。

余以为，为诗之道，无以夸言屑语袭古人面，尤以文言软语悦今人目；淳蔼之意流于胸臆，坦荡之情溢于言际，发乎情，出乎真，唯此方可与言赋咏。此中消息，关乎作者性情学养。《梅赋》向世人澄清一介骚体诗人立于当世之意义。

三、《梅赋》相当注重技巧

世彩先生日诵名篇，以勤为径，耽骚体久矣，往往能于经史典籍及古今佳作中多所吸纳。举凡《梅赋》格律之精深，声响之雄切，笔力之沉劲，藻饰之工丽，此乃学而至也。此从文后“附录”之“屈苏叠音词之比较”、“古楚语217条”等文章皆可得知消息；惟兴象之高超，神境之变奇，此不可以学而至也，实乃其天赋所在。篇中以诚意周物为诗，要皆语真而味隽，颇得屈宋心法，自学而能臻此洒脱之境，诚不易也。

骚体诗之体裁乃世彩先生展示自我之平台；而其精神面貌及文化品位的质感，亦借此得以呈现。世彩先生以热切之心，笔耕不辍，今已结集成册矣，可喜可贺。本人幸观厥成，因乐缀数言，用申交流之义。

2011年7月28日于广州大学

形神兼备　诗画合一

——论骚体长诗《梅赋》的诗画合一观

邓声国　龚奎林[*]

中国文学一向追求“言志抒情”的传统，《毛诗大序》云：“诗者，志之所之也，在心为志，发言为诗，情动于中而形于言，言之不足故嗟叹之，嗟叹之不足故永歌之，永歌之不足，不知手之舞之，足之蹈之也。”陆机《文赋》也强调：“诗缘情而绮靡”。由语言构成的赋无疑也和诗歌一样，追求“言志抒情”。赋体文学铺排采陈、用词对仗颇为严谨，这就要求作者“铺采摛文，体物写志”，创作者要视野开阔、学识渊博、胸襟博大，富有激情和文采，如此创作才能一气呵成，思想深邃，力透纸背，因为“赋家之心，包括宇宙，总揽人物”。如今，读到漆雕世彩的《梅赋》，实在令人惊叹，赋者围绕朱由的《梅花图》有感而发，辞藻富丽，洋洋洒洒下笔千言，气势磅礴恣肆酣畅，颇有庄骚遗风。难怪中国散文诗学会副主席、著名诗人丁芒高度评价：“《梅赋》气势宏阔，由梅图起兴，面上天入地，诗境宏、诗意充、诗笔恣、诗力贯。有屈原《天问》之想象力和浪漫风格。当代仅见。体例上突破了屈赋之规整，是一种发展。”湖北省社科院文学所研究员何念龙也认为：“大作《梅赋》尤得楚辞体风神，弟以为千年骚坛寂寞，后继难得此佳作也。”尽管这些评价可能会有敬重溢美的成分，但不能否认漆雕先生是新时期骚体诗创作第一人，他的《梅赋》是新中国第一本个人骚体诗集，赋文《梅赋》抒发起时代的最强音，刻画出一个具有独立人格的抒情主人公形象。而围绕绘画而作的咏画赋更是奇异瑰丽、绚烂无比。这不仅要考验作者对赋这一文体的理解力，也要考验作者对绘画佳作的鉴赏力，更要考验作者的文笔情思和语言调度能力。所以说，漆雕世彩采取了古代的诗骚传统样式来呈现当代人审美理想与对真、善、美的追求和抒情主人公的人格独立精神，因此，对其作品《梅赋》进行多方面、全方位解读，可以探寻出赋诗中美的诗心、和谐的艺术

---

* 邓声国，江西上饶人，井冈山大学人文学院教授，文学博士，主要从事中国古代文献的整理与研究。

龚奎林，文学博士，目前主要从事中国现当代文学教学和研究。

形式以及抒情主人公的人格力量。古体赋语言高度凝练、华丽，字数均衡工整具有形式美，音韵严谨，节奏抑扬，漆雕世彩以现代人的睿智和思想，遵循古典赋诗形式而不泥古，把这种艺术形式的精髓运用的玲珑剔透。

赋是介于诗、文之间的边缘文体，由楚辞衍化出来的，也继承了《诗经》讽刺的传统。关于诗和赋的区别，晋代文学家陆机在《文赋》里曾说：诗缘情而绮靡，赋体物而浏亮。也就是说，诗是用来抒发主观感情的，要写得华丽而细腻；赋是用来描绘客观事物的，要写得爽朗而通畅。漆雕世彩写的赋则更接近于骚体诗。他是学习了屈原的诗文传统，正如他自己所说："每当我们捧读《楚辞》，高声朗诵起屈原《离骚》的时候，心中对屈原的景仰之情便油然而生。屈原的诗作奔放驰骋，浪漫奇诡，洋洋洒洒、蔚为壮观。楚辞以《离骚》为最，为矩范，为极则，《离骚》以无拘无束、悲郁奔泻的激情，以三百七十三句，二千四百九十字的鸿篇巨制，写出汪洋恣肆的抒情长诗，而他的奇诗《天问》更是以三百七十二句，一千五百五十三字的长篇，一口气提出了有关天文地理、宇宙人生、社会历史、神话传说等方面的一百七十多个问题。我们的先人站在天地之间与神灵对话，气象万千，浑涵汪茫，显磅礴大气，有云水襟怀。难道我们的今人就不能有此磅礴大气，不能有此云水襟怀?!"而屈原的《天问》是最早的一首长篇题画诗，也是屈原作品中最奇特的一首长诗，一共列举了一百七十多个问题，东汉王逸的《楚辞章句》为之所加的序有"仰见图画，因书其壁"，故此看来该赋是因画起兴，而赋此篇，从而成为中国最早的一首长篇题画诗。西方学者认为："抒情诗是雕刻、绘画和音乐加在一起的总和"，其实赋也是如此，它也是一种古体诗，而且比抒情诗还更抒情。一般说来，题画诗是观画者根据画面的内容所赋的诗，可以离开画面而独立，也可以由观画者或画家本人题在画面上。这类评论绘画的诗赋抒发审美观感，艺术价值极高，题画诗作者或借画感怀家国身世，或分析画风而议论画理，或开拓画面而深化意境，或穿透写意而步入现实，以抒发画中之意境。朱由的《梅花图》与漆雕世彩的《梅赋》无疑集"诗、书、画"三美于一体，两者相互穿插，互为镜像，通过不同的艺术符号传递共同的艺术情感和人生追求，具有"有声"与"无声"之效，而两人也因为不同的艺术而心心相通，相互共鸣。莱辛在《拉奥孔》中说道："画是一种无声的诗，而诗则是一种有声的画。"北宋诗人苏轼在《书摩诘蓝田烟雨图》中对王维（摩诘）的诗赞誉有加："味摩诘之诗，诗中有画；观摩诘之画，画中有诗"。漆雕世彩的《梅赋》发挥其语言艺术的功能，阐发出绘画中梅花意象的主旨，即"有声画"；而朱由绘画《梅花图》发挥其线条艺术的特性，表现出诗歌的情韵，即"无声诗"，诗与画通过书法线条和文字符号美的组合，相得益彰，强化了绘画艺术与语言艺术的审美效果。对此，作者漆雕世彩进行了说明，他在《梅赋》“附记”中写道：“乙酉腊月六日午，朔风凛冽，老友朱由先生召予痛饮，为吾一人备满桌龙酢，满壶琼浆。宴罢，出自作梅花图以示，二人相对而坐，载言载笑，且赏且茶，至灵心焕发处，奇思卓见翩翩而至，珍词绣句汩汩而来，兀兀陶陶，侃侃而谈。”作者在酒后鉴赏朱由的《梅花图》，酒助人兴而作题画诗《梅赋》，以赋体诗评画，诗与画自由地抒情达意，意境深沉，情感动人，尤其是两种艺术符号都把梅花意象的高洁、独立展露在世人面前，这无疑是两位歌者自身人格的真实写照与境况自喻。

丹尼尔·贝尔在《资本主义的文化矛盾》中认为当下社会正进入视觉文化的读图时代，詹姆逊也认为整个文化正在经历从以语言为中心转向以视觉为中心的革命性的变化，以视觉为中心的大众文化开始改变人们的经验感受和思维想象方式。图像和影像日益成为我们当下大众文化的底色，并重塑个体对世界的看法。朱由的《梅花图》和漆雕世彩的《梅赋》其实表达的是两位画家（作家）借助同一个载体表达对社会、对人生、对幸福、对人格的各自看法。所以，要写好题画诗，首先画要好，朱由的14幅梅花图意蕴生辉、各具特性。梅花斗雪吐艳，凌寒留香，铁骨冰心，高风亮节的形象，鼓励着人们自强不息，坚忍不拔地去迎接春的到来。别的花都是春天才开，它却不一样，愈是寒冷，愈是风欺雪压，花开得愈精神，愈秀气。几千年来，它那迎雪吐艳、凌寒飘香、铁骨冰心的崇高品质和坚贞气节鼓励了一代又一代中国人不畏艰险、奋勇开拓的精神。“遥知不是雪，唯有暗香来”的崇高品格和坚贞气节，更是无数文人和千古英雄所追求的永恒节操。所以，梅花被誉为花魁，与松、竹并称为“岁寒三友”是我们中华民族与中国的精神象征，象征着龙的传人坚韧不拔、不屈不挠、奋勇当先、自强不息的精神品质。许多文人以都“梅”作为歌咏的对象，来倾吐自己的心声，如“风雨送春归，飞雪迎春到，已是悬崖百丈冰，犹有花枝俏，俏也不争春，只把春来报，待到山花烂漫时，她在从中笑”。又如的王冕《白梅》：“冰雪林中著此身，不同桃李混芳尘。忽然一夜清香发，散作乾坤万里春。”以梅具“凌寒独自开”之品质，为诗人画家，及书法家喜爱，成为诗人、画家、辞赋家所吟咏之对象。朱由的《梅花图》就以此为切入点，呈现出梅花傲雪的灿烂风采。莱辛从古希腊的一尊雕塑作品《拉奥孔》中发现了诗歌与绘画和音乐的关系。莱辛以为，绘画是空间的瞬间的静止的艺术，存在着表现方式的限制，追求动态，非绘画所长，刻写静物，又有点死板，绘画与雕塑要展现动态，应该选择动静转换的瞬间来进行把握。由此反观《梅赋》，就会发现漆雕世彩抓住朱由《梅花图》中梅花静态的势能和动态的变化性格来进行刻画。早在古代，唐代宋璟的《梅花赋》、宋代朱熹的《梅花赋》、明代唐寅的《惜梅赋》、清代龚自珍的《病梅馆记》都是以梅为叙述中心。漆雕世彩对朱由的14幅梅花图有感而发，其《梅赋》想象丰富，辞藻华丽，深得古体神韵。

题画诗是咏叹画境之诗，不仅要勾勒出画面的主要内容、传达出缊含的意境、写出画面的动态，还要抒写画家和诗人的强烈的思想感情，保持一定的艺术独立性。朱由笔下的梅花或遒劲、或写意、或留白、或繁茂、或浓墨、或清新、或悠远，可谓淡妆浓抹总相宜，正如漆雕世彩所写："疏处可走马，行八骏之容与，密处不使透风，挺枝干之幽长。施浓墨以为底兮，忽黑云以压城廓，着淡墨以写意兮，袅白云之轻扬。"那枝条、那花苞、那根须、那粗干、那遒须、那乔松、那远山群峰无不流淌着大自然的清气、思想上的锐气、人格上的正气、文化上的底气、情感上的傲气。在物我结合中，画家把梅花在逆境傲雪中呈现出来的清新、孤傲、坚定的品格展露得一览无遗，笔法清新、墨色淡雅。素雅的梅花在墨色的群山树木的映衬之下，更显出典雅、端庄的魅力。例如第一、第二幅梅花图，梅花在冰冻之中逆风而立，不管风雪严寒无所畏惧，尽显梅花的劲峭冷香、丰韵傲骨。作家漆雕世彩读懂了画中梅花的神韵与气质，激情铺排，远泻千里，表达了抒情主人公的人格独立的情怀："朔风之憭栗兮，骨铮铮而俊逸，霰雪之扬威兮，气氤氲而芬芳。立高标于巉峻兮，迥苏世而独立，葆丽质于严冬兮，常贞心而坚刚。"在寒冷的严冬，在高险的山峦，在风雪交加的夜晚，梅花并没有屈服于大自然的淫威，而是依然凌霜傲雪，保持自己的鲜艳姿势和坚贞品格，独立存在于这个被污染的世界，"众人皆醉我独醒"，出淤泥而不染，这就是梅花的性格，坚贞守节，骨气傲然，但更是诗人所赞赏、所追求的独立人格。可以说，漆雕世彩题画诗不仅扣住了绘画主题，同时又不拘泥于画面内容，使读者在洋洋洒洒的激情中看到丰富多彩的诗境。宗白华在1920年发表的《新诗略谈》中认为："诗的定义可以说是：'用一种美的文字……音律的绘画的文字……表写人的情绪中的意境。'这能表写的、适当的文字就是诗的'形'，就是诗中的音节和词句的构造；诗的'质'就是诗人的感想情绪。换一句话说，诗的'形'就是诗中的音节和词句的构造；诗的'质'就是诗人的感想情绪。……诗的形式的凭借是文字，而文字能具有两种作用：（1）音乐的作用，文字中可以听出音乐式的节奏与协和；（2）绘画的作用，文字中可以表写出空间的形相与彩色。所以优美的诗中都含有音乐，含有图画。它是借着极简单的物质材料……纸上的字迹……表现出空间、时间中极复杂繁复的'美'。那么，我们要想在诗的形式方面有高等技艺，就不可不学习点音乐与图画（以及一切造型艺术，如雕刻、建筑）。使诗中的词句能适合天然优美的音节，使诗中的文字能表现天然画图的境界，况且图画本是空间中的静的美，音乐是时间中动的美，而诗恰是用空间中闲静的形式……文字的排列……表现时间中变动的情绪思想。所以我们对于诗，要使它的‘形’能得有图画的形式的美，使诗的‘质’（情绪思想）能成音乐式的情调。”后来闻一多把它总结为音乐美、绘画美、建筑美的新格律诗歌主张。如果脱离朱由的绘画单独看作者写的题画诗，我们依然能够透过诗歌语言想象出梅花的傲然姿态，正所谓“诗中有画”，所以，通过绘画与诗歌的互审，我们能够发现通过“梅花”这一意象，两位作家的内心其实是相通的。

面对朱由的梅花图，诗人漆雕世彩被画中的枝繁花茂、竞相吐蕊迷住了。朱由的第五、第九、第十一幅画画出了梅花的各异神态，或盛开怒放、繁而不乱，或圈花点蕊、天真烂漫，或挺拔坚韧、苍古遒劲，或含苞欲放、羞涩可黛，作者在《梅赋》中对此三幅画分别尽情抒唱：“倩工笔以写红梅兮，似大写意之凤冠，须蕊着于瓣蒂兮，分向背与阴阳”；“飞香兮走艳，耀白兮腾黄。逞俊兮竞秀，含笑兮流芳”；“浅红如桃之夭夭兮，嫩黄如杏之淡淡”，想象神奇，感情真挚，意象绚烂，用铺陈、对仗的语言抓住梅花特色各异的刹那细节，生动逼真的呈现出梅花枝干劲俊、千花万蕊、风神绰约、清贞孤傲的艺术效果。其他对梅花描写如“写梅干如凤翅兮，生鳞皴于其上。展花枝之翼翼兮，似丹凤之朝阳”，“发红光以四射兮，见凤凰之涅槃，添火色之炽烈兮，驾火凤以翱翔”，象意传神，情景交融，以夸张的比喻反映了梅花生机盎然、清绝韵致的个性。

作者漆雕世彩一直致力于学习屈骚传统，其作品《梅赋》深得屈赋精髓，娴熟化用屈原忧国忧民的典故，针砭时弊，感怀现实：“辟梅馆以疗梅兮，吾唏嘘而感伤”，尤其对迫害梅花的行径进行了鞭挞，将梅花的人格去观照现实生活及其麻木生活的某些病态心理。在现实生活中，腐败、贪污、权归等对弱势群体的吞噬，这些弱势者“皆因权贵豪富而不仁者而遭殃”，作者对这种不公正的阴暗现象进行了批判。于是，作者欣赏朱由的第十幅梅花有感而发：“梅为国花兮，膺民族之魂也，芳菲菲而难亏兮，兆国祚之祯祥!”最后和朱由共同疾呼：“从今后，不可妒梅轻梅斫梅删梅锄梅夭梅鬻梅遏梅毁梅而又尽掩梅之芳香兮，合令天下名士美人昂其头挺其胸瑟兮僩兮赫兮喧兮厉厉落落其才情兮凛凛冽冽其骨气兮浩浩荡荡其正气兮蓬蓬勃勃其喜气洋洋兮!”读到这里，我不由得想起了龚自珍的《己亥杂诗》：“我劝天公重抖擞，不拘一格降人才。”作者希望将梅花的人格操守映照于天下苍生，希望我们每一个人都要向梅花看齐，而不应该损害梅花的独立，借此隐喻我们日常生活中许多压抑人才、迫使知识分子放弃人格独立的弊端，从而对其进行批判。

总之，诗人漆雕世彩以诗释画、以诗证释画，对画面时空二度审美，融入个人的所思所感，将画面时间和空间的凝固性转化为语言时间和空间的永恒性，进而深化了梅花这一形象的生命意识和人格内涵，使得诗与画在时空意识的转换上产生相通，并借助诗歌语言符号对绘画色彩、线条构图、情感抒写方式等进行深度转换，挖掘出绘画意境和诗歌意境的内在统一。

2010年10月12日

《梅赋》：生命的开显与超越

周进珍*

一个偶然的机会从校友那里得到一本由漆雕世彩先生著述、由中国文史出版社出版的诗集《梅赋》，便怀着好奇翻阅了起来。楚辞虽然作为国粹千古流传，但现代人以楚辞的形式抒情写意却并不多见。手启眼到之处，禁不住被深深地吸引。不仅仅是楚辞风韵在耳边回旋，也不仅仅是梅花的意象、荷花的仙姿，根须的遒劲触动了审美的神经，更重要的是我被一种生命的激情所感染、所震动、所燃烧。是啊，这哪里是一本诗集，这分明是鲜活生命的见证！其中潜藏着、涌动着、奔流着、洋溢着火一般的生命激情。一口气读完这本诗集，按捺不住要写出如下的感动和思考。

一、自然生命的自由绽放

以生命为本原，是中华民族大智慧的结晶。从生命哲学的角度讲，人的生命可以分为自然生命、社会生命和精神生命三个层次，其中自然生命属于人的生物意义，社会生命属于人的社会意义，精神生命属于超越自然生命和社会生命的永恒意义。这三个层次呈阶梯递进状态，又相互依存，构成完整意义上的“人”。

自然生命的生机勃发是社会生命和精神生命枝繁叶茂的根本保证，而自然生命本身亦具有其自身的价值，那就是自然天性所具有的审美价值。漆雕世彩的《梅赋》呈现在我们面前的首先就是自然生命的自由绽放。在他的诗集中我们不仅能领略傲霜斗雪的红梅风姿：“立高标于巉峻兮，迥苏世而独立，葆丽质于严冬兮，常贞心而坚刚”；“朔风之憭栗兮，骨铮铮而骏逸，傲雪之扬威兮，气氤氲而芬芳”（《梅赋》），也不仅能观赏亭亭荷花的圣洁：“美兮白兮，盈盈嫩萼”；“仪态翩翩，浅笑羞涩，花光照水，惊鸿翩若！”（《白荷辞》）甚至还有树根的遒劲雄壮：“如磐石兮坚韧，如鳞皴兮苍古；如青筋兮隆起，如铁骨兮曲偻；似地脉兮蜿蜒，似山川兮跃怒，似龙蛇兮游走，似郁结兮奔突。”（《根赋》）而且感觉到诗人自由奔放的个性。在《梅赋》中他写道：“欲上下而求索兮，将往观乎四荒，驾八龙之蜿蜿兮，挥云旗而飞扬。跨神鹏以南征兮，遭吾道夫荆襄，展鹏翼而

* 周进珍，湖北省黄石理工学院师范学院教授。

垂天兮，聊从容而迴翔。”从这里我们不难看出诗人对屈原和李白的浪漫主义精神的继承和发扬，也不难领略诗人的任情、豪迈和奔放。与其说这是一种性灵的抒写，不如说这是作为人的自然生命活力的开显与绽放。给人的感觉是诗人充盈的生命活力不能自已地由内而外洋溢而出，凝聚成动人心魄的诗句。

更为难得的是，漆雕世彩的《梅赋》、《根赋》、《白荷辞》、《红梅吟》等皆为题画诗，是二度审美体验的产物，这不仅需要诗人有高超的鉴赏绘画能力，而且更需要生命激情，否则，容易流于肤浅化、表面化的赞赏，难以写出自己的真情实感。漆雕世彩的诗歌把自然物的生命、画家的生命与其自身的生命完美地交融为一体，使人无法分辨出诗人所面对的是自然之物还是绘画作品，而只能被一种整体上的生命激情所笼罩、所包裹，同时引发读者的生命激情与之应和。就这样，强大的生命激情将事物诗化和圣化了，于是我们看到了美。尼采说：“艺术的根本仍然在于使生命变得完美，在于制造完美性和充实感；艺术本质上是对生命的肯定和祝福，使生命神性化。”的确如此，艺术之所以是对生命的恒常祝福，是因为人在艺术化的活动中能够自由塑造自己，是其所进入生命力极度丰盈的美学状态。在这种状态之下，生命冲破理性的栅栏，解放自身，恢复、生发、强化生命的激情，以内在的丰盈感受生命乃至世界的丰盈，当然，诗人所传递出的生命力量同样会激发出读者的生命激情。

狄尔泰认为，“诗歌就是生命的理解过程所具有的器官，而诗人就是对生命的意义加以辨别的洞察力异乎寻常的人。”《梅赋》这本诗集的美学价值首先就在于诗人对自然生命的洞察、理解、赞颂和张扬。使庸常生活状态下的人们能够于平平常常的自然物中发现、感受生命激情所带来的震撼、感动和愉悦。由于以分析为基本特征的现代科学技术执着于对自然之物的分解，自然存在的丰富性和内在生命活力被日益忽略，在人类视野中的自然物变成了一些抽象特征的集合，人的审美神经变得迟钝了。所以说《梅赋》所呈现的鲜活灵动的的生命意象不仅能够悦人耳目，而且能够悦人心志。

二、社会生命的和谐舒展

人的存在方式可以概括为生存、实践、超越几种基本的活动样式，它们共同组合成一条生命活动之链。虽然世界上的每个人都是单个而又独立的存在者，但是，就其存在活动而言，任何人的存在又必须在与其他人的交互作用中来实现，他不能脱离与周边各个人和事物的作用关系，而必须在与其他存在物不断地交换物质、能量及信息的共生关系中，才能让自己继续存在下去，这也就是说，人生活在整个历史文化环境里，在实践中求发展是人的存在活动的主要方式。从这个意义上讲，人的生存又不能单纯地归结为自然生命，它是社会生命与自然生命的交渗，是自然生命的底色在变幻着的文明世界光彩下的具体而生动的开显。《梅赋》所呈现的艺术意象不但显示了自然生命无拘无束的自由绽放，而且能引人进入生命何以自由绽放这类人生命意的哲学思考，并颖悟社会生命之于人的价值意义。

从《梅赋》中我们可以真切地感受到在诗人豪迈奔放的生命激情背后，跃动着一颗具有高度社会责任感的火热之心。他用一种“大爱”，关心着国家、民族的利益和命运，关心着亲友的冷暖和苦乐，并由此使自身的社会生命得以和谐舒展。面对邓小平的改革思想给祖国带来的日新月异，他热情洋溢地赞颂道：“神州起虹霓，春景弥山川！”“华夏中兴口，万民喜欲狂。”（《宝剑赋》）登上上海东方电视塔极目远眺，他既赞叹现代建筑的鬼斧神工，又追忆中华民族曾经的血泪和峥嵘岁月，更对祖国的未来充满信心：“侧身窗外摘星斗，化作诗情满眼红！”（《登上海东方电视塔》）；面对当今社会贪官的丑行他大声疾呼：“仓廪将罄兮，国库将空兮，广厦将倾兮，长桥将断兮，大坝将垮兮”；（《致贪官》）面对台湾同胞的骨肉分离，他写道：“我心泣血兮，肝肠为摧兮！”“望眼飑陨兮，千呼万唤兮，盼你早归兮”。表现出了作为一个诗人爱憎分明的立场和社会责任感。不仅如此，他对身边的人更是充满温情和爱心，在《赠妻诗》中他满怀深情地赞美妻子容貌的美丽动人、品德的质朴高尚和妻子在书法方面的骄人造诣，真诚地表示：“来生来世，还是一家！”在《吾兄》中既赞颂兄长在书法方面的精进和成就，又肯定兄长做人的正直与坚定：“半世艰辛仍精进，平生苦恨耻圆通！凌寒斗霜铮铮骨，立地撑天凛凛松！”侄子考上大学，他也是欣喜之余诗兴大发，写下长诗《贺侄子张国祥高中》，赞赏侄子刻苦学习的精神，并寄予厚望：“雄鹰矫翮欲高举，大鹏展翅乘云去。雄心更欲凌日边，红日更在青霄里！”友人举办书画展，他热情支持勉励：“大笔挥洒兮墨飞扬，龙蛇游走兮气轩昂，国士之风兮播芬芳！”（《大笔歌——赠唐和先生》）友人获书法大奖，作为同行他不是应酬式的道贺，而是体察其中的苦乐：“谁知灿烂兰亭奖，四十年来血汗浇！”又寄予殷切的期望：“华章若欲垂青史，自舀古今日日浇。”（《贺友人书法作品荣获中国书法最高奖——兰亭奖》）没有丝毫的妒忌，有的只是一片赤子之心。

从人类学的角度看，人的生命不是孤立的、单个的存在，而是存在于关系之中，是一种关系性的存在，个体的生存与幸福必须遵循人与人之间为维持和谐共存而达成的“协议”，所订立的规则，并承担一定的社会角色、社会责任和社会义务。在我国战国时期儒家就提出了以“仁”为核心的促使社会和谐安定的儒学思想，先秦时期，人们普遍地从“家”“国”的角度来看待和处理人与人之间的各种关系。在西方，古希腊的亚里士多德也明确地肯定人是政治的动物，社会的动物，天生要过共同的生活。这就表明，人的生命意义和价值最终要在社会关系中体现出来并得以确证。有助于社会的和谐安定，人的生命就实现了其应有的价值，反之，则毫无意义甚至成为社会的毒瘤。

漆雕世彩的作品显示了他社会生命的积极健康、和谐舒展。一个爱人类之所爱、恨人类之所恨的人，一个对自己的国家、民族、亲人、朋友充满爱心的人，毫无疑问地会以自己旺盛的生命力点亮一座人生的灯塔，给人以光明、给人以温暖，并照亮人的前进道路。

三、精神生命的完美超越

生存与实践构成了人的基本的存在方式，但还不是人的生命活动的全部。在这两种活动方式之外，人更有一种超越性的精神追求，它不同于机体的生存需求，亦有别于实践活动中的现实功利需求，而表现为超脱于这些实际生活需求之上一种对生命终极寄托的需要。如果说，生存活动在本体上属于人的自然生命存在，实践活动更多地体现出人的社会生命价值，那么，超越性精神追求便明白地昭示着人所具有的精神生命。人的自然生命十分脆弱，社会生命又会受到各种关系的制约，而且，由于人的不断增长的各种需要和这些需要的实际上不可能圆满实现的矛盾，常常会使人陷入到现实生活的困境之中，处于“身为物役”的不自由状态。所以，达到精神境界的完美超越，才算达到了自我圆成的境地。从《梅赋》中我们能深切地感受到漆雕世彩精神生命的充盈丰富，绚烂多彩。那是完美超越后的自由境界。

精神生命以科学精神求真，以道德精神求善，以审美精神求美。在人格精神上实现真善美的统一，便进入了人之生命的最高层次。在《梅赋》中我们处处可以感受到诗人之真：他不随波逐流去玩弄最来钱的文字游戏，而是不合时宜地潜心于骚体诗的创作，这是忠于本心。他说：“我手写我心，我写我家诗！而不因社会上流行什么就写什么，时兴什么就写什么，写骚全出于己心。”他不扭捏作态故作文人骚客之状，而是以真性情在友人面前醉酒狂歌，显示了一派自然天真：“既醉而复饮兮，意恍惚而迷狂”（《梅赋》），这是对自然天性的养护和尊重。最重要的是他的诗歌作品写真事，抒真情。在这本诗集里的作品，几乎每一篇都有来历，都是缘事、缘景、缘情有感而发，绝无无病呻吟的虚妄之作。这彰显出了诗人为人的真诚。

《梅赋》还能让我们充分感受到作者道德生命中对“善”的坚守和追求。人类自进入现代社会以来，善恶之战便愈演愈烈，以至于不少意志薄弱者人性中的善越来越萎缩，越来越失去了分量。因此社会上抢劫杀人者有之，抛弃妻子者有之，虐待老人者有之，背信弃义者有之，在光怪陆离、瞬息万变的经济大潮裹挟下传统的道德观念风雨飘摇，但是我们看到漆雕世彩经受住了考验。虽然他也有过“知音难觅心何寄，常使英雄也泪流”（《章台》）的感伤，有过“万卷诗书偏误我，无边风月每怀卿”（《寄远》）的喟叹，但是这只不过是生活中的偶尔情态，透过作品中所表达的对于国家、妻子、兄弟、侄儿的爱，对朋友的忠诚和关怀，对下岗姐妹的同情、对沉溺赌博者的规劝，我们不难领略背后支撑他的是至善人性。

人活着，总要去寻觅一片属于自己的生命的绿色和希望的丛林。正如生命美学所认为的：“真正使人超出动物的，是对于生命理想的追寻。人无法容忍没有理想的生命、虚无的生命，他必须不断为生命创造出某种理想，不断为生命命名，而且正是对生命的理想创造，而不是对外在物质世界的占有，才是人之为人的终极根据，也才使人超出动物的水平，或者说，超出野蛮人的水平。”对于漆雕世彩而言，他所用整个生命来追求的就是“美”，就是海德格尔所强调的“诗意的栖居”。通过《梅赋》我们可以看到他诗人的气质、诗人的激情。他好像就生活在诗的世界里，满眼是诗，遍地皆诗，在我们看来庸常的生活事件中他也能提炼出诗来。这除了超乎常人的审美敏感度、审美能力和审美情趣之外，当然在于心之所向的精神追求。

欣赏梅花图，他洋洋洒洒写出了 2 千余言的骚体长诗，抒发自己的审美感受，赞颂梅花的坚贞品格和绰约风姿，赞美画师的高超技艺；邓小平的改革思想原本是抽象的理论，诗人却把它想象成宝剑，写出一篇《宝剑赋》，赞颂它的威力；朝夕相处的妻子很容易引起人的“审美疲劳”，他却能在妻子得奖之日引发诗兴，赞美妻子的高尚人品和多才多艺；面对一幅油画《根》，他更是被深深地吸引，由画面上根的形象引发联想，赞美根的坚韧和默默奉献；面对洁白的荷花他浮想联翩，既写它“花光照水，惊鸿翩若”的姿态，又颂它“不避险阻，不避凉热，笑对磨折”的秉性；去越南采风，瞻仰胡志明灵堂，他发出“问伟人今何在兮”的历史追问；遥望台湾，他写下“千呼万唤兮，盼你早归兮”的深情；邂逅多年未见的朋友，他为朋友的落魄而心酸、而不平：“先生归来兮，一寒儒！”从诗集中我们可以看到，诗人不是在生命之外认识生活，而是在生活之中体验生命，不是置身生命之外去观察和抽象，而是置身生命存在之中去体验和直觉，其审美活动“居世”而又“出世”，“居尘”而又“出尘”，从本质上达到了超越世俗功利而进入精神自由的完美境界。

人是通过自觉、自为、自由的活动不断追求和创造理想世界的动物，理想的生命状态应该是自主、全面、向上的，既能自主地把握生命，又在三重生命的塑造中比较全面地发展，同时不断追求更高的境界。《梅赋》

的作者就是这样，其自然生命的自由绽放、社会生命的和谐舒展、精神生命的完美超越，不仅表现了其自身强烈的生命意识，而且昭示了其旺盛的生命力和精神状态的感染力。

2010 年 8 月 1 日

踵屈骚之体　彰民族之魂

——论《梅赋》的抒情主人公形象

吴福秀*

自古以来，以梅写意者层出不穷，其中或摹其艳压群芳之态，或寓人孤高绝尘之想，均能撷梅之精神，而骋作者之情怀。在他们的笔下，梅之意态，俏丽端方，优雅而不失娇媚，或托外物以衬，尽显其花间君子之态，畅其岁寒三友之绪。然屈骚之下，以梅入骚者并不多见，今漆雕先生以骚之体式写梅之气韵，“真幻杂糅”，“汪洋恣肆，气韵酣畅”（黄大荣先生语），深得楚辞之神韵，其间又羼入了作者及朱子二人昂扬向上的精神风貌及超然立世的人格情感，使全诗有血有肉，姿态横生。细读起来，全诗诗中有画，读诗而能想见画之韵致；画中有诗，品画而能共鸣于诗文之精妙。概言之，《梅赋》一诗诗画合一，诗境阔而意绪悠长，格调迂徐而不乏昂扬之态，深追屈骚之体而能发前人之所无，不愧为当代寂寞骚坛上的一朵奇葩。前人对此多有卓见，笔者不惮薄陋，愿在此诗抒情主人公的形象上略抒浅见，以佐品读。

一

《梅赋》的抒情主人公首先是一位苏世而独立的恬居者。说起“恬居”，中国人习惯上会把它与古代的隐逸思想联系起来。中国古代隐逸文化所表现的人格精神内容是十分丰富的，它不但追求境外之境的“神似”，而且更重视隐逸外表下的一种玄远和超脱，从而自然地表现出隐逸精神中的一些气质和风度。魏晋以后，玄禅兴盛，人们从之前的否定世俗生活转向亲近自然，开辟了自然美的新境界，这直接触发了古代文人的隐逸情结。魏晋以后的诗人如陶渊明、谢灵运、王维等都有着明显的隐逸意识。在这些隐逸诗人中，陶渊明投身自然，躬耕田园，将自己“不为五斗米折腰”的人格精神投射到诗歌意境中；谢灵运则以“乱流趋正绝，孤屿媚中川”写出了自然山水之美；王维身为仕而心归隐，写出了“人闲桂花落，夜静春山空”、“空山新雨后，天气晚来秋”等纯正的山水田园诗，创造了

* 吴福秀，湖北师范学院文学院教授。

主体与自然融二为一、物我不分的境界，将人格精神巧妙地融入自然山水之中。

以上这些诗文的创作，都体现了作者一种心向自然、追求内心与自然和谐一体的诗美意向。然而陶渊明虽有“采菊东篱下，悠然见南山”的隐逸之乐，但这份愉悦却是在其倍感“世与我而相违”、“自以心为形役”中寻求出路的无奈之举。谢灵运笔下的山水美景多少也是他“进德志所拙，退耕力不任”、“索居易永久，离群难处心”之中痛苦的抉择。由此可见，这些由诗文表现出来的隐逸思想，突出体现了中国古代文人“用之则行，舍之则藏”的致世心理，至于其傲笑山水，以隐居为乐不过是其生不逢时、时不我与心态下的独白，多少带有主人公被动、无奈的遁世心态，所以，他们虽能在诗文中表达其特立独行的人格情感，但从社会发展的角度而言却是苍白的。《梅赋》一诗以梅作为抒情主人公情感的触发点，同时也展现了潜藏在梅图之下的主人公的非凡人格。且看作者对梅之描写：“香气幽幽，娇嫩花光迷兔魄；孤标落落，槎牙杖影失虬龙”，梅之幽香，梅之孤高都在这短短的几句诗中跃然而出。如果说梅之品格仅限于此，则此梅之不逾于前人可知矣，不过作者笔锋一转，以梅之态写人之深邃：“藏精义于幽窈兮，何禅心之圆转，月轮运于苍穹兮，何静谧而安详。绽盈盈之冷艳兮，态颤颤而流光，有疏影之横斜兮，浮暗香乎昏黄。”此梅不仅有“冷艳”、“流光”的外表，更有“静谧而安详”、禅心、精义内蕴的深邃品格，它使人阔居闹市而不为浮华所动，身入俗世而能静心恬居；他不需要以形遁世来宣告他的脱俗，也不需要高调张扬来展示他的不凡，一切高瞻远瞩、蕙质兰心只在这冷艳而安详的外表下潜藏着，一如梅之疏影，静静地在众花落尽的时候摇曳着；又如梅之淡淡的幽香，在朔风凛冽时节无声地飘散着。

中国古代常以“修身、齐家、治国、平天下”作为衡量人生成就大小的准则，其中修身、齐家重在突出个人内在的品德及修为，而治国、平天下则以一种外放的心态将人放到整个社会的大环境中去考察。如果说静心恬居、精思内蕴主要突出了梅之内在品格，还不足以展示《梅赋》抒情主人公在社会大环境下卓然特立的一面，而下面对梅之铮铮风骨的描写则显得笔势阔大，主人公形象也在这意境中脱颖而出。且看：“朔风之憭栗兮，骨铮铮而俊逸，霰雪之扬威兮，气氤氲而芬芳。立高标于巉峻兮，迥苏世而独立，葆丽质于严冬兮，常贞心而坚刚。”梅之铮铮风骨，丽质刚心都在凛冽的朔风、威猛的霜雪、险峻的巉岩的衬托下一一显现，这是《梅赋》之梅的与众不同之处，同时也是抒情主人公不惧险阻、睆难而不为所动的内在人格精神的写照。所以作者接着写道：“松愈老则愈奇兮，梅愈古而愈芳。”梅之古老而芳，人之历尽世相而不为浊流所染，都在这意味深长的梅图中呼之欲出。

更可贵的是，与历代的隐者不同，作者写梅之独立、贞刚，却不提避世闲居，相反却以梅卓然不群之姿作为苏世、醒世的媒介，将梅之品格外扩到促进社会进步的轨道上来。这既吸收了《楚辞》中渔父的文化精神，又在此基础上有所突破。清人沈德潜说：“《楚辞》托陈引喻，点染幽芬于烦乱瞀忧之中，令人得其悃款悱恻之旨。”而王逸《楚辞章句》也说：“渔父避世隐身，钓鱼江滨，欣然自乐。”在这里，渔父是避世埋名的隐士，他代表一种遗世独立的清高隐逸的人格理想，其意象首先包含了隐钓之风。其次是“舟”，也即与世无争、超然独立于世的人生感悟。渔父或乘扁舟漂游水上，或独钓于寒江，或“驾一叶之扁舟，举匏樽以相属”，以一叶小舟达到“纵一苇之所如，凌万顷之茫然”的境界。在中国古代的文化意象中，渔父一方面保持着高洁的品性和情操，厌倦尘世的纷扰，另一方面也摆脱了社会的名利枷锁，追求一种无拘无束的人生境界。柳宗元“欸乃一声山水绿”、苏轼“小舟从此逝，江海寄余生”都是一种坚持操守、追寻人生自由的隐逸思想的体现。《梅赋》继承楚骚精神，将这种精神蕴蓄其中，同时又不落前人窠臼，写梅之独立更写其入世、醒世之社会功用，将笔触深入到广阔的社会江山朝市之中，虽学古而能变古，这正是《梅赋》抒情主人公的不同凡响之处。

二

古人赞赏梅花，不仅是因为它清雅俊逸的风度，更因为它的冰肌玉骨、凌寒留香代表了中华民族的文化精神，因为它高洁、坚强的品格给人以奋发向上的精神鼓舞。所以，中国历代文人志士歌咏梅花者甚多。清人沈德潜称：“咏梅诗应以庾子山之‘枝高出手寒’，苏东坡之‘竹外一枝斜更好’为上。林和靖之‘雪后园林才半树，水边篱落忽横枝’，高季迪之‘流水空山见一枝’，亦能象外孤寄；余皆刻画矣。”

首先，在古代诗人咏梅的诗篇中，梅花常被作为一种品性高洁的象征来展现，如北宋诗人林逋的《山园小梅》。林逋一辈子不做官，一个人在西湖畔山坡上种梅养鹤，过着隐居的生活。他写梅花独放，说“众芳摇落独暄妍”，将百花凋零与梅花的明媚艳丽作了鲜明的对比，衬出了梅花卓尔不群之姿。梅花虽将小园风光独占，但却并不刻意与他花争胜。“疏影横斜水清浅，暗香浮动月黄昏”，写尽了梅花在黄昏朦胧月色中轻轻浮动的婀娜之态。接着作者以假设的笔法抒写了“霜禽”、“粉蝶”等对梅花的喜爱，从侧面展示了梅花的高洁之美。宋人王淇也说梅花“不受尘埃半点侵，竹篱茅舍自甘心”，以拟人的手法赞颂梅花一尘不染的本性。当然这些诗中说的梅花，实际上都是诗人的自我象征，是诗人借对梅花的吟咏，以表白自己不慕名利，淡泊自守的人性品格。王冕的题画诗《墨梅》更是将画中之梅、梅之品格和人之人格有机地融为一体。诗意写画中小池边的梅树盛开，朵朵梅花都用淡淡的墨水点染而成，外表并不娇艳，但却具有神清骨秀、高洁超逸的内在气质，它不用鲜艳的色彩去吸引人，只是散发清香，让它留在天地之间，这实际上也是诗人内心深处人格精神的写照。“不要人夸颜色好，只留清气满乾坤”，表面上诗人是赞美墨梅不求人夸，只愿给人间留下清香的美德，实际上是借梅自喻，表现诗人鄙薄流俗，孤芳自赏的品格，这与《楚辞》中“举世皆浊我独清，众人皆醉我独醒”的屈原有一定的相似之处。《梅赋》作者借用林逋《山园小梅》诗的意境，称梅“有疏影之横斜兮，浮暗香乎昏黄”，将梅花品质高洁、意态横生的特征一一展现出来，同时又吸收了古代写梅诗的特点，将梅品、人品熔于一炉。

其次，“万花敢向雪中出，一树独先天下春”，自古以来，梅花就以这种敢为天下先的品质被誉为花中魁首。宋人陈亮《梅花》中有“一朵忽先变，百花皆后香”的诗句，诗人抓住梅花不惧风雪，不怕冰霜，在寒冬时节开放的特点，写出了梅花不怕打击和挫折的优秀品质，这既是咏梅，也是作者自己理想人格的歌咏。“墙角数枝梅，凌寒独自开。遥知不是雪，唯有暗香来。”王安石此诗写墙角之梅，这些洁白的梅花长在墙角但毫不自卑，只是远远地散发着清香。诗人通过对梅花不畏严寒的高洁品性的赞赏，说明坚强高洁的人格所具有的伟大魅力。正因为梅花的品性与中国古人所赞颂的铁骨冰心的形象不谋而合，所以它鼓励着一代又一代的人自强不息，坚韧不拔地为了理想而生生不息，奋斗不止。“不是一番寒彻骨，怎得梅花扑鼻香?”同样，人的一生不经历艰苦的奋斗，又怎能有辉煌的成就呢?“千淘万漉虽辛苦，吹尽狂沙始到金”，这些诗句分明都渗透着梅花不惧雪霜，昂扬向上的精神。

中国古代写梅之诗不计其数，其抒写意境、表现主题与感情基调都差不多。除了前文所述之外，陆游的《卜算子·咏梅》也写梅花的寂寞高洁，孤芳自赏。不过毛泽东据陆游咏梅词，反其意而用之，写了梅花的美丽、坚贞，并寄予它新时代革命者的操守与傲骨。此诗一扫过去咏梅诗词的哀怨、颓唐之气，创造出了新时代一种新的气象。“风雨送春归，飞雪迎春到”，面对着悬崖峭壁上的百丈寒冰，梅花一枝独秀，傲然挺立。诗人在诗中借梅寄志，以隆冬里盛开的梅花勉励自己、鼓励他人向梅花学习，勇敢地迎接生活的挑战。“俏也不争春，只把春来报。待到山花烂漫时，她在丛中笑。”梅花虽俏丽但不掠春之美，只是默默地传送着春的消息。当春光遍野的时候，梅花却独自在万花丛中发出欣慰的欢笑。在诗人眼中，梅花不妥协、不屈服、勇于和严寒搏斗的精神品格，已成为当时革命者不屈不挠的奋斗精神及无私奉献精神的象征。

与屈原所追求的“路漫漫其修远兮，吾将上下而求索”、“与天地兮同寿，与日月兮同光”一样，《梅赋》的抒情主人公同样也是一位奋发向上的进取者。他“欲上下而求索兮，将往观乎四荒。驾八龙之蜿蜿兮，挥云旗而飞扬。”“蓄江海以停胸兮，视万里而骛八方，濡海水以为墨兮，裁蓝天而为纸张。”其间蕴藏着作者不凡的胸襟和气度，荡漾着“猛志固常在”的理想和精神。清人叶燮曾说：“志之发端，虽有高卑、大小、远近之不同，然有是志，而以我所云才、识、胆、力四语充之，则其仰观俯察、遇物触景之会，勃然而兴，旁见侧出，才气心思，溢于笔墨之外。志高则其言浩，志大则其辞弘，志远则其旨永。”《梅赋》中作者雄奇的想象充满了浪漫的奇思妙想，与李白“大鹏一日同风起，扶摇直上九万里”的理想有着异曲同工之妙。李白在诗中以大鹏自比，通过波澜壮阔的气势铺排，烘托出诗人宏伟的豪情壮志，而诗人则抱负远大，只待时机到来，将不断进取并施展他的才华。梅花的精神就是不管历尽多少磨难，受到怎样的欺凌，都“宁可枝头抱香死”，不肯低头折节，“虽九死其犹未悔”的精神，这些正是中华民族流传千年的民族精神的象征。

三

“古人之诗，必有古人之品量。其诗百代者，品量亦百代。古人之品量，见之古人之居心；其所居之心，即古盛世贤宰相之心也。宰相所有事，经纶宰制，无所不急，而必以乐善、爱才为首务。”爱才不仅是古贤相的优秀品质，更是百代诗人之所骛。诗人的爱才、惜才常与其爱国、忧民之心相伴随。但如何爱国，每个有才之士的解读并不相同。有“爱国如饥渴”的班固，他表现出来的是一种深挚的爱国情感。有“位卑不敢忘忧国”的陆游，他虽然没有高官显宦作背景，但其爱国热忱较那些位高权重者并不逊色。有“先天下之忧而忧；后天下之乐而乐”的范仲淹，他心系国运，将朴素的爱国情感投射在自己的诗文中。除此之外，古代也不乏将爱国情感投入到实际行动中的人，如“常思奋不顾身，而殉国家之急”的司马迁，“捐躯赴国难，视死忽如归”的曹植，“以身许国，何事不敢为”的岳飞，还有高呼“天下兴亡，匹夫有责”的顾炎武，他们以天下兴亡为己任，并用自己的实际行动为自己的爱国情怀作出了最好的诠释。在这些以行动显示其爱国热忱的先贤中，有舍生忘死的民族英雄，如“生斯世、为斯民”的文天祥，他在国家危亡的关键时刻从狭隘的忧国情绪中走出来，主张“社稷安危之权，国家存亡之故，不在于境外侵迫之寇，而内之阴邪，常执其机耳”，与其说他忧国，不如说他已更深地意识到爱民与救国之间的共生关系。所以，尽管知道自己将不久于世，他还在监狱中为百姓祈福，愿天下人“家家足稻粮”，并自觉地承担起为国家存亡而奋斗的神圣使命，最后用他的实际行动唱出了“人生自古谁无死，留取丹心照汗青”等爱国主义诗篇。

除此之外，中国古代还有大批为天下兴亡，国家兴盛而积极奔走者，更有为拯救国之贫弱而穷根溯源者，有变法图强而引颈就戮者，他们都充分认识到了人才在社会进步中的巨大作用，唱出了一曲曲以人才强国的赞歌，如“浊酒难销忧国泪，救时应仗出群才”的秋瑾等。惜才与救国的关系，体现在古代以天下为己任的实际行动中，而在这巨大的时代责任感背后，实际上潜藏着社会对人才的强烈渴求。随着历史的进步和发展，更多的人开始认识到，天下兴亡的关键在于人才的力量，所以爱国行动首先就在于培养和扶植人才。居高才能望远，人才备方能兴国，《梅赋》抒情主人公抓住爱国与惜才这两个关键点作了进一步的发挥。关于前者，其源头可直接追溯到战国时期伟大的骚体诗人屈原，他曾“竭忠诚以事君”，奠定了我国爱国主义的基本传统。他面对国家的危亡积弱而“郁郁忧思”，“长太息以掩涕兮，哀民生之多艰”，“欲摇起而横奔兮，览民尤以自镇”。他期望以“内美”的高洁情怀拯救处于危难中的楚国，从而实现远古时期的大同社会理想。至于后者，龚自珍曾在他的《病梅馆记》中以梅为喻，写出了挽救人才对振兴家国的重大意义。

龚自珍在《病梅馆记》中托梅言志，他曾“购三百盆”病梅而誓疗之，以此显见其疗梅与救才的决心，也曾“以五年为期，必复之全之”，并冒天下之大不韪，“甘受诟厉，辟病梅之馆”，“纵之顺之，毁其盆，悉埋于地，解其棕缚”，写出了作者对封建统治阶级压制人才、束缚思想的不满和愤恨，表达了对解放思想、个性自由的强烈渴望。全文表面上句句说梅，实际上却是以梅喻人，寓意十分深刻。龚自珍生活在清帝国行将崩溃的时代，他敏锐地预感到封建王朝的新危机，也看到了人民的痛苦和灾难，因此殷切地希望社会能“不拘一格降人才”，以一种新的力量来扫荡“万马齐喑”的局面，其中饱含着作者对黑暗现实社会的尖锐批判和对改革的呼声。不过，他在结尾说希望有许多空暇的时间，空闲的田地来蓄梅、疗梅，实际上是对自己的力量不足以挽回人才遭受扼杀的局面的消极表白，但也从侧面反映出他已清醒地认识到了个人力量的有限性。尽管作者有爱国、爱才的万千热情，最终也不过是在文中为病梅而泣，为人才被扼杀而痛心疾首，或以“予本非文人画士”与那些不合理的社会现象划清界限，表明他决不同流合污的决心。

抒情长诗《梅赋》借鉴了《病梅馆记》的托梅言志的手法，又吸收骚体诗歌长于抒情的特点，将民族之魂寓于梅之神韵的这一特点发挥到极致。但由于作者所处的时代不同，其爱国表现则显得十分自由。《梅赋》说："梅为国花兮，膺民族之魂也；芳菲菲而难亏兮，兆国祚之祯祥。"诗中的抒情主人公一方面赋予梅花以国花的品质，又加之以民族之魂，并称"画梅事小，毁才事大，忧国之意深且长。"这不能不说是作者的创意所在，梅花不仅是国格的象征，更是国家兴旺，民族振兴之所系。所以，《梅赋》一方面继承了屈原以骚体诗抒情的特点，又吸收了龚自珍以梅喻人，写梅惜才的特长，最后将这种迫切的呼声通过与天帝的对话激切地表现出来。作者在诗的最后说："吾与朱子厉声语于天帝曰：从今后，不可妒梅轻梅斫梅删梅锄梅夭梅鬻梅遏梅毁梅而又尽排梅之芳香兮；合令天下名士美人昂其头而挺其胸瑟其僩兮赫兮喧兮厉厉落落其才情兮凛凛冽冽其骨气兮浩浩荡荡其正气兮蓬蓬勃勃其喜气洋洋兮"，结语一改诗句的简洁之风，使用了一系列的长句，排比而出，但却字字铿锵，掷地有声，使读者在激越的情感表白中看到了一个活生生的爱国志士形象。

结　语

纵观全诗，《梅赋》一开头以朱子邀漆雕先生赏梅图为线索，由此引发了作者面对千姿百态的梅图而展开的奇思妙想，其间朱子运笔如走马，"舞巨笔以颉颃"，一方面表现了朱子出神入化的精湛画技，另一方面也是主人公情感抒发的触发点。而定盦、天帝和众仙则是主人公理想人格的见证者、推动者和成就者。诗中的抒情主人公起笔以"漆雕"之名，而后又出现了"我"、"予"、"吾"等称呼的不断变化，这与作者继承楚骚传统，而又在形式上力求突破，避免由于称呼的千篇一律而产生形式上的呆板感的要求是一致的。当然，这种称呼的变化对全诗情感的表达以及诗中抒情主人公的形象的充分展现也是十分有益的。总而言之，《梅赋》中的抒情主人公是一个救世、醒世、敢为天下先，奋发向上而又饱含爱国热忱的有志之士形象，同时也是新时代千千万万生生不息、奋斗不止的爱国劳动者形象，其时代内涵是十分深刻的。

2010 年 8 月 1 日

致漆雕世彩先生函

［日本］野田雄史*

漆雕世彩老师：

您好！

这次收到了您的大著《梅赋》，非常感谢。两年前在杭州会议上见了面，蒙受很大的指教。通读了大书，了解您的赋以很广泛方面的东西为题材，很令人惊叹。

日本有人制作唐诗风味的古典诗，但是我没有听到过有人制作楚辞。近两千年除了您以外大概没有人制作这么多篇楚辞。我只能惊叹！

谨祝您身体健康、学问发展。

野田雄史

2009 年 9 月 11 日　写于日本九州大学

* 野田雄史，中国屈原学会理事，日本富山大学副教授。

梅花象征民族之魂

——骚体长诗《荆州梅赋》读后

殷光熹*

近日拜读了漆雕世彩先生新作骚体长诗《〈荆州梅赋〉——赏朱由先生梅花图被酒作》(原作见2008年2月1日《荆州日报》)后，拍案叫绝，为之惊喜！于是随手写了这篇短评，聊备诗界切磋时参考。

这首诗的构思新奇独特。全诗围绕楚梅展开画面，由梅花这个主题辐射四面八方，人间凡界和天上仙界，将古今画梅者、爱梅者的高风亮节、言语行状，铺叙成篇。诗以主客观赏梅图切入，以酒后狂想起兴，幻设仙境，浮想联翩，似有神助，驾苍龙，揽星斗，泼墨舞笔，绘出一幅幅令天帝和众仙也连连叫绝的梅花图，颇有梅香迎面扑来的感觉。正如诗中所云："梅为国花兮，膺民族之魂也；芳菲菲而难亏兮，兆国祚之祯祥！"接着诗人借龚定盦《病梅馆记》和《乙亥杂诗·九州生气恃风雷》诗文本事，寓意深刻地针砭时弊。最后，"吾与朱子"又回到现实，表达了诗人和画家的心愿和祝福。全诗的思路脉络清晰可见。于此可知，《荆州梅赋》的艺术构思是作者苦心经营的结果。诗人怀抱高洁之情，凌云之志，步入创作过程，每每以情属文，正如陆机《文赋》所言："遵回时以叹逝，瞻万物而思纷；悲落叶于劲秋，喜柔条于芳春。"所言触景生情，正是创作的起点。通过构思以后，"收百世之阙文，采千载之遗韵"、"笼天地于形内，挫万物于笔端"。

诗人构思成熟之后，紧接着采用了屈骚式的想象，也正如陆机《文赋》所说："精骛八极，心游万仞"，"观古今于须臾，抚四海于一瞬"，上天入地，突破古今时限，驰骋广袤空间，纵横捭阖，生动而形象地描绘了画梅名家、咏梅诗人、赏梅仙界人物和凡界的梅痴、梅友的爱梅情怀。其诗风格雄奇奔放，继承和发扬了屈骚浪漫主义的优良传统。

语言尽量保持"楚化"，"抑江山之助乎"(《文心雕龙·物色篇》)不难看出，作者"积涵咏楚辞四十余年之心得"(《漫天风雪品楚梅》，见

---

* 殷光熹，中国屈原学会名誉会长，云南大学中文系教授，中国作家协会会员。著作有《楚骚·华夏文明之光》、《唐宋名家词风格流派新探》、《宋诗名篇赏析》等六种。合著有《楚辞注释》等三种。主编《姜夔诗词赏析集》等著作二种。校点古籍著作一种(刘文典的《淮南鸿烈集解》)。曾获全国屈学研究(1984—1994)一等奖等各种荣誉。

2008年2月1日《荆州日报》)，对屈、宋作品已经是滚瓜烂熟，且能融会贯通，运用自如。无论是“兮”字句式的运用，抑或是语言色彩、语法特点、修辞手法等等，都不同程度地效法“楚辞体”，或引用，或化用，或“夺胎换骨”，或用自己个性化的语言方式予以表达和描述，诵之确有楚骚风韵，令人心旷神怡。

总之，《荆州梅赋》是作者继承和发扬楚辞传统而创作的一首佳作，在当代诗坛上，像这样的骚体长诗，恕我斗胆直：当属独一无二！

当今，各体诗歌竞相斗艳，各得其所，各尽其妙。我觉得，少有人“染指”骚体诗。骚体值得提倡，于继承楚辞体传统的基础上使其发扬光大，美刺并用，尽展其风姿；篇幅可长可短，内容不拘；当然，为了推动骚体诗的创作活动，前期可多创作些短小精悍之作，这样做，更有利于面向大众。为此，本人很支持漆雕世彩先生所创作的骚体诗，且期待他在这方面起带头作用，以其激发骚体诗爱好者的创作热情，带动一批诗作者，让诗坛百花齐放，共享果实。

我与漆雕世彩先生相识已二十多年，算是老朋友了。最近有幸得其大作《漆雕世彩诗词选》和《荆州梅赋》等作品，抽空拜读后，真有：“文如其人”之感。若要说说我对他的印象，不妨用“五气”来概括之。一曰有底气：功底厚实，胸藏万卷，博学多识；二曰有才气：勤奋好学，聪明睿哲，满腹经纶，多才多艺；三曰有正气：为人正直，泾渭分明，为了维护国家和民族利益，敢爱敢恨，美刺兼用，一身正气；四曰有人气：数十年来，广交朋友，诗词唱和，以文会友，良师益友，门徒亲友，文艺爱好者……你来我往，络绎不绝，可谓人气兴旺；五曰有朝气：无论对事业，对生活，或是读书、治学和创作，勃勃兮充满朝气，切切兮奋发向上。当然，如果这“五气”要用更高标准来要求的话，尚需终身锲而不舍地修炼下去，方能终成“正果”。这不仅是对漆雕世彩先生的一点期望，也是对更年轻一代同好者的一点期望，让我们共勉吧！

2008年4月6日

写于昆明翠湖畔听雨斋

(此文载于曹晓宏主编《中国语言文学论丛》之殷光熹著《文学散论》第28页，大众文艺出版社，2009年3月第1版)

[附一] 殷光熹先生函

漆雕世彩先生：

收到大作《荆州梅赋》后，当即拜读，为之惊喜！

创作骚体诗，值得提倡。作为同好，理当给予支持和鼓励。本想动笔，因忙于他事而拖后了几天。今日趁清明假空闲，走笔成文，特邮寄呈上，若有不妥之处，请来信正之。若无意见，亦可发表，稿投何刊，则由您定（发表后请寄样本）。

我之为文，先打腹稿，待酝酿成熟，一气呵成。此举并非天才，实乃习惯而已，此文之诞生亦如是，故难免挂一漏万，不周之处，祈望见谅。

上月通话中，嘱我若有诗作可寄上一、二让您书写赠我。只因我缺少诗才，作诗非己所长，故作诗不多；今不怕献丑，随手翻出过去旧作一诗一词，奉上，请正之书之。

我出生于杭州，日寇侵华，举家南逃，最后落脚于昆明。作客他乡，无缘归根，遂成终身憾事。六十多年来，思乡之情，梦魂萦绕，难以割舍，遥望故乡，思之肠断，怆然泪下。所呈一诗一词，均与思乡盼归情结关联，故稍作提示，以求知音者不吝赐教。（诗词另纸）

顺颂

安康

弟：殷光熹　谨上

2008年4月6日于昆明市翠湖畔听雨斋

思　　归

儿时遭寇患，游子不得归。
流水洗乡愁，山风送梦回。
作者：殷光熹

江　南　春

游西湖
波浩渺，棹轻摇。
飞花天上舞，轻叩起歌谣。
江南春色天公造，烟柳笼堤箫鼓招。
作者：殷光熹

[附二] 漆雕世彩读殷光熹信函后记

2008年4月16日，星期三，上午九时我到江津邮局亲取殷教授来函，急不可待，以小刀抖抖索索地开函，生恐弄坏函中物。先读其诗，思乡，心为之一酸，再读其文，读到第一页后部，泪即出。读第二页，热血沸腾，泪下如雨。读第三页，几乎泣出声来，第四页泪已满面，流下脸颊至下腮处——盖有知音矣！盖有知我心者！读毕，以手探囊取手纸拭泪后记此。

2008年4月16日9时11分，世彩于

沙市江津邮局邮体分理室门外

此段文字记于殷先生来函背面空白处。彼时因有创作冲动而作骚体诗，但不知其于时代于国家于读者有甚益处。又因创作骚体诗耗费许多时日，耗费许多精力，无经济收入，反而为打印文稿出版书籍费钱，甚至有时累坏身体而住院治疗（汉代扬雄写一赋而病一年），妻唠叨，儿牢骚，长期不乐，甚至反对，此种问题长久萦怀，块垒中塞，郁郁寡欢，忽见殷先生鼓励文字，内心感动，故而泪出。

2012 年 3 月 12 日又记，世彩于北京海淀

读《梅赋》

凌　冰*

2011年2月19日，在北大校友每年春节后燕园相聚的例会上，幸得结识80年代书法艺术研究班的校友漆雕世彩。他同时也是我祖籍同乡的楚人，而且家在我弟、侄所居的荆州，因而颇感亲切。

承蒙其赠所著骚体（楚辞）诗集《梅赋》（中国文史出版社2006年出版）一书，归来伏案反复艰苦细读多日，始感知尝试此作之不易，是需要卓识、勇气、才情和惊人的毅力的。

诗经和楚辞本来是我国文学的两大源头，理所当然地应一并继承下来并发扬光大。但是在专制时代，当权者独尊诗经为正统（后来继之以格律诗词）的形势之下，神韵非凡、想象丰富、章奇句秀、灵活自如、地方色彩浓郁、深受读者喜爱的骚体诗却受到了冷落！

因而在作为世界著名诗之国度的中华大地上，竟然出现了一种不应有的现象：两千多年来以来文人运用楚辞韵文的艺术形式创作，竟至颇为稀见。

这显然是不正常的，必须予以纠正的现象！我们在文艺园地上永远坚持的方针是百花齐放，而绝对不是尊崇此花而贬抑彼花，厚待此花而轻慢彼花。骚体诗，是中华诗词艺术形式中极美好的一种，楚辞诗体的自由运用，在今后理所当然是畅通无阻的。

感谢漆雕世彩的《梅赋》之作！有志于骚体诗的创作者！有兴者！请运用骚体创作！楚辞必将发扬光大，日益适应于新时代的新内容，而在中华诗坛上焕发出瑰丽的异彩！

例行聚会未名滨，校友新识夘兔春。
骚体诗兮扩眼界，一曲梅赋兮清新。
真实虚幻兮交错，天上人间变换频。
气势恢宏韵味雅，漆雕世彩贯古今。
消沉昔调今为用，依旧情浓寓意深。
屈原宋玉同感慰，楚辞诗艺有来人。

2011年3月20日于北京福利院

* 凌冰，1947年北京大学毕业，曾任北京师范大学教授，北京市教育局局长。

评《梅赋》纲目

丁 芒*

漆雕世彩先生：

您好！

承您寄赠书拙诗的中堂，我亦书法爱好者，当珍藏并很好向您学习。阅画册及佳文，方知您还是诗书通家，两方面均卓有成就，实深敬佩。尊函嘱我为大作《梅赋》写篇评论文章，我很惶恐。您是不了解我的底细，我非科班出身，早年参加革命，在部队 30 年，后转业地方，1987 年就离休。虽终生爱好诗，新旧诗都写，古典文学的功底并不深，全靠自学。关于诗学的理论，亦仅是自身实践的总结，且我注目的是中国诗歌的现状与发展走向，也只是从这一角度研习一些古代经典，得其皮毛而已。屈赋亦吾所爱，但未深研，因此，不应假虚名以误真，请恕我不敢妄评。此非遁词。江苏去年搞诗赋咏江苏征文赛，我一时兴来，就斗胆写了篇赋，结果只能勉强入围而已，可见我对这一体式的操作水平。

蒙君垂询，谨扼要条列若干读后感之纲目，供参而已：

1. 气势宏阔：由梅图起兴，而上天入地，诗境宏，诗意充，诗笔恣，诗力贯。有屈原《天问》之想象力和浪漫风格。当代仅见。

2. 章法合理，首尾呼应，中间游想自然，有完整感。

3. 动势感强烈，从具象着笔，以意驱象，情挟象飞。

4. 文采丰美，辞藻闪目，足见古典文学功底深厚，驱词遣句，卓有古风。

5. 类乎古诗中游仙之作，且具体写到“帝”之语言，群仙之动作，则变仙境为人境，读去使人更感亲切，而非一片虚无缥缈。

6. 个别之处比屈赋有发展，如倒数第三段“从今后”以下两长句，像元曲那样加上了许多衬字，体例上突破了屈赋之规整，是一种发展。

谨复并祝

大安！

丁芒 时八十二岁

2006 年 6 月 22 日

---

* 丁芒，中国作家协会会员，中国散文诗学会副主席，中华诗词学会理事，《中华诗词》杂志顾问，著有《丁芒诗词选》、《丁芒文集》等 30 余种著作计 3600 万言。

咏楚梅回赠漆雕先生

杨贤其*

我不信佛，但常携小外孙或邀好朋友到沙市章华寺一游。其主要原因之一是为了观赏千年章台楚梅并摄影留念。有联云：

枝峻叶茂，郁郁铮铮，章台酷暑独幽静；

雪白梅黄，飘飘荡荡，古刹严寒溢淡香。

章台古梅，给人以享受，示人以启迪。

近日，承蒙漆雕世彩先生特赠其骚体诗集《梅赋》并嘱予以评说。我和漆雕先生乃华中师范大学前后校友，毕业后又为荆州市同行。虽然他教的是文学和书画，我教的是数学，但文理毕竟相通。我们数学界大师华罗庚教授就说："下棋找高手，弄斧到班门。"我今"班门弄斧"，虽是漆雕先生鞭策，毕竟也令我重温了一番久违的诗词歌赋。

《梅赋》装帧精美秀气，封面设计高雅靓丽，令人喜爱，欲一睹为快。甫读《梅赋》，顿觉耳目一新，惊喜莫名。及至读完全书，不禁欣然忘食，掩卷长思。特别是那首首长诗，久久萦回脑际，欲挥不能。如《梅赋》、《根赋》、《白荷辞》，如《陵堂赋》（写伟人胡志明）、《宝剑赋》（写伟人邓小平）、《天路殊兮》（写书友蒋开之）等等，无论状物写人，还是抒情言志，皆能显示气势恢宏，感情浓郁，韵味十足。有人说《根赋》比《梅赋》更好。《根赋》与《白荷辞》一刚一柔均好。我个人更喜欢《梅赋》和《陵堂赋》，读之令人叫绝，有时不禁泪下。而《天路殊兮》直面现实人生，恰又古风楚韵扑面，足见作者功力。主人公一代鸿儒，才华横溢，德高望重，穷困潦倒，孑然一身，终归逃不出"百无一用是书生"的命运。一切只是平静道来，读之令人怆然泪下。都说"时势造英雄"，又说"性格决定命运"，故最难评说是《天路殊兮》，读罢此诗心亦碎，真的好爱你又不敢爱你！

《梅赋》使人开窍——啊！原来新诗是可以这样写的！古典与现代、高雅与通俗，完全可以相通相谐。只需对深奥的古骚体进行"推陈出新"、"革新创造"，一样可以写出收放自如、气韵酣畅、情真意切、雅俗共赏并且兼容古今中西、极具现代气息的新骚体诗。《梅赋》堪称样本。若能再

---

* 杨贤其，湖北省沙市大学数学系教授。

加锤炼，必将成为当代诗坛之经典！

诚如中国屈原学会副会长、浙江大学教授崔富章先生所言：“漆雕先生是新时期骚体诗创作第一人，他的《梅赋》是新中国第一本个人骚体诗集。”我想说的是：《梅赋》能取得此等惊世成就，乃因作者是科班出身，文学功底深厚；同时，作者是荆楚后人，深得屈原《离骚》神髓。然而，具备上述优势的文人多矣！所以，我更认为，作者具有非凡勇气和超凡毅力，他能遇上改革开放时代并与时俱进，懂得“路漫漫其修远兮，吾将上下而求索”的道理并矢志不渝。所以，最根本的是改革开放的时代与个人的身体力行相结合成就了漆雕世彩及其佳作《梅赋》！

犹忆当年他的书画艺术学校草创时期，只能在原军分区旧招待所租借三、两间陋室当“教室”，且资金、教材、经验均缺乏，更要顶住“姓资还是姓社”的质疑。那时，一位朋友找他有事邀我同往，谈到办学，我们一致认为应该按党中央和邓小平同志的指示精神办，坚持改革不动摇。如今，漆雕先生成为“全国民办杰出校长”，他的书画艺术学校被评为“全国民办先进学校”。20多年来培养出近万名学生，其中不少人参加国际国内比赛获金奖银奖。他既“教”亦“练”——教研之余，20多年如一日坚持书画诗词创作，精品多多，好评如潮。漆雕先生正用亲身经历诠释着：宝剑锋从磨砺出，梅花香自苦寒来！

为祝贺漆雕先生事业有成，为答谢他赠我佳作《梅赋》，特打油一首以赠之：

咏 楚 梅

章台有楚梅，嫩黄吐清香。
千年傲冰雪，伟哉一榜样。

2010年11月7日

评《梅赋》写作记

杨贤其

1. 缘起

中国文史出版社出版骚体诗集《梅赋》，引起强烈反响。作者漆雕世彩先生受其老师和同仁友好鼓励，决定广泛征集各路专家学者和教授们的评论，再出一本《梅赋评论集》。我亦忝列其中，又喜又忧。

喜者，漆雕先生是我校友和同行，他于教书、办学、办书画展之余，又出诗集且广受好评，当然可喜可贺。而且，《梅赋》乃新骚体诗，正可鞭策我努力学习，并重温我曾喜爱但却久违了的古典诗词歌赋和外国的（主要是普希金、泰戈尔和海涅的）散文诗、抒情诗和政治诗——反对专制、追求自由；为了比较研究，也回忆了一些白话诗（如《女神》等）和朦胧诗（北岛、顾城）。这个过程犹如古稀的“我与中青年时代的我心灵沟通”，虽曰岁月沧桑，却也有喜无忧，因为我这一生无论是学术还是健康都少有挫折。虽然世事多变，我心坦然，深知有些烦忧是自找的道理。

我本过着平静的日子。不料近日却小有愁忧——漆雕先生要我评说《梅赋》！我虽顶着教授头衔，但专业是数学而非文学；我虽也涉足文学，但顶多只是一个文学爱好者。我不写评说不行，写而不佳更不行，总之是对不起朋友，也对不起《梅赋》。培根说过：“诗歌使人灵秀”，“数学使人周密”。这时，我想起了我们数学界大师华罗庚教授的话：“下棋找高手，弄斧到班门。”决心战胜自我，努力攻读《梅赋》，潜心撰写评说，打破个人写稿“一挥而就”常规，字斟句酌，五易其稿，终于完成《咏楚梅回赠漆雕先生》交卷。期望值为80分——我读初中时，那时实行五级分制，我写作文就从不打草稿，作文是老4分（良），老师评语是老两句：“短小精悍，但动脑筋不够。”每次发作文本下来，同学就用这句话笑我，我也懒搭理。现在，我毕竟年已长矣，“短小精悍”要保持，但却绝不会再“动脑筋不够”了——我写《梅赋》评说，字斟句酌，五易其稿，乃是明证。

2. 开篇

我本爱梅，对楚梅则情有独钟，加以任务是评说《梅赋》，故开篇即写楚梅。但这只是引言，故需短小精悍，由此我想到用排句。请教文学出身的朋友，他帮忙重写了一个，说“20年来我专业已荒疏”，自己也不满意。但这启发了我，干脆迎难而上，写副对联。既要符合对联关于平仄词性对仗的基本要求，又要写出楚梅的特性，何其难耶？

楚梅特性有二：

第一，楚梅不是红梅，而是黄梅——嫩黄吐清香。有一年春节，我和小外孙正在沙市章华寺千年唐代古银杏旁往上掷红丝带结，祈福吉祥。天空突然飘起了难遇的雪花，庭院中武汉来的游客一家人齐声欢呼，我和小外孙也赶忙朝楚梅奔去照雪景。清楚记得当时北风呼呼，雪花飘飘，楚梅花瓣迎风摇摇荡荡，从容俏丽，于是写出：

雪白梅黄，飘飘荡荡，古刹严寒溢淡香。

这正是我当时对冬天楚梅的场景和感悟的典型写照。毛泽东主席有《咏梅》上阕云：“风雨送春归，飞雪迎春到。已是悬崖百丈冰，尤有花枝俏。”这是赞扬梅之俏傲冰雪；下阕云：“俏也不争春，只把春来报。待到山花烂漫时，她在丛中笑。”昔日不少作品爱放豪言：“谁笑到最后，谁才是胜利者。”一派傲然之气。而梅则是“一花引来百花开”，百花齐放时，见到的只是“她在丛中笑”。楚梅正具毛主席笔下盛赞之品格：淡泊，幽香。她俏丽高雅，俏傲而不是笑傲冰雪。

第二，楚梅是千年古梅，但并不老态龙钟。她冬天花开满枝头，嫩黄一片，充满活力。夏日，更显生机无限。与一般梅树不同，不是一个主干上长出许多枝丫，弯弯绕绕，似乎美妙；楚梅犹如孙悟空“呼地一声”从地下冒出，唯见无数枝条丛生，挤挤挨挨，为争阳光，少有分杈。表皮铁褐，更显刚劲。估计人们平生没有见过梅中有这种样子的“好大一棵树”！明于此，我遂欣然写下：

枝峻叶茂，郁郁铮铮，章台酷暑独幽静。

这里，不用枝繁叶茂除了受制于对仗，还因为枝峻叶茂可译为“枝浓密叶繁茂”，更能准确表达楚梅枝条浓密（此处翻用了《离骚》“冀枝叶之峻茂兮”句）；而不用郁郁葱葱，则因为郁郁已表此意，又铮铮乃佼佼之意，楚梅千年仍生机勃勃，难道还不算佼佼者？铮铮引申意为刚利正直，则用于楚梅，形态、品格毕现也！（见《辞海》铮铮条）顺便说一下：此处写夏日楚梅时用到“酷暑”，则写冬天楚梅时用“苦寒”（取“梅花香自苦寒来”之意）似比用“严寒”好，但“苦寒”与“酷暑”平仄相拗，只能割爱了，可惜啊！

总之，短短的开篇，令人煞费苦心。为了写好楚梅的风貌品格，还望方家不吝赐教，予以斧正。

3. 过渡

第二段属过渡。一、二、三稿都只写了作者与我是校友和同行，亲笔题签赠其《梅赋》，他为文我为理，文理相通。如果是这样，则我写评说纯属友情和信任而客串。故从第四稿起加了“班门弄斧”一段话，有人说这是为了谦虚，非也！第一，引数学大师的话“下棋找高手，弄斧到班门（鲁班之门）”，表明应挑战自我，因为我不是搞文学专业的，心里多少存有畏惧；第二，说漆雕先生嘱托，“毕竟令我重温了一番久违的诗词歌赋”。故我主要是抱着虚心和学习的态度而写评说。我办正事从来如此，这次也不例外。

4. 评价

这是本文最为核心、最能出彩的段落，也最能显现出我作为数学专业人士研究文学作品并加以评论的个人风格。也许令人奇怪，我直到第三稿时才加写出评价的初稿，第四稿时作了加写和修改，然后找文学教授研讨润色问题，得到肯定和指点，再翻阅《辞海》，推敲字词句，最后在第五稿时定了下来。至于这个评价是否恰当，自然由我“文责自负”。

一稿二稿未写评价，我也知道不行。但是，当时尚未通读《梅赋》，又知自己未受文学评论的专业训练，“宁缺毋滥”，未敢贸然下笔。后来又一改再改，也是从事研究应有的态度和品格。

我写《梅赋》评说，先按本人阅读此书的顺序写起，即“装帧设计……甫读……读完全书……”全用“跟着感觉走”的手法。这种写法比较得心应手，因为我是一个“杂家”，中学时代学过不少古典文学，大学时代和参加工作后，喜好书画摄影，也读过一些中外文学作品及配套赏析文章。许多散文大家的作品对我影响很大。

接着，我列举了六篇长诗，称赞“皆能显示气势恢宏，感情浓郁，韵味十足”，其中“韵味十足”是第五稿所加，有感于“不少的白话诗太直白、朦胧诗太朦胧、散文诗太松散”而发！网络上甚至批评个别曾获国家级诗歌大奖的人士“将散文分行排列的”所谓“诗”也堂而皇之予以发表，实在令人汗颜！为什么只举 6 篇？主要是限于篇幅，别的长中短篇也有精品，多半因为篇名太长。有人说《根赋》比《梅赋》更好。我个人更喜欢《梅赋》和《陵堂赋》，读之令人叫绝，有时不禁泪下。而《天路殊兮》直面现实人生，恰又古风楚韵扑面，足见作者功力。主人公一代鸿儒，才华横溢，德高望重，穷困潦倒，孑然一身，终归逃不出“百无一用是书生”的命运。一切只是平静道来，读之令人怆然泪下。都说“时势造英雄”，又说“性格决定命运”，故最难评说是《天路殊兮》，读罢此诗心亦碎，“真的好爱你又不敢爱你”！

我个人最得意对《梅赋》评说的这一句：“《梅赋》使人开窍——啊！原来新诗是可以这样写的！”很平实，有个见，当时不知为什么脑子里灵光一现赶忙记了下来。试想想：我国的古诗光耀古今，而新诗探索创新一个世纪（从1919年五四运动算起），成就又有几何？研讨传统如何继承，新诗如何出新，一直五心不定。《梅赋》作者漆雕先生此前也曾老老实实学习过，辛辛苦苦探索过，但被文学圈内的旧框框他缚和自缚，他有力无法使，有才无处用。直到改革开放的春风吹拂大地，吹暖人心，漆雕先生猛醒：古典与现代，高雅与通俗，完全可以相通相谐。新观念使潜能变为才能，他的《梅赋》脱颖而出，既合骚体格调，又具现代气息，的确不愧为新骚体诗之样本，当代诗坛之经典！当然，潜能尚待发挥，同志仍须努力，切盼漆雕先生借势而上，创作出更多精品。

5. 探秘

我写评价《梅赋》，字斟句酌，煞费苦心。接着我写探秘《梅赋》之所以能取得“惊世成就”，则可谓“轻车熟道”。一来我本读书人，深知学问之道；二来我与漆雕先生为校友同行，多少了解其学术人品；三来为写数学论文练笔，我多少发表过一些散文随笔。我动笔写“探秘”就是一挥而就，信心满满——在我看来，“探秘”似乎神秘兮兮，其实只要实话实说可矣！

第四段，我先引中国屈原学会副会长、浙江大学教授崔富章先生关于漆雕先生及其《梅赋》两个第一的赞誉，即写其取得“惊世成就”因素有三：第一，科班出身；第二，屈原“老乡”；第三，时势造英雄。天时、地利、人和，人生成功三要素，缺一不可也！

鉴于第四段有点抽象，为避“老生常谈”之嫌，特辟第五段，先写漆雕书画艺术学校草创时期之困境及压力，继写其决心坚持改革不动摇，最终取得成功。这些都很实在，也很好写，从初稿起即如此。但到第五稿，细究之，觉得只写办学成功、培养人才，毕竟有点“间接”，于是加写了一小段：教练教练，只教不练？非也！“他既教亦练，教研之余，20多年如一日坚持书画诗词创作，精品多多，好评如潮。”最后一句：“漆雕先生正用亲身经历诠释着：宝剑锋从磨砺出，梅花香自苦寒来！”很贴切自然地回到了主角《梅赋》和梅花。

有一点想到了不想写：钱！办学不仅培养了人才，也累积了资金。这也是成就。无钱吃饭如何写书？有了书稿无钱怎么出书？出了书卖不出去亏空无钱谁来补？人们都爱说“钱乃身外之物，生不带来，死不带去”。但人生活在现实社会，我若写文章时提到钱，人们又会齐呼“俗气”，则我只好不说不写算了。

6. 结尾

写结尾以简洁为佳。为点题，又恰好能首尾照应，决定打油一首回赠漆雕先生：

咏楚梅

章台有楚梅，嫩黄吐清香。
千年傲冰雪，伟哉一榜样。

有人说：此诗并非顺口溜，还是有点韵味，说“打油一首”为了谦虚。其实我本意想写一首五绝。我早年读过一本《唐诗三百首详析》，专门研究每一首每一首唐诗的平仄，并立有许多规矩，哪首中规中矩，哪首不合但补救后又合规合矩了，哪首虽是名诗也不客气地判为“不合规矩”。老天爷啊，我还敢说我在写五言绝句吗？打油诗乃“下里巴人”，我说《咏楚梅》是“打油一首”，自然可免别人笑话。

此诗初稿交人打印时将最后一句“人世一榜样”改为“伟哉一榜样”。有人说：我感觉最后一句是一语双关，既是赞扬楚梅，也是赞扬《梅赋》。我意如此。但愿如此。

7. 附言

我评说《梅赋》的文章终于完成了，辛劳有获，甚为欣慰。当收入《梅赋评论集》时，建议写个“附言”，三言两语说明一下曾“五易其稿”。这并非赞扬我，因为我本应该如此办事；这是为了赞扬《梅赋》，道理很明显：若《梅赋》不是上品，则我完全没有必要五易其稿为之评说。

2010年11月7日

贺《梅赋》鸿篇问世

李金坤*

漆雕世彩生于楚，长于楚，骨子里自有楚人发愤自强、诗情俊逸的气质与精神因子。他心仪屈平，酷爱楚骚，旦夕吟摹，如痴如醉，悉力传承，以光骚魂。鸿篇《梅赋》之出，举世惊骇。该赋体大虑周，情深意真；天风海涛，笔力雄浑；张皇幽眇，一唱三叹。梅之形神，摹写酣畅；胜蓝寒水，冠盖古今。真乃楚骚之嫡传也。余甚为欣悦，遂聊赋杂句以致贺忱焉。

古来咏梅汗牛栋，
风骨峻洁松竹同。
漆雕世彩横空出，
梅赋新吟气势雄。
幸有楚都传骚客，
得无神州赓唱隆？
铁肩道义自荷担，
再盼妙手造化功！

2012 年 6 月 11 日

* 李金坤，江苏大学文法学院教授、文学博士。

揽得无边星斗入壶觞

林　峰*

世彩先生：

您好！问尊夫人好！

尊作早就收到，并一一拜读。只是平时忙于生计，未能及时回复，还望多多包涵。先生《梅赋》，大笔磅礴，迈往凌空，写来清壮顿挫，典丽骚雅。非辞中高手不能为也。晚辈读后敬佩之情油然而生。蒙先生厚爱，十分感激，只是由于学识浅陋，怕说不到位反而有负先生美意，再则评论文章一向很少涉及，以我之短去评先生之长，非不愿为实不敢为也。今呈上《虞美人》词，以表敬意，并请赐教！

谨祝夏安！

后学林峰谨上

2006年7月3日

虞美人——读世彩先生荆州梅赋有感

幽香带雪春初透，碧玉依栏瘦。寒梅一点为谁开，且看轻云凉月送诗来。楚骚陶艳情千丈，句与情怀旷。天飞墨雨满荆襄，揽得无边星斗入壶觞。

林峰　拜上　丙戌夏日于一三居

又，浣溪沙——

又见翠岩带雪回，琼英千点暗香飞，无边春色梦边催。歌放清宵风欲舞，毫挥佳节月留杯，新红喜绿满晴晖。

调寄《浣溪沙》，漆雕先生伉俪，林峰专此拜年

2001年2月4日

* 林峰，中华诗词学会会员，著名青年诗人，著有《一三居诗词》。

致漆雕世彩先生函

胡可先*

漆雕世彩先生：

您好！

2007年浙江大学举办楚辞国际学术研讨会暨屈原学会第十二届年会，我与先生都与会，亦学术有缘，只是时间短促，未能叙怀。今得先生惠寄大著《梅赋》，非常感谢！

先生用长篇之骚体，一气贯下，以展示梅之风采，其境界高远，颇堪嘉许。“立高标于巉峻兮，迥苏世而独立，葆丽质于严冬兮，常贞心而坚刚。”“朔风之憭栗兮，骨铮铮而俊逸，霰雪之扬威兮，气氤氲而氛芳。”此类文字警策亦复不少，可见先生经营骚体创作之不易。

屈子《离骚》，实横绝天地之鸿篇，其影响百世，而百世又难以继统者，端在三个方面：一为屈子之精神炳辉日月，历百世而愈光；二为屈子之文采，既横空而又绝世；三为楚国之环境，后世亦无以复现。故自屈子而后，南方不仅骚体衰微，整个文学发展亦迂回曲折。虽有汉之贾谊，唐之刘禹锡、柳宗元等迁客骚人，流落于此，以文学一抒衷怀，但终与屈子骚赋径途异辙者，盖以三者难以同时具备故也。则贾谊而后，骚体尚绵延不绝，但大多近贾而不近屈，盖不仅作者襟怀身世，易与贾近而难于屈同，且亦时代使然也。故而千秋仿作，得形貌虽易，而得风神尤难。

读先生大著，略述千年骚体之所感，期待先生佳著不断问世。

即颂

暑安！

胡可先

2009年8月9日

* 胡可先，浙江大学中文系教授、博士生导师；中国唐代文学学会理事、中国杜甫研究会理事、浙江省文学学会理事；著有《杜牧研究丛稿》、《中唐政治与文学》、《杜甫诗学引论》、《政治兴变与唐诗演化》、《杜牧诗选》等专著。

岁寒君子自卓立

——评漆雕世彩先生的《梅赋》

郭　杰*

我和漆雕世彩先生是老朋友了，他能诗善书，多才多艺，还出版了格律诗词集、书法作品集等四部专著，我久已慕之。我和他同属中国屈原学会的会员。多年以来，在中国屈原学会的年会和其他一些学术会议上，我们时能相见。每聆其高见，都感到颇有所得，很受教益。在这类学术会议上，大家畅谈高论之余，会议间隙，往往安排一些助兴节目。那时，一些精于翰墨的同仁们就会铺纸挥毫，用浓重的笔墨写出饱满的大字，寓情于景，熔铸诗文，写出富于神采的书法作品。在这些令人佩服的同仁中间，漆雕先生称得上是卓有造诣的佼佼者之一。他的笔墨雄浑深厚，酣畅淋漓，赋于个性的张力，也能令人看出很浓郁的书卷气息和深厚的文化底蕴。他曾赠给我一幅亲笔写就的书法横幅，我十分喜爱，一直珍藏至今。

但是，漆雕先生的才情远不止于人们所熟知的上述诸端。最近，他又奉献出一部气势雄健、文采飞扬、沉甸甸的骚体诗集《梅赋》（中国文史出版社出版），着实令人惊叹不已。我说这本书“沉甸甸”的，当然并不是指它的篇幅和厚度，而是指它所体现出来的精湛的文学技巧、鲜明的个性特征和丰富的文化内涵以及上承屈宋继绝楚骚的可贵探索。

赋，是中国历史上源远流长的一种古老而独特的文体，滥觞于《诗经》中的“六诗”（风雅颂赋比兴）之一，战国时代屈原、宋玉等人继承传统，结合荆楚文化的风韵，发文楚辞，后人也称之为赋，或称之为骚体诗。能体现赋之特色的，则是宋玉的《高唐赋》、《神女赋》之类，设为问答，文辞铺张，是为骚体赋，亦称古赋，开一代之格局。到了汉代，赋由附庸蔚为大观，形成整个汉代文学的极为壮丽的艺术景观，出现了司马相如、张衡、班固等大家，在文学史上产生了深远的影响。进入魏晋南北朝以后，除了沿袭传统的体物状景之散体大赋（如宫苑、田猎等）之外，一些篇幅相对较小的抒情言志之赋，也日益引发文人骚客们的青睐，并充分

---

* 郭杰，华南师范大学副校长。中国屈原学会副会长、中国诗经学会理事。著有《古代思想与诗的世界》、《屈原新论》、《元白诗传》、《先秦诗歌史论》、《中国文学史话》（十卷本主编）、《文学大教室》（五卷本主编）。

发挥汉语的辞藻音韵之美，与骈俪对仗的语言技巧相结合，涌现出一大批传世之作。屈宋之后的赋的创作，大体延续散体大赋和抒情小赋这两条不同的路径开展，而在一般的文人创作中，以后一类型的作品更居多数。

漆雕先生的《梅赋》，能够上承先秦文学骚体赋这一悠久的光辉传统，而结合时代之精神，发挥个人之才思，纵横捭阖，触类旁通，立意高远，运思深挚，应该说达到了较高的艺术水平，它的问世是一件很有意义的事情。

首先，《梅赋》是直接取法楚辞进而弘扬骚体诗。漆雕世彩先生高举楚辞创作的大旗，在文学创作上继承了楚辞的传统。《诗》与《骚》同是中国文学的两大源头、两大基石，但纵观中国两千多年的诗坛，《诗》与《骚》的发展是极不平衡的，这种情况在汉代以后就出现了——就是所谓的“独尊儒术”。弘扬《诗经》的传统是对的。《诗经》出自于黄河流域，是我们民族的宝贵传统，而《离骚》作为出自于长江流域的文学传统，同样是汉文学的源头、基石。司马迁的评价相当客观，说屈原“与日月争光可也”！到汉代，班固作了符合儒家学说的调整，批评屈原的《离骚》是“露才扬己”，汉以后贬《骚》，到唐代，越贬越过火，说屈原是“异端邪说”，然而唐诗中《骚》的精神仍在。“诗的作品，骚的精神”，在李白身上得到了弘扬，其诗堪称“庄骚合一”。李贺也受《骚》的启发，把牛鬼蛇神都写进去了，可谓之“骚之苗裔”，但除“二李”外，没有第三个人了。汉唐而后，两千多年来，楚辞的创作寂寞了，无人再作骚体诗了，骚体诗失落了！骚的失落是民族的贫血！骚是什么？骚是高洁的品格，是磅礴的气势，是深挚的情感，是灿烂的语言，是高远的境界，这些都是需要我们好好继承和发扬的。漆雕世彩先生涵咏楚辞四十馀年，他是自觉地主动地继承骚的传统的，他说：“本人每次捧读楚辞，心中很自然地升起一种对屈原的景慕之情，进而很自然地升起欲继屈原之踵武，挥起楚辞大纛，‘为往圣继绝学’从而振兴骚体诗的强烈愿望。”（见《梅赋·序言·骚体诗创作之缘起》）近年来，漆雕世彩先生为振兴骚体诗作了可贵的探索，在这本《梅赋》中，他把两千多年前的辞赋与当代社会生活众生万相从形式到内容熔铸在一起，开辟了楚辞的新格局；他以现代人的睿智和思想学习楚辞的传统，把这种艺术形式的精髓运用得玲珑剔透；他开创了用楚辞体诗歌来悼念伟人的先河；他把一般的睹物言志之作升华为歌颂中华民族精神的抒情之篇；他在运用最具文学表现力而又最难运用的叠音词方面，无论是在比例上还是在绝对数量上，都超过了《诗经·周南》《召南》，超过了《离骚》；他在句式上主要为五言、七言，八言、九言，有时也出现长达56字的长句，在体例上突破了屈赋之规整，更利于纵情挥洒，对楚辞文体是一种发展。总之，《梅赋》气象阔大，规格宏伟，想象高迈，文采斐然，真幻杂糅，绚丽奇诡，成为当代楚辞体诗歌的成功之作。正如北京大学教授、88岁的杨辛先生所说，“《梅赋》得楚辞神髓，极华彩惊艳”；也正如中国屈原学会常务副会长、北京语言大学教授方铭先生所说，“《梅赋》惊艳无比，令人佩服之极”；也正如台湾成功大学中文系教授陈怡良先生所说，“绝艺有幸今日传！《梅赋》体制宏伟，可谓今世之《离骚》”（见《职大学报》2010第1期）。

其次，《梅赋》以高洁的梅花作为歌咏的主题，状物抒情，咏物言志，关心民生，关心社会，体现了对传统文化精神的继承和发扬。在中国传统文化中，人们往往以梅、兰、竹、菊象征高洁的品质和坚贞的人格，故有“四君子”之称，而梅居其首焉。以梅为题，显然是自觉承继传统文化的一个主动追求。而以赋这种古老的文体，把这种追求凝聚为个性化的艺术结晶，则更有值得称许的现实价值。在全球化、信息化的21世纪，全民皆商，金钱至上，物欲横流，市场经济、商品生产日益搅得人们心浮气躁、情荡意摇，在这样的社会环境下，这篇以梅为题以骚为体的作品的出现，就更为引人瞩目地体现出作者迥异流俗的艺术匠心和独立不迁的人格特征。更何况作品文采之飞扬、意境之深远、形象之富丽，都有迥异前人之处，可圈可点，令人叹服。岁寒君子自卓立！守得住清静，耐得住寂寞，坐四十馀年冷板凳，才有今天的《梅赋》呈现于读者面前！

当然，对一部艺术作品的理解、评价和接受，是每一位读者进行文化选择的天赋权利，同时也是进行艺术交流和沟通的必然过程。既然如此，那么关于这部作品的进一步评论，还应该留待每一位读者在掩卷之后自下断语。而我这里，也该就此打住了罢。末了，还应补上一句：感谢漆雕先生已有的工作，并期待着他在今后的日子里，取得更大的艺术成绩，为我们这个伟大的时代奉献出更好的骚体诗篇！

2011年1月12日于广州

[附一] 郭杰短信

漆雕世彩先生：辛卯之年，新春佳节，郭杰谨于深圳梧桐山顶峰“鹏城第一峰”向您致敬！海拔高度943.7米，夕阳泛辉，群山苍茫，晚风犹寒，斯心已暖。俯仰天地之间，盘桓山海之际，念人生之有涯，思宇宙之无限。似悟天人相契之理，颇怀圣贤宠辱不惊之致。虽高亦奚足以喜，虽险奚足以惧。斯抑古来登高临远之初意乎？郭杰于深圳 2011.2.3 21：47

[附二] 漆雕世彩短信

郭杰先生：短信收悉。善哉！妙哉！鹏城梧桐山峰，高耸奇特，曲折回环，钟天地灵秀之气，郁结而磅礴。骚人逸士，游览此山，睹其精英霞彩之绚烂，聆其百鸟啁啾之和鸣，揽其无穷变化之烟云，此乃有益于心身之爽，而又有裨于文章之妙矣！吾卅年前曾撰联曰：“浮游烟水其人多寿，涵咏诗书有子必贤”。君之心，感悟人生，沟通大地，思人风云变化，联想天人古今，于险夷、得失、升迁、忧乐、宠辱之人生况味，与历代圣哲贤良俊彦之骚心，千哉相通。真英雄所见略同矣！善哉，善哉！妙哉，妙哉！楚之人漆雕世彩识于荆州三贤堂上，辛卯正月初一日二十一时五十三分草拟。

又，贺年短信二则。仰春风之和穆兮，听百鸟之悲鸣。感阳春之美景兮，盼中华其复兴！其二，恭贺全家兮欢天喜地！牛年大发兮黄金万镒！家庭和美兮双飞比翼！春风得意兮前程万里！世彩谨祝。

荣曜秋菊　华茂春松

——从漆雕世彩先生《梅赋》看其骚体诗创作

徐建平*

漆雕世彩，乃孔门八儒之一漆雕开之后，生于荆楚大地的书香门第，自小得益于浓厚的家学与地域文化熏陶，极具灵性，其后转益多师，自出机杼，其书法与诗赋，双峰并峙，相得益彰。早闻先生之大名，缘于得见其潇洒俊逸、遒劲豪迈的书法大作，敬佩至极。殊不知先生风华绝代，才情高迈，犹善骚体诗创作，常拟骚摅志，深得屈骚之神韵，被崔富章先生誉为“新时期骚体诗创作第一人”，其《梅赋》则为“新中国第一本个人骚体诗集”。

当今骚坛，万马齐喑，独先生奋力而起，追步圣贤。先生早年便立志为往圣继绝学，自觉挥起骚体诗创作之大纛，纵横驰骋，以振兴骚体诗为己任，以磅礴的气势书写富含当今时代精神的骚体诗赋为实践，不平则鸣，发愤抒情，取得了举世瞩目的成就。其代表作《梅赋》，体制宏伟，气贯长虹，泉涌万斛，绝艳惊采，不可不谓为当今骚坛的一朵奇葩。诗人体物写志，以梅图起兴，借观赏友人朱子创作墨梅之过程，叩天地而远征，手展千秋风光，笔越万仞云霄，极想象夸张之能事，摹梅高标丽质之神韵，抉梅苏世独立之精神，以此象征君子之凛然正气与非凡人格。在高潮处，诗人撷梅之精神，骋己之情怀，彰民族之灵魂，郁愤迸发，正声申辩，控诉黑暗社会对人才的扼杀，寄寓自己高洁超逸的人生理想，与屈子心系社稷、上下求索的精神相遥应。此赋堪称集众家写梅之长，对梅意态飞动之描摹可比王元章，对梅超凡脱俗之颂赞可比林和靖，对梅坎坷命运之怜爱与寄望可比龚定庵。思深拔俗，感情激越，气韵酣畅，尽显风骚，洋溢着灵动之美。

先生的骚体诗创作，更有高不可攀、难与并能之处。内容上，先生在继承骚体之神韵，摒弃夸艳逞才之陋习的基础上，坚持与时俱进，以古之体，作今之用，发人之未发，将楚辞与当代社会众生万象熔铸为一；坚持“我手写我心”、“深入生活”，情以物潜，辞以情发，开创了骚体诗创作的新格局。《梅赋》中诗人精骛八极，心游万仞，想象自己与历代画梅写梅

* 徐建平，南通大学教师。

高手对话，将笔触深入到现实社会中来，适当采用现代汉语词汇，驰辩如涛波，摛藻如春华，托梅言志，针砭时弊，显暴官过，寓意深刻，气势宏阔，极具艺术张力与时代气息，尽展当代骚体诗的艺术与魅力。结构上，可谓深得《离骚》创作之法，回环往复，虚实相间，开篇写实，中间运笔腾挪，发挥想象，上天入地，纵辔自如，跌宕起伏，以情纬文，最后重返现实。句式上，则根据表情达意的需要，突破屈赋之规整，有长有短，叠字层出不穷，极富音律之美。短句如“画梅事小，毁才事大，忧国之意深且长”，先生有感于如今世态炎凉，拍案而起，发而为诗，以画梅之事小与毁才之事大作比，句短意长，字字愤激，有豹尾击柱、力拔山河的威力；长句如“合令天下名士美人昂其头挺其胸瑟兮僩兮赫兮喧兮厉厉落落其才情兮凛凛冽冽其骨气兮浩浩荡荡其正气兮蓬蓬勃勃其喜气洋洋兮”，长达五十六字，九组叠字，诗人满腔豪情，一气呵成。诗句腾挪跌宕，振聋发聩，掷地有声，诗人借此对社会寄予殷切的期望，有排山倒海、撼天动地的气势。

此外，先生更是有意无意地将自己书法的慷慨激昂、豪放洒脱，以及朱子笔下墨梅的卓然特立、通透飘逸精神，铸于其骚体诗创作中，可谓书画并辉，共襄骚体，以书表诗，以画启诗，书情画意，情浓趣盛，境界高远，石破天惊，将骚体诗创作发挥到无以复加的境界。

纵观当今骚坛，能达此妙境者，独先生一人而已。先生胸蓄浩浩江海，以其执著的信念，浩然之正气，为往圣继绝，自觉担起骚体诗复兴的神圣使命，仰追屈宋，俯启后学，荣曜秋菊，华茂春松，不愧为当今骚体诗坛之执牛耳者！

2012 年 3 月 20 日

《梅赋》礼赞

李燕杰*

品若梅花香在骨，
人如秋水玉为神。
梅中有诗，
诗中有美，
美中有人，
人中有爱，
而且有心。
漆雕世彩之诗，
世彩精雕之艺。

从梅林走来，穿过屈子之赋，展现了一种令人向往的国粹，这里有诗、有美、有爱、有力！这一本图文并茂的诗集，它在我的心中呈现又一座诗歌史中的里程碑。

它是诗的，艺术的，创造的。

写到此处猛然想到两位诗人冰心、贺敬之曾为我的诗集题辞，冰心先生题写的是："诗之心、国之魂、诗如其人。"

贺敬之先生题写的是："给语言插上诗歌的翅膀，飞到青年人心上。"

我愿将这些赞誉之词送给漆雕世彩先生，借以相互勉励，让更多的屈原以及《离骚》伴着梅花，绽放在华夏儿女心里，在80、90后的年轻人的新房中挂上。

梅为国花兮，膺民族之魂也，
芳菲菲而难亏兮，兆国祚之祯祥！

——摘自《梅赋》

或可再挂一幅诗中有画、画中有诗的条幅，展示一种诗意：

忽云开而日出兮灼灼闪闪，松竹含碧兮郁郁苍苍，
楚水蒸霞兮灿灿烂烂，荆梅生彩兮裔裔皇皇！

——摘自《梅赋》

梅赋，继承了屈原之神，离骚之躯。

---

* 李燕杰，首都师范大学教授。

梅赋，在创新中，又赋予梅花以新意。

诗中有现实主义，

诗中有浪漫主义。

二者结合，形成：

诗家之绝唱，

当代之离骚。

它给人以出乎意料的美，而这美又蕴含意料之外的哲理。

梅赋，有感情，有哲理，有新意，有趣味，是诗之教，亦可谓教之诗，或称中华铸魂育才之艺。

2012 年 5 月 28 日于首都师范大学

读《梅赋》心中欢喜

冯宗有*

近得漆雕世彩先生作《梅赋》，再三诵读，心中很是欢喜。一喜漆雕君的文学功底深厚，能以极具骚体风格之长诗，绘梅、咏梅、赞梅，创作出长达316句、两千多字的鸿篇巨制《梅赋》，有史以来实属罕见；二喜漆雕君高瞻远瞩，站得高、看得远、想得透，以梅为题，字字不离梅，事事围绕梅，将梅刻画得淋漓尽致，令人称绝；三喜湖北出了位才子——漆雕世彩，漆雕君完全可以在世界上大放光彩，名副其实的唯楚有材也；漆雕君在酒酣之后，灵心忽显，灵感激发，驰骋神思，上下求索，大笔挥写，故能写出震古烁今的不朽之作——《梅赋》，实在是可喜可贺，可歌可颂，可敬可佩！

古来稀老翁冯宗有

2012年6月1日于北京寓所

* 冯宗有，中共中央对外联络部退休干部。

愿《梅赋》风韵流芳百世

陈思田*

漆雕先生的《梅赋》是我所见到的最优秀的当代骚体诗作，也是当今中华国学研究与实践的代表作品。当我认真吟诵全文，并领悟作品内涵和意境的时候，我不得不佩服原创作者漆雕先生对国学的钻研程度之深之广，愿《梅赋》之风韵流芳后世，愿漆雕先生佳作不断。

2012年6月2日

* 陈思田，《中国人民解放军赋》主创人，北京军赋书画院副院长。

王翼奇题漆雕世彩先生《梅赋》

王翼奇[*]

《诗》言标实，《书》喻和羹。梅之滥觞，见诸经籍。至陆凯五言，桓伊三弄，缘情梁简，寻梦罗浮。李太白江城笛里，贺方回梅子黄时。继广平和靖，则高青丘之华章；谱疏影暗香，有姜白石之长调。梅之韵事，更绚文光。迨驿外成泥，香仍如故，丛中微笑，俏不争春。梅之风骨，直臻瑰伟！噫，国香高逸，是为民族之魂；世彩敷陈，遂有梅花之赋。当代有兹杰构，斯人不让前贤矣。爰赞之曰：

奴仆命骚，挥将彩笔堪名世；
阙遗补屈，赋到梅花不让人！又，

漆雕世彩梅惊艳，
司马相如赋让贤！

翼奇敬撰，2012 年 6 月 8 日

* 王翼奇，中国辞赋家协会副主席，浙江省辞赋学会会长。

《荆州梅赋》　代之鸿篇

［中国香港］黄耀堃*

漆雕世彩先生，世之骚人；《荆州梅赋》，代之鸿篇。承惠赠大著法书，嘱为继作。惜腹笥甚俭，无以复命。

唯恭录《梅赋》之余最爱者：

梅干舒如凤翅兮，
生鳞皴于其上，
展花枝之翼翼兮，
似丹凤之朝阳。

香山黄耀堃于2011年除夕

* 黄耀堃，中国屈原学会理事，香港中文大学教授。

骚体古赋《梅赋》题词

龚克昌*

辞与赋原也可谓两峰对峙，双水分流，各显其妙。但以屈子为代表的楚辞，向为人所重，自史迁作传之后，颂声不息。而以汉赋为代表的历代赋，虽也偶尔被誉为“一代文学”，但非议之声却时有所闻。尤其是新中国成立后，赋几乎被指为文学中的封建性糟粕而遭人遗弃。在1949年后三十年间，不见一篇较全面肯定赋的论文。所谓压迫愈重，反弹愈烈。20世纪80年代以后，历代赋的研究和新时代赋的创作，有如雨后春笋一般四处破土而出，至今已出版历代赋研究专著百种以上；从事新体赋创作的作者数以千计，创作新赋数万篇。许多优秀新作如《梅赋》等篇在《中华辞赋》和《光明日报》上得到及时发表，并引起中央有关领导的重视。相比之下，楚辞的研究和带兮字调骚体赋的创作，似薄弱一些。在这方面，漆雕先生做了有益的尝试，且作出了有益的贡献，值得充分肯定。我以为在古代文学诸体中，骚体诗（赋）是最有生命力的文体之一，稍加修饰，即可利用，漆雕先生的创作就是最好的证明。祝楚辞体的创作也能发扬光大。

2012年6月16日于山东大学

* 龚克昌，著名辞赋文化专家，汉赋学术泰斗，中国辞赋史家，山东大学教授、博士生导师，中国辞赋家协会荣誉主席，山东大学辞赋研究所所长，著有：《汉赋讲稿》、《汉赋研究》、《汉赋新选》、《楚辞选译》、《白居易诗文选》、《先秦诗歌选注》、《司马相如传》、《屈原赋选译》等，发表学术论文100余篇。

致漆雕世彩先生信函选刊六封

［中国台湾］陈怡良

一

世彩先生、金萍女士贤伉俪道鉴：

接到先生、夫人贤伉俪自荆州迢迢千里寄赠大作诗书赋四册，照片二帧，真是惊喜交集，感动又感激！虽个人在接到先生、夫人之大著后，即以电话表示诚意可感，将会好好拜读，而衷心之澎湃，犹波动不止矣。

贵地荆州，是一历史名城。七八年前，个人之业师苏雪林教授104岁仙逝后，弟子、友朋们乃亲捧吾师之骨灰，送回至其“旧乡”安徽省太平市幽僻之乡下安葬。斯时个人即曾与内人、友朋们顺道游长江三峡、黄山，而游历过荆州，曾至博物馆、古城、旧楚国故城郢附近参观，古代文物展现眼前，思古幽情洋溢，令人不禁要赞叹连连。惜那时尚未与贤伉俪认识，否则或可聚晤，把臂言欢一番矣。未来若再有机会，重游旧地，当然必去拜访贤伉俪一对璧人！个人私忖，贤伉俪郎才女貌，好一对“神仙侠侣”，必是人人称羡！

对世彩先生之诗、书、赋，个人粗略批阅之下，甚为惊叹，可谓才华毕露，峥嵘突出。未来若蒙不弃，亟思能得赐对联墨宝，则谨在此先致万分谢忱。《梅赋》一文，俟未来抽暇，必厚颜礼赞析评。今谨另寄拙著《屈原文学论集》（再版）、《陶渊明探新》、《屈原的审美观及离骚的“奇”“艳”之美》、高秋凤（台师大）教授一文。洋葱葡萄酒方，附寄于此。谨祝新春愉快！

陈怡良谨上

2008年1月4日

又，高教授之文《台湾楚辞研究六十年》（1946～2005），可让内地学界知悉台湾楚辞研究之概况。洋葱葡萄酒食疗方，他人若有兴趣，不妨多影印，以赠有缘人。

二

漆雕先生、金萍夫人贤伉俪道鉴：

先生之《梅赋》，个人拜读再三，本不敢妄加评骘，然感于先生之至诚，乃草撰一文，题曰：《绝艺有幸今世传——拜读漆雕先生<梅赋>有感》。“有感”者，乃言有所感受，亦有所感动矣；“绝艺”者，乃言骚体赋；“今世传”者，乃言先生也。有缘认识，有缘结交，又能以文会友，交换心得，诚一乐事矣！

文中，先生之知友，画梅高手朱由先生之“梅画”令先生赏鉴之余，而发奇思，撰成《梅赋》，可谓一奇文，未来若有机会，希望能认识朱先生，且能欣赏到朱先生之梅画，则幸甚。

个人在拙作中，列举先生《梅赋》一文之艺术美，共有八项，乃自主题、形式、结构、语言、想象、感情、意象、修辞等方面，论述所感受者，绝非溢美之词，亦非虚夸之论，当是切中肯綮之谈（不敢言“评”矣），先生对撰成此文之苦心，惨淡经营，凡为文人作家之流，必是能“以心比心”，感同身受才是。个人有一不情之请，亦是一卑微之建议，即请先生在国内，代为选择一适当之艺文刊物，将个人之拙作投稿，一则代表个人对先生此作之肯定、赞扬、鼓励，一则亦是希望有心之读者，能对先生之大作有所认知与欣赏。当然，是否合适，又是否会让先生觉得不妥者，个人不便妄加猜测，一切就请先生斟酌可矣。

又，个人对先生未来若继续创作骚体赋，有一不成熟之建议，是有关押韵之问题，即不必局限一韵到底，因如此，恐画地自限，思路易受束缚遏阻而无法海阔天空，自由驰骋，如屈骚中之《离骚》，换韵 81 次，当然作品中亦有一韵到底者，如《东皇太一》、《桔颂》等。最后，个人要再提出者是先生之大作有两个错字（当是未校对出者），即原文第 3 页第 18 行，原文“将往观手四荒”，其中之“手”为“乎”之误，第 4 页第 12 行，原文“裁兰天而为纸张”，其中之兰（即阑）字为“蓝”之误。另第 3 页第 19 行，原文“驾八龙之蜿蜿兮”，其中之蜿蜿，不算错。在《离骚》中之原文，“蜿蜿”，屈原写的是“婉婉”，要改或不改，都无所谓。上述两处错字，先生另在寄予个人之大作：《漆雕世彩骚体诗三首》中印成较小字体之《梅赋》里，错字仍然一样，未改。个人当国文老师已四十年以上，可能常批改学生作文之职业训练缘故，或许较注意他人文章之错别字，实际有很多错别字，并非作者之笔误，多的是作者本人或是他人打字后，未能校对出错别字来，而“校对”一事，是颇为困难的，像我自己的论文，长达几万字，自己尽管已校对几次，却仍然看不出错字在哪里，反而经我的学生看过后，一眼即看出错字在何处，所以有人就认为，要校对文章，除作者本人仔细校对外，最好再请他人多校对几次，而作者本人校对自己的作品，反而容易粗心、疏忽，校不出错字，此言确有道理在。拙作谨附寄于此，敬请不吝指正。端此，即颂

文安　美满　幸福！

陈怡良谨上

2008 年 2 月 25 日

在此，再感谢贤伉俪寄赠之大著、书法作品，又以个人之名字“怡良”二字作嵌字联，工整雅丽，意蕴深婉，个人曾持与内人观赏，内人亦极赏识，在此再表达个人十二万分之谢忱！

三

世彩先生夫人贤伉俪同鉴：

今日接到先生所寄二册《人文荆州》（2008 年第 1 期），附信函一纸，书法大作一幅，可谓惊喜交集，拙作《绝艺有幸今世传》得能刊出，是个人之荣幸，而于先生而言，亦是一件幸事，盖先生大作《梅赋》，乃属功力之作，于今世而言，“绝艺”二字称之，实不妄言，个人敬佩之下，方有称扬先生之拙作以出。先生协助个人投稿而获刊登，虽是代表来自境外之回响，亦可证明先生之大作，确实一文情并茂今日罕见之绝艺也。

先生在信函中问及个人近况何如？身体可好？关怀备至，情真意诚，个人衷心感激！个人向重养生之道，平素饮食有节，少量多餐，一日五种蔬果（依本地众多医生之高见，言每人每日宜进食三种蔬菜，两种水果，当然更多样更好），肉类不多食。注重散步，晚餐后必与内人至附近公园、文化中心步道走一小时步。每日必测血压，约在 130 左右，应是正常。个人身体，算是健康，连小恙都很少。至于个人之著述，近有一书：《屈骚审美与修辞》（约二十七八万字），已获本地国立编译馆奖励出版案审查通过，个人不必出资，且可获稿费，出版社亦可获出版资助，应该在年底前，由文津出版社出版，届时当会寄赠一册予先生，另附加一册，请转交朱由先生，感谢朱先生慨赠其画册，在此再向先生之慨赠书法一幅，致谢忱。即颂文绥

陈怡良谨上

2008 年 8 月 6 日

又，先生信函中附二诗，极佳。个人久不作旧诗词，故不敢作和诗，

以免出丑也，请谅，又及。

四

漆雕世彩先生夫人贤伉俪道席：

久未致意，颇为系念。个人近期已出版《屈骚审美与修辞》一书，以该书乃由本地国立编译馆奖助出版，因之，出版社方能获得资助，迅速出版矣。个人已于前日以海运挂号寄出，并请贤伉俪不吝指正，另附寄一册予先生之好友朱由先生，烦请代为转送。朱先生画梅之作，功力遒劲，挥洒之中，自见风骨。个人翻阅其前寄赠之画册，心向往之，敬佩万分！

清人某位学者，其平生有三大志愿，一为游尽天下好山水，二为吃尽天下美味，三为识尽天下好人。先生与夫人贤伉俪，及先生好友朱由先生，俱为风骨峥嵘之好人，才情洋溢，艺道精湛，在今世人情淡薄人心浮荡中，尤属难得。个人心仪清人某位学者之三大心愿，以能与贤伉俪、朱由先生认识结契，亦属有缘，个人虽已自教授职退休，实际退而不休，仍被邀聘返回本系兼任，教导大学生、研究生，以教学、读书、研究为乐。幸身体尚康泰，仍是孜孜不倦于学术探讨。退休三年中，出版《陶渊明探新》与《屈骚审美与修辞》二书，尚有中古六朝之论文，尚待整理，以期能在近年内继续付梓问世，对学术界尽绵薄之力。个人亦企盼贤伉俪多培养、多发掘优秀之书画人才，尽其所能培植，则功莫大焉。若见及朱由先生，烦请代为问候，端此，即颂

文绥

陈怡良谨上

2008 年 11 月 14 日

五

漆雕先生贤伉俪道席：

大著《梅赋》日前收到，随即遵嘱送到本校总图书馆，并还赠感谢函一纸。今将此《感谢函》附于此，敬请查收。

本校总图书馆几年前才重建竣工，可谓属五星级之大图书馆，藏书丰富，设备新颖，可说是台湾中南部最大最新之图书馆，嘉惠学者研究，学子借阅，贡献甚巨，您之大著，能存藏于本校总图书馆，名馆名著，相得益彰，所谓藏之名山，传诵千古，亦属幸焉。

个人家中书房，藏书尚具规模，唯均属个人研究领域之专著，前亦获您惠赠大著，蓬荜生辉，偶尔翻阅，吟诵再三，于我启示甚多，衷心感念

矣。而贤伉俪设校兴学，培育书画艺术人才，有功于社会、国家。孟子有云："得天下之英才而教之，一乐也。"您发挥孔子有教无类、因材施教之精神，可敬可佩！

另，前函曾告知您之电子信箱，不知为何，无法打通，盼能另外设一电子信箱，以利快速联系。当然，若论意义与价值，自是以笔书写之信函，较有收藏之价值矣。个人之电子信箱是 z5608002@email. ncku. edu. tw. 如有必要时，或可打此电子邮箱联系。端此，即颂

幸福美满！大吉大利！

陈怡良谨上

2010 年 6 月 11 日

六

世彩先生夫人贤伉俪道鉴：

接到您寄赠我的《中华辞赋》2009 年第一期，非常惊奇与意外。自附函中才知道你们已到北京六个月，并开班授徒，可喜可贺。不过有一个遗憾，是因我不知你们已在北京六个月，不然，我与内人适在 3 月 26 日至 4 月 1 日，曾与朋友共 37 人组团至北京、承德旅游（北京我已去过四五次，此次是因内人从未去过北京，因而特别陪她前往旅游的）。而在北京时，曾坐游览车，经过海淀区、北京大学附近、颐和园等，又曾在"白宅大院"餐厅吃过饭，若是早知你们住海淀区，那我与内人或可抽空去拜访你们呢。

您刊于《中华辞赋》的大作《梅赋》，内容与前已有改易，仍是韵味隽永，某些较有争议之词句，已予删除，可见温和婉约之气，肃杀之气则已转换成劲健敦厚之气，更见稳重中和。至于个人拙作《绝艺有幸今世传》一文，前已在《人文荆州》发表，是否另可在《中华辞赋》发表，就请您自行裁夺。其实某些文章，若有其内涵与价值，应是可以转载的，只要不重领稿费（若有稿费的话。一般刊物是没有稿费的吧），让更多的人阅读有什么不好呢？在台湾，极讲究所谓"智慧财产权"与"著作权"，文章绝对不可以"一稿两投"，要转载，是可以的，但要先征求原刊登之刊物出版社同意才行。即颂

幸福安康！

陈怡良谨上

2009 年 6 月 17 日

为漆雕世彩先生《梅赋》作评

刘精盛*

2010年8月4日，第9届《诗经》国际研讨会后，与会代表赴有“诗祖”之称的尹吉甫故里——湖北房县，进行文化考察，我与漆雕世彩先生被安排在同一房间，有幸结识书法家漆先生。见其名，木已叹其异；又惠赠我骚体诗集《梅赋》，拜读之，再叹其文。真乃奇人、奇名、奇文！是晚，一气呵成读完《梅赋》，觉其鸿篇巨制，洋洋大观，而内容与形式完美结合，针砭时弊，深契吾心，无汉赋劝一讽百之嫌，而有屈子举世皆浊我独清之心。更何况花卉中我对梅花情有独钟，所以情不自禁，诗兴大发，决定写一首七言诗来作为《梅赋》之评论。汉武览司马相如赋，误以为古人作也，以不见作者为憾；我读《梅赋》，若不是先生早已言明是其大作，恐怕会误以为古人遗作也，岂非屈子复生，神曲再响于神州？对于古代文学，我只是欣赏而已，创作实践上是门外汉，更不必说以名家自居。但是，漆雕世彩先生嘱咐我写评论，敢不承命？见笑大方，实所难免。《书》曰，“诗言志”；《庄子》言，“得意忘言”，附庸于风雅之列，又何妨耶？赋曰：

世彩先生作梅赋，俨然又现离骚篇。
爱国忧民不落后，刺世嫉邪敢为先。
举世皆浊我独清，屈子精神代代传。
楚辞遗韵今何在？荆楚漆雕有新编。

此诗于2010年8月4日晚上就打下了腹稿，自湖北返回湖南后润色之，于9月12日寄给漆雕世彩先生。

2012年6月16日　又改于湖南吉首大学

* 刘精盛，文学博士，中国诗经学会理事，吉首大学文学院教授，汉语言文字学专业硕士生导师。

楚风其浩荡兮

——读漆雕世彩《梅赋》

敢　峰*

我亦楚人，不谙楚韵，犹如游子不识故乡的云和月，诚为憾事。同乡漆雕世彩独具深情，立志恢弘楚辞，持所著楚辞体诗集《梅赋》来访，嘱我不拘长短写一篇评论。这真的把我难倒了。推辞不恭，写又不能，真乃楚天罚我，复何言哉！

谈到楚韵，不得不首先想到屈原的《离骚》。我接触《离骚》，是从少年时读《〈离骚〉今译》开始的。当时正值抗日战争时期，我在位于湖南的永兴县上初中。万衡校长请来了一位名士，住在学校，创作《〈离骚〉今译》，将油印稿散发给学校一些师生，并在师生中吟唱。我当时虽不甚懂，也可以说基本不懂，但那种气荡云天、情倾山河、韵味悠长的感觉，使我终生难忘，甚至连那位名士吟唱的神态都依稀在目。世彩先生持《梅赋》来访，使我不禁同七十年前的这件往事联系了起来，今昔相望，倍感亲切和兴奋。屈子其归来兮，昔遇名士作《〈离骚〉今译》以飨时人；楚韵其恢弘兮，今更有楚地骚人献《梅赋》而试笔。楚天之云出巫山和五嶷兮，飞越千古；楚江之水历云梦和三湘兮，万里流长。

《梅赋》一书，以《梅赋》篇为首，其鸿篇巨制，为屈、宋之后两千多年所仅见，同时还编入了其他二十余篇，读后非常兴奋。对这批赋本身，我自恨根底浅，情怯不敢妄加评说。这是实话。不久前，我曾写过几句短诗："早年读书不认真，及长治学终难成。未经沧海也知水，到了巫山不识云。"（《书悟》）但是，作为一个读者，面对鸿篇巨制的《梅赋》，我要拍案说一个字："好！"好在何处？其感有四：一是楚辞古奥难读，而《梅赋》通篇无古奥难懂处，虽似山高林密，奇石嶙峋，但读来却感一路风光无限，老树屡见新枝，引人入胜，无"蜀道难"之憾。此乃作者才华横溢，极尽骚体诗之长，又能匠心独运，楚韵淡抹，如楚天秋云，益增其魅力。二是梅乃中华诗词的一个永恒咏题，词人骚客几乎无人不咏梅。但

* 敢峰，1929 年 1 月生于湖北黄陂，历任中共中央宣传部干事，国务院科教组干部，《人民教育》杂志副总编辑，中共北京市委宣传部副部长，北京市社会科学院院长，中国作家协会会员，著有《人的一生应当怎样度过》《青春的叮咛》《教育与人才新说》、诗集《风岸》等多部专著。

作者却能另辟蹊径，从其友人所绘梅画入梅，使读者跟随作者走进一个梅的世界，把梅的神魂、风骨和情怀淋漓尽致地咏了个“透”，可谓集古今咏梅之大观，更上了一层楼。三是把梅人格化，以梅喻人才，由梅及人，在与古代诗贤相会中，借龚自珍《病梅馆记》愤怒抨击世间各种埋没、压抑和摧残人才的现实，发出震撼天庭的呐喊。这是《梅赋》中的最强音和高潮。可以说，它实际上是一篇难得的将梅人格化了的长篇人才诗。四是整个赋的艺术结构独特，手法奇妙。似繁而简，小中孕大，从观画进入，最后又从画中跌出，使人如梦境醒来，回味无穷，领会到艺术中真幻合一、古今连通、人神（人天）对话、物我两忘的境界。与陶潜《桃花源记》异曲同工，美哉，妙哉！我喜梅，也读过一些咏梅之诗作，还从未有过像这次读《梅赋》时的震撼。此乃我虽不谙楚韵却自告奋勇“敲边鼓”之缘由也。

特别要提及的是，在读《梅赋》后我又读了《梅赋》一书中作者所写的序言。由赋及序，我的认识也在升华。其中，我有一个强烈的感觉：此公对恢弘骚体诗之情与志，确如楚江奔流之水，不可以阻，不可以斗量。要起骚体诗（或者说是楚辞）两千年之衰，就要有这样一种情与志，这样一股子劲，这样一种“筚路蓝缕，以启山林”的奋斗精神！天降斯人，勇当此任，此楚韵之幸也！诗坛之幸也！亦当今中华文化复兴之幸也！

以屈子《离骚》为旗帜、为代表的骚体诗，是国之魂宝，巍然傲立于诗歌大江的入口处，雄视着依地势东流并与其他河流汇合所形成的形态各异、各领风骚数百年的江河湖泊。在近两千年中，其势虽衰，然其神魂美韵却无不融进各个时代的诗体之中，或隐或显，星辉璀璨，波光曜金。真可谓：起于楚天，月涌大江，盛时极伟，衰也魂立云间，韵附九派，百世流芳。仰望云天，盼屈子其归来兮，携李、杜、苏、辛诸诗贤行吟大江南北，长城内外，海峡两岸。环顾四方，喜当代诗人之群起兮，诗接千载，百舸争流，涛声壮远。天降斯人，振起楚韵历两千年之衰兮，壮志凌云，恢弘创新，世所盼焉。

对于古体诗词（当然也包括辞赋）的传承和创新，我是“一体论”者。即：“老中孕新，新中扬老。新从老出，老因新高。亦老亦新，亦新亦老。秋色春光，一体为宝。”（《与友人论诗》）首先要“学步”，多读点古体诗词，学着写点古体诗词。必要的模仿是需要的，但千万不要误入“效颦”之途。有了根基，就要敢于萌新芽、发新枝，探索着往创新的路上去。根基越深、创新的意识越强，就越好。此论不知如何，借此机会请教于诗坛诸位师友。

最后，写小诗一首，题为《赠漆雕世彩》，以结束此文。诗曰：

楚山有志，
楚水有情，
楚地有才，
楚天无涯。
楚月如舟，
楚云似马，
君行何处？
赋海为家。
古师屈子，
近友梅花，
恢弘创新，
双箭齐发。
楚风其浩荡兮，
壮君大江东去。
群星共璀璨兮，
光披巍巍中华！

2012年8月29日

原载《中华辞赋》杂志2013年第二期《诗赋论说》专栏

承续楚辞传统　弘扬荆楚文化

——学者盛赞漆雕世彩《荆州梅赋》的文学探索

黄道培*

2008年2月1日，《荆州日报》刊出我市著名书法家、辞赋家漆雕世彩先生的骚体长诗《荆州梅赋》。该诗积漆雕先生涵咏楚辞40余年之心得，上接屈原、宋玉的楚辞传统，以骚体诗歌咏楚地梅花，在写作手法上以酒后狂想起兴，幻设仙境，浮想联翩，汪洋恣肆。该文发表后，得到各地楚辞研究者和文学评论家的好评。中国散文诗学会副主席兼中华诗词学会顾问丁芒、云南大学中文系教授殷光熹、台湾成功大学教授陈怡良、四川师范大学教授毛庆、湖北省社科院研究员何念龙、湖南屈原纪念馆馆长刘石林、湖北师范大学教授胡光波、西安诗词学会会长兼《雁塔诗词》主编姚平、宁波大学教授张宏洪等学者纷纷撰文，对漆雕世彩先生在诗词上的探索给予了充分肯定。

中国散文诗学会副主席丁芒先生认为，《荆州梅赋》类似于古诗中的游仙之作，而且具体写到“帝”之语言，群仙之动作，变仙境为人境，读来使人更感亲切，而非一片虚无缥缈。漆雕先生的这一探索，让人想到毛泽东的“吴刚捧出桂花酒”等句。《荆州梅赋》承接屈赋的传统，在个别之处比屈赋更有所发展，特别是有些长句像元曲那样加上了许多衬字，体例上突破了屈赋之规整，是一种发展。

云南大学中文系教授殷光熹是屈原研究专家、中国屈原学会副会长，著有《楚骚：华夏文明之光》等作品。他认为：“《荆州梅赋》是作者继承和发扬楚辞传统而创作的一首佳作，在当代诗坛上，像这样的骚体长诗，恕我斗胆直言：当属独一无二!”殷光熹充分肯定了漆雕世彩在语言运用上的特点，“语言尽量保持‘楚化’”，“对屈、宋作品已经是滚瓜烂熟，且能融会贯通，运用自如。无论是‘兮’字句式的运用，抑或是语言色彩、语法特点、修辞手法等，都不同程度地效法‘楚辞体’，或引用，或化用，或脱胎换骨，或用自己个性化的语言方式予以表达和描述，诵之确有楚骚风韵，令人心旷神怡”。

楚辞研究专家、台湾成功大学教授陈怡良著有《楚辞天问研究》、《屈

---

* 黄道培，湖北荆州日报传媒集团副总编辑。

原文学论集》等学术专著。他认为漆雕世彩的《荆州梅赋》在艺术上有八大美，即主题具有端直雅正之美、形式具有袭古拓新之美、结构具有回环往复之美、语言具有雅丽璀璨之美、想象具有神奇驰骋之美、感情具有浓烈真挚之美、意象具有绚烂多姿之美、修辞具有灵活巧变之美。

这些专家对漆雕世彩活用楚文化中的文学瑰宝楚辞作为如今的创作形式，继承发扬楚地的骚体诗传统，给予了高度的评价。殷光熹先生更希望由漆雕世彩开创的这一新探索，能够起到带头作用，激发出当今诗坛骚体诗爱好者的创作热情。这样，可以“于继承楚辞体传统的基础上使其发扬光大，美刺并用，尽展其风姿”。

原载《荆州日报》2008 年 5 月 19 日 B2 版　《读书》专栏

［附］

你没有见过的骚体诗短信

黄道培

漆雕世彩先生是荆州市书法家协会副主席。他是中国当代楚辞创作第一人，所著骚体诗《梅赋》得到海内外学者的如潮好评。

漆雕世彩先生作为一名楚辞学者研究楚辞，除了评行谊、辑遗篇、明训诂、辨真伪、探微言、发奥旨外，他目前专心创作骚体诗、写骚体文、发骚体短信，誓作当代骚体诗创作第一人。现选发一组手机短信骚体诗以飨读者。

致崔富章教授手机短信

捧先生之鸾笺兮，吾口为之歌足为之蹈。
感文字之精奇兮，实乃当今之麟爪！
惭雕虫之小技兮，难符先生品评之华藻。
吾誓作当代骚体诗创作第一人兮，
在先生您悉心指导下领跑！

致方铭教授手机短信

先生评《梅赋》之鸿文兮，度大功已告成。
盼示予其研读兮，仰会长之圣明。
途修远而心切切兮，愿览察予之中情！

致殷光熹教授手机短信

盼先生兮朝暮，晤深圳兮可好？

人间岁月兮闲难得，吾冉冉兮其将老！

天下知交兮老更亲，挑夜灯兮涂肝脑！

致何念龙教授手机短信

念龙吾兄：

琢兮磨兮，切兮磋兮；

探幽发微，忽焉豁兮；

惊雷作兮，天鼓挝兮；

哥俩吟兮，发楚歌兮！

致芬君手机短信

一日不见兮，如隔三秋兮。

闻说有恙兮，我心如揪兮！

海天沙鸥兮，引我吟讴兮。

芬君芬君兮，我会蹇修兮。

学者如林兮，君如长楸兮！

关山阻隔兮，不遽探望兮。

我赴韩国兮，率团机上兮。

茫茫云层兮，荡起惆怅兮。

已在异国兮，心徒相向兮！

遥寄心愿兮，祝君无恙兮！

永葆你玉精神花模样兮！

摘自《荆州晚报》2010年4月28日第10版《人生百味》

书法家苦心研究40载 骚体辞赋再现荆州城

刘 婷*

发源于荆楚大地的楚辞，被喻为“文学史上的恐龙”。历代文人学者只是将它作为学术研究的项目，几乎没有人涉猎该领域的创作。近日，记者获悉，沙市区有一位潜心研究楚辞创作的老人，并且已经创作了几十篇骚体诗。昨日，记者走访了这位老先生。在沙市区荣鑫花园一间居民楼内，记者见到了这位老先生，虽年近花甲，却没有一丝白发，脸上总是挂着慈祥的笑容。原来他就是著名的书法家漆雕世彩先生。据老先生介绍，自己虽从事书法教育，但是中文系出身，自幼入私塾学习，打下了坚实的古文基础，16岁读高中时开始课余诵读楚辞，20岁开始研究楚辞，1985年5月加入中国屈原学会。经过多年的积累，慢慢开始尝试自己创作。2001年中华诗词社组织全国古典诗词作家70人到越南考察时，老先生创作并发表了骚体诗《胡志明主席陵堂赋》，受到同行诗人一致好评。从此，便开始潜心创作骚体诗。

素有“荆州梅”之称的画家朱由先生与漆雕老人是老朋友，2006年过年期间，朱由先生赠给老人一幅《梅花图》，并戏称要求老先生和诗一首。这个提议提出后，老先生酝酿了一个多月，完成了洋洋洒洒的一篇《梅赋》。老诗人喜不自禁，将此赋寄给全国各地的楚辞研究同行们看，没想到反响异常热烈。其中中国屈原学会代会长、北京语言大学教授方铭、湖北省社会科学院文学所研究院毛庆、何念龙等还寄回了详细的评论。

作为古代诗词研究者和知名书法家，漆雕先生已经出版了4本书。今年5月，为了出版骚体诗集，老先生北上数次，与中国文史出版社达成协议，将在今年年底，完成骚体诗集《梅赋》的出版发行。另外，收录了近20篇专家学者评论的《漆雕世彩辞赋评论集》也将一同出版，国际知名学者、北京大学教授杨辛专门为该书题写了书名。

今年9月22日，“2007国际楚辞学研讨会”将在杭州浙江大学举行，届时，老先生将带着他的十几篇楚辞体诗稿在会上寻觅知音。

摘自《江汉商报》2007年7月20日第5版《荆州民生》

---

* 刘婷，湖北《荆州日报》传媒集团记者。

师友钧谕

【漆雕世彩按】

拙著《梅赋》面世后，承蒙各位师友抬爱，纷纷打来电话或发手机短信或赐亲笔信函，对我进行鼓励鞭策，对我进行指导帮助，现将这些训示辑录如下，作为本人今后努力的方向。

湖北省社科院文学所研究员何念龙：《尤得楚辞体风神》

大作《梅赋》尤得楚辞体风神，弟以为千年骚坛寂寞，后继难得此佳作也。

2006 年 4 月 16 日

北京语言大学教授、中国屈原学会会长、法人代表方铭：《〈梅赋〉惊艳无比》

世彩先生：大作《梅赋》及墨宝收到，惊艳无比，令人佩服之极！大著寄来我转图书馆可也。方铭上。

2009 年 1 月 6 日 12：30

漆雕先生：感谢惦记。哪天方便，请移驾一叙。方铭上。

2009 年 9 月 13 日 11：25

兰州交通大学教授郭令原：《〈梅赋〉想象高迈》

《梅赋》想象高迈，辞彩艳丽，深得灵均神髓。

2009 年 9 月 6 日 18：38

中国观赏石协会会员袁世明先生：《〈梅赋〉横空播大吕》

所赐《梅赋》已阅数遍，敬佩中作诗一首以赞之，诗曰：悠悠楚魄铸《离骚》，风雅千秋孰比高？《梅赋》横空播大吕，屈原翘指赞阿雕！

2009 年 7 月 5 日 10：31

中国屈原学会常务理事、福建师范大学文学院郭丹教授：《振兴骚体可钦

可敬》

先生振兴骚体，可钦可敬！祝先生新作不断，硕果更丰！

2009年8月9日10：46

中国楹联学会会员、荆州楹联家协会会长郑泽宇：《〈梅赋〉叠字在比例上数量上超过了〈周南〉、〈离骚〉》

……至于叠字，更是屈出不穷。例如诗中的“雪霏霏兮花苞瑟瑟，香馥馥兮醉吾心房”和收尾的“意融融而情洽洽兮，日沉沉兮射壶觞”都是两句中便有3组。而“忽云开而日出兮灼灼闪闪，松竹含碧兮郁郁苍苍。楚水蒸霞兮灿灿烂烂，荆梅生彩兮裔裔皇皇”四句中竟有8组。还有“合令天下名士美人昂其头挺其胸瑟兮僩兮赫兮喧兮厉厉落落其才情兮凛凛冽冽其骨气兮浩浩荡荡其正气兮蓬蓬勃勃其喜气洋洋兮！”一句中叠字竟然达到了9组之多，均远远超过了《螽斯》六句中有6组的纪录。

顾炎武《日知录》卷二十一说：“诗用叠字最难，《卫风》‘河水洋洋，北流活活，施罛濊濊，鳣鲔发发，葭炎揭揭，庶姜孽孽’连用六叠字，可谓复而不厌，赜而不乱矣。《古诗》‘青青河畔草，郁郁园中柳，盈盈楼上女，皎皎当窗牖，娥娥红粉妆，纤纤出素手’连用六叠字，亦极自然。下此无人可继。”顾炎武的担心是多余的，漆雕先生不仅继承了其风韵，而且将其发扬光大。《诗经》叠字较多，《周南》11首，《召南》14首，共有76节，叠字共有44组；《楚辞》中，《离骚》92节，叠字17组；而漆雕先生的《荆州梅赋》68节叠字竟达50组之多，无论是在比例上还是在绝对数量上都超过了《周南》、《召南》，超过了《离骚》！

2008年4月14日

中国屈原学会理事、江西井冈山大学人文学院教授萧东海：《〈梅赋〉发清香》

题漆雕世彩《梅赋》：自从屈子沉江后，骚曲与争日月光。桔颂昔兴深固志，今闻梅赋发清香。

2009年9月2日

华中师范大学文学院温洪隆教授：《荆楚骚体有人后继》

漆雕先生惠鉴：华翰敬悉。余退休居家，应台湾三民书局之约，以著述为乐，平时疏于与文学院往来。年前赴院团拜，始知先生去岁季冬即以大作示余，未能及时奉复，深以为歉。漆雕先生才华横溢，踵武前贤，下笔琳瑯，诗书俱佳，辞赋亦堪称逸响，庶几我荆楚骚体，有人后继，先贤自可含笑九泉矣！陈思有言：有南威之容，乃可以论于淑媛；有龙泉之利，乃可以议于断割。评论《梅赋》，实不敢当。杭州会议期间，特承蒙先生及夫人关照，特致谢意。春节将至，顺祝年禧！温洪隆谨启。

2008 年 2 月 2 日。

湖北沙市大学数学系教授杨贤其：《〈石缘〉实具史诗哲理之概》

《石缘》不但可与成名作《梅赋》媲美，而且视野更广阔，感情更奔放，主题更深刻，笔调更酣畅。若谓《梅赋》具有文人雅士之风，则《石缘》实具史诗哲理之概——《石缘》借奇石起兴，塑造了凤石凰石两个精灵，并修炼成金童玉女。通过诗化“女娲补天”、“凤凰涅槃”的故事，神游“长江文化”（含荆楚文化）之秘境，尽情抒发了充溢作者心中的亲情、爱情、友情、乡情和爱国之情。这“情”不是流于表面或囿于概念——它以历史和文化为底蕴，借助骚体诗化的功力，热情赞美中华民族“天人合一”、“仁者爱人”的传统；纵情讴歌楚地先民“筚路蓝缕”、“一鸣惊人”的精神。所以，《石缘》是一部浪漫主义与现实主义相结合的英雄史诗，读之沁人心脾，催人奋进！

……由此引出一个敏感话题——爱情。爱情据说是文学永恒的主题，但怎样诉诸笔端，又是文学永恒的难题也！相亲相爱，耳鬓厮磨，写得太抽象，缺乏韵味；写得太具体，难免低俗。《石缘》后半部（即第六、七、八节“新生”、“结缡”、“交欢”）全程写爱情，字里行间饱含柔柔的情愫和锵锵的韵味，十分成功。这应归功于骚体诗的魔力和作者漆雕先生的功力，并非一个纯写作方法和技巧的问题。

为此，我想斗胆将《石缘》与中国古典名著《金瓶梅》和《红楼梦》作一下比较。《金瓶梅》是一部批判现实主义的杰作，描绘了中国封建主义的衰微和资本主义的胎动。可惜秽语粗话满篇，对男女情事的赤裸描写和异样欣赏，使作品背上千古骂名，惨遭自埋。《石缘》则注意以审美目光关照描摹对象，含蓄，朦胧，虚拟，幻化，显得雅致。在这方面，《石缘》近于《红楼梦》。《红楼梦》被誉为社会生活的百科全书，但贵族气太浓。而《石缘》具有草根泥土味，生于尘世却也洒脱飘逸。同时，在《石缘》中，自然景观、历史遗存都被赋予生命，具有人情冷暖，充满诗情画意。其利用骚体诗长于抒情叙事的优势，使得作品能将原始的野性与现代的文明遥相呼应，史诗的英雄主义与情诗的理想主义琴瑟和鸣。《石缘》无与伦比的艺术美会征服每一位有幸看到她的读者。

2001 年 8 月 26 日

湖北省荆州文星学校语文高级教师李达金：《双凤舞》

楚风楚韵颂楚魂，梅画梅幅赞梅骨。朱氏漆氏双凤舞，地梦天幻芬菲图。

2008 年 4 月 13 日

湖南省社会科学院研究员毛炳汉：《当代骚体赋之精美典范》

漆雕世彩先生之《梅赋》《石缘》，乃当代骚体赋之精美典范，非奇才饱学之士不能作也。可喜可贺！

二十多年前在湖北参加屈原学术讨论会与漆雕世彩先生相识，其为人忠厚，有才学，尤其在书法和赋作方面突出，近读其《石缘》，更感到不简单，是大手笔。望再接再厉，为光大民族文化多作贡献。

2011 年 11 月 6 日 11：19

深圳大学文学院院长沈金浩教授：《致漆雕先生函》

世彩先生：大作《梅赋》拜读，一直未能完成先生所嘱，主要是因为不知该说些什么。大作作为一篇骚体作品，确实做得很好，形式上、构思上、语言上有离骚之风，篇制也宏大，先生对《楚辞》确实体悟甚深，文学功底、文字功夫都很好，但除杂事多，未能反复品味大作外，有一点纯私人的好恶也妨碍我做评论。我从第一次读《楚辞》起，就不喜欢“兮”字句，而对汉以后人的作品中有“兮”字更不接受，我认为它在汉以前是个活字，汉以后基本上就是个“死”字，是与生活毫不相干的字，像《赤壁赋》那样稍稍用两句，还勉强凑合，整篇用兮字，古味实在太浓。这种已经古董化、文物化的文学形式，今人再用，产生不了感染力。上天入地那种方式，屈原用过了，别人再用，也有点像书法临帖后尚未能成自己面目那样，一看就有前人的影子在里面。所以，总体上来说，我很佩服先生对《楚辞》继承得那么好，也觉得先生很有文才，但对这篇赋，我没法写长文来评价。梅的精神已经被歌颂得烂了，朱先生画梅时的动作、神情、效果，经先生这么一写，反因夸张比喻用得多而不真切了，而骚的形式也不属于现在这个时代。

这些只是我根据个人喜好说的，先生这样的作品，坦白讲要我写我也写不出。我倒建议先生，您有这样的文学功底和才气，别写这种形式上仿古的东西了，完全可以用现代语言，写出现代人的真切的思想与感受。一代有一代之文学，楚之骚，汉之赋，六代之骈文，唐之诗，宋之词，元之曲，古人尚且一直在变，您又何必复古？写点律绝歌行还可以，骚体，恐已不很适应今人的审美习惯了。直言不讳，君其谅之！即颂　秋祺

2011 年 11 月 1 日 17：34：04

以下是引用《梅赋》中原文

扶我坐鸾背兮，插双翼乎上翔，
吾令帝阍开关兮，来吾驮夫太阳！

前玉虬使先驱兮，后天马使腾骧，
鸾皇为予鼓吹兮，驾苍龙而徜徉。

揽星斗以入怀兮，有风雷之生喉舌，
凌青空之冥漠兮，忽倏烁乎苍茫。

像这样的句子，屈原写，因为屈原本身在我心目中也已是个魂灵了，所以我还能欣赏。出自您这个当代人笔下，我读它就没有感觉了。

沈金浩又及　2011 年 11 月 1 日　17：45：25

中国屈原学会副会长、上海复旦大学教授、博士生导师徐志啸先生：《致漆雕先生函》

漆雕世彩先生：我们早在十多年前的楚辞会议上见过，近接电话交谈融洽，今又收到大著，自然十分高兴。

记得你对书法特别有兴趣，今又欣阅诗集，且其中《梅赋》以骚体诗创作，在当今诗坛罕见，可喜可贺。

遵嘱，特复此函。　即颂，文安！

2009 年 7 月 24 日

北京大学书法艺术研究班张仁先生：《读〈梅赋〉》

漆雕世彩写《梅赋》，铁管傲魂漫天涂。
楚山楚水楚辞风，离骚神韵迎面舞。

八儒后裔绽奇葩，桃李天下八千徒。
高怀抱古抒浩气，屈子行吟展画图。

京华淡泊轩主人　2011 年 12 月 13 日　16：39：03

国务院政府特殊津贴专家、新疆石河子书法家协会主席王少墨：《读华章〈梅赋〉答友人》

冬到燕园尽淡妆，且收澄碧藏辉煌。
多谢友人赠《梅赋》，慢吟犹闻初雪香。

2011 年 12 月 18 日

河南洛阳辞赋研究院院长孙继刚先生：《效法梅之精神》

梅，不争喧闹之春，不着竞艳之装，绽于隆冬，笑看皑皑白雪。人，当效法梅之风骨精神。漆雕写梅，是对时人具此精神者之赞美；亦是对时人乏此精神者之呼唤。

2012年6月19日

故宫博物院研究员、国家行政学院教授张志和先生：《诗章全是美人魂》

猛志在胸，笔墨每合英雄气；
柔情满纸，诗章全是美人魂！

——题骚体诗集《梅赋》

漆雕世彩先生大雅，壬辰之春，张志和求教。

2012年4月17日

中国政法大学教授、中国屈原学会副会长黄震云先生：《和世彩兄〈七绝·作骚〉步其原韵》

荆门山水毓名公，世彩仁兄又建功。
跨越三江营蕙质，步入甲子看苍龙。

2012年3月17日

［附］漆雕世彩原诗

《七绝·作骚》：灵均而后漆雕公，日写骚辞苦用功。忽向长江挥梦笔，掀天白浪走乌龙！

2013年3月17日写于北京海淀

中央民族大学教授、中国屈原学会副会长黄凤显先生：《兔年新春致漆雕兄》

身处江南乡土暖，心思北地远朋亲。
声声爆竹频传语，四海龙骧意倍欣。

黄凤显于邕城祝您新年快乐，万事如意！
2012年1月25日

［附］漆雕世彩和诗

《七绝和凤显兄步其原韵》

莺歌燕舞举杯频，北国西疆万众亲。
楚水荆山吟不尽，灵均与我正欣欣！

2012年1月25日

湖北省荆州市文联作家余培一先生：《辛卯新春致漆雕先生》

漆雕先生：龙章凤姿神智天授，笔走龙蛇人杰地灵。

培一顿首

2012年1月24日

华东师范大学中文系博士研究生中村贵（日本）：《读〈梅赋〉小小的感想》

有幸拜读漆雕世彩先生之大作《梅赋》，获益匪浅。

漆雕先生之《梅赋》从朱由先生与漆雕先生之间的交友谈起，交叉描写了现实世界和天上世界的深邃内涵。作品有深厚的思想性，充满着《离骚》的浪漫主义风格。

《梅赋》以“梅”为主题，在里面到处都能看到关于梅的记载，如“透红梅之馨香”、“荆梅生彩兮矞矞皇皇”等。这些描述和朱先生的“梅花图”相得益彰。

该作品让我印象最深刻的就是其具有浓郁的“楚风”。拜读作品中“鸾皇为予鼓吹兮”、“来吾驮夫太阳”、“天风浪浪兮拂我襟袖，雷电轰隆兮烟云奔忙，清光骤凝兮江海震沸，虬龙夭矫兮鳞甲流光”等句子与离骚体，陶醉于漆雕先生文学艺术情操之余，也充分地感受到了漆雕先生对屈原的满怀景仰之情。

楚人漆雕世彩先生之《梅赋》，师古创新，开创了奇异的文学世界，彰显了独特的艺术风采。

2012年9月30日

深圳市华侨城诗书画院副院长、《华侨城诗书画》副主编范正刚先生：《我们楚人的楚风犹存》

世彩兄，您好！收到你发来的邮件，知近来在北京的发展非常好，真为你高兴！除书法艺术之处，主要是在继承与发扬楚文化、屈原研究，骚体诗的创作等方面，北京给你提供了发展才华的大平台。只要潜下心来做学问，以你的学识与激情，一定能干出一番流芳百世的大事业来！

自退休之后，我参加华侨城诗书画院学习，但由于基础差、努力不够等原因，近两年提高不大，尤其在诗词方面毫无进展。深感少壮不努力，老大徒伤悲。奈何！为此，在诗词学习方面，请老兄为我作一点启蒙、培训，并请推荐诗词作法的读物等。同时，在学习骚体诗方面，望你能给予重点辅导。几十年来，我从来没作过一首自己稍微满意的格律诗词，但在28年前，我恰好在北京开会，忽闻远在广州的老岳父曾广病逝的消息，心中万分悲痛，想到这位革命老人传奇而又悲惨的人生遭遇，百感交集，但因会议十分重要，无法立即赴广州奔丧。记得当时我在公交车上默默思念，默默思考，默默吟咏，在不到半小时内，竟然咏出一首类似骚体的悼念诗一首。1993年党中央及广东省委为岳父曾广彻底平反之后，此诗编入《无私的奉献——纪念曾广逝世十周年》一书之中。

此首初学的诗作，虽十分粗糙，但直至今天，我读起仍感到热血奔涌，悲愤填膺。岳父大人的德义，我的思念感愤之情，都寓于诗中，可见骚体诗的魅力之大，我们楚人的楚风楚韵犹存！

记得今年元旦在北京拜望你时，曾经谈及我初学写作的第一首诗——骚体诗，现随此信抄录给你，望不吝指教。顺寄华侨城诗书画册（第二册）。

祝全家幸福，安康！

正刚 2011年10月20日于深圳

悼岳父曾广公

苍天倾泪兮，哭烈士之英灵。
华岳俯首兮，慰壮士之平生。
江海掀涛兮，哭勇士之晚年。
大河怒吼兮，哀人生之不平！
廿年从戎兮，为真理而献身，
冒枪林与弹雨兮，迎中华之黎明。
疾家国之疮痍兮，恨相煎何太急？
显松柏之高洁兮，贬琼州创业艰辛！
广袤大地兮，护公之伟躯；
苍翠槟榔兮，永伴公之英灵！
南望三叩首兮，放声痛哭。
继汝遗志兮，吾辈奋斗不息！

范正刚 1983年12月1日于北京

【漆雕世彩回信】

范兄：屈子作《离骚》，是楚人本自生命的呼喊；我作《梅赋》，也是楚人源自内心的宣泄；兄作悼词，更是楚人情深意切的歌哭！皆肺腑之声，皆天籁之声，自然之声也！您的这首诗，不须多作修改，您已做得很好！您以后多发挥楚人长处，多作骚辞吧！提高的方法是熟读楚辞并仿作。由仿作进入创作，用热情用真心用青春用热血以致用生命抒写新时代的骚体诗！

世彩于北京，2011年10月26日

《根赋》《宝剑赋》综论

礼赞奉献　骚之精髓

——评漆雕《根赋》

周秉高*

漆雕世彩先生既是书法家，又是诗人，还是学者，才华横溢，性情奔放，楚地又一奇才。其《梅赋》一著，书、画并辉，相得益彰；诗、论共处，珠联璧合；时贤评论多矣。时贤大多赞美《梅赋》之篇，而笔者则觉得《根赋》一篇更加精彩，尽管也是睹画生情，发而为诗，但立意颇深，具有典型意义，较之《梅赋》更得屈骚精髓。

《根赋》篇可分三个层次（根—树—根）来读。

第一层次为前两节，写根。由王祖富油画《根》写起。第一节先用8个比喻：如磐石，如鳞皴，如青筋，如铁骨，似地脉，似山川，似龙蛇，似郁结，写活了树根的质性和形象。第二节用议论以抒情，赞美树根“勃勃聚”、“活脱脱”、“乌溜溜”、“风虎虎”、“雄赳赳”。总之，此层先实后虚，盛赞王氏油画。

第二层由油画展开联想，包括第3—8节，描写两种截然不同环境中的大树形象，自然可分为两个小层次：风和日丽环境中的大树和雷电交加环境中的大树。

（一）风和日丽环境中的大树

第3节为过渡，由根联想到树。

第4、5两节描写平时风和日丽环境中的大树。第4节从空间和时间两个角度正面描写大树。空间如：大树“巍峨”、“高耸”，峻拔千丈，上摩云朵，树身百围，上结仙果，等等。时间如：“寿八千年”，含生四时，等等。第5节描写大树平时的生存环境：

采天地之灵气兮，
聚日月之光华；
临蓝天之广漠兮，
怀大地之幽遐；
有和风之抚慰兮，

---

* 周秉高，中国屈原学会副会长，包头职大教授，《职大学报》主编。

润甘雨之沙沙；
纷祥云之缭绕兮，
欣红日兮相揶；
忽鸾鸟之翔集兮，
回彩凤之衔葩。

瞧，在平时风和日丽的环境中，大树多么幸运，犹如天地之间一大宠儿，安详之极，幸福之极。

（二）雷电交加环境中的大树

第6节也为过渡，上承风和日丽环境中的大树，由“经九级风暴兮本心不惊”一句引出下层（第7、8节），即险恶环境中的大树形象。作者激情洋溢，笔端气势豪迈，此乃全篇最为精彩之处：

赳赳遒枝兮与天风海雨相摩碰，
骁骁劲叶兮与炸雷掣电相冲腾。
惊风兮扑面，豪雨兮如注，电闪兮雷鸣。
款坎鞺鞑，哗哗隆隆，霍霍砰訇……

斗倒了十万次黑云阴霾，
喝退了八万里风嘶雷轰。
不畏虫蛀水淹，
不畏寒剪暑蒸，
不畏霜剑风刀严相逼，
不畏权势兮气益增。
感人世兮冷暖，
经沧桑兮迭兴，
受重压兮心不惩，
终坚强兮不可凌！

这是在写大树的英勇顽强，难道不也是一切战斗者的精神风貌吗？难道不更是当年铮铮铁骨的屈子形象吗？漆雕歌颂这样的战士，可见确有与屈子心灵相通之处。

第三层次为末两节（第9、10节），回到“根”上，点出主题。

此层第一小节写到“含睇”、“宜笑”等，当在照应上层中的第一小层次，即风和日丽环境中的大树。此环境中的树根，“坚定无改”的是：“只求奉献，无惧无悔”。

此层第二小节显然在照应上层中的第二小层次，大树之所以能“受重压兮心不惩，终坚强兮不可凌”，原因正在于——

根兮根兮，
天地灵根兮，
炎黄慧根兮，
华夏本根兮，
你是倔强坚韧默默奉献
而又无怨无悔之精神！

身处逆境，面对风雨雷电，大树仍能够不畏强暴邪恶，“斗倒”邪恶，其原因仍然是“默默奉献”，故能“倔强坚韧无怨无悔”。人生在世，只要有了为国为民默默奉献的精神，就不仅能在风平浪静的环境中愉快生存，而且也可在暴风骤雨之中屹然挺立，昂起自己不屈的头颅！

此篇立意用词极似屈赋。屈原的《国殇》一诗歌颂楚国捐躯将士们“带长剑兮挟秦弓，首身离兮心不惩”，“诚既勇兮又以武，终刚强兮不可凌”。这实际也是屈原本人的誓言。《离骚》有云：“亦余心之所善兮，虽九死其犹未悔！”“虽体解吾犹未变兮，岂余心之可惩！”《根赋》之旨正与此同，所以我说其深得骚之精髓，它已从一般的睹物之作升华为歌颂华夏民族精神的抒情之作。前些年曾经刮过一阵“寻根”之风。“寻根”，当是寻觅、探求中华民族传统文化之根本，也就是漆雕此篇中所赞颂的为国为民默默奉献无怨无悔之精神！倘能真正意识到这一点，才算是真正“寻”到了我华夏民族之“根”！

如果说漆雕《梅赋》更多掺入了司马相如《子虚赋》《上林赋》中的一些手法，那么其《根赋》才更多保持了屈骚的主要笔法；

如果说《梅赋》的主题更多脱胎于龚自珍的《病梅馆记》，那么《根赋》之旨才真正体现了屈骚之精髓！

所以我说：《根赋》更加精彩。

读完漆雕《梅赋》全书，有一点看法要与漆雕先生和其他学者商榷。此书“自序”援引元庆等先生的话说：“赋衰落了”，“楚辞是衰落了”，等等；而我则认为：赋是“衰落”了，但楚辞没有衰落。赋，曾经作为一种介于诗歌与散文之间的文体形式，有长处，也有短处，汉代学者已经看出，故扬雄壮年之后就不再“为之”。另外，赋在历史的长河里不断发展变化，仅汉代就先后出现过骚体赋、散体大赋与抒情小赋这三种不同的形式，后代更是形式种种，并渐渐向散文化方向衍变，即元庆先生等所谓之“衰落”。总之，赋作为一种文体形式，从来没有一个固定不变的范式，其兴衰盛亡，自有客观规律，不是人为所能左右，而且也没有必要去左右。而楚辞作为战国后期出现的文学作品，“精相玉质，百世无匹”，至今没有衰落。近些年来，我常常应邀到一些高校开设“楚辞讲座”，第一节总要讲讲楚辞长久流传的问题，深得众多学子的认同，所以我就整理成文，题为《楚辞流传必然论》，发表于《职大学报》今年第1期上。今年5月份，在国务院台湾事务办公室主办、湖北宜昌市承办的“海峡两岸屈原文化论坛”上，我又以此为题作了一个学术演讲，扼要阐明了自己的理由。演讲到最后，我高呼结论：“楚辞万岁！”当时全场掌声雷动，我从讲坛走回座位时，黄灵庚、林家骊等友人还向我表示祝贺，海峡两岸的学者们以此表示对这个观点的认同与支持。总之，今天绝不能说“楚辞衰落了”，楚辞不但今天没有衰落，而且必将长久流传！今天的作者，学习屈骚，模仿屈骚，更多的是要绍继屈子忧国忧民爱国爱乡并为之默默奉献的精神，像漆雕《根赋》所表达的那样，而不要仅仅刻意追求赋体这种形式！这才是创作真正的价值所在。

2009年12月18日改定于包头职大

原载《职大学报》2010年第1期（总第76期）《楚辞研究》专栏

读《根赋》

朱亚年*

和根一起下去
才获得根的气息
拨开根的思绪
才抽出赋的韵律

《根》的经历
那一夜狂风骤雨
《根》擎起
那一片枝繁叶密
浑身隆起的筋骨
带着血　写着意
赳赳伸开的根须
举着情　送着力

默默　默默
屈子身后火热的演绎
坚韧　坚韧
骚体园中绝世的挺立

根啊
守住心思　绽放花红树绿
根啊
扎入土里　拥抱盛情大地
像根
孜孜以求　顶着雷电　收割华美
像根
目不转睛　聚拢光华　滋叶润枝

* 朱亚年，中国世界华人作家艺术家协会理事，中国大众文学学会理事，语文教师。

与根并肩在霜剑相逼下
与根握手在奔突的画里
《根赋》与根相知相依
一首慷慨奉献的长歌大曲

万条根须沉默无闻
九级风暴难撼心脾
抱定坚如磐石的华夏根系
向天歌　无畏惧

2012年5月17日

评漆雕先生《宝剑赋》

艾国平*

“赋”是中国古典文学中的一种文体形式，尤其在汉代，赋更是一种主要的文体。经后人逐渐发展，赋最后成为古代历朝文人喜爱的一种文体。但自“五四”新文化运动后就鲜有人写赋了。所以，拜读了漆雕先生的《宝剑赋》后，我感觉耳目一新，像老友重逢，不禁生出“老坛装新酒，愈久弥香”之感。

刘勰在《文心雕龙》中指出赋即“铺陈其事而直言之，义在托讽”，并进一步提出“风归丽则”的理论，即赋的作风应归于“丽则”，既有艳丽的文采，又符合教化的原则。漆雕先生的大作无疑是符合这一要求的。

漆雕先生的《宝剑赋》之“丽”主要表现在以下三个方面：一是物象的选择上追求“唯美”。宝剑象征着邓小平有中国特色的社会主义治国理念，指引着中国人民大步走在奔小康的幸福之路上，创造了一个又一个前无古人的奇迹，无疑是“美”的事物。在赋文中，漆雕先生饱含深情，将改革开放比喻成及时的春雨、耀眼的春雷，给人以美好的希望，希望当然给人无限的美感啊！再如“全瓯获两制”一句中，“瓯”字本指古代的一种器物，相当于今天的杯子之类，多为玉制。漆雕先生将致力于祖国统一的“一国两制”政策说成是“全瓯”，更是美之至极，美不胜收啊！二是写法上“极声貌以穷文”。先生的《宝剑赋》采用铺叙、夸饰、比喻等艺术手法，极尽铺排之能事。如“晃晃百炼钢”、“霍霍动八荒”、“飒飒英风张”、“春雷挟电光”、“剑化怒龙走，夭矫千仞冈”、“处处郁苍苍”、“神州起虹霓”、“春景弥山川”、“大地响乐章”、“广厦插云汉，奇花遍海疆”等文句，场景壮观、奇丽，写法崇尚铺张，且朗朗上口，韵律和谐。三是语言上讲究“绮丽”。正如前文所举的例句，在某种意义上，这些辞藻可以说是汉语的狂欢，它充分展示了汉语的独特之美，把汉语的“能指”发挥得淋漓尽致，并且显得文辞奇巧，风格清新。

赋之“则”，用清人刘熙载《艺概·赋概》中的话说，就是“古人一生之志，往往于赋寓之”，即“体物写志”，通过物象来抒写情志。漆雕先生之《宝剑赋》，可以说真正发挥了“赋之言铺，直铺陈今之政教善恶”

---

* 艾国平，湖北省荆州市文星中学校长。

的作用，体现了“则”之要求。

漆雕先生在赋中对邓小平挥舞改革开放思想之利剑，披荆斩棘，推陈出新，及其使神州大地日新月异的成就，饱含崇敬之情，歌颂有加：“华夏中兴日，万民喜欲狂。万民怀邓公，山呼慨而慷！通灵惟金德，永耀吾国疆！”

漆雕先生之《宝剑赋》除了直抒胸臆，正面对邓小平加以歌颂外，还以用典的表现手法，侧面加以赞扬，表达自己对邓公的无限崇敬之情。例如“寒光射牛斗”一句，即是化用“初唐四杰”之王勃的《滕王阁序》中“龙光射牛斗之墟”一句，其典出自《晋书·张华传》：牛、斗二星之间常现紫气，张华请南昌人雷焕来看，雷焕说那是宝剑的光芒上通于天；后来果然在南昌的丰城地下掘出了双剑，一名龙泉，一名太阿；宝剑出土后，星间紫气也消失了。王勃借此典来夸赞洪州地方很灵异。同理，漆雕先生借此典以赞扬邓小平之伟大。

再如“天鼓挝南国”一句，“天鼓”本指朝廷的声音，漆雕先生借用这一典故，将邓公南巡谈话精神在全国人民心目中的分量凸显出来，突出南巡谈话精神之于改革开放而言是天鼓在南国敲响，是进军的号角，同样表达了对一代伟人无与伦比之气魄的赞美之情。

合上漆雕先生之大作，闭目沉思，不禁对今天的文坛产生了一些想法：时下我国国民经济蓬勃发展，因而文人们也多追求作品的语言华丽，娱乐性偏重，而对其“文以载道”的功能突出不够。想到此，不自觉又对先生敬佩有加，先生之赋文是真正做到了“丽”而“则”，先生的《梅赋集》真正做到了“文虽杂而有质，色虽糅而有本”，真正属于“丽词雅义”之佳作。

2013 年 4 月 16 日

《陵堂赋》综论

寄心楮墨　托以哀思

王玉娇*

曾读纪念我们伟大周总理的诗歌，即李瑛的《一月的哀思》和柯岩的《周总理，你在哪里》，深为那份诚挚的缅怀之情而感动；而今读师兄之《胡志明主席陵堂赋》，亦为这份深刻的悼念之感而动容！世彩师兄在这篇赋中，以楚辞之风、汉赋之范，饱含热泪和深情，蕴藉深哀和激动，抒写了他对社会主义越南共和国主席胡志明深挚的悼念、崇敬和景仰之情。这篇赋抒情则深沉悲戚、如泣如诉，叙写则历历在目、已然可见。其文辞也美，其感情亦深。从作者行云流水般的笔调中，胡志明主席的形象已深深地铭刻在我们的脑海中，久久挥之不去。

作者先从胡志明主席陵堂的外在建筑特征写起，以严肃、崇敬的心情描写了陵堂之庄严、肃穆、雄伟和高宏，称之为“堂皇之宫府，国都之瑞光”。伟人胡志明之毅魄“集交趾之灵秀兮，矗嵯峨乎广场”，正矗立于此，是那样的伟岸、挺拔。

接着，作者饱含深情地呼唤着：“伟人今何在兮？”诉说了胡志明主席伟大、光荣而战斗的一生。在此，作者的感情一泻千里，才思泉涌，行文仰承俯转，起伏顿挫。一位可亲可敬、可歌可颂的主席形象仿佛就在眼前。他受任于战争之际，奉命于危难之间，在国颠危、民罹难的时刻，在战火纷飞的岁月里，为了抗击法美帝国主义的侵略，废寝忘食，披荆斩棘，昂扬以进，力挽狂澜，笑法日之判决，摧美帝之癫狂，终于硕果累累，征程骁骁，“插大纛乎八方”，取得了战斗的胜利，成立了伟大的越南社会主义共和国。在革命取得胜利以后，作者的叙述是昂扬、欢快的。在社会主义建设时期，胡志明主席为了国家的兴旺发达、繁荣昌盛而呕心沥血、鞠躬尽瘁，带领越南人民举起了胜利的旗帜，奏响了建设的乐章。从作者娓娓道来的叙述中，我们仿佛看到了胡志明主席忙碌的身影。看，奶果树枝繁叶茂，蒲葵郁郁葱葱，吉榕青苍挺拔，园果流光溢彩，园鸟展翅翱翔，一派生机勃勃、欣欣向荣的景象。他“聆农业之长歌，接政要于明堂”，穿着一身咔叽布服装；生活简朴的他为了民族之团结、国家之兴旺

---

* 王玉娇，女，1980年生于湖北麻城。时为华中师范大学文学院博士。著有《鸟意象》与《陶渊明玄学思想的形成探析》等。

而奔波操劳。“居高脚屋之俭朴兮，耐咔叽布之夜凉；谋民族大团结之阵线兮，耀主席府之辉煌！”每次我读到这里，都会忍不住热泪盈眶！

“人非草木，孰能无情？”作为主席和伟人的胡志明，内心也深藏着爱恋之情。作者以凄婉、哀伤的笔调写出了他的感情生活。他对于恋人阿蕙钟爱一生，在她离去之后，“苦良夜而梦魂无所寄兮，思阿蕙其难忘”，真可谓情切切、意绵绵。他“藏深爱于中心兮，何酸楚而凄凉！情惨怛而不知其所之兮，唯有黯然神伤”，愁肠百结。他为了守候心中的那份至爱，“竟终生未娶兮，伴茹蕙之馨香”。历数十载而情不移，直到满头银霜，两鬓苍苍。这份至情，这份深爱，直令人深深感动而又热切向往也！

“问伟人今何在兮？”作者一唱三叹，深切呼唤着胡志明主席。他敦厚而慈祥，为了国家，为了民族，尽心尽力，奋斗不止。如今，他歇息于这水晶之灵棺，受到本国和外国人士的瞻望和景仰。接下来，作者心情沉痛地叙写了自己参观陵堂时的情景和感受。那里静穆、神圣，卫兵肃立，圣容安详。主席的音容笑貌、精魄灵气仿佛就在眼前，令人瞻依而想望，正如“高山仰止，景行行止”，“虽不能至，心向往之”。作者满面热泪，心情沉痛、忧伤，瞻仰着主席的遗容，回想起他平凡而又伟大的一生，禁不住“揽鲛绡以掩涕兮，沾余襟之滂滂”，直写得情真意切，字字含悲，句句怀痛也！在悲伤之余，作者又描写了当时参观场面之盛大、热烈。五洲之宾朋，海内之风流，八方之豪俊，“举霓旌以列队兮，戴缟素而周章”。作为民族解放之英雄的胡志明主席，将永远受到后世子孙的瞻仰，他的丰功伟绩是不可磨灭的！

在这篇赋的最后，作者又以饱满的激情抒发了对越南社会主义共和国及越南人民的美好祝愿，再次表达了他对胡志明主席的尊敬、景仰之情。作者盼越南国强民安，扶摇直上，自立于世界民族之林；愿越南物荣民康，反法西斯的旗帜高高飘扬！而胡志明主席之精神也同天地长存，与日月齐光，从而流芳百世，永垂不朽！

2005 年 4 月 20 日写于华中师范大学

诗之美在于情之美

邓嗣明

漆雕世彩先生的《陵堂赋》，是一首长篇叙事诗。全诗舒缓流转，激昂悲壮，诗行一直在回环往复的旋律中行进，具有一种浓郁的"骚型美"。宋代词人宋祁尝言："《离骚》为词赋之祖，后人为之，如至方不能加矩，至圆不能过规。"话虽如此，照我看，漆雕君的这篇赋具有骚体流美之韵。

为什么？这是因为，漆雕先生长期从事楚辞的研读、探究，潜移默化，烂熟于心，以至于出口成章，别有所会。另一个重要原因，乃一股真情在诗行中涌动，这也是屈赋千年相传的要义所在。

漆雕先生早在20年前就撰有《楚辞研究论文的情愫——也谈楚辞研究的方法问题》一文。他说，"文贵有情，不独楚辞是这样，研究楚辞的论文也是这样，以情动人的楚辞论文，应是被感情深化的论文"，并引梁启超的话来证明："笔锋常带感情，对于读者，别有一种魔力焉。"（《清代学术论稿》）

是的，笔锋常带感情，便使诗具有情之美。诗之美的本质就在于情之美，"情感是诗的方程式"（庞德语）。不过，如果这种情感完全是主观的、平直的宣泄，那作品就失掉了韵味。而屈赋却富有强烈的艺术感染力，这种感染力一方面产生于作品感情力量的厚实沛瀛，另一方面则来自于作者善于使情感客观化、对象化的艺术功力，即古人常说的"博依"手法；"善鸟香草以配忠贞，恶禽臭物以比谗佞，灵修美人以媲于君，宓妃佚女以譬贤臣，虬龙鸾凤以托君子，飘风云霓以为小人"（王逸《离骚经序》）即谓此。事实上，《离骚》的艺术手法较传统的"比德"大大进了一步，那就是，它不仅靠生活中的真实感受，而且能将这种感受加以延伸和升华，从而创造出特有的想象真实。这种真实，让《离骚》带有一种英雄色彩，具有一种审美观念的"骚型美"。鲁迅把包括《离骚》在内的《楚辞》与《诗经》作过比较。他说："较之于《诗》，则其言甚长，其思甚幻，其文甚丽，其旨甚明"；"其影响于后来之文章，乃甚或在三百篇以上"（《汉文学史纲要》）。可见屈骚影响之巨。

屈骚，更为引人深思的，是它"异代相感"的文化效应。屈子把兰花作人格象征，以香草美人为文本喻体，竟成一种传统、一种文化、一种道德规范，其意义远不止于"衣被词人"。不论是李白、王夫之、龚自珍，还是鲁迅、柳亚子、郭沫若等文人墨客、伟人英哲，都曾从屈骚中吸取过政治营养或文化营养，其中“三昧”，乃屈骚中所体现的作为崇高人格和怀乡爱国内在动力的自信和自尊。

漆雕先生把他诗情的美点就安放在这个基石上，全诗对胡志明主席的人格美进行了深情赞颂。诗中，这种人格美被分为三个层面：

一、铁血征战层面，请欣赏

伟人今何在兮？
发联想乎冥茫。
国颠危而民罹难兮，
敌凶险以披猖！
御铁军以南进兮，
日忘食而奔忙。
挽狂澜于既倒兮，
鼓斗志以激昂。
笑法日之判决兮，
催美帝之癫狂。
入弥天之炮火兮，
奋自由之钢枪；
痛青山与绿水兮，
成血染之坟冈！
挥长剑以厮杀兮，
齐争先为国殇。
抗法后又抗美兮，
铸铁壁与铜墙。
征程一路骁骁兮，
时出击兮时潜藏。
循主席之所指兮，
插大纛乎八荒。

这一层面，作者以“伟人今何在兮”的强大情感张力，驱遣想象，把胡志明这位“二战”中抗击法西斯的英雄放在疆场驰骋的各种画面中，尽力展现他为民族、为自由而战的精神风貌和舍生忘死、力挽狂澜的人格魅力。

诗中，“御铁军以南进兮，日忘食而奔忙”概其貌，“笑法日之判决兮，催美帝之颠狂”传其神，“入弥天之炮火兮，奋自由之钢枪”咏其志，“痛青山与绿水兮，成血染之坟冈”状其情，“挥长剑以厮杀兮，齐争先为国殇”绘其勇，“抗法后又抗美兮，铸铁壁与铜墙”写其挚，“征程一路骁骁兮，时出击兮时潜藏”赞其智。作者对胡志明主席人格美的夸饰，重点揭示他在“二战”中对法西斯强盗的坚决打击，血与火的陶融使他成了世界人民的儿子，受到世界人民的尊敬和热爱。诗中写道：“欣五洲之宾朋兮，来缤纷其未央；引海内之风流兮，聚豪俊乎八方。举霓旌以列队兮，戴缟素而周章。民族解放之英雄兮，永受后世子孙之瞻望。”直接欣赏人格个性之美，尊重个性价值，这是漆雕先生对屈赋的遥远传承。

为什么？因为屈赋中的人格形象，亦即人物品藻式的个性张扬，从来就是诗家词客借鉴、品赏的对象。我国著名美学家宗白华先生说：“中国美学竟是出发于‘人物品藻’之美学。美的概念、范畴、形容词，发源于人格美的评赏。‘君子比德于玉’，中国人对于人格美的爱赏渊源极早，而品藻人物的空气，已盛行于汉末。到‘世说新语时代’则登峰造极了。”（《美学与意境》，人民出版社 1987 年 4 月版）漆雕先生对胡志明主席人格魅力的解读与传达，正是基于中国传统美学的人物品藻。其蕴蓄深重，若云兴霞蔚，给人良多审美兴味。

二、和平莹洁层面

喜共和之成立兮，
听凯歌之高扬。
发革命之宏论兮，
奏建设之乐章。
植奶果树于园内兮，
冀枝茂而叶昌；
喜蒲葵之葱郁兮，
感吉榕之青苍；
临红河之波涛兮，
望园果之流光；
仰春风之和穆兮，
心逐园鸟之翱翔；
聆农业之长歌兮，
接政要于明堂；
居高脚屋之俭朴兮，
耐咔叽布之夜凉；
谋民族大团结之阵线兮，
耀主席府之辉煌！

第二层面，作者把胡志明主席作为一个鲜活的生命，放在和平的日常生活中去表现其莹洁而敦厚的人格魅力。

众所周知，20 世纪的 40～60 年代，越南人民的伟大领袖和无产阶级革命家、“二战”中反法西斯主义的英雄胡志明，曾叱咤风云，南征北战，身先士卒，与人民血肉相连，越南人民视之为国父，亲切地叫他“胡伯伯”，这就是那个真实的胡志明。诗中再现了这种真实：勤政爱民、节俭兴邦乃其要旨。诗中说“植奶果树于园内兮，冀枝茂而叶昌；喜蒲葵之葱郁兮，感吉榕之青苍；临红河之波涛兮，望园果之流光；仰春风之和穆兮，心逐园鸟之翱翔；聆农业之长歌兮，接政要于明堂”。这里表现的是勤政爱民之政务。与第一层面不同的是，这里不是直抒胸臆而全用意象。作者精骛八极，神与物游，借奶果树之“枝茂叶昌”显其事必躬亲；用“蒲葵之葱郁”表其爱民之志；以“红河之波涛”扬其博大胸怀；唱“春风之和穆”隐其怜爱之心绪；抒“园鸟之翱翔”喻其南方之幽思。作者深感屈赋“香草美人”之意象魅力，于诗行中自然而然流泻而出，确有一股细涓穿石之力。

同样，诗中以“高脚屋”、“咔叽布”等意象，渲染胡主席的生活简朴，亦灵动可喜。我们仿佛看到一个日理万机、勤政爱民、敦厚慈祥的领袖形象，就矗立在我们面前。

三、爱情生活层面

哲学家说，爱情是测试人格的试金石。应该说，这话有一定的道理。一个人的人格是美玉还是瓦砾，在爱情的迷醉中会表现得淋漓尽致。越南的胡志明主席，是世界伟人中对爱情最忠贞的一位。请看作者深挚婉曲的诗笔：

苦良夜而梦魂无所寄兮。
思阿蕙其难忘。
情切切而意绵绵兮，
欲揪心而断肠。
藏深爱于中心兮，
何酸楚而凄凉！
情惨怛而不知其所之兮，
每黯然而神伤。
竟终生而未娶兮，
伴茹蕙之馨香。
历数十载而情不移兮，
哀满头之清霜！

诗行从爱情这个敏感的侧面揭示了人物的人格美，情意绵绵，让人心动。一位指挥千军万马的统帅，一位骁勇善战、坚决抗击法西斯的英雄，良夜梦魂，悠思难忘，为思念自己心爱的人儿而揪心，而断肠。其意何殷，其爱何挚，其情何长！这是真伟人，真英雄，直男子！

的确，“诗以情为主”，这是自屈骚以来中国诗教的传统。屈原就是最富深情的诗人。在他的诗中，主人公为国家“奔走先后”，却遭到谗佞毁谤，君王昏昧信谗，“皇舆”面临“败绩”的危机，他忍不住长长叹息，泪流涟涟；国家有难，民众相失，流离迁徙，他哀叹不止，涕淫若霰；他被放逐在外、欲归不得。他思念楚王，怀念郢都，魂一夕而九逝，刻骨相思。他怀一腔爱国热忱，因报国无门而自沉汨罗，这是时局所迫！这是愤怒的抗议！到后来，郢都一把火，连楚先王的坟墓都烧光了，从此，国势一蹶不振，终于亡给秦国。唐朝的大诗人李白唱道：“屈平辞赋悬日月，楚王台榭空山邱”——屈原的诗篇，日月一样地辉耀；楚王的宫室，空留下一片荒丘！

是啊，屈平辞赋悬日月！两千多年来，屈原的影响一直作用在中国文学史中，一直作用在中国人的生活和生命中，一直作用在国家民族的存与亡之中，宋玉的《九辩》，刘邦的《大风歌》，贾谊的《鹏鸟赋》，司马相如的《长门赋》，曹植的《洛神赋》，陶渊明的《闲情赋》，江淹的《别赋》，庾信的《哀江南赋》，陈子昂的《登幽州台歌》，李白的《悲清秋赋》，苏轼的《赤壁赋》，辛弃疾的《木兰花慢》，陆游的《思故山赋》，王守仁的《吊屈平赋》，袁枚的《长沙吊贾谊赋》，秋瑾的《绝命词》，于右任的《望大陆》……历朝历代的志士仁人，历朝历代的骚人墨客，一脉相承，都秉承屈原，同祖风骚。可以这样说，屈原开辟了中国诗人真正独立歌唱的新时代。《离骚》是积极浪漫主义文学的始祖，自屈原始，一条积极浪漫主义文学的长川大河，浩浩瀚瀚，奔流不息。早在20年前的20世纪80年代初期，漆雕先生就撰文《忧国忧民　卓然独立——论屈原〈离骚〉中抒情主人公形象》，从理论上深刻而详尽地分析了《离骚》中抒情主人公形象人格魅力的美质；20年后，漆雕先生挥舞起如椽之笔，直接歌颂反法西斯英雄的人格美，直接高歌世界人民反法西斯的时代主题曲，直接敲响新时代的黄钟大吕。

漆雕先生壮怀激烈，真情沛濊，秉承骚体之余绪，在诗中深情呼唤沉睡之伟人胡志明，倾诉深深的情思，使诗行呈现出一种真情之美韵。请看：

问伟人兮何在兮？
实敦厚而慈祥。
其劳瘁而困顿兮，
稍歇此水晶之灵棺。

当其时也，
余久伫静穆之陵堂。
有卫兵之肃立兮，
仰圣容之安详。
主席之精魄灵气，
何瑰奇而坚刚！
主席之音容行止，
何令人瞻依而想望！
吾延伫而忘返兮，
噙涕泪之汪汪。
长嘘唏余郁邑兮，
疑天地之低昂。
忽恍忽以晕眩兮，
哀明灯之昏黄。
揽鲛绡以掩涕兮，
沾余襟之滂滂！

情深意蕴，篇有余味。作者面对沉睡之伟人，延伫忘返，噙泪汪汪，嘘唏郁邑，天地低昂，恍忽晕眩，明灯昏黄，鲛绡掩涕，沾襟滂滂！这一段直写得情真意切，凄婉悱恻，恍惚迷离，辞由美入真，神情飞越，表现出一种心灵姿势与生命之律动，一个长涕哀转之形象，突现在读者眼前，令人悄然动容！而特别让作者崇敬的，是胡主席抗击日本法西斯的勇敢和无畏。他深情地唱道："壮哉！美矣！志明主席，英名远扬，精神弥漫于四海兮，喜反法西斯旗帜之高扬！"这是点睛之笔，亦为情深所致。"情不深而为词，虽雅不韵，何足感人？"（清·陈廷焯《白雨斋词话》卷七）漆雕先生是书法名家，书法乃人之生命吕律，移至诗行，顿挫激昂，纡曲回环，深挚委婉，绚丽烂漫，当然给人一种不可名状的美的享受。

2005年11月14日写于江渎，2006年1月20日改毕，
2006年3月18日改定

读漆雕先生《陵堂赋》有感

汪 伟*

在诗歌的百花园中有一枝奇葩，其多想象夸张，常将神话、传说、山水、鬼怪纳入诗中，构成浪漫主义画卷，这就是楚辞。楚辞是战国时代以屈原为代表的楚国人创作的诗歌，是继《诗经》以后出现的一种新诗体。因屈原所作《离骚》是楚辞的代表作，所以又称“骚体诗”。这种诗体地方色彩异常突出，诗中多描写楚国山水和楚国的物产。另外，楚辞是用楚地方言的音调来吟诵的。总之，楚辞扩展了诗歌的表现力，开创了新的诗歌流派。但是隋唐以后楚辞音调读法失传，后世只能讲解它的意义了。故初一读到漆雕世彩先生的大作《陵堂赋》，不禁心跳咚咚，就如将要看到自己景仰已久的偶像，崇敬之情油然而生。不油然想说点什么。

阅读漆雕先生《陵堂赋》一诗，能使读者为其别具匠心的行文立意而着迷，为其文字的朴实醇美而着迷，为其吟咏的崇高精神而着迷，为其人生大智大慧而着迷，更为其字里行间闪现的积极的入世人生追求而着迷。本诗作者不落窠臼，舍弃了现代人表达感情的常规文体，发悠古之思，别出心裁，另辟蹊径，构思之新、之奇、之妙令人啧啧赞赏。

对比突出美。现代人总是无意识地浸泡在变化无常的目光和利益的纠葛中，旁人的揣测猜疑，庸俗无趣的生活，让人渐渐变成了“一副好皮囊”，没有任何精神可言。漆雕先生之作犹如一缕沁人心脾的春风，吹向这越来越陌生、精神越来越压缩、心灵空间越来越禁锢的社会，诗作中写道：“国颠危而民罹难兮，敌凶险以披猖！御铁军以南进兮，日忘食而奔忙。挽狂澜于既倒兮，鼓斗志以激昂。笑法日之判决兮，摧美帝之颠狂。入弥天之炮火兮，奋自由之钢枪。痛青山与绿水兮，成血染之坟冈！挥长剑以厮杀兮，齐争先为国殇。抗法后又抗美兮，铸铁壁与铜墙。征程一路骁骁兮，时出击兮时潜藏。”这一节对胡志明主席战斗生涯的铺陈，读来使人热血沸腾，直想亲历之，但它不可能让我们得到理想化的兑现，所以我总忍不住反复高声诵读，因为它能让我得到心灵的慰藉，这是漆雕先生赐予我们的福分！

朴实突现美。诗人在诗中没有直接用言辞表达对胡志明主席的景仰之

---

* 汪伟，湖北大学文学硕士，湖北荆州市文星学校主任。

情，但诗中写道："余久伫静穆之陵堂。有卫兵之肃立兮，仰圣容之安详。主席之精魄灵气，何瑰奇而坚刚！主席之音容行止，何令人瞻依而想望！吾延伫而忘返兮，噙涕泪之汪汪。长嘘唏余郁邑兮，疑天地之低昂。忽恍忽以晕眩兮，哀明灯之昏黄。揽鲛绡以掩涕兮，沾余襟之滂滂！"寥寥数笔，却如行云流水般地将一个对胡志明主席充满景仰之情的"朝圣者"形象刻画得具体而细微，如在眼前。诗人以朴实的语言符码传达出内心的深层意蕴，充满着溢于言表的深挚感情和撼动生命的精神慰藉，表现出动人的语言美。

漆雕世彩先生在诗中传达出的精神美和语言美，恰如酒坛中琼浆玉液散发出幽香的甘露，令人深深陶醉，令人回味深长，引人无限遐想。

2008年2月22日

《陵堂赋》点评

曹　山*

漆雕先生是一位颇有实力的书法家，同时在诗联、辞赋几方面也卓有建树。该赋既有书法家常有的精细柔韧、娟秀疏爽之风格，也有诗人独擅的缜密周思、瑰丽雄奇之特色。看时如临其境，读后甚感其神。尤起句突兀，中述淋漓，收束凑响，想象奇瑰，文采斐然，思想深刻，造语高华，表现出了作者高尚的爱国情操和娴熟高超的国学水准。

2006年4月20日

* 曹山，中华诗词学会会员，诗刊《三湖雪》主编。

彰显性情的抒怀之作

——读漆雕世彩先生《陵堂赋》

杨炳校*

赋体文学的创作，在汉代可谓空前绝后，堪称有汉一代之文学。

汉赋作品中，真正受到后世喜爱和赞誉的，并不是那种润色鸿业、劝百讽一的散体大赋，而是可长可短、情理深挚的言志抒情之作。尽管文学的选择上，不同的读者和作者，总是各人有各人的审美原则，然而有一点大致是可趋于统一的——要求以情言事，以情寓理，以情感人。这就是说，阅读或创作文学作品的眼界和崇尚，绝不同于读写哲学、史学、政治经济学等类作品。

汉代以后，由古及今的赋体文学创作，代不乏人，虽然整体的规模及气势比不过两汉，但单篇佳构依然时有所见。这些后世的单篇佳构，能在文坛上占有一席之地，也是由于其言志抒怀之妙而赢得青眼的。不过，较之诗歌、散文、小说、戏曲等创作领域，赋体文学的创作，实在是太少太过于单薄了。究其原因，有两点较为突出：一是散体大赋的一些痼疾招来某些恶谥，以致株连赋体文学"九族"，后世作者们出于避嫌心理，或者说免于沾上腥膻，也就改写其他了；二是赋体文学要求作者眼界宏阔，学识渊博，思想深邃，情感丰富，文采斐然，所谓"赋家之心，包括宇宙，总揽人物"（《西京杂记》卷二引司马相如语）者也：要能达到这样的涵养，对于许多人来说，实在有点为难，故而宁可弃之而改奔别的创作门径。

基于这样一种由来已久的状况，今得漆雕世彩君见赠其《胡志明主席陵堂赋》一读，不由心头一惊一喜。惊者，缘于他敢于涉笔赋体文学一隅；喜者，亦在此君善于涉笔赋体文学一隅也。

赋，是介于诗歌与散文之间的一种文体。它最基本的要求是："铺采摛文，体物写志"（刘勰《文心雕龙·诠赋》）。文采、物事、情志，这是赋体文学的三大创作要素。据此观之，世彩君此作，俱已齐备，因此可称为入格的赋体文学作品。

这篇《胡志明主席陵堂赋》为世彩君 2001 年 12 月间赴越南考察采风

---

* 杨炳校，长江大学文学院教授，中国屈原学会会员，有《古代文学流派述论》《江渚宫旧事校释》等专著行世。

时瞻仰河内胡志明主席陵堂后，满怀感慨，当晚挥笔写就。

赋前小序，简要交代来此瞻仰的缘由及作品产生的过程。正文第一段点题，简介胡志明陵堂所处位置、建筑格局及气象。第二段，颂扬胡志明率领越南人民抗击法、日、美等帝国主义外侮的历史功勋。第三、四段，歌颂胡志明创建越南民主共和国，并为国家建设和发展日夜操劳、无私奉献自我的伟大精神。第五、六段，描述作者自己身处陵堂，瞻仰伟人遗容时的感受和心情。第七段，尾声，以对伟人的景仰和对越南人民的祝福而结笔。作品结构紧凑，脉络分明，文笔朴实，而情溢其间。

尤为值得一提的是，此赋以“陵堂”命题，但并未因循京殿大赋的旧套，去大绘其建筑格局，巧谈其细部特征，而是以绝大篇幅歌颂静卧其间的伟人胡志明的辉煌业绩和崇高品格，倾吐自己来此凭吊的仰止之情。写法上，以情纬文，继承了古赋中骚体的神韵格调，而摒弃了逞才夸艳的陋习，是一篇富于个性的抒情之赋。

但愿漆雕世彩君此赋的面世，能引发更多作者的兴趣，共同通过创作（而不仅仅是理论评议）来探求和开拓赋体文学的前程。

杨炳校于长江大学

2006年5月30日

越南人民英勇斗争史诗

——评漆雕世彩《陵堂赋》

张中一*

百忙中收到漆雕世彩先生赠送的《梅赋》一书，惊喜交织，我放下手中的事，翻阅起来，仿佛被书中的激情所荡漾，再也平静不下来了。当我读到《陵堂赋》时，作者把我带到一个陌生而又向往的胜地——越南河内胡志明主席陵堂，跟着作者一起悼念越南人民共和国创始人胡志明主席。我的心飞到了中国南方的交趾，这里本是我国南越文化的中心地，南越民族奋发图强，10世纪30年代独立建国，艰难屹立在中国南疆边陲，北宋时期被称为交趾之域。千百年来，越南百废待兴，顽强独立，年复一年，改朝换代，谱写美好明天。多少英雄豪杰用热血书写越南人民立国斗争史。“伟人之魂魄兮，永驻此陵堂”是越南人民共和国胡志明主席奋斗建国的历史见证。同是炎黄子孙，我在此低头默哀，回顾伟人可歌可泣的事迹。《陵堂赋》开创用《楚辞》体裁悼念伟人之先河，承继中国诗祖屈原离骚赋语言，宏发悼词诗意，深入越南胡志明主席心灵，推波助澜。“谒陵阙之静穆兮，何气象之肃庄。立密柱于围廊兮，筑陵楼乎正方。建高标以凌云兮，瞰宫府之堂皇。”胡志明主席英魂使人肃然起敬，哀悼思绪油然而生。《陵堂赋》有似《离骚》的文采特色，又具有越南的地方色彩，充分反映了近代越南政治变革的斗争，是越南人民英勇斗争史诗。

《陵堂赋》没有《楚辞·招魂》那样低调，没有神话传说，没有浪漫主义虚构，作者用细腻的笔和丰富的情感来表达对胡志明主席的思念之情，句句充满血和泪的交织，是龙的传人在怀念英烈。普天之下“龙的传人”没有国界，只有对炎黄先祖伟业的怀念。胡志明主席“生的伟大，死的英勇”。《陵堂赋》句句充满正义与理想思维，似呐喊，胜似呐喊、是悼词，胜似悼词；是高歌，胜似高歌；是越南人民近百年斗争史，胜似近百年世界人民斗争史。

《陵堂赋》采用《楚辞》叙事法，书楚语，作楚声，纪楚地（战国时代，南越属楚），名楚物，又具越南的地方特色，故可称之“当代世界

---

* 张中一，中国屈原学会会员，湖南省岳阳博物馆研究员，著有《山海经破译》《屈原作品破译》等多部专著。

《楚辞》”。全篇为六字句，四句或六句为一组，句尾一个“兮”字，妙笔生花，使悼词在节奏的变换和表情达意上波涛翻涌，一浪高过一浪，“兮”字音节回味无穷。漆雕先生不是复古《楚辞》，而是《楚辞》具有顽强的生命力，其本身就是楚国史诗，是一个具有生命力的纪实文献。中华民族文化、东亚文化的发展与楚文化传承息息相关。《楚辞》是一个既鲜艳又深沉，既具有炽热的战斗性又富有人性情感的五彩缤纷的世界。《陵堂赋》在这个五彩缤纷的世界里宏扬、争艳、吐芳，变成当代世界文学含苞待放的花朵，它像开在世界宇宙的芙蓉，引人入胜。它不仅是外表美，文句也芬芳争艳，它的每个字都充满情，充满爱。“仁爱，爱人”是《陵堂赋》的主线，也是亿万炎黄子孙关爱胡志明主席伟业的衷情。

2010年9月2日于岳阳博古斋

《陵堂赋》赏析

黄维善*

“赋者，古诗之流也。”语出班固《两都赋序》。其行文有骈有散。漆雕君之《胡志明主席陵堂赋》，骚体赋也。骚，源出屈原之《离骚》，故名。是类古诗，既无平仄之羁系，亦无韵脚之约束，然赋得佳者，未多见也。骚体诗，秦汉以前多所见，似屈原之《山鬼》、《涉江》，宋玉之《九辩》，贾谊之《吊屈原赋》等。此后作赋大家，多见骈体，诸如张衡之《归田赋》，欧阳修之《秋声赋》，苏轼之《赤壁赋》等，堪称历代佳作。

漆雕君此赋，既有骚体“兮”尾之独特，又有骈体之押韵，读来富有韵味。诗分七段，层次分明，有条不紊。以有限之篇幅抒无限之情怀。如：“痛青山与绿水兮，成血染之坟冈。”一股爱国愤战之情，迸发于笔端。“循主席之所指兮，插大纛乎八荒。”“发革命之宏论兮，奏建设之乐章。”“居高脚屋之俭朴兮，耐咔叽布之夜凉。”“历数十载而情不移兮，哀满头之清霜。”胡志明主席的英明、伟大以及其高大形象，此寥寥数言胜过千言万语，乃漆雕君极善高度概括也。

诗歌贵情，无病呻吟只有徒劳笔墨而已。常人于陵堂一览，擦肩而过，即成往事矣。而漆雕君观后，“揽绞绡以掩涕兮，沾余襟之滂滂！”此抚棺暗泣之情，足见深也。

为赋，惧冗，怕疏。漆雕君此赋，该详则详，宜略则略，叙之有序，情之有托，富有文采，表达形象，思想深邃，极具时代精神，不失为当代辞赋之佳作！

2007年6月30日写于广东信宜

* 黄维善，中华诗词学会会员。

《赠妻诗》《白荷辞》综论

凤凰于飞　和鸣铿锵

——读漆雕世彩《赠妻诗》

杨炳校

余尝读白居易《赠内》诗，面对“生为同室亲，死为同穴尘”的吟唱，每每为其如此专注的情爱所感动。然而感动之余，也对其创作意图不免抱有几分遗憾：“我亦贞苦士，与君新结婚。庶保贫与素，偕老同欣欣。”意在勉励刚嫁过来的妻子啊！毕竟是那个“男女有别”时代里的夫妻，连政治上颇为开明的香山居士，也难脱大丈夫居高临下的架势。

近日，漆雕世彩君以其佳构《梅赋·赠妻诗》见示，诵罢深为诗中洋溢着的伉俪之谊所打动，且丝毫没有读乐天翁之诗的那份遗憾。究其原因，除了时代的进步，更多的则在于这对夫妻之间能够相互尊重。在世彩君心中，金萍女士不唯值得去爱，而且应当去敬。

可敬爱者，一在才艺涵养也。金萍“腹有诗书，吞吐英华”，既能“赋诗填词”，亦能“弄琴吹箫”；既“擅篆擅刻”，亦“兼擅国画”。而尤为精擅者乃其书道。其隶书之对联条屏、长卷等，多次参展获奖、为人收藏，有“方家赞誉，国人争夸”的轰动效应。俗有“惺惺惜惺惺”之语。世彩君乃荆沙书坛一杰，金萍女士亦此中后劲，彼此之倾慕自然不同一般。诗中用了一系列生动贴切的比喻，揭示金萍隶书的“遒”与“美”，仿佛让人直面其横翔捷出、以拙现巧的笔势以及清劲古秀而潇洒的书风，非声气相投而又精于书道者，不能言之明白如是也。

可敬爱者，又在人品美善也。论及美，仁智之见，歧义并存，然终以各自崇尚为价值取向。余以为美是有品位之分的。大凡涵养厚实者，多以素朴、淡雅为美。诗中所推重的就是金萍的“淑姿窈窕”、“洗净铅华”、“坚质深韵，性情温雅”这类荷花月华般的自然质性。诚然，美的更高境界，是以心灵的明洁为底蕴的。世彩君作为丈夫，对于金萍的敬重与爱慕，实乃非常直接也是非常敏锐地观察到了其内在的美质。诸如勤俭持家、相夫教子、孝敬老人、乐善好施这类中华女性的贤良，自是金萍所不缺的，须予强调的是，诗中于此之外，还展现了金萍更富个性的美善禀赋，即处清贫而不恋荣华、求真爱而不辞生死的“女中丈夫”气格。面对如此之人生伴侣，诗人一下子不知用怎样的语言来表达自己的敬爱之情了，只有激动地呼之“人中之凤”、“人中之龙”。非遭遇坎坷而又灵犀相通者，不能言之真切如是也。

在此诗的最后，世彩君饱含深情和真情地写出了自己人生的第一大收获和第一大满意：“人海得爱，怒放心花。”造化的赐予，尤应珍视。诗人守护着这份难遇的人生之得，不但今生今世要“长相厮守”，就是来世来生，依然要继续地“扶持牵拉”。这种发自肺腑的誓言，是一对比翼双飞的夫妻爱与恩的奔泻。如果一定要比较的话，诗中这般平等相待的丈夫对妻子的尊重，恰是白居易等古人赠内诗所缺少的。

“凤凰于飞，和鸣铿锵。”余引《左传》此句，以描述世彩君此诗对金萍女士的一往情深。并为结笔。

2004 年 12 月 5 日

楚云怜我独彷徨

——简析罗金萍女士《浣溪沙·思》

曹　山

浣溪沙·思

癸未三月生口角，先生旋即东南飞。楚地去粤数千里，不觉使人生忧悲。因赋于沙市章华寺旁。

冷冷高楼暗自伤，孤单身影守椒房。曲栏空有落花香。惓惓精魂依底处？翩翩鸥鹭去何方？楚云怜我独彷徨！

这是一阕描写家庭生活的力作。词中女主人以凝练的笔墨，道出了夫妻口角几乎人人皆有但又不可人人都落笔成章的一种常见现象。作者坦白率真，感情溢露，勇于剖析自己。多少年来，这样的作品我还是第一次读到。

诗词写什么？是写“我”的。此阕就是一篇写“我”而又恰到好处的不可多得的辞章。

首先，作者以“冷冷”二字领头，凄然婉绝，为结句“怜我”起到了铺垫作用。

该词上下两阕，上阕突出“景”字，下阕突出“情”字，情中有景，景中含情，情景交融却都没有离开一个“我”。如上阕“曲栏空有落花香”句，读者从中不难看出“我”的感情凝重。下阕第二句“翩翩鸥鹭去何方”，看似写“夫”，实则写“我”，写我的“自伤”，写我的“孤单身影”。第一句“惓惓精魂依底处”，读后叫人感触殊深，不禁击节。词人用的“精魂”一词，乃引自汉王充《抗衡·书虚》“……精力消绝，精魂飞散”之典。可见女主人公在丈夫出走之后，简直像“疯”了一般，不知所以，全部寄托只好作“何方”一问。这一问，包含了多少愁苦和思念，包含了多少悔恨和祈祷！“情”写到这般地步，可谓登峰造极，令人唏嘘不已！与李清照在战乱中夫妻离散后那种“征鸿过尽，万千心事难寄”有异曲同工之妙。

欣赏该词，不能作一般闺帏情叙理解，而是读者可通过女主人公对家庭生活细节的描述得到一种启示，即：夫妻纠纷，莫把责任尽推对方，首先应自责其过，才是“解铃”之妙招。

余以为，该词为目前词坛这方面作品补了一张缺页。

2006 年 4 月 26 日写于湖北荆州

诗贵曲喻

——也谈罗金萍笔法

宋承焜*

曲喻，是一种高层次的比喻。它是采用喻体的另外一种属性，来生发联想，推及到本体也应同时具有此种属性的一种修辞方法。其实，另一种属性与本体毫不相干，只不过是诗人联想的产物而已。它是在一般比喻的基础上，更进一层地拐了弯弯，曲径通幽。这种曲喻，因为是以喻体进一步发生联想而产生出来的，故又称为“联想比”。唐·李贺的《天上谣》：“银浦（银河）流云学水声”，云与水比，皆有流动之相似处，此诗中说云如流水，亦如水之流动而有声。这在逻辑上说“云有声”是说不通的，但通过曲喻的联想，就构成了“无理而妙”的曲喻形式。

婉转曲达，才有诗的趣味。清人施补华说：“诗犹文也，忌直贵曲。”袁枚也说：“诗无言外之意，便是嚼蜡。”说明诗的趣味就是巧妙隐藏于事物或事象的背后，让人三回九转地怀着浓厚的趣味去探索它，发现它，一旦透过一层，发现了新天地，就获得了特有的审美愉悦。

不直说而蕴蓄（含蓄）是语境上的意在不言之中，如沙市章华寺旁之罗金萍女士《浣溪沙·思》下片的“翩翩鸥鹭去何方？楚云怜我独彷徨”。用“鸥鹭”托物寄兴手法从对方来写，成为女主人公移情的载体，借物喻意，蕴蓄深切。

转大弯的曲喻。罗词上片中的“曲栏空有落花香”，此句并非现眼前实景，而是只取其“空有”一词的相似点，凭空虚拟出“落花香”，这种“香”是拐了大弯的曲喻，借以寄怨，用曲笔点出只身“守椒房”而“暗自伤”。隐义在于“事变”后引起幽怨的“暗自伤”，创造了奇趣幽默美。这种借物喻事的曲喻法，丰富了想象的空间，为增强作品的艺术感染力起到了“画龙点睛”的效果。

2006年5月26日写于湖北潜江

* 宋承焜，中华诗词学会会员，著有《诗联艺术技巧精华》。

漆雕世彩《赠妻诗》赏析

林祥征*

这是一首赞美诗人妻子书法成就和美好人格的诗。

全诗共4小节。第1节，由其妻获得流光溢彩的金鹅奖杯引起对妻子隶书成就的赞美；第2节，夸奖妻子多才多艺具有传统文化修养和良好的生活情趣；第3节，由“卿之人品，白玉无瑕”作冒头，抒写妻子的美貌和具有安贫乐道、尊老爱幼、乐善好施、抗争命运等传统美德的人性美；第4节，倾诉与妻子相爱的幸福生活，希望下辈子还是一家。

古人说，诗言志。该诗倾诉了诗人对妻子的赞美和热爱之情，而妻子的人性美确实有值得我们学习的地方。然而我们还应该看到，诗人在最后一节歌唱爱情的幸福和家的欢乐，突出了长相厮守、恩爱仙家的思想，这是曲终奏雅，有着希望人们热爱妻子、珍爱家庭的良苦用心。正如诗人在一副自作对联中所说：“致天下好男好女切记：兴家、爱家、保家，将人生落在实处；要世间有情人笃行：专爱、敬爱、疼爱，让恩爱通到白头。”（见漆雕世彩《三贤堂楹联选粹》，作家出版社2006年版）在欲望膨胀、离婚成风、家庭观念淡薄的今天，这是诗人对人们语重情长的告诫，也是对传统美德回归的呼唤。

在中国诗歌史上，有着赞美贤妇的诗章。元稹《遣悲怀》写妻子“顾我无衣搜荩箧，泥他沽酒拔金钗。野蔬充膳甘长藿，落叶添薪仰古槐。”很感人，但那是贤妻去世之后的回忆；秦嘉《赠妇诗》写的是活生生的人，但内容单薄，也太低沉；《浮生六记》中的妻子形象很动人，但那是小说。而这首《赠爱妻》中的妻子的形象是活生生的，不仅很丰满，而且有抚慰心灵的人情味，该形象是新时代知识女性的典型，是对前人同类诗作的超越。

该诗在艺术创造方面也有成功之处。在第1节中，对妻子隶书艺术的书写真切生动，人们从她的隶书中看到了艳丽的牡丹、横斜的梅枝、游动的鱼鳖、飞舞的龙蛇，出鞘的宝剑和听到电闪与雷鸣。其妻的隶书是用笔墨写下的一个个汉字，能够让接受者引起那么生动丰富的想象和联想，正说明其妻书法艺术的高超；同时也说明诗人具有非凡的艺术感受力，这种

* 林祥征，山东泰安师专中文系教授。中国《诗经》学会理事。著作有《诗经末议》等。

非凡的艺术感受力，驱遣遒丽华美的词藻，使人强烈地感受到了楚辞绚丽烂漫的意境。从创作的角度讲，是诗人应用移情和通感于诗作的结果。诗的第3节的开头描写妻子的美貌也很成功。拉辛在《拉奥孔》中说："诗想在描绘物体美时能和艺术争胜，还可用另一种方法，那就是化美为媚，媚就是在动态中的美，阿尔契娜（林按：奥维德《情诗集》中的主人公）的形象到现在还能令人欣喜和感动，就在她的媚。她那双眼睛所留下的印象不在黑和热烈，而在她们娴雅地左顾右盼，秋波流转。"诗人在写到妻子亭亭玉立的苗条身材之后，突出地写到"美目流盼，人面桃花"，这就是所谓"化美为媚"，正是这一传神之笔，才把妻子写活了。如果没有这一笔，写得再美也只能是一个庙里没有生气的观音菩萨。我们民族在审美上更喜欢"清水出芙蓉，天然去雕饰"，在衣着上更强调朴素美。傅毅《七毅》："红颜呈素，蛾眉不画，唇不施朱，发不加泽。"王粲《神女赋》："质素纯皓，粉黛不加。"本诗写妻子天生丽质，却"不施粉黛，洗净铅华"，正是这种优良传统的继承，并从另一侧面表现其妻子淡泊明志，不图虚荣的人生态度。有的女人不懂其中的道理，过分涂脂抹粉，以至于有人讽刺道，上帝给她一张脸，自己也再造一张脸！

保加利亚学者瓦西列夫说："爱情是作为男女关系的一种特殊审美而发展起来的。爱情创造了美，使人对美的领悟能力敏锐起来，促进了对世界的艺术化的认识。"（《情爱论》）这首在诗人"与妻相处，所经事多，感慨亦多，积而发之，喷薄而出"的激情中写出的爱情诗，确实能够给我们以美的享受，并以高尚的情操滋润我们的心田。

2012年3月18日写于山东泰安

问世间情为何物

——读漆雕先生《白荷辞》

黄震云

辞本为一种神圣的文体，漆雕兄以此为体，白荷为象，历时两载写成《白荷辞》，并告诉我“白荷”就是他的媳妇，这么写的作品应该很有意思。《诗》曾有言，执子之手，与子偕老。相信那是一份真诚的能够体现出来的如兄如弟的感觉，夫妻称哥们儿，从《诗经》时代就开始了，可见两口子的事情从来就有其无言之情趣。俗谚说，“牵着小姐的手，摸摸口袋有没有；牵着情人的手，回到十八九；牵着老婆的手，左手到右手”。有人感叹老婆是自己的，所以就没有感觉了，或者说老婆就是长在自己身上的，不觉得见外。我对这些不想置评。上了点岁数的人，一般两口子在外面谈起对方，都说好，但是谈着谈着，往往就成了申讨会。像漆雕先生这样的老同志，有这么美好的雅致，说明他是一个爱憎分明的人，一个脱离了低级趣味的人。

谈老婆虽然不等同谈女人，但实际上属于私房话，一般羞于言表。但漆雕先生系列诗文并发赞美夫人，这说明他有真挚如镜、天下明鉴的真诚，他的爱情之树长青。漆雕先生以高雅的白荷作为夫人的应身，称其媳妇像宓妃，想必是说媳妇从外貌到内心、从人品到精神都精美绝伦，他有帝王般的感觉，更比帝王幸福；而千年遇合，似在说明得到上天的垂爱，又享受人间的幸福；所以诗人申言，就是苍天无日，也绝不放弃；诗人坚决地作为“白荷”的保护神，坚决捍卫他们的爱情，让人非常感动；而将来永远的飞翔，叙述的是永恒！文字激扬震撼，如此道白，想来他的“白荷”的心脏也是非常地好，不然，用现在流传的话说，肯定是：“烤”、“晕了”。元朝诗人有言，问世间情为何物？直教人生死相许！那么，历时两年写成的《白荷辞》就是最好的回答，不必有序，不必逻辑，我思故我在，即谓天理。

俗话说，授人玫瑰，手有余香，一声赞美，就是满屋的春光，牵手放手不过一念之间的情绪，就那么一手，但手心是爱，手背是色，完整的手才是一种爱的极致。

漆雕先生是位著名的诗人、艺术家，兼善书画，人品高尚，谦虚厚道，风度优雅，是我多年的老朋友。读他的诗不仅觉得美，也深许教化。

曾有一首一度引起网友关注的歌叫《大龄文艺女青年之歌》，说搞艺术的女孩子要嫁给大款，大款不要，大款只想找个会做饭的；想嫁给搞艺术的，但有的搞艺术的就是搞姑娘，搞姑娘又不是只搞一个。这恰好印证了一句古话——艺可以游。漆雕先生事业有成，名震荆楚，相业京城，但他相信和坚守一份爱情，可以说他是真正的男子汉！他的“白荷”应该很知足！白荷哟白荷，你每天永远地为他盛开着吧！有诗为证：

中南世彩如达者，
游艺京华德艺芬。
一曲白荷凌六幺，
襄王辗转判奇文。

2011年4月14日，北京中国政法大学

美好的爱情是透过您身上看到世界

李继尧[*]

世彩金萍伉俪如握：谢谢你们寄来的包裹！精神的、物质的盛情，心领了，再次表示谢意！

我不信教，但我还是信仰天地良心，好人有上苍保佑！最近我听了次孩提时的学友、台湾的美籍华人牧师讲了一次道，他提出了一个问题，使我深思："什么是人间的真爱？"他说："夫妻之间的爱超过一切，这是因为上帝造人时，把男女夫妻两个铸造成一个人。"世上的无数感人的故事，都证实了这一观点。

因此，我要把这样几句话赠给您的夫人金萍女士。一个感动的丈夫的心语："妻子，是世界上最爱你的、最懂得你的、最愿意为你付出一切的女人，此外任何一种男女之情都不能同夫妻之间的真情相比。"

新制一"生命小片"，聊以自乐，呈上请教正。祝阖家冬安！

2005 年 11 月 23 日

世彩、金萍挚友伉俪：新著《梅赋》下午收到，初步翻阅了一下，您在传统文学诗词歌赋方面成果巨大，令我钦佩。从《目录》上看，我最感兴趣的是您写的《赠妻诗》。它使我一个老人感悟到：美好的爱情是透过您的身上看到世界。们们的爱情是因为真情和共同追求的事业而结合的。

其次，附录中的《古楚语》（217 条）和《今楚语》（472 条）这个工作做得很有创意性，是新开垦的处女地。

十分感谢您为《人生养心谣》的题赠。诗写得很好，其溢美之词使吾受之有愧，再次向您致谢！我十分深切地感到曾国藩所说的"自修之道，莫难于养心"。我感悟到人的"三养"——修养、营养、保养三个养的电源总开关是"养心"。我的"歌谣"是"动之则自珍，静之则自寿，康之则自安，乐之则自素"。不知可否？请教正。

我过去是个"采风迷"，曾搜集到清代学究因受牢狱之灾，写了一篇《百字令》，我取了标题为"吃透人生"。您若书出很有意义，能给不幸者启迪，书成小楷，裱挂家里，但工作量太大。你们若有兴趣，请书出赠我

---

* 李继尧，湖北著名民间文学家，著有《抬轿点睛录》。

留存。

年轻人若能做好“五自”，就能在成功的路上遥遥领先。

新制小片，《湖畔心语》，人生的“五个自”——自爱、自尊、自立、自信、自强，是修身和自我完美的重要根基，也是一举一动的必修课。因为，自爱使自己端庄，自尊使自己高雅，自立使自己自由，自信使自己坚定，自强使自己奋发。这样，就能在成功的道路上遥遥领先。祝冬安，阖家康乐！

继尧顿首 2008 年 10 月 12 日夜

[附]

《吃透人生歌（百字令）》

远看山色，年年依旧如新，
近观人情，渐渐不同往年。
花开兮，蜂蝶至，
人困兮，亲友疏。
诗朋酒友日会三千，
知己心人百无一二。
时不来谁来，
时来谁不来。
自跌倒，自爬起。
靠人扶，都是假。
亲戚朋友说的都是隔山话，
暂受此苦痛，且熬过三冬四夏，
雪尽后，再看梅花。

清化吴汝铭撰　果多堂著搜集

《石缘》综论

《石缘》浅析

林家骊*

漆雕世彩先生的骚体叙事抒情赋《石缘》，是继其《梅赋》后的又一力作，约4723字，篇幅远远大于《梅赋》。此赋是作者参观在北京中华世纪坛世纪大厅举办的“迎国庆中国观赏石精品邀请展”时，欣赏友人袁世明先生所参展之奇石有感而作。全赋共分八个部分，分别题为：序曲、石出、锻炼、寻觅、石室、新生、结缡、交欢。大致来说，前四部分为神话虚拟世界，后四部分为现实人生世界，但其赋中虚与实并非泾渭分明，而是虚中有实，实中有虚，“诗人用人间的语言述说天国的事情”（著名哲学家周国平语），而神话虚拟世界中又折射出现实人生。作者洋洋洒洒，信手拈来，以石为主题，似乎已与奇石融为一体。奇石在他的眼中，俨然为灵性之人，经历出生、磨炼、定居、生长、结婚等过程，其间穿插神话描写，幻境纷呈，虚实相生，整体构思精巧，脉络清晰，气势恢弘，奇境迭出。其想象之奇诡丰富，情感之奔放昂扬，继承了楚辞的传统，语言美轮美奂，令人激赏。

一、脉络清晰，虚实相生

“序曲”交代了观览事由及览者之盛，进而对友人之奇石展开描写，各种奇石，琳琅满目，圭璋“灿灿烂烂”，赤琼“炎炎焱焱”，翡翠“巍巍颤颤”，玛瑙“煌煌莹莹”，这些叠音词的运用，增强了语言的美感，也说明了友人奇石之精美。当作者正沉醉于此美景凝神静观时，忽然飘入幻境，由实入虚，由此转折而入第二部分。

“石出”部分从始至终都是在神话氛围中展开，对其出生环境极尽夸张形容渲染：混沌初开，日月无光，朔风憭栗夹杂虎啸猿啼，黑水呜咽疑似鬼哭狼嗥。恐怖得令人窒息，谁可料想奇石将从此孕育而出？一声巨响，天摇地动，凤凰二石裂地而出，使得山陵摇撼，焦土一片，其出生气势恢弘。然却闯下了弥天大祸，天柱折，九州裂，苍生罹难，天下处处死寂惨凄。女娲见此，乃日炼五色彩石以补天，终于石成天补，挥剑除害，苍生安宁，天柱矗立。这里化用神话《山海经》中女娲补天传说，想象丰

---

* 林家骊，中国屈原学会副会长，浙江大学教授，博士生导师，浙江树人大学人文学院院长。

富，纵横驰骋，同时也为下部分埋下伏笔。

“锻炼”先交代二石于昆仑经年累月，感天地之灵气，聚日月之精诚而不断生长，复经亿万斯年，每夜于高峰发出雷鸣般的声音，此鸣声直达天庭，惊扰了天庭玉帝，遂派雷神和太上老君率天兵天将捉拿凤凰二石。天兵天将来势汹汹，杀气腾腾，使得昆仑山峻岭崩裂，二石被擒，并被投入八卦炉中，二石在炉中经过反复锻炼，终于凤凰涅槃，获得新生，真是“艰难苦恨玉汝于成”！凤凰取得胜利后，掀倒八卦炉，浓烟滚滚入天庭，凤凰远举飞向人间，由此，渐由虚入实，第二转折也。这部分不得不令人想到《西游记》中石猴出世的故事，作者似乎是从石猴的故事中得到启发，石猴出世，惊动天庭，玉帝派人擒拿并带回天庭处罚，八卦炉中石猴炼成火眼金睛等，此处凤凰亦是，总之颇有相似之处，但是作者改变了故事的格局，融入了俗世的人情生活，显得别有一番风味。

“寻觅”写凤凰在人间寻觅理想栖息处之漫长过程，期间经历千山万水，险阻重重。从昆仑出发，穿云层、踏红霞、躐彩虹，渐渐远离昆仑降至西羌，凤凰在漆水边悠闲漫步，望着天庭想起在那里所受煎熬，仍觉得心慑神恻。于是乎不禁欣喜身在人间，双双乘白龙飞翔而观览神州，过朝云华国，徐行至楚地，“望九嶷之苍苍，寻二妃之芳迹，见斑竹之修长”。楚地历史风土人情激起心中感慨，遂感叹江汉之广连三湘，震惊云梦泽之壮观。凤凰乘舟从云梦泽出发至洞庭湖之岳阳，复经龟山入巫峡，“惮巫峡之巉岩兮，回楚地之平川”，一片祥和景象展现在眼前：物产丰饶，森林、汀洲、山泉、山花、彩蝶、翠鸟、鱼鳖、稻黍等，风俗淳美，民歌、民乐、民谚、民谣，音韵悠扬，用作者诗为赞是“楚地风物景光人事，缤纷多采兮炫丽烂漫”。这与历史上的楚国非常类似。史载，楚先民曾由昆仑出发，经历千难万险，与南蛮土著三苗荆民“筚路蓝缕，以启山林”，将蛮荒之地开拓成丰饶之乡。可见，“寻觅”所写暗合历史。凤凰正忘情于美丽之景中，忽焉而至沧浪，通过深澈河水照见己身之形象：黑烟涂面，破衣烂裳，双眼血丝，双手溃疡，憔悴而抑郁。遂执手立于天地间，任大雨霈霶，洗净浑身之污垢，还其剔透无瑕之身。又饮露餐芬，啖红英绿叶，尝香橘金橙；复习屈子之遗风，以碧荷为衣，以白萼为裳，配戴芬芳香草，神情怡悦，仪容脱俗。凤凰继续寻觅栖处，奔波不止，风雨同舟，后终在郁郁丛林中看见一石窟，周围环境幽静，凤凰携手进入石窟中。此部分虚与实难以截然分开，白龙、朝云华国、黄帝等虚幻物与历史中的楚地民物风俗交织，绮丽奇诡。

“石室”重在描绘室内景观，突出其为“福地洞天”，紧扣辞赋所咏之奇石。经仄仄之石壁，过弯弯之石径和高拱之石桥，凤凰忽见古石碑，上书“福地洞天”，其字体难以推求。室内又有猗猗石竹、菁菁石树、灿灿石花、青青石藤，复带石笋、石林、石楠、石苔，此乃自然景物也。石马、石人、石麟、石狮、石蟹、石鱼，从植物到动物，让人目不暇接。还有石槽、石臼、石鼎、石扉、石刀、石镰、石枕、石床、石榻、石桌等，各种器物，应有尽有，可见其曾被楚先民居住过，显示出楚地悠久的文明及其历史之漫长，直让人“惊天地造兮地设，叹亘古之奇观。真神仙之居处，幽幽兮，好一个‘福地洞天’”！凤凰心满意足，遂愉快地居住在石室中，“称其心兮如其愿，合两好兮栖其间”。

“新生”部分讲凤凰渐成男女之形，凤成金童，凰成玉女，其心理发育成熟，逐渐生出爱慕之情。作者对凤凰渐长成人形及其心理发展过程的描摹惟妙惟肖，如写凰石初含苞似半吐花骨含羞待放，花苞渐大如玉蕊生瑶圃，凰石及笄则嫣红凸亮，娇艳动人。又描写其身姿窈窕、发髻峨峨、纤指和粉颈，出落成亭亭玉立之靓女，如梨花带雨，娇艳欲滴。凤石生长则如新笋出土，日渐长大成魁梧昳丽之俊男，威风凛凛，神采奕奕。同处一室，凤凰互生爱慕之心。此部分描写凤凰变成金童玉女，发育成人，亦幻亦真。

“结缡”写凤凰成婚，构思新奇。凤石出而佚游，忽开智慧得诗句，诗笺置于神农峰顶之树杈，“有信物之高悬兮，置古柏之杈丫”，归而告知凰石，于是凰石也去寻找，历经嵯峨山垭、崎岖小径、断崖沟壑，克服重重险阻，依然没获得信物。凤石紧追凰石，健步如飞，终在半山得到信物，欣喜万分。于是带着凰石回到石室，请良媒择佳期，行六礼迎聘，制嫁衣准备结婚；亲朋同庆新婚之喜，凤凰百年好合，夜深相拥入梦，“化凤鸟其双飞兮，何优美而迷离。心翩然而相追兮，随形影而逶迤”，由结婚而入梦境，虚实结合。

“交欢”写凤石凰石结婚后喜气洋洋，情意绵绵，男欢女爱，写交欢之态，描写太过，却增无限美感，稍逊色于楚辞中对美色的描写。作者在《梅赋·骚体诗创作之缘起》中认为“骚体诗对声色的描写，是不可放过的，是不能缺少的。人有七情六欲，食色，性也，描写声色而不淫乱，描写美人艳丽而不使人产生邪念，而又移人动人感人娱人，何乐而不为之”。这部分对声色的描写似乎与作者观点不符。此部分与前几部分的最大不同在于几乎全是四言一句，四句一韵，而且一韵到底。这种短促的句式，更利于情感的抒发，平声韵一韵到底，表现出祥和欢快的气息，与四字句结合，使得整体节奏和谐。此由虚入实，转写爱情，以审美的眼光观照凤石凰石，不得不佩服作者用词之美妙。

二、狂怪率真，情感奔放

《石缘》塑造了一对奇石凤凰，作者遵循实—虚—实的模式，由现代社会跌入远古时代，又从上古洪荒时代进入文明开化时代，以凤凰及其爱情贯穿始终，赋予凤凰以人的生命情感，通过其从出生至生长结婚过程的描写，讴歌了生命及爱情的美好。其间重点描绘了楚地悠久的历史文明与风土人情，赞赏“楚地风物景光人事，缤纷多采兮炫丽烂漫兮郁郁芊芊兮灼灼兮妖妖兮矞矞兮皇皇兮，蓬蓬勃勃火火红红如升太阳兮”！暗含了作者对荆楚大地的热爱之情。通过对凤凰二石的叙述描写，给我们讲述了楚人的文明进程，“天地氤氲，万物化醇；男女构精，万物化生”，人类社会从遥远洪荒时代进化生长，与自然斗争，克服种种困难，由男女经夫妇成孝敬厚人伦。总之，使睹物言情之作上升为赋有象征意义的神话寓言诗，想象丰富，“女娲补天”、“石猴出世”、“二妃斑竹”等，构思离奇而不乏真实性，浪漫色彩交织着现实内容，显得狂怪而率真。

《石缘》既有悠扬的场景，也有激烈的画面，其间转换随抒情的需要而变化，其情感基调是奔放激扬的。“序曲”从现代娓娓道来，三次换韵，忽入远古。“石出”与“锻炼”部分节奏变快，急促激越，如“灼兮烤兮，燎兮烂兮，煎兮熬兮，熔兮煅兮，挣兮扎兮，触兮搁兮，迫兮蹙兮，咽兮呛兮，扭兮抖兮，扑兮撞兮，腾兮挪兮，旋兮转兮”。二十四个动词前后相联，按逻辑顺序展开，写凤凰在八卦炉中锻炼过程非常生动，既写出了炉火之旺盛，又写出了凤凰抗争之激烈。“寻觅”和“石室”部分变为悠扬节奏，与寻觅时间之长、所经路程之远及荆楚大地的开阔美丽相得益彰，也符合凤凰欣赏石室之怡然心情。最后一部分写凤凰“交欢”，节奏轻快，情感激越，几乎全是四字一句，与凤凰迫不及待的心情吻合，也是情感的高潮。可见，作者发扬了骚体赋叙事抒情的优势，时空开阔，出入古今，多番转折，感情奔放。

三、踵武屈原，继承楚辞

作者有意发扬楚辞创作的传统，在词语、句式等方面模仿楚辞。如《石缘》中的“偃蹇”、“恍惚”、“憭栗”、“良媒”、“佳期”、“徜徉”、“倏忽”、“二妃”、“斑竹”、“兰舟”、“桂桨”等是楚辞中出现频率较高的词；又多用叠音词，也是楚辞作者的一大特点，此赋同样也有大量的叠音词，有的是三字式，或作形容词词尾，或作名词词尾，用来写景状物或表达欢快的情感或渲染气氛，如“意洋洋”、“神奕奕”、“情殷殷”、“气昂昂”、“羞怯怯”、“袅娜娜”、“红灼灼”、“绿冉冉”、“青紫紫”、“黑洞洞”、“昏沉沉”、“幽暗暗”、“窈冥冥”、“冷颤颤”、“金煌煌”、“火辣辣”等。还有的叠音词是两字组合成的四字式，如“灿灿烂烂”、“炎炎焱焱”、“巍巍颤颤”、“煌煌莹莹”等用来形容奇石之美妙；“郁郁芊芊”、“灼灼妖妖”、“矞矞皇皇”、“蓬蓬勃勃”、“火火红红”，用来形容楚地风物景光之缤纷多彩；“沉沉静静”、“笑笑嘻嘻”、“安安舒舒”、“窜窜跳跳”用来描摹石室动物神情动态，这些无不体现了作者高超的语言运用技巧。

《石缘》用韵，异于作者成名作《梅赋》。《梅赋》一韵到底，挑战长诗用韵一般规律，而《石缘》或四句一韵，或八句一韵，或十六句一韵，或一节一韵，或数节一韵，变化多端，灵活自如，与《离骚》用韵相似。《石缘》四句一节，奇句以“兮”字收尾，偶句押韵，体制模拟骚体诗，三、四、五、六、七、九言交叉运用，其“兮”字句式变幻莫测，或用于句尾，又分为几种情况，○○○兮（昏沉沉兮），○○○○○兮（凤石凰石出兮），○○○○兮（岩浆滚滚兮），○○○○○○○兮（感天地之灵气兮），○○○○○○○○兮（每夜有电光闪闪兮）；或用于句中，也分多种情况，○○○兮○○○（笔势隐兮鸾凤舞），○○兮○○（飞香兮走红），○兮○兮（投兮掷兮），○兮○兮○○○○（挲兮捉兮啊呀凤石）。也有很长的句子，如“郁郁芊芊兮灼灼兮妖妖兮裔裔兮皇皇兮”。《石缘》既模拟楚辞，又能变化自如。可见，作者对骚体句式运用自如，说明其对楚辞之精熟，学识之渊博。

漆雕世彩先生继承并发扬楚骚传统，他在《梅赋·骚体诗创作之缘起》中称“本人每次捧读楚辞，心中很自然地升起一种对屈原的景慕之情，进而很自然地升起欲继屈原之踵武，挥起楚辞大纛，为往圣继绝学，从而振兴骚体诗的强烈愿望”。他确实是这样一直在努力着。《石缘》开创了新时代楚辞的新境界，为楚辞体的发展进入新时期作出了贡献。

总之，数千年来没有人能运用骚体来制作神话、虚构人物、虚构故事、上天入地、纵横驰骋的，漆雕先生不愧为第一人。《石缘》是其《梅赋》之后又一力作，篇幅更大，可见作者眼界宏阔，学识渊博，思想深邃，情感丰富，相信会获得更多的好评。

2012 年 8 月 13 日

读漆雕先生所作《梅赋》、《石缘》有感

汤漳平*

明人王夫之于《楚辞通释》中以为，《楚辞》自《七谏》以下诸篇，“俱不足附屈宋之清尘”，并感慨于“小山《招隐》而后，骚体中绝”（《楚辞通释》卷十三《山中楚辞序》）。然则又自谓“有明王大之，生于屈子之乡，而遘闵戢志，有过于屈者……聊为《九昭》，以旌三间之志”（《九昭序》）。是其言与其行不一，何也？曰：不得已也！夫船山生当末世，历家国沦亡之痛，终身蹉跎，闵屈悲己，感慨咨嗟，发而为诗，虽明知“可绍者言，难述者意”，而此情此景，却唯有以骚诗为之，方可尽情，且韵味自殊。后之学者，断不可以无病呻吟讥之也！是亦可知骚诗之体，自屈子创为，后世之不可废也！是以虽历二千余年，绍骚之作，不绝如缕，且亦时有佳作焉！

漆雕先生乃余屈学老友，本儒门之苗裔，成长于楚故都，素乐楚声，兼具诗人与艺术家之气质，以楚辞创作及书法艺术享誉诗坛书苑。尤以复兴骚体诗为己任。前此以所著之《梅赋》《石缘》示予。予观此二赋，规制宏大，构思奇特，出人意表之外，如梦如幻，情景交融其间。且楚语楚声，音韵铿锵，出自天然，而无斧凿之痕，吟诵之时，自有一独特韵味徐徐流荡。且用字遣词造句，亦皆有创新。是知其良苦用心也，亦呕心之力作也！愿荐之于当今学界，且亦为复兴骚诗创作鼓且呼焉！

汤漳平

2012年3月24日

---

* 汤漳平，福建漳州大学中文系教授。曾任河南省社会科学院研究员，《中州学刊》副主编、社长，中国屈原学会副会长，中国诗经学会理事，河南省美学学会秘书长。

奇石结缘　史诗传情

——读漆雕世彩的《石缘》（上）

杨贤其

读漆雕世彩先生长诗《石缘》，惊喜莫名。作为同乡、同行、校友、好友，愿实话实说写下我的读后感。因为骚体诗字难认，词难懂，诗的韵味更难理解，故本文尽力写得明白晓畅、通俗易懂一些。

一、《石缘》——英雄的史诗

漆雕世彩先生以骚体长诗《梅赋》享誉当代诗坛，有赞誉称“漆雕先生是新时期骚体诗创作第一人，他的《梅赋》是新中国第一本个人骚体诗集”（中国屈原学会名誉副会长、浙江大学资深教授崔富章语）。我曾为文予以评说，并希望他有更多佳作面世。他也有志“超越自我”。

近日，我果然又收到漆雕先生发表在《荆州日报》（2011 年 5 月 23 日第 5 版文化专栏）上的新创长诗《石缘》，既喜又惊——两三个月前，他专程从北京回故乡湖北潜江看望 83 岁的老母（5 月 8 日，母亲节），回到沙市后，即电话约我去他在沙市的居所，看了同乡好友袁世明先生（我国著名演员袁泉之父）收藏的奇石摄影精美画册《玉影》。那真的是五彩斑斓，美轮美奂，天成画卷，令人惊叹！随后，漆雕先生给我看了他为之写的《石缘》（当时还只写了两节，好像是现在完成稿的开头“序曲”和“石出”），我当时预感漆雕先生又会有大作问世，但我又很矛盾：因为他有胃病，而创作长诗恰需因“长期思考”而焦虑和因“一气呵成”而熬夜。所以我叮嘱他一定完成《石缘》，但以不损健康为底线。想不到不到半个月，他就完成了长篇抒情叙事史诗《石缘》上卷——由此可见他的才华和勤奋！

《石缘》不但可与其成名作《梅赋》媲美，而且视野更广阔，感情更奔放，主题更深刻，笔调更酣畅。若谓《梅赋》具有文人雅士之风，则《石缘》实具史诗哲理之概——《石缘》借奇石起兴，塑造了凤石、凰石两个精灵，并修炼成金童玉女。通过诗化“女娲补天”、“凤凰涅槃”的故事，神游“长江文化”（含荆楚文化）之秘境，尽情抒发了允溢作者心中的亲情、爱情、友情、乡土之情和爱国之情。这“情”不是流于表面或囿于概念——它以历史和文化为底蕴，借助骚体诗化的功力，热情赞美中华民族“天人合一”、“仁者爱人”的传统；纵情讴歌楚地先民“筚路蓝缕”、“一鸣惊人”的精神。所以，《石缘》是一部浪漫主义与现实主义相结合的英雄史诗，读之沁人心脾，催人奋进！

可以预言：雄奇壮美的史诗《石缘》，日后以书籍形式正式出版时，会配以袁世明先生所摄奇石晶莹华贵的玉照，必将给读者以愉悦的艺术享受和深刻的哲学反思，并在当代诗坛引起比《梅赋》更大的反响！

《石缘》不仅主题深刻，而且艺术性称绝。诗言志，诗也表情，作者对骚体诗和语言的掌握尤其得心应手，对爱情的表述更是兼具文人特质和荆楚特色，独树一帜。

爱情，据说是文学永恒的主题。但怎样诉诸笔端，又是文学永恒的难题也！相亲相爱，耳鬓厮磨，写得太抽象，缺乏韵味；写得太具体，难免低俗。《石缘》后半部（即第六、七、八节“新生”、“结缡”、“交欢”）全程写爱情，字里行间就饱含柔柔的情愫和锵锵的韵味，十分成功。这应归功于骚体诗的魔力和作者漆雕先生的功力，并非一个纯写作方法和技巧问题。

为此，我想斗胆将《石缘》与中国古典名著《金瓶梅》和《红楼梦》作一下比较。曰：

《金瓶梅》是一部批判现实主义的杰作，描绘了中国封建主义的衰微和资本主义的胎动。可惜秽语粗话满篇，对男女情事的赤裸描写和异样欣赏，使作品背上千古骂名，惨遭自埋。《石缘》则注意以审美目光关照描摹对象，含蓄，朦胧，虚拟，幻化，显得雅致，极富诗意。在这方面，《石缘》近于《红楼梦》，《红楼梦》被誉为社会生活的百科全书，但贵族气太浓。而《石缘》具有草根泥土味，生于尘世却也洒脱飘逸。同时，在《石缘》中，自然景观、历史遗存都被赋予生命，具有人情冷暖，充满诗情画意。其利用骚体诗长于抒情叙事的优势，使得作品能将原始的野性与现代的文明遥相呼应，史诗的英雄主义与情诗的理想主义互相交融，琴瑟和鸣！《石缘》无与伦比的艺术美会征服每一位有幸看到她的读者！

二、腾飞吧，荆凤

感谢漆雕先生的《石缘》为我们创作出鲜活而亲近的凤凰形象。凤凰是个统称，其雄为凤，雌为凰。凤凰简称凤，故在行文中，凤泛指则为凤凰，单指则为雄性凤。

楚人图腾崇拜为凤凰，故荆州城有凤凰广场，立有不锈钢雕塑《金凤腾飞》城标，系综合江汉石油学院教授尹道新和荆州群艺馆女画家陈秀英设计草图而制作。两位专家均为外地人。漆雕先生乃荆楚著名书法家和骚体诗人，他创作的诗化凤凰，不妨称之为“荆凤”——荆凤与金凤读音相谐，虚实辉映。因凤凰图腾崇拜之地区多矣，故我以为荆州不如将荆州城徽称为“荆凤”，市名别称“荆凤城”，犹如广州以五羊为城徽别称“五羊城”，成为专利。

也许这是“瞎想”？那么《石缘》正是始作俑者。请看漆雕先生笔下之凤凰，犹如孙悟空一般，从石头（昆仑山）里蹦出，得罪玉帝又被处以极刑——由太上老君投入八卦炉中烟熏火燎，最终竟“煅炼”成精（见《石缘》第3节“煅炼”），于是天马行空，从昆仑出发，如风轻轻飘过长江上游，意洋洋而双翔；望九嶷之苍苍，见斑竹之修长；朝发洞庭水乡之岳阳兮，夕宿白云黄鹤之仙乡；入巫峡迷不知向何方也，听猿鸣三声兮泪已沾裳；惮巫峡之巉岩兮，回楚地之平川。至此，凤凰寻觅到荆楚。作者情不自禁以长句赞颂故乡曰：“楚地风物景光人事，缤纷多彩兮炫丽烂漫兮郁郁芊芊兮灼灼兮妖妖兮斋斋兮皇皇兮蓬蓬勃勃火火红红如升太阳兮！”（见《石缘》第4节“寻觅”）

啊，作者实在富于“想象”！然而，作为一般读者（包括非文学专业的知识分子）对此则多少“难于想象”，甚至认为“荒诞”。为此，我专门重温了一番楚国史，深知作者知识渊博，功力深厚，并非“瞎想”。

自从盘古开天地，燧人氏发明钻木取火，人类告别茹毛饮血的生活，进入“三皇”（伏羲氏、神农氏、黄帝）“五帝”（少昊、颛顼、帝喾、唐尧、虞舜）华夏文明时期。而那时还只有荆而无楚，原长江流域、南方地域均属蛮荒之地，散居着土著南蛮“三苗”和东夷“九黎”部族，乃荆之先民。东夷首领蚩尤与黄帝进行“涿鹿之战”败而被杀，诸侯共工与颛顼争帝位怒而撞不周山，天柱折，地维绝，乃有女娲炼五色石补天，并助大舜治水（现荆州城老南门外西边城墙脚下有个小土堆，埋有一块屋宇状的石头，名叫息壤，传说为大禹治水的遗物）。《楚辞》专家姜亮夫论证：楚先祖“颛顼生于西徼若水（现金沙江流域），在昆仑之麓（现陕甘一带）”（《楚辞学论文集》，上海古籍出版社1984年版），至夏朝，楚族人沿黄河流域东迁，其中的一支则独立出来经豫西南迁至鄂西北保康、南漳县境，再向南迁当阳，最后和江汉原有三苗融合为新的楚族，他们筚路蓝缕（推着柴车、穿着破衣烂衫，披荆斩棘前行），共同开发荆楚，落定于汉水流域和长江中游之间江汉地区。这是从上古到周初荆州的神话时代和人神共存、道路曲折而辉煌的创世纪。到了楚庄王时，其“三年不鸣，一鸣惊人。三年不飞，一飞冲天”，使楚国成为春秋五霸和战国七雄之首，其疆土广阔，面积相当于今天的大半个中国。到战国后期，楚国的势力以纪南城为中心，北起汉水至豫西一线，东抵长江下游和山东齐鲁一带，南达广东、广西（百越）海滨，西南远及四川、云贵高原，成为空前庞大的南方乃至亚洲第一大国，面积仅次于同时期亚历山大帝国的版图。春秋战国既是社会剧烈动荡的变革时期，也是荆州历史上的英雄时代（参见“荆州的古往今来”，《荆州自游手册》）。

当我们大体了解了楚国的创世纪和辉煌史，就不难理解《石缘》中人神共存、人石互变及凤石凰石天马行空、神游四海并非“瞎想”，也会赞同我为什么要将《石缘》称为英雄史诗，和将荆州城标取名“荆凤”！

历史车轮滚滚向前，如今已进入知识经济和信息化时代。改革开放，机遇与挑战并存。东有长三角，南有珠三角，不断创造新的辉煌，荆州怎么办？当我凝视高高矗立的荆州城标，那凤凰正昂首挺胸，振翅待发。我不禁由衷呼唤：

腾飞吧，荆凤！

2011年8月24日于沙市

鸿篇巨制　脉络分明

——读漆雕世彩的《石缘》（中）

杨贤其

隐秘结构，是伟大（文学）作品的要素之一。漆雕先生继成名作《梅赋》之后的鸿篇巨制《石缘》，主题更深刻，内容更丰富，现对其结构试予剖析。

三、《石缘》隐秘结构剖析

人有七情六欲，食色，性也。故骚体诗必写情、爱、性。

然而，正是《离骚》也写爱情、男女关系，似乎并不写性，为什么？原来《离骚》写男女、夫妻关系是为了比喻君臣关系，犹如“楚风近巫”——写巫术驱鬼弄神，诗歌舞以取悦上天，达到“天人合一”——则臣忠君，君爱臣，国强民富有望矣！君臣再亲密，自然也不涉及性。

而《石缘》则不同。作者漆雕先生曾在《梅赋·骚体诗创作之缘起》中要求骚体诗作者可以“恰当描写声色”，骚体诗对声色的描写，“是不可放过的，是不能缺少的。人有七情六欲，食色，性也，描写声色而不淫乱，描写美人艳丽而不使人产生邪念，而又移人动人感人娱人，何乐而不为之”！关键在于掌握“度”，遵守古训：“好色而不淫”。这好比画人体：模特不论男女全裸，但画出的几乎全“露”，而私密处设法“藏”之，你会感到艺术美而并不产生邪念。由此我想到新诗改革，我不是说新诗一无是处，但不可否认：白话诗多半太“露”——有时像“说白话”或“口号之堆集”，朦胧诗则往往太“藏”——深藏到“既可这样理解又可那样理解”，结果不知所云。《石缘》给出的启示是：含蓄——隐秘！

《石缘》题目就耐人寻味，结构尤费人思考——主人公有两位（先叫凤石凰石，后称金童玉女），内容含两条线（爱情和爱国），依明（写）暗（寓）两种手法展开。其中暗（寓）即藏秘，而明（写）若含言外之意，常是更高明的藏秘。

《石缘》首先明写两个精灵身世：生于上古时代、昆仑之侧，乃上古五帝之一，颛顼子民也（第二节“石出”：天柱折兮，九州裂兮，猛兽出兮，颛民被食；第三节“煅炼”：昆仑崛起兮，中藏凤石凰石），并因无由（所谓“扰玉帝之酣梦”）而被投入八卦炉中“煅炼”，凤石凰石火中涅槃，艰难苦恨玉汝于成！“曳长长之火舌兮，向人间而远征”。至此，作者将视线一分为二：写神话世界凤石凰石经历而折射出人间之历史。

紧接着作者采用现代“航拍”技术，遥控“飞机”（凤石凰石）拍下一系列人间画面：从昆仑出发，过朝云华国，九嶷二妃，江汉沅湘，洞庭岳阳，白云黄鹤，巫峡，楚地平川，入石室（“福地洞天”），其间九曲回环，峰回路转；凤石凰石风雨同舟，患难与共（见第四节“寻觅”：“欲自爱而自疗兮，欲自新而自励，发豪士之锐气兮，遽自奋而自强”），终于寻觅到“惊天造兮地设，叹亘古之奇观。真神仙之居处，幽幽兮，好一个‘福地洞天’！称其心兮如其愿，合两好兮栖其间”。这是明写凤石凰石历尽艰辛，终于结缘。因为属于神话虚拟世界，情爱尽可放手写矣！也许出于著名书法家之职业本能，作者还要对石室碑额考辨一番：隐隐约约鸟虫篆兮，字迹斑驳兮苔藓连。篆籀颠连兮蝌蚪出，考兮研兮苦溯源（第五节“石室”）。这就暗示：人间至少已由上古、春秋战国至秦汉矣！这是写时间。至于地点，写凤石凰石“正忘情于（楚地）风景兮，忽焉止于沧浪”。沧浪，水名，主流说法为在荆楚也！而“黑烟涂面兮，破衣兮烂裳”正是南蛮楚先民艰苦情状。由此可知“洞天福地”乃荆楚也！而楚先民自战国时代由昆仑出发，经千山万水，历千难万险，与南蛮土著“三苗”荆民“筚路蓝缕，以启山林”，已将蛮荒之地开拓成“湖广熟，天下足”，“江汉明珠，鱼米之乡”（见第五节“寻觅”）。“洞天福地”即荆楚大地，荆楚大地即“洞天福地”，作者爱家爱国之情毕现毕肖矣！

由此可见，上半部分写虚拟神话世界之爱情和下半部分写真实人间之生活，或显或隐，亦明（写）亦暗（寓），互为表里，两相关照，爱情与爱国（爱乡）二而一、一而二也！

《石缘》下半部似乎专写爱情。我则困惑：凭漆雕先生的造诣，写《石缘》这样的鸿篇巨制，前写爱国，后写爱情，难道要前后独立，岂不各自为政？又前写了爱情，后还要写爱情，原因何在？

经过一番苦读和深思，我认为：

第一，缘系古今，情贯始终。前半部写凤石凰石相亲相爱，属于前世虚拟世界，所以写起来顾忌不多。后半部写人间真实金童玉女之情、爱、性，就必须在选字遣词炼句上详加推敲。因为金童玉女乃凤石凰石修炼成为正果，故凤石凰石之爱正应了俗语“前世有缘”！这样，由凤石凰石之缘，到金童玉女之爱，结缡（结婚）、交欢，爱情这条线情贯始终，加上作者文字精美，读之实在给人无尽的艺术享受。

第二，情爱相生，家国相连。国家国家，没有国哪有家；反之，家是国的细胞，家和万事兴，家和睦，国才能和谐。国破山河在，城春草木深。感时花溅泪，恨别鸟惊心。国之不兴，国之不和谐，怎么能谈得上男欢女爱，更何谈男女情事？恐怕只剩下“溅泪”，只剩下“惊心”了吧！所以，作者明写了“家和”（金童玉女交欢），却暗含了“国兴”！

第三，“筚路蓝缕”。“好一个福地洞天”（幸福家园），这是寻觅所得，这是奋斗所得，“筚路蓝缕”是因，“福地洞天”是果。这是《石缘》的主题（见前“腾飞吧，荆凤”），凤石凰石（金童玉女）志同道合，两情相悦，从“筚路蓝缕，以启山林”始，相识、相知、相恋、相爱，才有国家富强，婚姻美满，家庭幸福。

根据以上对《石缘》结构与脉络的概略分析，不难看出：《石缘》确系一部饱含人文关怀的动人情诗和充满哲学思维的壮丽史诗。其内容庞杂，想象奇特，上天入地，亦实亦幻，作者娓娓道来，纹丝不乱，令人惊叹！

试看《石缘》的结构分析：爱情线和爱国线各有两种写法：明和暗两相结合的四种写法选择：

①（明写爱情，明写历史），（简称（明，明））

②（明写爱情，暗寓历史），（简称（明，暗））

③（暗寓爱情，明写历史），（简称（暗，明））

④（暗寓爱情，暗寓历史），（简称（暗，暗））

其中，①（明，明）和④（暗，暗）最好写（读）和最难写（读），而②（明，暗）和③（暗，明）难易居中。

再想爱情线和爱国线又有各种节点（如神话传说、成语典故的熟（悉）和生（疏），想象的虚和幻，语言的雅和俗等）。全篇会构成多少个 2×2 的四维叙述空间啊！

《石缘》就是这样的庞大叙事网络空间，作者构筑得丝丝入扣，井然有序。研究网络的结构和进行网络分析的法宝是我们数学中的组合论，作为骚体诗人的漆雕先生竟能熟练用于《石缘》，足见作者写作功底深厚，经验丰富；读者阅读时若再配以个人的独特联想，那将是一种多么愉悦的人文际会啊！

或问：骚体讲求回环往复，荡气回肠，《石缘》好像有点按时间顺序线性向前“直叙”。实际上，在此我们有点没有参透作者艺术手法与技巧的玄机和隐秘。

依整体性和大视野来看：《石缘》从在中华世纪坛参观写起，正为奇石的美妙而惊艳，突然灯一暗、人一晕，就从 21 世纪的现代北京“回环”到远古、上古时代的昆仑，现代的文明与原始的野性令人从天上跌落地狱一般！在天灾（天崩地裂）人祸（诸侯内战）背景下奇石精灵闪亮登场，却不料无故被上帝打入八卦炉，又不料“凤凰涅槃”获得新生——寻觅——找到石室（福地洞天）前半部一波三折，读者于此舒了一口气。接下来，后半部明写现实楚地楚人：从初具“人型”——少年——成年——成家立业——幸福家园；暗寓楚人建立家园的奋斗史，时空从近现代“大回环”到上古时代（因楚先民“从昆仑出发”），然后经过超凡的跋涉，获得“福地洞天”。下半部的时空（实景）在作者笔下“大回环”到上半部的时空（幻景），时空“变”，精神实质“不变”——“筚路蓝缕”——人类自强不息，与自然和谐相处，大自然供人衣食住行，谓之“天人合一”；人类进入了高科技时代，人类骄傲了，冲昏头脑了，或坐享其成，或自以为“人定胜天”，围湖造田、乱砍滥伐等，遭到报复，天灾人祸不断。我们是否应该想想：历史的经验值得注意！

大回环，大隐秘——《石缘》给人以哲学的反思和终极的关怀。

四、附：关于“结缡”的修改建议

《石缘》既具有雄奇之美，又具有柔媚之美。

关于第七节结缡（lí，音丽）古时指女子出嫁。泛指结婚。对于此节我有一点修改建议：

原稿可称为诗化版“凤求凰”：

（1）示爱：凤石出游忽开天智，得情诗置于神农峰顶之树杈，并归而言之凰石。

（2）追求：凰石继而攀爬险峰断崖，惊魂未定实未获；赖有凤石紧追兮，得信物半山（被风吹落于草丛中）。

（3）合欢：两情相悦，请良媒，择佳期，百年好合。

经推敲，特建议将原凤与凰的描写互换，遂得修改版之“凤求凰”，即凰先示爱，后凤苦追（而凰暗随，暗随合乎人物性格、社会情理；既有关心，也含暗助之意），最终凤凰和鸣。这样改，理由如下：

①从理论上讲：根据生理学、心理学研究，少女在生理、心理方面发育比少男早熟约2年，故少女先示爱合理。

②从文明发展来看：婚姻的基础是爱情，爱情的基础是两情相悦。然而相恋甜蜜，追求却需超凡的跋涉，艰难险阻，责任在肩，自然需男子汉勇担。又《乐府诗集》之《琴歌》有“凤兮凤兮归故乡，遨游四海求其凰”句，可见凤追求凰古今同理（参见《辞海》之“凤求凰”条）。

③从行文脉络来分析：原稿在此前的第六节“新生”写凤石凰石修炼成金童玉女及生理心理发育过程，遣词造句实在周到精美！请注意最后一句：凰石（即玉女）“见春燕之交翼兮，亟欲与凤石（即金童）同宿而亲昵”，此即伏笔；随后再写付诸行动，“凰先示爱，凤后追求”实乃顺理成章之举也！

④从社会实践来看：一般规律是“女先示爱，男后追求”，成功率要

离。因为人类社会从母系社会进入父系社会后，就是“男尊女卑”，女示爱得讲“策略”，女追男更被视为“轻浮”、“不可思议”等。但男再苦追，女无爱意，结果也是白费劲。其实，谁先谁后并无尊卑之分，要害是有无追求和可能。“闪婚闪离”自酿苦酒乃明证也！

作者附言：读《石缘》（中）之三写出初稿后得漆雕先生意见和建议，加以修改，实乃重写。本处之四最初乃我长途电话北京，本来只是简单说说，漆雕先生要求“详细书写出来”，乃遵嘱而为，特附之。

2011年10月15日于湖北沙市

继《离骚》统绪　续千古绝响

——读漆雕世彩的《石缘》(下)

杨贤其

写完《石缘》读后感（上）——《奇石结缘　史诗传情》，总觉意犹未尽，有些问题也想弄通，于是将上古神话传说、楚国史和屈原的《离骚》重读一番，萌生续写“漆雕先生对骚体的传承与出新”的想法。然而这是一个很难的话题，经过考虑，决定还是试一下，以求教于作者和方家。已写出读后感（中），现在再写读后感（下）。

五、“当代骚体诗创作第一人”

《诗经》和《楚辞》是中国诗歌的两大源头。《诗经》集北方民歌之大成（属黄河文化），是合唱。《楚辞》由屈原根据南方的民歌元素创作（属长江文化），是独唱。特别是其用生命创作的《离骚》因具有原创性使屈原成为真正意义上的诗人，而不只是“做诗的人”。

令人惊叹的是：《离骚》比《诗经》晚出 300 年，但其创作思想却比《诗经》早，属后来居上。《离骚》的上源何在？至今还是一个谜；《离骚》的积极浪漫主义创作方法对后世两千多年来的汉赋、唐诗、宋词、元曲乃至明清笔记小说都有深刻影响，然而除唐代“三李”（李白、李贺、李商隐）写过一些带骚体韵味的诗外，并无骚体诗集和骚体诗人出现。《离骚》可谓“空前绝后”——前无古人，后无来者。这既是褒也是贬，骚坛沉寂两千年，实在是“伟大的悲哀”！

直到 21 世纪初，出了一个漆雕世彩（漆雕是复姓），出了一本新骚体诗集《梅赋》，震惊当代诗坛，好评如潮，被视为“继《离骚》统绪，续千古绝响第一人”，乃骚体天空升起的一颗新星。最近，他“超越自我”又推出鸿篇巨制新骚体诗《石缘》，使新星更加光彩夺目。他的潜力无限，定会有更多惊人佳作面世！

据我所知，漆雕先生出生于人才辈出的潜江，长大后在荆州当中学语文教师，与屈原是“同乡”（潜江原属荆州，现为荆州代管；屈原生在荆州郢都，长在秭归，后回荆楚当官）。漆雕先生自幼入私塾打下良好文学底子，小学、中学时代渐露文学才华。可惜高中毕业时碰到大学停招，又可喜“文革”结束他圆了大学梦，进入名校华中师大中文系读本科，对艰深的《楚辞》情有独钟；继而又先后入名校武汉大学和北京大学研修，师从名师学习书法和做诗。他先在家乡一个普通中学教书，后调沙市一个厂办中学教语文。尽管当学生时学习压力大、经济条件差，当中学教师时，工作、生活条件均差，但他坚持业余学写骚体诗。后结集4本，由国内著名出版社出版。同时，借改革开放东风，创办私立漆雕书画艺术学校任校长，在本职工作之余招收幼童和少儿学习书画，其中不少小学员在参加国际、国内书画展中获金奖、银奖。他既"教"又"练"，教学相长，而且生活、工作条件得以改善，常"自书诗词"以"诗兼书"会师友。如今，年过花甲的漆雕先生将"漆雕学校"交给次子夫妇打理，他则远赴北京发展，分别应聘为北京语言大学中华文化研究所研究员，中国屈原学会骚体诗创作与研究中心常务副主任。在普及推广骚体诗和书法知识的同时，他仍坚持骚体诗和书法创作，《石缘》和《骚体诗短信》就是到京后的创新佳作。

几千年来无人用生命或一生的主要精力来从事骚体诗的创作，唯有开创者屈原是用生命来写楚辞，后来人漆雕是用主要精力来写新楚辞的！漆雕先生继承《离骚》的优良传统并发扬光大，多有创新，故说"漆雕世彩是新时期新骚体诗创作第一人"乃实至名归。

六、漆雕对骚体的推陈出新

这个问题大而难，漆雕先生要我写几段，好友嘱托，也是好的"跨界"学习机会，特班门弄斧作门外谈。

其实几十位业内专家曾结合《梅赋》或全面或部分写了评论，学术水平高，见解独到，认识深刻，利于圈内交流。惜哉有的文章专业术语太多，语言太过华彩惊艳，阳春白雪有余，下里巴人不足，本来骚坛太过寂寞，人气欠旺，这样做无异于自闭其门，划不来。

我将实话实说，写自己认为印象深刻者。

1. 概述：《石缘》与《离骚》的比较。

屈原具有贵族血统，其家族为楚国望族，具有忠君爱国、忧国忧民的传统。可惜关于屈原的生平资料太少，甚至连生卒年月和出生地也有争议。从《离骚》内容来看，生于荆州（郢都），长于秭归，然后回到荆州为官（左徒，三闾大夫），这是写的主人公屈原，不全属于屈原。但这不妨碍对《离骚》的分析。

可以肯定的是，屈原生活在楚国的末期，昔日的辉煌不再。"国衰民穷"，使他立下"强国富民"的崇高志向。年轻时受到楚怀王信任重用，得以发挥才干、建功立业，使他更坚信只有忠君才能实现自己的理想。然而怀王刚愎自用，不听屈原力劝，被骗至秦国，成为人质，软禁至死。他的儿子成为末代楚王——亡国昏君顷襄王，不听忠言，专用小人，故屈原先被疏远，后遭放逐。《离骚》用浪漫主义手法写出了主人公与末代楚王关系的三部曲：重用，疏远，流放。然而，主人公眷恋故国，对君王绝望，屈原只能写主人公怀石沉江、以死明志为结局。《离骚》的基调是悲愤、抗争，读之令人景仰而悲怆。

《石缘》继承了《离骚》爱国主义和浪漫主义传统，但基调则是自信、乐观，读之令人振奋和愉悦。由于作者是平头百姓，所以主人公凤石凰石（金童玉女）颇具平民性。与《离骚》比，《石缘》的场面、气势要宏大。句型长短变化之大、叠音词运用之多而自如，使得韵味更足。特别是神话传说众多而通俗，成语典故鲜活而通用。这得益于作者是高级语文教师，你不能只想自己写得高雅而不管受众懂不懂。当然，也得益于时代进步，高科技使出书排版变得容易，骚体虽说难，但通过查字典，翻辅导书，看网络，难可变易；同时，写诗最反对直而露，要求运用“意象”，但因抽象，要一般读者“意会”和“想象”，难也！而有了电视和传媒，如《石缘》中的什么天崩地裂、洪水泥石流之类，什么八卦炉中煅炼、天马行空畅游四海等，就是谈情说爱、卿卿我我，都可使诗中的“意象”变成“具象”（具体形象），因而骚体曾经的难写难读的困境是可以解决的！

打好基础，与时俱进，定有所成。漆雕先生作出了榜样！

2. 爱国：屈原是伟大的爱国诗人，继承和发扬《离骚》的爱国主义传统，似乎为不是问题的问题。然而且慢——

著名学者余秋雨就说：我的态度很明确：不赞成把屈原说成“爱国诗人”。理由有下面三条（见《中华文化四十七堂课：从北大到台大》，岳麓书社 2011 年 6 月）

第一，屈原当时所爱的，明明白白只是楚国。他的故事太有名，很难泛化得了。楚国是诸侯邦国，与秦汉之后的统一大国在概念上根本不同。如果认为这两种“国”可以互相置换，那么，诸子百家中会冒出来多少“爱国学者”？

第二，即使能把“爱国”两字泛化，让人忘记具体的楚国，那也还是一个政治概念。屈原是一位大诗人，文化大于政治。没有必要在文化命题上再套一顶政治帽子。

第三，更重要的是，中华民族对于屈原的千年祭祀早已不分地域（引注：端午节已扩展为世界华人的节日，连韩国都抢着争注专利权），这就证明了文化无国界。

我认为秋雨先生还是讲道理的，可惜过于“玩概念”。爱国决非空洞，恰恰深有内涵，并随时代发展而增容。至于把文化政治化（内容）、概念化（方法），即使大文豪级人物，年轻时的“天才诗人领袖”，最终被评为

"晚节不保"（恕不点名），结论未免刻薄，教训则足以戒世。

公正地说，屈原生活于楚末期，国衰民穷，令他忧国忧民，希望国强民富。那是"家天下"的时代，他把希望寄托于君王，并不奇怪。君是昏君，他却以为只是被"小人"（奸臣）所困，直至国都（郢）失陷，他对君王绝望，却也找不到救亡之路，只有怀石自沉，以死明志，留下了以生命书写的《离骚》（离别，动词，离别牢骚之意），成为宝贵的世界非物质文化遗产！生命诚可贵，但你不能选择生，甚至也不能选择人生（所谓"命"），你只有可能选择死。司马迁说得好，"人固有一死，或重于泰山，或轻于鸿毛"。屈原忧国忧民、为理想献身，并留下宝贵遗产《楚辞》，无愧"爱国诗人"、"世界文化名人"称号！

漆雕崇敬屈原，热爱《离骚》，逐步培养"大忧患意识"，形成"物我两忘，荣辱不惊"品格，从而视野开阔，胸襟坦荡——你看他写的诗，题材宽广，充满阳光。他写伟人，不分中外，不予神化，可敬可亲（如《宝剑赋》《陵堂赋》）。他也写平凡人，平凡中有不平凡，可亲可敬。他闯禁区爱情，写夫妻之情甜蜜蜜（《赠妻诗》），也敢碰雷区文人，诉寒儒之悲凄惨惨（《天路殊兮》）。他赞美白荷之高洁，愤恨毁梅之凶残，等等。他是一个充满"大忧患"的诗人，他的作品充满了大爱，这正是现代社会之最需！

他能与时俱进，走出书斋，服务社会，办展览，开讲座，搞一些下里巴人的事。他办私立学校，利用业余时间当"从娃娃抓起"的"孩子王"，这些是不是爱国行为？一位堂堂的教授、大书法家、名诗人，既上得北大、国家图书馆之类的大雅之堂，也下得租来的陋室站三尺讲台，这是旧文人不可思议的！然而，他有益于国家、社会和人民，却也得到了好报——如今，他声名鹊起，市场广阔，爱国使他心明眼亮识方向，生活条件和工作条件的改善使他有两扇坚强的翅膀——想我荆楚，昔有神鸟，立彼高岗。又名灵鸟，栖于梧上。三年不鸣，一鸣惊人。三年不飞，一飞冲天。现在，正可借神力，挟灵气，乘春风，腾飞吧，漆雕！

3. 大隐秘结构：屈原原创了浪漫主义手法，对于长诗的结构，由于时间是线性的（直线向前，过去、现在、未来不可逆转），距离是刚性的（距离无法伸缩长短），所以，作家（包括诗人）的作品往往是直线单一或平面的。为此，天才诗人可以借助诸多浪漫手法（如神化、幻化、典故、寓言乃至奇思妙想等），使作品丰满而不致"平板"。这很玄妙。比如《梅赋》好评如潮，被誉为"惊世之作"，虽然作者学习传统可谓纯熟，革新改良使尽法术，作品的结构（恕我直言！）却多少显得"单一平板"。毕竟这是新骚体处女作。《石缘》则有实质的突破——时间一定是笔直向前的吗？距离一定是刚性不变的吗？这都是普通物理（牛顿）的，而高能物理则提出（并验证）时间可以“弯曲”，距离可以“伸缩”（弹性），这是爱因斯坦“相对论”的。漆雕先生对骚体造诣高，经验足，故我们借助相对论（现代物理的）、组合论（古典而现代数学的），发现诗人可以借助“移地易时”（作者简注：将甲地“移到”乙地，将 A 时“变易”成 B 时），这样就可将传统只能建构的“平面时空空间”质变为建构“立体时空空间”。诗人对古典传统手法的革新，现代相对论、组合论科学思想的介入，令我们提出“史诗结构的大隐秘”观念，以及“漆雕的《石缘》构架超越屈原的《离骚》”的命题。这正确（或命名恰当）吗？欢迎批评。这奇异或怪诞吗？否！在现代科学领域，各个学科的交叉，不同思想的渗透，早已司空见惯，而边缘学科、新新学科层出不穷，对诗歌改革应有启发。因为这个问题艰深而难解说，故特辟专题提前放在第三节详加剖析。

4. 叠音词：叠音词又称叠词，重（重复的重）音。我认为它是语言中的“花朵”——艳丽，美丽！它又是语言中的“盐”——特别有味，不可或缺！经过这次认真读《离骚》、《梅赋》和《石缘》感觉其确实别有韵味，故有时写文章也用用，但多半只能意会不能言传。而漆雕先生对语言颇有研究，对叠音词尤其爱之弥深，运用纯熟。他写有专论叠音词的论文《屈苏叠音词之比较》、《风骚叠音词之比较》（见《梅赋》第 112 页，《诗经研究丛刊》第 21 辑第 22 页），有兴趣者不妨一阅。我只想说：屈原首创用叠音词形成风潮，功莫大焉。漆雕在《梅赋》中有意应用并创新，有人有专门统计屈原《离骚》用叠音词 17 个，而漆雕《梅赋》用叠音词 46 个，至于《石缘》，因未定稿，迄未统计，凭感觉，其数量之多（仅《石缘》上卷用叠音词就有 127 个），词性之通俗、词采之绚烂，已大大超过《离骚》！

兹引《石缘》中“赞家乡荆州”为例收尾——

惮巫峡之巉岩兮，回楚地之平川。
江随平野而渐阔兮，波翻朗月之精光。

森林绿兮，汀洲绿兮，山泉流兮，山花放兮。
彩蝶舞兮，翠鸟唱兮，鱼鳖肥兮，稻黍香兮。

夫民风近巫，楚韵悠长兮；
民俗淳美，盪我柔肠兮！

民歌娱神，奇妙蕴藏兮；
民乐含情，八音悠扬兮！

民谚峻切，捺人激昂兮！

民谣婉转，唱来口齿生香兮！

这段文字，画面优美动人，句型长短错落，抑扬顿挫，情感起伏跌宕，作者犹嫌不足以达情表意啊，于是再来一个48字长句：

楚地风物景光人事，缤纷多采兮炫丽烂漫兮

郁郁芊芊兮灼灼兮妖妖兮斋斋兮皇皇兮

蓬蓬勃勃火火红红如升太阳兮！

人人都说家乡美，怎比我江汉鱼米乡——如果你将上面漆雕所写朗诵一遍，那将会如京剧“剁板”、相声“贯口”，定是一个满堂彩！

为祝贺《石缘》的成功，特打油一首，曰：

赞《石缘》

吾楚有材，骚坛多娇。
古有屈子，今又漆雕。
恢弘楚辞，大矗飘飘。
揣摩吟哦，暮暮朝朝。

驱雷遣电，笔风萧萧。
凤凰涅槃，心旌摇摇。
筚路蓝缕，征程迢迢。
家国和美，其乐陶陶。

石缘一出，卷起惊涛。
文海立帜，当代高标。
石缘离骚，试比低高？
低高低高，都是天骄！

2011年10月21日于湖北沙市

求实求新说《石缘》

杨贤其

一、石引

读书人讲究“先睹为快”。我肯定是漆雕先生骚体长诗《石缘》的第一批读者。准确地说，他只写了一个开头，就给我看了一番。那是写奇石的，一“序曲”，二“石出”，我内心奇怪：写石头还从其出生写起？看这架势，以及此前漆雕先生已有“惊世之作”《梅赋》出版，好评如潮，所以我相信漆雕先生又会有大作问世。这是2011年5月中旬，在沙市。不到半个月的时间，他就完成了《石缘》（上卷）。8月6日漆雕先生从北京给我发来短信，将会有资料发来；第二天我即收到《石缘》等，当即下载；下午、晚上连读两遍，又喜又惊，当即决定写一篇读后感。因为构思，结果觉也睡不安稳。第二天上午（8月8日），我一气呵成写出《奇石结缘 史诗传情》，即现在完成稿《读石缘》上篇第一节。

当时我想：定要努力写出一篇对得起《石缘》，对得起作者漆雕好友的评论文章。原则是：以求实求新的文笔，以散文随笔的形式，尽情写出我的所思和所想。这是因为，真实是做人的根本，也是为文的根本；创新乃成功之母，而作为数学专业人士自然不愿人云亦云。至于以散文随笔的形式，只是因为我从小读中国古典小说较多，参加工作后读纪实文学作品和名家散文较多，喜欢用朴实无华的文字，写清新自然的中小篇幅的文章，发表后反应较好。

我的《读石缘》终于顺利完成。我觉得这篇评论能说实话，有所创新。至于别人怎么看，那是别人的权利吧！

二、求实

《读石缘》分为3篇（上、中、下），每篇2节，计6节，约1万4千字。各篇既相对独立，又互相观照，故打印时分篇各自编页码。

上篇《奇石结缘　史诗传情》第一节“《石缘》——英雄的史诗”全凭直觉（第一印象）、运用“比较法”，指出：

（1）《石缘》比作者自己的成名作《梅赋》视野更广阔，感情更奔放，主题更深刻，笔调更酣畅。若谓《梅赋》具有文人雅士之风，则《石缘》

实具史诗哲理之貌。结论：《石缘》是一部浪漫主义与现实主义相结合的英雄史诗。

（2）关于爱情，“我想斗胆将《石缘》与中国古典名著《金瓶梅》和《红楼梦》作一下比较”。具体指出：《石缘》比《金瓶梅》高雅；而《红楼梦》贵族气太浓，《石缘》具有草根泥土味，生于尘世却也洒脱飘逸。结论：《石缘》史诗的英雄主义与情诗的理想主义琴瑟和鸣。《石缘》无与伦比的艺术美会征服每一位有幸看到她的读者。

或许有人质疑：《红楼梦》乃有定评的名著，《石缘》凭什么可以与之比较？我说：你应破除迷信。昨日的《红楼梦》在今日被奉为经典甚至捧上天，你又怎能保证今日之《石缘》到明日不会成为经典？后面还会论证：《石缘》继承《离骚》传统，并多有创新乃至超越。时代在不断进步，人应“与时俱进”！

写完第一节，我也在反躬自问：《石缘》明明从头到尾在写爱情，硬系动人的情诗，而你又说她是英雄的史诗，理由何在？为此，我专门重温了家中已读过的《中国通史》、《楚国史》、《荆州自游手册》、《人文荆州》等，又专程去荆州城新华书店两趟，买齐了《族天下》（3 卷本），经过研读，我一气呵成写出了第二节《腾飞吧，荆凤》，运用“比对法”写出了凤石、凰石“从昆仑泯发”祜游四海、最终落定“楚地之平川”，以及楚先民（先祖为颛顼帝，生于若水，在昆仑之麓）沿黄河流域东迁，其中一支独立凸条历经坎坷最后和江汉原有三苗融合成新的楚族，“筚路蓝缕”共同开发荆楚。由此可知：“我为什么要将《石缘》称为英雄史诗，和将荆州城标取名‘荆凤’”！

三、求新

从 2011 年 8 月 8 日至 24 日，我写出《读石缘》上篇（含一、二节）并打印完成，传至北京漆雕先生，他看后立即回短信曰：

文章收到了，太精彩了，可以这样看，第一节（《石缘》——英雄的史诗）是精彩透辟的文学分析，第二节（腾风吧，荆凤）是精确缜密的史实考证，互相应证，交相辉映，妙！妙！妙！

——弟（漆雕）世彩拜谢于北京

我很感谢漆雕先生的鼓励，但总觉意犹未尽，于是将上古神话传说、屈原的《离骚》和再去荆州城买回的一本周建忠教授等三人著的《说楚辞》（中国大百科全书出版社，2011 年 4 月）读了一番，萌生续写“漆雕先生对骚体的传承和出新”的想法，并付诸实践，计写出两节：“爱国性与人民性”及“国与家和情与爱”，打印并传输北京漆雕先生请予指教，他立即回复，提供了具体的修改意见和意向性指导建议。经研究，我决定加以修改——扩写和重写，很快完成中篇和下篇，各含两节，编号为三、四、五、六。

《读石缘》中篇第三节“《石缘》隐秘结构剖析”具体分析了《石缘》的结构，这样，一方面对此前上篇第二节“腾飞吧，荆凤”中凤石凰石“神游四海的路线”与楚先民“艰苦跋涉的路线”由“并列比对”深化为二者有机融合；另一方面也为后面下篇第六节“漆雕对骚体的推陈出新”之第3小节“大隐秘结构”提出“史诗的大回环大隐秘结构”的观念，以及“漆雕的《石缘》构架超越屈原的《离骚》”的命题，预设伏笔，提供依据。可见，“结构剖析”一节具有承上启下的中枢地位，具有很强的创新性。难怪漆雕先生收到《读石缘》（上、中、下）后发短信直抒内心难以掩饰的高兴：

杨兄之文，真诗人之文！真文学评论家之文！真数学物理学家之文！真科学家之文也！容我细读后再读！

漆雕2011年10月25日

承蒙漆雕先生客气。我猜想主要是“结构剖析”令人触动（勿论对否），漆雕先生乘兴而言吧！我读过不少文学（包括诗论）的评论文章，涉及“结构”少矣！实际上，我认为：结构犹如人体骨架，语言和写作技法技巧犹如人体血肉，而主题（或曰思想）犹如人之灵魂（或曰总指挥部）。以往的文学评论常将思想性与艺术性对立，非常有害。分谁第一谁第二也无益。

在“《石缘》的隐秘结构剖析”中，我从作者论“食色，性也”起笔，引出《石缘》的启示：“含蓄——隐秘”。指出《石缘》以凤石凰石（金童玉女）两位为主人公，内容含两条线（爱情和爱国），依明（写）暗（寓）两种手法展开。结合作品内容，具体分析了：

（1）明写凤石凰石的身世和经历，暗寓楚先民艰难跋涉与荆地土著融合，开发蛮荒之地的奋斗史。细致分析了这一“隐秘手法”。

（2）后半部明写楚人楚地“金童玉女”恋爱婚姻史，时已过秦汉时代，揭示其“前世有缘”，暗寓其“从昆仑出发”到“落定楚地平川”的楚国创业史，明晰昭显了这一“回环思路”。

接着我依整体性和大视野，并借助“他山之石”（现代物理的“相对论”和古典而现代数学的“组合论”），说明《石缘》的结构实现了：从“平面时空空间结构（二维）”向“立体时空空间结构（四维）”的质变。其功效，让我举个“送货问题”，用数学观点通俗说一下——某人欲用毛驴从A地往B地送货。在平面时空空间（二维），人、驴、货都是“平面”的（即被压扁成“无厚度”，并被“贴住”不能离开“平面空间”），他牵着毛驴向前（A→B），货物运到B，他和毛驴得回原地，即A←B。你注意：这是“平面空间”，因而他和驴均不能“转身”，“转身”岂不离开了“平面”？所以，他只能“倒退着：A←B”，你不难想象这有多“别扭”？诗歌创作最讲求“自由”——“创作自由”和“临由创作”，但传统的时（间）空（间）观（线性的和刚性的）束缚住了作者，所以，作者处于“自由创作”与“束缚手脚”夹击困境，即使再有才华也有些难于施展！《石缘》关有现代科学观，构建“立体时空空间”，为作者放开手脚施展才华提供了舞台，“大回环”、“大隐秘”使传统浪漫主义手法由最初的被误认为“荒诞”而变为觉得“自然”。时代在进步，《石缘》学习并超越《离骚》，十分自然！

四、引玉

在《读石缘》下篇“继《离骚统绪　续千古绝响》”之第五节“当代骚体诗创作第一人”，这是作者漆雕先生在推出成名作《梅赋》后，崔老富章教授最早提出的论点，许多业内专家教授撰文多方论证，我亦忝列其中，称赞有加。所以，这次写这个话题，我也难有新意。我首先只简单说：屈原的《离骚》前无古人，后无来者，可谓“空前绝后”，既是褒也是贬，骚体沉寂两千年，实在是“伟大的悲哀”！然后我写《梅赋》，再出《石缘》，鉴于一般人会以为漆雕“一鸣惊人”和“一帆风顺”，我特为简介了漆雕先生的生平，全用白描的手法，平静的心态，无华的语言，并不引经据典，也不用什么分析瞥证，但你会承认：几千年来，唯有开创者屈原用生命来写楚辞，后杅人漆雕是用全部心血和主要精力来写新楚辞！漆雕先生继承《离骚》的优良传统并发扬光大，多有创新，故说“漆雕世彩是新骚体诗创作第一人”乃实至名归。

《读石缘》下篇第六节“漆雕对骚体的推陈出新”，课题很重要，不继承，肯定会继续“空前绝后”；继承而不出新，也难免“再绝后”。我自知写此有点力不从心，主要对“诗学”及“诗化语言”缺乏系统的学习和研究，但我还是勉力而业，自认写得多少有点新意，皮的（仿写一句套话）乃“抛石引玉”也！

其中的“概述：《石缘》与《离骚》的比较”及“大回环大隐秘结构”，从思想性到艺术性，全面显示《石缘》继承并多有创新，从而超越《离骚》！我这绝非溢美之词，欢迎专家、读者批评和争鸣。

第六节的第 2 小节“爱国”，我自以为写得还可以。这里涉及文学作品的重要问题：思想性与艺术性的关系问题。著名学者余秋雨就说：我的态度很明确：不赞成把屈原说成“爱国诗人”。理由有下面三条……（具体见《读石缘》）我不赞同，但写起来能讲究分寸和艺术：

（1）我说：我认为秋雨先生还是讲道理的，可惜过于“玩概念”。这里“玩概念”三个字用得妙！不然，你去与余先生正面辩论？甚至上纲上线曰“以艺术性否认思想性”，那不就成了“文革遗风”？

（2）忠君：屈原忠君爱国，忧国忧民，那是“家天下”的时代，他忠君并不奇怪。他忧国忧民，希望“国强民富”，为崇高理想献身，故说屈原是“爱国诗人”并不是给诗人套政治帽子。

（3）怀石沉沙：关于这一点，人们对屈原多有歧见。这涉及生死观。我写道：生命诚可贵，但你不能选择生，甚至也不能选择人生（所谓“命”），你只有可能选择死。司马迁说得好，“人固有一死，或重于泰山，或轻于鸿毛”。我以为，这一段话颇具哲理。

（4）谈及漆雕的推陈出新：一方面，他注重个人品格修养，“大忧患意识”，“物我两忘，荣辱不惊”，从而使得他写的诗题材宽广，充满阳光。另一方面，他能与时俱进，走出书斋，服务社会，搞一些下里巴人的事。不要以为这是“不务正业”的“白费劲”。比如漆雕应邀为北京大学的中国学生和外国留学生以《书法·楚辞·人生》为题讲学，强调要立鸿鹄之志，定人生于至善之位，养浩然之气，要为往圣继绝学，发扬光大楚辞的传统，以堂皇正大的笔墨，创作并书写绚丽奇瑰的新时代的骚体诗。他与听众互动，气氛热烈。最后他当场挥毫，或书自创诗的摘句，或书格言警句，当场赠送新加坡、韩国、马来西亚等国来北大深造的留学生，以及北大在读博士、博士后和即将赴英国、美国深造的学子们（内容由北京大学团委提供，2011 年 4 月 25 日）。

漆雕是北京大学校友，当年他为母校北京大学而骄傲，现在母校北京大学为他而自豪。这是无法用金钱衡量的精神财富。他事后对我说：当时讲了一个多小时，紧接着又写了一个多小时，写到无力挥毫了，主持人见了才赶忙宣布收场，学子们都恋恋不舍。他讲他的辛苦，语气中却充满了愉悦。我也是做学问的人，对此我能感同身受！

五、尾声

按理说，我写文章一贯是一气呵成。然而这一次写《读石缘》，却破例用去近 3 个月的时间（8 月 8 日起笔，至 10 月 27 日打印完工），不是因为篇幅长 1 万 4 千字，而是因为：

第一，老天作怪：8 月至 10 月，天气忽热忽冷，变化无常。说热最高气温也不是很高，闷热；说冷也谈不上，低温并不低，阴冷，令人难受。想写文章又怕生病，不写又觉“欠债”未还，自己与自己过不去。

第二，时间零碎：你既已退了下来，小外孙上中学，你总不能不管；何况你也得吃饭、洗衣，晚上因高度近视不宜动笔，白天时间被弄午餐、晚餐而分割，所以，每当动笔最多只有 2 小时的时间。写到兴头上必须停笔时，脑子思维却不止，成了“思维负担”，非常“遭孽”（荆楚土话，比“受罪”程度要轻，但意味要广）。

第三，打印“磨人”（这也是荆楚土话）：首先，打字店不愿接打印活路，因为利润低；而自己写好初稿再一修改似应重抄一遍，这对高度近视者是个畏途。特别是《读石缘》涉及很多生僻、古奥字，令打字员生畏。举个简单例子，有“矞矞兮”，矞字打不出来，我出谋“打个橘（简化字桔）字”，很容易出来了，我再出谋“删去偏旁木”，但办不到。于是再用“同音”找“读桔的音”，结果失败。最后回家查字典，方知“矞”读“玉”音（yù），最终才解决这一难题。一个在专业人士和专家看来简单的字，打印起来就如此为难，可知我写此篇骚体诗评论有多少这样的为难之处啊！

好在事情总有两面性——我每写出一部分，就有一段时间反复琢磨、细心推敲打腹稿，再接着写，写时则效率较高。比如我写《石缘》明写爱情、暗寓爱国（爱乡），历经：

直觉—比较（法）—比对（法）—结构剖析—现代观念—理性分析

从而得出“《石缘》是英雄的史诗和动人的情诗”的结论；也反映出我读《石缘》由直觉（第一印象）到知之甚少再到比较理解再到共识共鸣再到激赏有加再到陶醉如痴再到分析论证的发展过程！

我写《读石缘》花费了许多时间和心血，从一开始我就并不打算发表，故并无功利之念，免得因为他缚自缚令我不能“知无不言，言无不尽”。我无非是想当一个“啦啦队员”，为骚坛增一点人气，添一点生气，长一点虎气，鼓荡一点浩然之气，从而使整个骚坛昂昂勃发英雄气！

我衷心感谢漆雕先生对《读石缘》写作的帮助，并借一段他在北京大学现场挥毫作书的词句作为我的“读石缘写作记”的收尾：

凝碧（擘窠书）

吾楚山川，远山耸翠，近水凝碧，吾偕屈宋作楚辞以颂之。楚之人漆雕世彩挥于北京大学（2011 年 4 月 25 日）

2011 年 11 月 7 日杨贤其写于湖北沙市大学

谒金门　楚骚美韵实堪颂

邓嗣明

杨贤其先生，著名教学教授，以他之审美观照，对漆雕先生的骚体诗《石缘》进行评论（著有《读石缘》），煌煌数万言，热情洋溢，纵横恣肆，文采斐然，举座为之震惊。故吟。

石影动，画面惊起群雄。楚骚美韵实堪颂，挥洒真从容。格调高雅杨兄，学贯文理气鸿。哲思情感感更重，深得华老风。

好事近　观石

袁世明先生喜藏石，南北搜寻，竟达数百枚，枚枚精品；放于光影之下，从不同角度观之，山峦人物，花木鸟兽，栩栩如生，给人很高的美感享受。编著《玉影》一部，不久将出版，特贺之。

落日水镕金，天松群猿凝碧。光影石中胜景，韵现和家璧。山南海北勤淘洗，屐痕处处急。花动一山春色，造化蕴秘籍。

2012 年（龙年）春

“当代骚体诗创作第一人”综论

龙吟发荆楚

刘宝安

题漆雕世彩先生骚体诗集《梅赋》：

楚骚久湮沉，诗坛继无人。
漆雕追屈子，喑呜出绝尘！
发愤读楚辞，揣摩夙夜勤。
龙吟发荆楚，喷薄吐精醇！
《梅赋》横空出，海内动士林。
绝学继往圣，悠悠韵与神。
当代作骚体，卓然第一人！

2010 年 10 月 9 日于北京

漆雕世彩——当代骚体诗创作第一人

陈咏红

楚辞是“与日月齐光”的不朽文化遗产，后人承屈骚馀绪，创立了骚体诗，并分蘖出辞赋。虽然楚辞学一直是中国文学研究的热点，但是辞赋创作领域却一向寥落，尤其是在当代，可以说难以为继，不仅骚体诗创作零零星星，而且骚体诗集更是难得一见。难得生于荆楚大地的漆雕世彩先生，情系楚地山水和文化，迎难而上，立志振兴骚体诗，并把创作骚体作为毕生追求的事业。在这种情形下，在涵咏楚辞四十余年后，世彩先生创作、出版了骚体诗集《梅赋》二十五篇，真幻杂糅，汪洋恣肆，气韵酣畅，深得屈赋神髓。可以说，在整个当代中国骚体诗创作历程中，《梅赋》的成就是空前的；而世彩先生则是成绩斐然的当代写作骚体诗的第一人，其超世拔俗、专心黾勉、持之以恒的坚毅精神足以令人动容。

而骚体诗集《梅赋》还牵出了一个当代仅见的文学现象，就是出现了一个骚体诗评论的高潮。截至2011年10月，共有58位海内外中国古典文学教授、专家撰文评论世彩先生的骚体诗创作；《职大学报》2010年第一期辟了一个专栏，发表了一组评论世彩先生骚体诗创作的论文（崔富章、陈怡良、周秉高等）。

评价一个作家的历史地位，主要看其创新的力度。世彩先生骚体诗创作在中国辞赋创作史上的地位，需要通过对其创新点作一番比较分析的功夫，才能看得比较清楚。令人钦羡的是，《梅赋》不仅结集出版，读者众多，而且在几个方面有所创新。

一、骚赋结合，形制宏大，内容丰富

骚体诗以抒情为主，思想深邃，情感丰富；而赋体文学要求作者眼界宏阔，学识渊博，文采斐然，所谓“赋家之心，包括宇宙，总揽人物”（《西京杂记》卷二引司马相如语）。而作品集《梅赋》兼有辞和赋的特点。当代没有一篇骚体诗的形制、规格的宏大程度和内容的丰富程度能与世彩先生的《梅赋》《石缘》《根赋》《陵堂赋》等媲美。

作品集《梅赋》是骚体诗，但以赋命名，这与历史有关。从《史记》记载可以考见，汉初就把屈原等的作品称作楚辞了。先秦也有赋的概念，《左传》、《国语》等典籍多有“赋”字，但都用作动词，指诵读前人或自己的创作。荀子《赋篇》最早以赋命篇名，但这是由五篇押韵的隐语和两篇诗组成，早就有人说它们“都是诗类”。用赋命名骚体诗的做法，最早的是承楚辞余绪的贾谊《吊屈原赋》等作品。至武帝时期，司马相如以《天子游猎赋》擅名一时，才有了指文体的赋。而司马迁《史记·屈原贾生列传》提到屈原作品时，时而称屈原“乃作《怀沙》之赋”；时而说“屈原既死之后，楚有宋玉、唐勒、景差之徒者，皆好辞而以赋见称”。司马迁还将自己学习楚辞而写的作品称作《悲士不遇赋》。可见，辞赋这一概念既包括屈原等人的楚辞作品、贾谊等人承楚辞余绪而来的作品，也包括司马相如等人的大赋之作。历史上对此首先加以区别的是萧统的《文选》。萧统《文选》列有《骚》一目，把《骚》（实际上是辞）从《赋》中分出，并放在诗歌之后，后代把骚（即楚辞）当作诗歌看待，称为骚体诗或骚体赋。

而《梅赋》不仅有“赋”之名，还有赋体文学之宏大形制。从贾谊开始，承楚辞余绪的作品一直贯穿到东汉末年，流风所及，可以说在整个中央集权专制主义时代都有其嗣响。宋代朱熹《楚辞集注》书后附有《楚辞后语》（选本），它认为与楚辞一脉相承的作品不仅包括汉初的所谓骚体赋，还应包括之后的许多句子已不带“兮”字的抒情小赋。另外，后代还有虽然不以赋名篇，但从形式到内容都明显地与“骚体诗”同为一格的作品，如陶渊明《归去来兮辞》，柳宗元《赠王孙文》等。到了近现代，从梁启超《祭六君子辞》“大地兮芬芳，神州兮茫茫，四百兆人心兮未死，公如有知兮鉴此馨香”，到秋瑾《宝刀歌》“愿从兹以天地为炉、阴阳为炭兮，铁聚六洲。铸造出千柄万柄宝刀兮，澄清神州。上继我祖黄帝赫赫之威名兮，一洗数千数百年国史之奇羞”，到于右任《望大陆》“葬我于高山之上兮，望我大陆；大陆不可见兮，只有痛哭！葬我于高山之上兮，望我故乡；故乡不可见兮，永不能忘！天苍苍，野茫茫；山之上，有国殇”，楚辞之音不绝如缕，犹如荆江默默地流淌着。但是，这些作品的形制都不如《梅赋》宏大。

可以说，作品《梅赋》是同类之作的翘首。《梅赋》一韵通底，为2222字。《梅赋》以隆冬之际朱子邀漆雕先生赏梅图为线索，由此引发了越世高谈和作者面对千姿百态的梅图而展开的奇思妙想。诗至第五节“出残简斋”稍为一顿，旋即转入对梅的憧憬之中。先是飞升上天，展翅高翔，玉虬天马为吾开道，鸾皇为吾鼓吹，而驾苍龙横空行走，揽星斗，凌青云，徜徉于冥漠之地，终于发现一片梅林。然后极力渲染时令的清冷，在万卉纷谢之时，突现梅怒放之风姿：千枝振于高冈，迎朔风而俊逸，于霰雪扬威之际，骨铮铮，气氲氲，芳馥郁。再回笔一转，把梅于严冬之际，树高标、葆丽质、苏世独立、贞心常刚的本性揭出，并于云开日出一片光明之中，描绘松竹含碧，郁郁苍苍，更突现出梅的裔裔皇皇。于是在万象生新、飞香走艳的光景，而朱子观物取象，心有所动，不禁搦翰濡墨，再绘华章。以下作者用极生动的笔调，把朱子酒狂作梅图的场景刻画出来。其所画梅，枝干舒布如凤翅，垂翼结繁，花蕾点缀如龙鳞，丹凤向阳。其绘松梅，如偃月，乔松叠立，松老而愈奇，梅古而愈芳；其绘月梅，被朦胧而吐月辉，隐日星而动回旋。宛如循轨八卦，同步昊天，精义幽窈，禅心圆转，如月轮在苍穹运转，呈现静谧安详。在一派盈盈冷艳、颤颤流光之中，梅之疏影横斜、暗香浮动，令读者莫不心醉神迷。上述描写，显示作者对心灵之敏感，观察之细微，刻画之逼真，为下文虚纳摄景，神驰成象，做好了铺垫。在朱子停妙笔，敛芒佩囊，成梅图几卷之后，主客二人又携手前行，这部分从写实蹦入写意，着力描绘朋友为理想的寻觅。于是，驾八龙，挥云旗，观乎八荒，而其心系之处，仍是荆襄大地。在神游之中，忽见天帝驾鸾驻跸前方，而百神礼会，引商刻羽，五音繁会，玉桴击鼓，九歌韶舞，竽瑟高奏，仙女袖扬，一派天上仙境顿时展现出来。当天帝观荆梅之典丽，忍不住喜泪汪汪时，进而要求朱子写巨梅以偿观赏之愿。于是朱子傲首昂立天阙，我亦振衣助势。于是一幅幻想中的朱子画梅场景，又渐渐展现而出。朱子抒豪情，泼水墨，手展千里云，笔越万仞霄，疏处如八骏容与，密处如枝干奔凑，浓墨如黑云压城，淡墨如白云轻扬，时而笔如轻轺骏马，时而笔如清溪落花，忽如龙梅蜿蜒，忽如鹤骨突兀，霜风凝白处千枝竞秀，笑影流丹处气馥芳菲，天帝不由得赞叹不置，也为朱子之梅图所感染：“吾何心仪而神驰，吾何瞻依而想望！吾何方身以为剖兮，化吾身为二千万？梅花一树兮一朱子，梅花一树兮一帝王！”于是众仙列阵，鼓掌齐吭，金声玉振，声隆山坼。群情激动之时，又有历代钟情之者聚，原来是王咎、王冕、吴昌硕、关山月、潘天寿、齐白石一众绘梅高手，真乃群贤毕至。大家拱手作揖观画，惊叹朱子构思之奇，臧否朱子技艺之工。以下转入众仙对梅的颂赞。梅为国魂。而龚自珍作《病梅馆记》对文人学士以病态的审美观，对梅“斫直、删密、锄正”哀叹，激于义愤，朱漆两人毅然向帝申告，通过与天帝的对话激切地表现出来。作者在诗的最后说：“吾与朱子厉声语于天帝曰：从今后，不可妒梅轻梅斫梅删梅锄梅夭梅鬻梅遏梅毁梅而又尽排梅之芳香兮；合令天下名士美人昂其头而挺其胸瑟其僩兮赫兮喧兮厉厉落落其才情兮凛凛冽冽其骨气兮浩浩荡荡其正气兮蓬蓬勃勃其喜气洋洋兮”，结语使用了一系列的长句，排空而出，是亟欲为梅的生长创造良好环境的呐喊，要求天下人助梅顺梅惜梅，不可强梅就范，造成天下病梅成灾，卒章显其志。作者以狂放的想象、神奇的夸张、酣适的情感、饱满的笔墨，把荆梅的形态意蕴、神韵、格调，刻画得巨细无遗，达到诗画合一。

作者咏梅以“梅”字兴起，却包囊梅之美态与精神、作画朱子之神笔、国家民族之忧患，兼顾个人、友情与大丈夫之情怀。赋之内容丰腴而情感雄厚，而这些内容是以比兴来结构的。楚辞中的比兴具有象征的味道，指以具体的形象或形象体系来暗示某种情感、情绪或心态。之后，不少骚体诗都充分运用了比兴与象征的手法。如贾谊《吊屈原赋》就运用了好几组对比强烈的比兴句来写社会的不合理。司马相如《长门赋》也有“雷殷殷而响起兮、声象君之车音”等比喻之句。其他如王粲《登楼赋》以景阔衬托乡关路远，以哀景象征仕途失意。陶渊明《归去来兮辞》中以“云无心以出，鸟倦飞而知还”象征自己的无心出仕与有心归田等。但是，数千年来没有人能像《梅赋》那样，运用比兴连类方法来制作神话、虚构人物、虚构故事、上天入地、纵横驰骋，把骚体诗写得如此之华彩惊艳、气势恢弘的。

另外，作品集《梅赋》内容相当丰富，叙写了当代骚体诗没有触及的当代生活、众生万象。如，写及了画家朱由当众作画、书法家唐和当众挥毫等雅集雅事；如咏物骚体诗《石缘》写及奇石奇观、《根赋》写根的意象等；而《陵堂赋》歌颂伟人胡志明的征战，《宝剑赋》颂扬国家改革开放，和平建设，《天路殊兮》叙写书友、“文革”知识分子形象等，则属于写人物形象的骚体诗；而在社会时事方面，《望台湾》写盼台回归；还写及汶川大地震、袁泉演出《简·爱》、玉树大地震国人捐款、世博会等当代盛事；而《白荷辞》《赠妻诗》则歌颂爱情，写凤凰于飞、和鸣锵锵的夫妻之情……《梅赋》无论状物写人，还是抒情言志，皆能写得气势恢弘，感情浓郁。

此外，世彩先生甚至还作了当代人所没有触及的媒体更新的成功尝试。他将骚体融入日常生活中，用骚体来发手机短信。而世彩先生日常所书书法作品条屏、斗方、中堂、扇面、手卷等都为自撰骚体诗句（见 2011 年 4 月 28 日《荆州晚报——你没有见过的骚体手机短信》，漆雕《楚辞体手机短信的即兴创作》）。

二、调子高亢，为历代骚体诗所未见

两汉时期受楚辞影响的这类作品在内容上一般有两种情况，一类是同情追念屈原的作品，以屈原之悲为己悲；另一类是以作者个人或他人的不幸遭遇为背景，承袭屈骚“主悲”的情感基调，诗中情感皆以“怨”为主旨，从汉初刘邦的《大风歌》，到盛世武帝的《瓠子歌》与《秋风辞》、昭帝刘弗陵的《黄鹄歌》，再到东汉少帝刘辩的《悲歌》；从西汉司马迁的《悲士不遇赋》、李陵的《歌》与息夫躬的《绝命词》，到东汉崔骃的《安封侯诗》与张衡的《四愁诗》；从司马相如的《琴歌》到徐淑的《答秦嘉诗》；从细君公主的《悲愁歌》到蔡琰的《悲愤诗》与《胡笳十八拍》、张衡的《归田赋》（《李陵答苏武诗》及《与苏武诗》三首，此处暂从李陵作；《悲愤诗》《胡笳十八拍》也暂从蔡琰作），皆抒发怨愤。两类作品都具有悲剧的基调。魏晋以后，所谓抒情小赋仍以低调为主。不过题材更有扩大，如陶渊明《归去来兮辞》；甚或杂以欢快、讽刺、戏谑的变调，如卞彬《蚤虱赋》《蜗虫赋》等。

然而，作品集《梅赋》却给人以奋发向上的精神鼓舞。屈骚之下，以梅入骚者并不多见；且咏梅诗词一般以清逸风格为尚，清人沈德潜称："咏梅诗应以庾子山之'枝高出手寒'，苏东坡之'竹外一枝斜更好'为上。林和靖之'雪后园林才半树，水边篱落忽横枝'，高季迪之'流水空山见一枝'，亦能象外孤寄；余皆刻画矣。"① 今漆雕先生以骚之体式写梅之气韵，其间朱子运笔如走马，"舞巨笔以颉颃"，一方面表现了朱子出神入化的精湛画技，另一方面也是主人公情感抒发的触发点，展现了作者及朱子二人昂扬向上的精神风貌及超然立世的人格情感。而定盦、天帝和众仙则是主人公理想人格的见证者、推动者和成就者。梅之傲态且不论，先生之友——朱子之作画神姿俊势也够磅礴激昂，读之撼人魂魄。朱子作梅之树、干、花、蕊，旁添梅之景之松之月，无不于先生语中极尽神态。赋中之笔并未就此停歇，为先生作梅而后，复而为天帝作梅。朱子以天地为卷、江海为墨之恢弘气势，更让人读之始而心惊骨骇，继而心驰神往，终而心花怒放。《梅赋》的抒情主人公同样也是一位奋发向上的进取者。他"欲上下而求索兮，将往观乎四荒。驾八龙之蜿蜿兮，挥云旗而飞扬"。②"蓄江海以停胸兮，视万里而骛八方，濡海水以为墨兮，裁蓝天而为纸张。"③ 其间蕴藏着作者不凡的胸襟和气度。作者对梅之幽香、孤高的描写："香气幽幽，娇嫩花光迷兔魄；孤标落落，槎牙杖影失虬龙。"④ 作者笔锋一转，以梅之态写人之深邃："藏精义于幽窈兮，何禅心之圆转，月轮运于苍穹兮，何静谧而安详。绽盈盈之冷艳兮，态颤颤而流光，有疏影之横斜兮，浮暗香乎昏黄。"⑤ 此梅不仅有"冷艳"、"流光"的外表，更有"静谧而安详"、禅心、精义内蕴的深邃品格。梅花的精神就是不管历尽多少磨难，受到怎样的欺凌，都"宁可枝头抱香死"（郑思肖《画菊》），不肯低头折节，"虽九死其犹未悔"⑥ 的精神，这些正是中华民族流传千年的

① 沈德潜．说诗晬语［M］．南京：凤凰出版社，2010：125
② 漆雕世彩．梅赋［M］．北京：中国文史出版社，2006：8
③ 漆雕世彩．梅赋［M］．北京：中国文史出版社，2006：11
④ 漆雕世彩．梅赋［M］．北京：中国文史出版社，2006：7
⑤ 漆雕世彩．梅赋［M］．北京：中国文史出版社，2006：8
⑥ 洪兴祖．楚辞补注［M］．北京：中华书局，1983：14

民族精神的象征。先生又借梅之伤残，倡导国家应该重视人才、珍惜人才。

作者写梅之独立、贞刚，却不主张避世闲居，相反却以梅卓然不群之姿作为苏世、醒世的媒介，将梅之品格外扩到广阔的社会江山朝市之中，虽学古而能变古，这正是《梅赋》抒情主人公的不同凡响之处。《楚辞》渔父的文化精神，高洁的品性和情操，厌倦尘世的纷扰；另一方面也摆脱了社会的名利枷锁，追求一种无拘无束的人生境界。王逸《楚辞章句》说："渔父避世隐身，钓鱼江滨，欣然自乐。"[①]《梅赋》又在此基础上有所突破，使读者陡然生一股荡气回肠之感。

概言之，《梅赋》诗画合一，诗境阔大而意绪悠长，格调迂徐而不乏昂扬之态，塑造了一个救世、醒世、敢为天下先，奋发向上而又饱含爱国热忱的有志之士形象，深追屈骚之体而能发前人之所无，不愧为当代寂寞骚坛上的一朵奇葩。

三、长短自由、参差错落的句式，极富强烈的抒情意味

作品集《梅赋》的句式有楚辞的一般特色。如，《梅赋》四句一节，句中多以"兮"调整节奏语速。句式带有"兮"字是楚辞作为诗歌的一个明显的标志。"兮"字能加强咏叹色彩，增大感情的强度。汉初直接承楚辞而来的作品基本在句子中运用了"兮"字，为楚辞嫡传。但是，《梅赋》在三个方面有较显著的创新。

一是，《梅赋》一韵到底。楚辞押韵方式是句句押韵和隔句押韵两种，前者如《九歌》中的某些篇章，后者如《离骚》等。贾谊及以后作家的这类作品与楚辞的押韵方法相符。《梅赋》在内容丰富、体制宏大的情况下，能够做到一韵到底，具有较大的难度和创新性。

二是，《梅赋》句式的长短按抒情需要自由拉长句子，穷极变化。楚辞的句式一般是大都以双音词结尾的二二结构的四言句式（如《天问》《招魂》）和三三结构的六言句式（如《离骚》、《九章》、《九歌》）。如："遂古之初，谁传道之？上下未形，何由考之？"（《天问》）"长人千仞，惟魂是索些。十日代出，流金铄石些。"（《招魂》）"帝高阳之苗裔兮，朕皇考曰伯庸。"（《离骚》）其他长短不同的句式，基本都是由此典型句式变通而来的。本来，句式从属于情感的自由调度的情形，是汉代骚体诗对楚骚基本模式的重要突破。如《胡笳十八拍》："为天有眼兮何不见我独漂流？为神有灵兮何事处我天南海北头？我不负天兮天何配我殊匹？我不负神兮神何殛我越荒州？"这些散体长句，掀起了诗歌的情感高潮，表现文姬在

① 洪兴祖．楚辞补注［M］．北京：中华书局，1983：179

胡地的悲怨、对家国亲人的万般思念以及骨肉生别的肠断之痛。朱熹《楚辞后语》云：“虽不规矩于楚语，而其哀怨发中，不能自已之言，要为贤于不病而呻吟者也。”但是，作品集《梅赋》的句式本着情感之流，或短促以求简，或绵长以求缓，甚至出现长达56字的长句，自由奔放，在体例上突破屈氏之模式，更利于纵情挥洒，具有更强的表现力与更大的容量，这对楚辞文体是一种发展。

三是，创造性地运用诸多叠字词，在数量上、比例上超过诗经《周南》《召南》，超过《离骚》。《梅赋》的“雪霏霏兮花苞瑟瑟，香馥馥兮醉吾心房”和收尾的“意融融而情洽洽兮，日沉沉兮射壶觞”，都是2句中便有3组叠字。而“忽云开而日出兮灼灼闪闪，松竹含碧兮郁郁苍苍。楚水蒸霞兮灿灿烂烂，荆梅生彩兮裔裔皇皇”4句中竟有8组叠字。还有“合令天下名士美人昂其头挺其胸瑟兮僴兮赫兮喧兮厉厉落落其才情兮凛凛冽冽其骨气兮浩浩荡荡其正气兮蓬蓬勃勃其喜气洋洋兮”1句中叠字竟然达到了9组之多，均远远超过了《螽斯》6句中有6组的纪录。作者还专门写了《叠字歌》等。

总而言之，当代没有人像《梅赋》那样，把两千多年前的楚辞与当代社会生活众生万象从形式到内容熔铸在一起，浑然一体，从而开辟了楚辞的新格局。世彩先生之《梅赋》在当代中国骚体诗创作史上立下了首善之功。

2011年11月6日

当代骚体诗创作第一人

——漆雕世彩先生骚体诗集《梅赋》抉微

汤序波

近来我有幸得以拜读知名学者、书法家、教育家、诗人漆雕世彩先生的骚体诗集《梅赋》，最大的感觉是“惊艳”两个字。认为该诗集堪称当代骚体诗创作史上的一座高峰。我赞同中国屈原学会名誉会长、浙江大学资深教授崔富章先生推许世彩先生为“当代骚体诗创作第一人”。读其诗作，的确首首锦绣，句句妙丽，说作者是“第一人”，乃洵非虚言也。这本诗集2006年在中国文史出版社出版后，即不胫而走，在大陆及港澳台地区的诗词界、楚辞学界引起了持久而广泛的关注，出现了许多有学术分量的评论文字，有些学术刊物包括核心期刊甚至还辟出专栏刊登，广为评述、推崇。一部纯粹的诗集，在当今这个浮躁的时代，竟能引发这么大的反响，确实鲜有所闻。如果说诗集本身没有巨大的艺术感染力与冲击力，我想是完全不可能的。

《梅赋》，令我雒诵反复，爱不释手。整部诗集摛锦布绣，字句洗练，韵味深长，掷地作金石声。

我们知道：赋是中华民族优秀传统文化的一支芬芳绚丽的奇葩，在中国文化发展史上占有特别重要的地位。它是介于诗词与散文之间的一种文体。其最基本的特征，按刘勰在《文心雕龙》里说：“赋者，铺也。铺采摛文，体物写志也。”意思就是说赋是一种铺叙事实经过的文体。文采、事物、情志，这是赋体文学创作的三大元素，舍此三者就不能成其赋了。赋的历史十分悠久，《汉书·艺文志》中所著录的赋，共有孙卿（荀子）赋、屈原赋、陆贾赋三个不同的流派。世彩先生的诗风，显然是继承“衣被词人，非一代也”的屈原赋。其骚体创作对这种赋体的形式运用之娴熟、精道、成功，并世之诗家罕有其匹。我读这部诗集的总体感觉是世彩先生的骚体诗，直追屈宋以及两汉诸子，巍然成一家之辞赋。他的诗很有屈赋那种有韵而不拘于韵，句式自然反而又不拘于整齐划一的风格。也就是说即严谨又灵活，运笔时可谓得心应手，变化多端，因而取得了极强的艺术效果。

我认为近万言的《自序》，是世彩先生数十年如一日研习骚体诗的集大成之作，非亲历者是写不出这么精彩绝伦的文字的。我们要想释读作者的骚体诗，这是目前为止最为重要的一篇文献材料，舍此就无法探索作者的骚体诗何以会写得这么好。我自己是经过反复诵读才得以领略其诗作超凡脱俗的艺术魅力的。这篇《自序》的题目是《骚体诗创作之缘起》，内容由三方面构成：一，“受激发而振起”；二，“发愤读《楚辞》”；三，“学写骚体诗”。最后一节又析为“深入生活”“我手写我心”“恰当描写声色”“略通巫道儒”“文体、语言”“结构方法”“先‘本’后‘末’”“用韵”“句式”“‘兮’‘些’的运用”“人物形象的塑造”。细品这篇序言，对什么是骚体诗、今人又如何创造骚体诗都会有深切的体会；同时，这篇序言对诠读世彩先生何以能成为当今一代骚体诗大家，意义十分重大。如在序言的最后他说：“伟大的骚体诗作，必产生于迅猛发展的时代，必产生于复杂多层次的创作思想，必产生于作者高洁不屈的人格，必产生于作者开拓独创的艺术风格。高山仰止，景行行止，虽不能至心，心向往焉!”我想，这其实也可看作是诗人自己的夫子之道。

这本骚体诗集最重要的一篇就是《梅赋：赏朱由先生梅花图被酒作》；而这篇鸿篇巨制，不仅是世彩先生的一篇代表性作品，也是当之无愧的一座骚体诗的高峰。欣赏之余，我们为诗人的才华横溢所深深地折服。全诗316句，2222字，其字、句的数量，几乎可比屈原的《离骚》了。全诗妙就妙在无一笔不写“梅花”（由朱氏的十四幅梅花画作所生发开），无一处不写“朱子”。是诗人“如是者七日，遂成此篇”。诗中还大量运用了比兴手法，以梅花为寄托情思，“以情为里，以物为表，抑郁沉怨”（刘师培《论文杂记》）。诗人所用的比喻象征手法，又基于深厚的传统文化底蕴，给人言有尽而意无穷的美妙境界。这当然与诗人的学者身份是分不开的。在创作中，作者高就高在只选取国色天香的梅花来抒写，“从这特殊中表现一般”（《歌德谈话录》）。钱钟书在《谈艺录》中对通过个别而反映出一般也有很精到的分析，他说：“夫言情写景，然所谓有余不尽。如万绿丛中之着点红，作者举一隅而读者以三隅反。见点红而知嫣红姹紫正无限在。其所言者情也，所写者景也，所言之不足，写之不尽，而余味深蕴者，亦情也、景也。”世彩先生可谓深得其妙。驰辩如涛波，摛藻如春华。我们跟随着诗人一路铺陈渲染写来，做了一次愉悦的精神之旅，从而感受其令人心醉的艺术之美。这首诗音调抑扬又流转自如，字句色泽丰润而沉着稳妥，其高超的艺术水平，在古今骚体诗中也堪称佳作。这恐怕是作者要以此篇为书名之深意。

世彩先生诗集还有个显著的特征就是，“状难写之景如在目前，含不尽之意寓于言外”。诗集中的《宝剑赋》《根赋》《白荷赋》《红梅吟》等，非诗中之高手大家不能为之也。作者特别注重友情的抒发，凡是咏及友谊爱情的篇什，无不情意并茂，情深意笃，感人肺腑。而夫妻对吟，则琴瑟和鸣，颇有古代梁孟之高节。再如《梅赋》《赠妻诗》《题颜曾卿》《陵堂赋》《望台湾》《月夜怀苏轼》等，使我想起清人评论杜甫的《梦李白二首》曰："发于至情，情之至者，文亦至。友情如此，当与《出师》《陈情》二表并读，非汉人《招魂》《大招》之遗韵也。"

世彩先生对自然之景物的描写也都非常真实、到位、生动，使读者大有身历其境之艺术感受。王国维曾说："无我之境，以物观物，故不知何者为我，何者为物。"作者的成就似可近之。作者在创作时具有非凡的艺术想象力和表现力，结构和韵律婉转而柔美，颇能给人以恬适的艺术享受。他的骚体诗多起伏跌宕，大开大合，如江水滔滔，激情澎湃。其不做任何掩饰的语言和抑扬顿挫的律韵，构成一个强有力的情感磁场。

我感到世彩先生才思特别敏捷，极富有诗人气质，《短歌十四首》就是明证。如《致殷光熹教授手机短信》："盼先生兮朝暮，晤深圳兮可好？人间岁月兮闲难得，吾冉冉兮其将老！天下知交兮老更亲，挑夜灯兮吐肝脑！"前不久，我曾将已故著名学者熊任望先生 1999 年创作的长篇骚体诗《迎接二十一世纪》扫描传予诗人，没有想到的是，即刻就收到他发来的手机短信，并附诗一首云："喜典型之在即兮，见高贤而思齐，何精微而奥妙兮，吾将孜孜而研习。"我认为这些短章，总体风格清新典丽，缠绵悱恻，委婉曲折，摇曳生姿，声辞俱美，情韵无穷，颇具动人之处。

世彩先生近作《石缘》是他在参观北京中华世纪坛举办的"迎国庆中国观赏石精品邀请展"后有感而作的。全诗由"序曲""石出""煅炼""寻觅""石室""新生""结缡""交欢"几部分组成。读其诗，使我想起先祖父汤炳正先生一生非常爱石，他曾在《无名书屋话苍桑》中说："我常觉得，每块小石，从它的年代讲，比人类所留下的任何文化遗迹，都要悠久得多；它那千姿百态的形状和花纹，比任何人类雕琢的历史文物，都更为通神入化，浑然天成。它简直是我们中华民族发展中的最好见证人。"我认为《石缘》价值就在于传出这种精神。这也印证了亚里士多德说的"诗歌比历史书籍更为真实"。

世彩先生步武前贤，勤于创作，成就辉煌，而其执著的创作精神，实在令某钦佩莫名。行文至此，突然想起古罗马诗人贺拉斯的名言："在我们现实事件中，诗歌的生命要比青铜更为久远。"愿以此赠送世彩先生。

2011 年 8 月 4 日

世彩先生您好：赐下的《梅赋》等资料已拜收，奉读数篇，极其钦佩先生之旷世之才，如此佳作今才见之，实在惭愧至极。大有相见恨晚之感。在下弄的几部书，销路皆好，现已送尽。网上可查到。唯先祖传记出时按您北京地址奉上求教。有渎清听，希谅！

汤序波奉上

崔富章“漆雕世彩——当代骚体诗创作第一人”论点之论据

杨贤其

楚辞是荆楚大地上开出的一枝文学奇葩，是中国文学史上处于源头地位的伟大作品之一，屈原开创了中国文人真正独立歌唱的新时代，《离骚》是我国积极浪漫主义文学的始祖。可是，两千多年来，骚坛寂寞了，骚体诗衰落了。

有感于此，漆雕世彩先生将涵咏楚辞四十余年后所作之新骚体诗集《梅赋》奉献给读者。2006 年 10 月，《梅赋》（北京中国文史出版社）一出，惊动海内士林，诗家教授振奋。影响所及，远非轰动一时而已也！

2010 年第 1 期《职大学报》的《楚辞研究》专栏发表了一组评漆雕世彩先生《梅赋》的文章：崔富章《读漆雕世彩〈梅赋〉感言》、陈怡良《绝艺有幸今日传》、周秉高《礼赞奉献　骚之精髓》。其中，崔富章提出“漆雕世彩为当代骚体诗创作第一人”；陈怡良提出两千多年前的楚辞绝艺有幸今日由漆雕先生传承——“绝艺有幸今日传”、周秉高提出“《根赋》更加精彩，较之《梅赋》更得屈骚精髓”。另外，还有何念龙提出“《梅赋》尤得楚辞体风神”；丁芒提出“《梅赋》有屈原《天问》之想象力和浪漫风格”；方铭先生提出“《梅赋》惊采绝艳，漆雕先生以楚人的责任感与使命感继承了绚丽浪漫的楚文化，将其发扬光大”；杨辛提出“《梅赋》得楚辞神髓，极华彩惊艳”；黄灵庚提出“世彩兄深得骚体之精髓，宜乎其能续前修之所阙，而有此《梅赋》之作也”；黄大荣提出“《梅赋》不仅得楚辞之文采音韵，更得了楚辞之精神”；殷光熹提出“在当代诗坛上，像这样的骚体长诗，恕我斗胆直言，当属独一无二”；夏传才提出“漆雕先生《梅赋》一书廿五篇，深得屈赋神韵，可谓现代写作骚体诗而有良好成绩之第一人也”；郭杰提出“《梅赋》气象阔大，规格宏伟，想象高迈，文采斐然，成为当代楚辞体诗歌的成功之作”；林家骊提出“《石缘》开创了新时代楚辞的新境界，为楚辞体的发展进入新时期作出了贡献”；汤漳平提出“《梅赋》、《石缘》，规制宏大，构思奇特，且楚语楚声，出自天然。是呕心之力作也！愿荐之于当今学界，且亦为复兴骚诗创作鼓且呼焉”；张中一提出“漆雕世彩是两十一世纪涌现出来的楚辞屈赋传承专家，他把二千多年前的辞赋与当代社会生活众生万相从形式到内容熔铸在一起，开辟了楚辞的新格局”；陈咏红提出“漆雕世彩——当代骚体诗创作第一人，《梅赋》在当代中国骚体诗创作史上立下了首善之功”；等等。以上这些论点都与崔富章论点不谋而合，互为表里。

我支持崔富章先生这一论点，收集了目前所能收集到的资料，撰成此纲目，作为对崔富章锦文论点的支撑，作为探索新骚体诗创作繁荣之道的引玉之砖。

一、立志振兴，毕生创作骚体诗

1. 当代没有一人能像漆雕世彩那样自觉主动立志振兴骚体诗，立下志向！明知不易为，而敢于上的。（参见宋祁论《离骚》“至方不能加矩，至圆不能过规”）

2. 当代没有人把创作骚体作为毕生追求的事业，且专心黾勉从事的。（《梅赋》序言《骚体诗创作之缘起》）

二、熔铸社会生活众生万象，开辟了楚辞新格局

当代没有人把两千多年前的楚辞与当代社会生活众生万象从形式到内容熔铸在一起，从而开辟了楚辞的新格局。（华南师大副校长郭杰论点、岳阳张中一论点）

（当代社会生活：领袖征战、和平建设、逝世《陵堂赋》。盼台回归《望台湾》、汶川大地震、袁泉演出《简·爱》、玉树大地震国人捐款、书法家当众挥毫、画家当众作画、国家改革开放《宝剑赋》、世博会等；众生万象：伟人胡志明、妻子、画家朱由、书法家唐和、贪官、知识分子、妇望出走夫归、母盼沉溺网吧少年回家）

三、在骚体诗创作的体制、规格、领域的多方面取得突破

1. 数千年来没有人能运用骚体来制作神话、虚构人物、虚构故事、上天入地、纵横驰骋。（见漆雕《石缘》、《梅赋》）

2. 数千年来没有人能把骚体诗写得如此之华彩惊艳的（北京语言大学方铭、北京大学杨辛、汤炳正先生之孙序波论点）

3. 当代没有一篇骚体诗的体制、规格能与《梅赋》、《石缘》、《根赋》、《陵堂赋》等媲美。（见武大沈祥源、台湾陈怡良论点）

4. 当代没有人利用骚体诗来歌颂伟人。（漆雕《陵堂赋》、岳阳张中一论点）

5. 当代没有人用骚体来歌颂爱情、写夫妻之情的。（漆雕《白荷辞》、《赠妻诗》、《叠字歌》，杨炳校《凤凰于飞　和鸣铿锵》）

6. 当代没有人用骚体诗来叙写文革知识分子形象的。（漆雕《天路殊

兮》）

四、在语言（叠音词、超长句、用韵变化等）运用方面，有意突破屈氏之规整，多有创新

1. 当代没有人在自撰骚体诗过程中自觉地、创造性地运用诸多叠字词，在数量上、比例上超过诗经《周南》《召南》，超过《离骚》的。（中国楹联学会郑泽宇论点，漆雕《屈苏叠音词之比较》）

2. 当代没有人在自撰骚体诗的句式上出现长达56字的长句，在体例上有意突破屈氏之规整。（漆雕《梅赋结句》：丁芒评语、黄大荣评语）

3. 当代没有人将骚体融入日常生活中，用骚体来发手机短信的！包括漆先生日常所书书法作品条屏、斗方、中堂、扇面、手卷等多为自撰骚体诗句。（见2011年4月28日，《荆州晚报——你没有见过的骚体短信》，漆雕《楚辞体手机短信的即兴创作》）。

五、仅为一本诗集《梅赋》被热烈持续激赏，当代仅见

1. 《梅赋》自2008年2月1日在《荆州日报·B4版荆州地理》发表后，至2009年11月，即有《中华辞赋》杂志、大型诗集《天籁之著》、《中华诗人六十年大典》等九家书刊及百度网、新浪网、人民网转载刊发。《根赋》、《陵堂赋》、《赠妻诗》等篇亦有《荆州晚报》、《中华诗人风采录》、《北京大学校友通讯》等多家报刊转载。

2. 截至2012年7月，海内外古典文学专家共有近百位教授撰文评论漆雕的骚体诗创作，这在当代是仅有的文学现象：大学学报《职大学报》2010年第1期开辟一个单元，用专栏形式，发表一组论文（崔富章、陈怡良、周秉高等）评论漆雕的骚体诗创作，这在当代也是仅见的文学现象。（因大学学报只发表评论古代作家作品）

六、为百年新诗歌创作提供新思路、新样本

1. 百年新诗歌创作（从1919年“五四”算起）将现代与古典割裂，主义多多，五心不定，以致收效甚微。《梅赋》使人开窍——啊！原来新诗是可以这样写的！古典与现代、高雅与通俗，完全可以相通相谐。（参见杨贤其《评梅赋》）

2. 民族的才是世界的，原始的才是正宗的，真实的才是永恒的。漆雕新作《石缘》充满温情和阳光，内容丰富犹如一座“中国民间民俗博物馆”，叠音词、韵律、句式长短变化自如，时空转换形成立体结构，大隐秘、大回环手法，完美表达了“对人类终极目标关怀”的大主题，使漆雕的新骚体诗创作更上一层楼。这将足以载入骚体诗史册并对当代新诗歌创

作以深刻启迪！（杨《读石缘》）

综上所述，漆雕世彩确为当代骚体诗创作第一人。这个“第一”有两层含义：对于重振骚体诗，“继离骚统绪，续千古绝响”，漆雕既是敢于实践第一人，又是善于实践第一人。愿漆雕超越自我，愿更多人超过漆雕！一句话一个中心意思，愿当代骚体诗创作繁荣，成果丰硕，继往圣之绝学，振兴中华，把我国建设成为世界文化强国！

2012年7月29日于沙市

论漆雕世彩自书诗联及书法

枉说文章惊屈宋

——己巳春八十自寿

汤炳正*

错节盘根话大椿，身经斧斫未成痕。
喜随画笔看椰岛，笑带诗情过剑门。
枉说文章惊屈宋，更无金帛遗儿孙。
如今细品人间世，回首三朝八十春！

己巳春八十自寿，世彩同志两正之，汤炳正

[附] 漆雕世彩和诗：《恢弘屈学盟高会》

己巳冬，炳正先生八十寿诞，吟诗一首并书，瑶函见赠，因步其韵奉和：

一代宗师寿大椿，汤公四海载香痕。
蓉城振铎博通道，新论昭人众妙门。
楚郢寻幽留丽藻，芝兰绕膝戏文孙。
弘恢屈学盟高会，耄耋之龄得意春！

* 汤炳正，著名楚辞学家、中国屈原学会第一届会长。中国民主同盟盟员。专于声韵学、文字学、《楚辞》学。著有《屈赋新探》、《楚辞类稿》、《广韵订补》等。

致漆雕世彩同志函

张啸虎*

世彩同志：惠书及大作均收读，甚慰所怀。年来为病魔所缠，深居简出，孤陋寡闻，愧无善状可告耳。迎马年得七律一首，录出寄呈请教，顺颂春安！张啸虎，庚午年元月初五。

喜见齿增能识途，迎风长啸傲桑榆。
不忘往者追来者，且把新符换旧符。
伏枥何须劳伯乐，著书枉自羡陶朱。
春光又送人间暖，良骏齐奔逐的卢。

世彩同志正之，张啸虎
1990 年 2 月 10 日

* 张啸虎，湖北省社会科学院文学研究所所长。

李杜启诗心

——题《漆雕世彩自书诗卷》

陈贻焮 *

二王传笔法，李杜启诗心。
功证池中水，情参弦外音！

喜获《漆雕世彩自书诗卷》，却寄世彩兄方家两正，贻焮辛未冬于北大。又及：

楚南燕北见无因，偶识骅骝叹绝尘。
莫讶诸君富才调，屈原宋玉是乡亲。

---

* 作者陈贻焮，北京大学中国语言文学系教授，中国古代文学博士生导师，中国作家协会会员，中国唐代文学学会理事，中国韵文学会副秘书长、常务理事，中国诗学研究会副理事长、常务理事，王维研究会名誉会长。曾任《文学遗产》编委，《文学评论》编委，《中华诗词》顾问等。陈贻焮先生是一位在海内外具有广泛影响的著名文学史家，他长期从事魏晋南北朝隋唐五代文学史的研究和教学工作，在这个领域作出了重大的贡献。他的相关研究著作主要有《王维诗选》《唐诗论丛》《孟浩然诗选》《杜甫评传》《论诗杂著》，参编、主编的著作主要有《魏晋南北朝文学史参考资料》《中国历代诗歌选》《中国小说史》《历代诗歌选》《增订注释全唐诗》等。陈先生在古典诗词创作方面也取得了很高的造诣，是一个诗人型学者。他一生作诗填词，笔耕不辍，其作品能将传统诗词的艺术风格与个人感情、现实生活完美地结合在一起，在诗词界享有很高的声誉。更为重要的是，陈先生一生淡泊名利，为人热诚善良，心性真淳，有“赤子之心”，是当代少有的“性灵派”学者和诗人。

[附] 漆雕世彩和诗五绝四首

其一

和陈贻焮先生

漆雕世彩

喜获序诗，因步其韵奉和，却寄一新先生教正。

瑶函赠大作，朗朗见师心。

“笔法”方家语，高山流水音！

其二

屈宋乡亲句，至今暖我心。

楚天词赋客，北国有知音！

其三

燕园传古法，一片圣贤心。

耳畔谆谆训，年年响德音！

其四

江海鱼龙冷，平滩虾蟆横。

屈平愁不已，寂寞楚才心！

三闾遗泽在

——《漆雕世彩自书诗卷》序言

胡国瑞*

漆雕世彩君以其自书所作示余，嘱为书数语于简端。君幼好书艺，长益肆力，自右军以至颜柳苏黄、碑刻墓志，多所追摹，故其书隽秀潇洒，有南书之温雅，又兼北书之劲健，其结体风骨特立，通篇气韵生动。君又以其业余时力，从事吟，所作诗词，自出机杼，声韵清朗，情思高远，渐臻佳境。然诗词之道无极，需有深厚书卷修养，即古名家诗词之外，经史百家皆需涉猎，根底深厚，闳于中自可肆于外。今君年力方壮，书艺诗词皆可更致高远，慎勿一得自封也。一九九二年二月十四日，胡国瑞于珞珈山南麓寓居。

又，胡国瑞题《漆雕世彩诗联集》：

荆山多宝玉，灵秀毓人英。
三闾遗泽在，一编照眼明！

九十老人胡国瑞题，一九九八年元月二十四日

* 胡国瑞，武汉大学中文系教授、中华诗词学会顾问。湖北省文学学会会长，著有《魏晋南北朝文学史》《隋唐五代文学史》《魏晋南北朝作品选》《唐五代宋词选》《李白研究》《诗词赋散论》。

移人之情味外之味

——《漆雕世彩自书诗卷》序言

杨随震*

今之作诗者多，虽多亦奚为！诗也者，禀乎资质性情，关乎学养书卷，二者不可或缺。资质学养皆具，强为作之，亦无好诗，放翁谓：“功夫在诗外”。此一“外”字，直包罗万象，所谓“外”者，感情亦寓其中，诗以言情也，人必先有芬芳悱恻之怀，而后有沉郁顿挫之作也！

世彩先生以其自书诗卷见示，开卷吟咏再三，激赏再三，诗书双佳。予经文革之厄，不敢问津此道久矣。而结习未除，每见人有所作，尤以其作之佳者，与己之心境相合者，醉心吟咏。世彩先生之怀，芳菲悱恻，世彩先生之诗，沉郁顿挫，其诗境与予之心境多有相合处，且感情移人，予所欲言而不能言者，先生言之，且言之有味外味，出人意料，却在人意之中。

先生书法，江左风流，劲健遒美。字势俊秀雄逸，如鸾翔凤翥，结体如谢家子弟，风流蕴藉。爽爽风神，从山阴矩矱中来。业余以书法教学，沾溉后学，弟子多有成名者，先生有功于书法在桑梓之发扬光大也。是为序。

杨随震，壬申处暑

* 杨随震，现为中国书法家协会会员，中国书法家协会湖北分会理事，湖北书学研究会理事，武汉东湖印社理事，湖北荆州市书法家协会主席，东坡赤壁诗社社员，湖北沙市郢风书画会会长。

风流儒雅亦吾师

——《三贤堂楹联墨迹选》序言

杨随震

漆雕先生以法书《三贤堂楹联墨迹选》见示，击节再三，敢赘数语。对联者，国粹也。其由诗歌中之对联，发展为今之“楹联”（俗称对联）历五代至今，几成专门，以其必通排偶声律之文，使之铢两相称，且必也由文学辞章之蕴含出之。虽由诗出，几与诗并矣。先生之联乃诗人之联也，诗以言志，斯亦言志也。如“寒斋敲妙句，翰海起龙吟”，“寄语云天，雄襟浩阔；赋诗水月，文笔苍茫”，“无言可去谤，三缄其口，有福惟读书、百敛此心”，“弥空春雪遍山白，满树梅花哪朵真”，云云，非诗人之联而何，非言志而何！昔曾为先生自书诗卷作序云，“予所欲言而不能言者先生言之，且言之有味外味，出人意料，却在人意之中”。观之者，信吾言之不诬也。

先生善书，直接江左。又思吾楚子弟习书艺，故置砚设馆以教之导之。莘莘学子，幸获陶淬，蚩蚩群氓，竟废游嬉。药斯浇薄，艺成诚厚，其功曷钜！老杜谓：“风流儒雅亦吾师”，先生研席，足以当之！

杨随震，丁丑秋仲

吾写自家诗

——《漆雕世彩自书诗卷》跋

吴丈蜀*

古者书家率皆饱学之士，且复能诗，诗书双绝，自可流传后世。惟近来不乏自炫书家者，胸无点墨，落笔便俗，一幅之中，错字屡见，更不必论自书诗词也。今沙市漆雕世彩君有鉴及此，勤奋研讨，涉猎深广，于书法颇重字外功夫，旁及诗作，所作情思高远，珍词秀句叠出；所书常用己作，用笔亦谨守法度，结体自出机杼，书风典雅俊秀，已独具面目，渐入化境，在当前书风日下之际，世彩所为，实足提倡。兹世彩君录自书诗词百余首，辑成一帙，嘱余为跋，余允所请，因缀数语报之。辛未初夏吴丈蜀于武昌。

---

* 吴丈蜀，湖北省文史馆馆长、湖北省诗词学会会长、湖北省书法家协会主席。中华诗词学会名誉会长，当代著名学者、诗人、书法大家。著有《词学概说》《读谈常识》《诗词曲格律讲话》《历代诗词曲佳句名篇大全》《词牌汇释》《唐宋词大全》《词牌简介》《文艺轶事辞典》《词律改革刍议》《吴丈蜀书兰亭序》《吴丈蜀书法集》等多部专著。

墨研吟咏　有晋唐风

——《漆雕世彩自书诗卷》跋

石声淮*

余自得为湖北省屈原学会与中国屈原学会会员，每以学会年会及学术研究会与于席末，得接全国各地楚辞学者之言论风采，以文会友，弥多朋友讲习之益。沙市漆雕世彩君亦为会员，壬戌年之夏，学会集会于江陵，余始识世彩君。庚午之冬，再见世彩君于襄樊市。接席燕谈，知世彩肆力于书法甚劬，又喜作旧体诗词，教学之余未尝一日废墨研吟咏。今年初夏，世彩君邮颁其亲书所作诗章相示。观其书法盖宗晋人王羲之及有唐柳公权，兼取它家之长，凝练而不伤于滞涩，秀逸而不流于浮浅。古人云：真积力久则入，业精于勤，徵于世彩，信然！其诗亦格律老成，不背唐人矩矱，文采斐然。世彩犹不以今日之功力为足，复将精益求精，以知世彩君他日之成就必有过于今日。爰缀数语于其诗集之末。辛未仲夏石声淮识于武昌华中师范大学之华中村教授宿舍。

1991 年 8 月 30 日

[附]

书山寻凤　墨海缚龙

世彩同志左右，昨日邮人颁到，惠笺五纸不唯，书法可宝，亦见诗词功力之深，展卷顿觉蓬荜生辉。尊作有《书山寻凤　墨海缚龙》，精进如此，诚可佩服。

在襄阳与足下合摄之影，同函奉收。1990 年屈子年会将在沙市开会，尔时维力求赴会以图欢叙。惟新岁顺利愉快为颂，问冬安不一。

石声淮

1990 年 1 月 12 日

---

* 石声淮，华中师范大学中文系教授，中国屈原学会顾问。

漫搦金毫跨紫鸾

邹福清*

漆雕世彩先生最早吸引我的是他的名字。几年前，我翻看一本山东齐鲁书社出版的《屈原研究专辑》，打开目录，我的目光便停留在“漆雕世彩”这个作者名字上，古色古香！这名取得好！那时，我还不认识漆雕先生。哪知几年后，我们竟见面了，握手问好之际，仔细打量了一下，并不是我想象中的白发苍髯、形容枯瘦的老者，而是一位中等个子、微胖的中年人，举止轻柔得体，言谈不温不火，郁郁乎现出一派儒雅风度。我最好奇的仍是他的名字，一落座，便向他打听名字的来历。原来，先生复姓漆雕，名世彩。据漆雕氏家谱记载，曾是黄帝指漆水为姓。孔子弟子七十二贤人中，即有漆雕开、漆雕徒父、漆雕哆三人复姓“漆雕”。先生的名则是儿时入私塾习古文和书法时，由乡贤清末举人漆雕方鸿老先生所赐。

大概是这种久远的历史渊源，漆雕先生总感到身负着沉重的历史责任，几十年来，勤于学习，勤于育人，孜孜不倦地追求着。在书法的园地里，漆雕先生几十年如一日，勤耕不辍，还办起了“漆雕书画艺术学校”培养后学，受业弟子达三千五百余人。漆雕先生还四处求师，研习古诗作法，先后得到武汉大学胡国瑞教授、北京大学陈贻焮教授的指点，诗艺日见精进。以其天赋、勤奋和谦逊，漆雕先生取得了令人赞叹不已的成绩，他自书其诗，可谓“双绝”。这年头，不为周围的纷繁所劫，于纸墨砚池寻求乐趣的不多，于窗前案上捻须作诗者更是少见，而这两件稀罕事漆雕先生都在做，从不回头，还做出了成绩，先后在《中国书法》《当代书法家词墨迹选》《当代书法家楹联墨迹选》等书刊上发表大量作品，还在北京中国美术馆、武汉展馆及安徽、深圳、香港、日本、美国等地展出其作品并获奖。漆雕先生的名字收入河南美术出版社出版的《中国现代书法界人名辞典》，浙江文艺出版社出版的《当代书法篆刻家辞典》，这是世人对其成绩的肯定，而更让漆雕先生感到欣慰的是他的弟子的成绩。先生有诗为证：

焯焯光华泪眼开，欣将顽石化雄才。

---

* 邹福清，文学博士，湖北大学文学院讲师。著有《楚辞简注通说》。

丹心一片归何处？墨海弄潮夺冠来！

《七绝　红烛泪　喜闻弟子王锋荣获第四届全国青少年书画大赛最高奖——钻石杯奖，一九九二年四月十一日作》展现出其喜悦之情溢于言表。漆雕先生还常走上街头，为市民撰写春联，走进电视台演播室，主讲《书法与人生》，以此宣传、弘扬书法艺术。漆雕先生为什么如此如醉如痴地潜心于诗、书的创作教学和宣传呢？因为诗、书是其人生乐趣之所在，是真情的抒发途径：

笔墨诗书骨肉情，案前砚里乐平生。
兴来每籍三杯酒，灯下挥毫意纵横。

——《七绝　临池有感》

因为诗、书里有其价值的体现，有其对理想的追求，《七律二首　答张良志、刘兆远、夏羽、萧川如诸先生》即表达出这种心声：

漆水苗裔起蛰蟠，卌年墨海缚龙欢。
雕文尽去诚悬骨，儒雅独存乌丝栏！
世上浮名邀去易，人间好句琢来难。
彩笺何不垂天宇，漫搦金毫跨紫鸾！

其一《临也四十年有感》

漆氏脉从黄帝强，因依圣哲设庠忙。
雕来玉器弘桑梓，披览残编惠众芳。
世上英才招不易，书坛骁将毓何妨。
彩毫何日申人愿，凤举龙骧意气扬！

其二《创建漆雕书法私塾十周年有感》

漆雕先生急切地表达自己的心声，竟巧妙地将自己的姓名“漆雕世彩”四字嵌入两诗各联之首，以透射出一丝可借以窥视其心灵世界的光芒，可见诗人用心良苦！

如果只能写得一手漂亮的书法，那也许只是学会了一门手艺，如果只会作诗，往往是“使气命诗”，再有才气，也常常是底气不足，淡于肤浅，漆雕先生不仅是书法家、诗人，他还潜心于学问，是位学者，于中国古代文学用力颇深，特别是楚辞，他有许多独到的见解形诸文字，如《楚辞论文中的情愫》、《论〈离骚〉抒情主人公形象》、《楚辞行文的错综美》等文分别刊入山东齐鲁书社的《楚辞研究》、山西师范大学《92 国际屈原学术讨论会论文提要》、襄阳师专学报《屈原研究专辑》等。习书、作诗、做学问，漆雕先生熔此三者于一炉，三者相济，炼出了先生温文外表下充溢逼人的儒雅风采，难怪初见漆雕先生，只觉其无甚异常，和他一打交道，便觉其言谈举止间自然透出一股诱人的魅力。

漆雕先生的际遇让人惊奇、感叹，在和他交谈过程中，我不断打量他，想从一颦一笑、一顾一盼中深入地了解他，能够更深入到他丰富的精神世界中去，然而，短暂的交流只能充分地满足我的好奇，因为，漆雕先生总能不断地展现出其精神世界的新天地，让人不断地产生好奇心，产生进一步追问、窥探的欲望。

和漆雕先生分手后，我开始一遍又一遍地研读吟诵其《自书诗卷》，力图从其书、其诗中读出其丰富的人生，读出其立体的人格，读出其强烈而深挚的情感，不是说“诗如其人”、“书如其人”吗？每读一遍，你便对先生有了更深入的理解。

读《自书诗卷》，首先打动我的是诗中透出的漆雕先生那炽热的心肠和广泛的关怀。从古到今，不知有多少人，吟诗作赋，只不过是为了给自己营造一个象牙塔而已，好让其在世俗中跌撞得疲惫不堪的心灵在那儿安歇，从而逃避世间的风风雨雨。当然，也有大批的诗人以诗来表达他对人民、对社会的关注及对国家前途、命运的担忧，这是中国诗人的传统。漆雕先生正是继承了这一优良的传统，他的诗，无论是抒发喜怒哀乐的情感，还是表达见解和愿望，我们总能感到他与历史共振的心跳，与时代同行的步伐，其中饱含着热忱和希望，丝毫没有故作深沉的沧桑之感，只有“只争朝夕”的蓬勃生气。或凭吊古人，或感怀时事，或酬答朋友，漆雕先生每次捧出的都是一颗晶莹剔透而又炽热的心，的确，先生不是在用笔、墨作诗，而是在用心、血作诗。凭吊古人，漆雕先生能写出古人的独特魅力，写出古人的风神，如《七律二首　闻一多先生诞辰九十周年浠水县建闻氏纪念馆向全国盟员征书纪盛，因赋以应》其一：

浠水亭亭百尺桐，铮铮风骨傲寰中。
求知异域攻文学，报国神州醒困朦。
《死水》浸心铭骨恨，骚人垂泪满腔衷。
高呼拍案惊天地，《讲演》至今震聩聋！

在展现闻一多先生的生命历程中，透射出其殷殷爱国热情和凛然不屈的傲骨。凭吊古人，漆雕先生能设身处地，进入人物的内心世界，如《七律　二妃墓》：

绿冢茵茵碑立处，嬛嬛安卧二天媛。
皇英冥冥销容貌，李杜煌煌镂墨痕。
斑竹千枝漓血泪，玉蟾一点伴忠魂。
最怜山麓周遭水，夜夜幽咽月月浑！

诗人在凄清的氛围中表现出娥皇、女英忠贞的行为，忠贞的心灵。凭吊古人，漆雕先生往往表达的是对古人的仰慕之情和见贤思齐的愿望，漆雕先生仰慕前人的书艺：

羲之书法何雄逸，虎卧皇宫龙跃天！

凤翥鸾翔斜似正，烟霏露结断还连。

名高《乐毅》徒彰史，韵远《兰亭》漫入仙。

潇洒中和缘淡泊，芳名书圣永流传。

《七律　咏书圣王右军》

漆雕先生仰慕前人的诗才：

胜地眉山蕴众芳，东坡秀出逼穹苍。

飘摇宦海沉还起，睇眄蓬门暖抑凉？

奇藻清词藏妙理，行云流水溢天香！

文坛荡尽浮华气，铁板铜琶唱绮章。

《七律　咏苏东坡》其一

漆雕先生更仰慕的是古人的人格：

劲健遒逸貌峻峥，千秋楷法翰林英。

惊鸿饿隼云霞舞，冷铁生钉剑戟横。

道士翩翩峰外出，天风飒飒骨中生。

诚哉心正书方正，宝墨留馨万古情！

《七律　咏柳公权》

漆雕先生对那些有功于国家和人民的人由衷地钦佩和敬仰：

元帅英名传宇内，雄才大略勇无伦。

指挥一纛诛牛鬼，统率三军救兆民。

叱咤井岗飞捷报，喑呜雪岭焕青春。

功勋赫赫垂青史，万古云霄仰伟人。

《七律　建军节怀朱德总司令》

漆雕先生吟咏古人、先辈，关怀历史，从中吸取力量，寻找精神归附的榜样，他不是沉湎过去，逃避现实，从他那些感怀时事的诗篇中，我们可以了解他对现实生活的态度。

漆雕先生用心地感受着家乡沙市的美丽，这里的山山水水都留下了他的足迹，也留下了一串串由衷的赞美，漆雕先生爱家乡的便河：

便河浪拍雕栏翠，沙石影留杏靥恬。

嵯峨崇楼满目秀，呢喃笑语一街甜！

《七律　题沙市》

多翠的雕栏！多甜的笑靥！多美的市容！多迷人的街语！他爱家乡的万寿宝塔：

依堤傍水势凌空，斗拱飞檐气象雄。

宝刹八方藏佛像，浮屠七级立雕公。

目游天际苍茫外，心骋东风浩荡中！

子寿今朝何处去，不须愁字苦诗翁。

（雕公，乃漆雕先生自指）

《七律　登沙市万寿宝塔》

他更爱家乡的父老，街上的行人、车间的织女、校园的童子、码头上的工友、田间的农妇，这些都激发出他对家乡的一片赤诚的爱意。漆雕先生为家乡的变化而欢欣鼓舞，为家乡的新鲜事物而歌唱。讴歌家乡的经济繁荣，他唱道：

且庆千群心一统，频斟玉盏意相连。

君看春暖花千树，万户欢声万里传。

《七律　贺湖北沙棉股份公司厂庆卅周年》

家乡沙市和荆州古城合并，组建荆沙市，漆雕先生看到了经济进一步发展的希望，激发了他作为荆沙市子民的自豪感，他为该地的悠久历史而自豪，为其物阜人杰而自豪：

钟灵毓秀三千载，自古荆沙气势雄。

楚艺煌煌传古国，奇文郁郁立原公。

唐亭宋榭千寻外，凤阁龙楼一望中。

今日都城通大市，人文蔚起日方隆。

（原公，指屈原）

《七律　荆沙市新设感赋》

在为家乡的繁荣发展欣喜感慨的同时，漆雕先生特别缅怀那些为她浴血奋斗的先辈们：

秋色沙头好，明媚胜芳春，市容如画撩我，信步踏花茵。楼上恋人笑语，街角嬉嬉童叟，千户乐天伦。漫思众生福，功绩在何人？刀边风，枪中雨，旗催驷。

风云席卷荆楚，风雨荡瘟神！万马千军横扫，旌遍扬蓬户，碧血化甘醇！试倩便河柳，共我慰英魂。

《水调歌头　沙市解放三十五周年感赋》

1997年，中国政府收回香港，漆雕先生特别兴奋，一日之内接连赋诗两首，其中，《一剪梅　庆贺香港回归祖国》用对比的手法展现了祖国今昔巨大的差别，充分流露出一个盛世子民的自豪感、幸福感：“奇耻百年今未忘。清府荒唐，人民刚强，铭心刻骨断肝肠。往日凄惶，今日辉煌！两制鸿篇巨帜张。英哲奔忙，小丑慌忙，神州万众舞颠狂。我未颠狂，我发诗狂！”是啊，如此令中国人骄傲的大事怎能不让诗人“发诗狂”呢？

《自书诗卷》中收有不少应对酬答之作，在这些诗作中，漆雕先生表述了对师长人格的仰慕，对朋友才能的羡慕。特别是那些书法界的朋友们，漆雕先生总是能够看到他们书艺上的优点，予以衷心的赞美，在他身上，见不到传沿几千年的“文人相轻”的陋习，我们见到的永远是一种温柔敦厚的长者风范，即使面对外国友人也是如此：

伊藤雅士假名书，流水行云意趣殊。

逦迤龙蛇云雾起，摩玩赏鉴我心舒。

《七绝　咏日本国大阪市书法家伊藤凤云》

这里没有盲目的妄自尊大，以“我心舒”传达出伊藤凤云书艺的高超和诗人自己的喜爱之情的同时，还不经意地透露出诗人的自信的心情、开放的态度和开阔的胸襟。

读漆雕先生的这部《自书诗卷》，只觉满目琳琅，字字叫人喜爱，句句让人流连。于其书法，我只知看着浑身熨帖，却不知妙在何处，说不出个门道来，因为我实在是个纯粹的书法爱好者，且只停留在爱好的层次上而已，至于其中的奥妙却从未去探寻过，幸好有几位方家的指点，可以助我一臂之力，以领略漆雕先生书法的妙处，不妨将这几位方家的指点罗列如下：

其书隽秀潇洒，有南书之温雅，又兼北书之劲健，

其结体风骨特立，通篇气韵生动。

——胡国瑞

先生书法，江左风流，劲健道美，字势俊秀雄逸，如翔凤鸾，

结体如谢家子弟，风流蕴藉，爽爽风神，从山阴矩矱中来。

——杨随震

观其书法，盖宗晋人王羲之及有唐柳公权，兼收他家之

长，凝练而不伤于滞涩，秀逸而不流于浮浅。

——石声淮

漆雕先生的这部《自书诗卷》的确是“诗书双佳”。这给我领会其诗带来了很多麻烦，我总要费好大力气，才能摆脱其行云流水般书法艺术魅力的诱惑，才能进入其诗词所创造的艺术世界，体味其诗词的艺术魅力。漆雕先生作诗不刻意追求雅致以炫耀自己的才学，他的很多诗如同寻常家语，十分通畅、朴实，然而，质朴不是粗劣、浅薄，西湖龙井韵味十足，大叶茶也能让人回味无穷。特别是漆雕先生的绝句，往往不用典，无僻字，朗朗上口，但有值得把玩之处，前面提到过的《七绝　临池有感》便属此类。初看，这不是诗人在表达自己沉醉于诗书的情感吗？但是，如果再吟诵两遍，细细地品味一下，似乎又不止在此，我们还可以读到诗人那平静澄澈的心灵，这里没有物欲，没有争斗；我们再回过头去体会一下诗人对“诗书”的情感，原来，“诗书”是诗人的情感表达，人格的铸造；值此，我想到《传灯录》所载的一禅宗公案：

老僧三十年前参禅时，见山是山，见水是水；及至后来，亲见知识，

有个入处，见山不是山，见水不是水；而今得个体歇处，依然是见山只是山，见水只是水。

当然，老僧而今见到的山水和三十年前见到的山水是大不一样的了。如果说《七绝　临池有感》素朴中的味道还可以道出个一二的话，《五绝　谒诸葛亮故居》平易中蕴含的韵味则让人只能明心不明口：

隆中谒大贤，倾慕亦留连。
山水犹寒瘦，情牵物外天。

我们只能从诗中读到一丝隐隐的情绪，诗人牵引我们的目光在隆中一山水一物外天不断放大的空间中遨游，诗将把我们带向何处？你去体味吧！

如果能雅致，须隐晦，漆雕先生也不妨使用曲笔：

十年翘首望东风，不见东风度玉关。
无意磨光顽石易，有心究理楚辞难。
沉吟郑燮功和业，浩叹萧翁教与干。
呕哑哳嘲昏昧地，决然离去少忧烦。

《七律　无题》

该诗标明“无题”，即表明其意比较婉曲，诗人用一系列的典故来传达其难以言说或不便直说的情感，但我们又怎么能够理解诗人的用心呢？读了诗人在该诗下的注也许就可以明白了：

记忆中清代郑板桥有诗云：

教学原是下流品，依人门户度春秋。
半饥半饱寻常客，无锁无枷自在囚！
业少主人嫌懒惰，功多弟子见冤仇。
今日幸作南昌守，聊赋新诗解旧愁。

萧伯纳曾云：能者干，不能者教。皆不确也。

漆雕先生在雅俗中自由穿梭，这是其特点之一，而善于制造氛围，是其另一大优点。漆雕先生制造氛围，或借意象的透射，或直接的点染，都能达到形象突出的效果。

漆雕先生的许多写景诗，往往意境开阔、雄浑，有如浩浩江水，铺天盖地，滚滚而来，一下子把读者淹没在其磅礴气势之中：

驻足古津渡，放眼碧空中，骇然水下云衢，奔泻大江东。滚滚黄河在北，渺渺洞庭南踞，遥对势威雄。争流去，昂首鄂天龙！

东风劲、杨柳绿、野花红。丹青难写荆渚，如此美颜容！东汇浔阳九派，滋润楚原千里，浩荡春意浓。盛矣一腔爱，遍洒万禾丰。

《水调歌头　荆江春》

读此诗，使人产生一种汪洋恣肆、浩浩瀚瀚、奔腾回旋的动感。该诗从两方面来制造宏伟的气势，其一，一系列阔大意象的融入，如大江、黄河、洞庭、浔阳九派、楚原千里等，这些意象在我们面前一个接一个地展现，一波一波地涌来，让我们应接不暇，没有喘息的机会；其二，巨人的时空组合，作者描绘的对象是荆江，但立足高远，“驻足古津渡”一句，在纵向上将范围扩大，接下来的“黄河在北”、“洞庭南踞”，便把这种放大的空间具体化，这样，诗人便把荆江定位在一个巨大的时空组合之中，为荆江设置了一个以黄河、洞庭为主的巨大背景，在如此背景上展现荆江的气势是再妙不过的了。背景的阔大，源于作者胸襟的阔大，荆江的气势就是作者诗章的气势，其气势壮阔而奇伟，恢弘而浑穆，这实质就是作者人格的展现——有气骨，有气象，有气势。荆江从天上“云衢”而下，汇“浔阳九派”，润“楚原千里”，洶涛澎湃，浪涛怒吼，浩浩荡荡，滚滚奔流，昂首而前，竟直是“鄂天之龙”！这是赞美祖国河山的宏词丽藻！这是动人心魄的浩歌雄唱！像这样的诗，漆雕先生还有很多，又如：

四海风云万壑连，龙涎古井有龙牵。
衔来滚滚三湘水，喷出汤汤万斛涟。
化作甜滋湖广地，酿成爱洒麦秋天。
纤云袅袅扶明月，倩影悠悠井底圆。

《七绝　君山龙涎井》

诗人把一小小龙涎井写得如此背景阔大、气势磅礴，不能不叫人惊叹。漆雕先生善于通过意象来制造雄奇阔大的意境，他也能制造出凄迷的氛围，我们再来体会一下其诗《七律　二妃墓》：

绿冢茵茵碑立处，嬛嬛安卧二天媛。
皇英冥冥销容貌，李杜煌煌镂墨痕。
斑竹千枝漓血泪，玉蟾一点伴忠魂。
最怜山麓周遭水，夜夜幽咽月月浑！

相传舜南巡死于苍梧，其二妃追踪至洞庭，因悲伤而死，她们的伤心眼泪化作湖畔竹枝上的点点斑痕。这个凄美的爱情故事被诗人们传唱了几千年，娥皇、女英的忠贞被人们感叹了几千年，那枝枝斑竹、点点月辉，是她们对爱情忠贞的证明，连那山麓的湖水也为她们的忠贞而动容，而“夜夜幽咽月月浑”！然而，时间之流是无情的，娥皇、女英早已销蚀了美丽的容颜，连为她们二人激动不已的诗人们也都一个个远去，一切消失殆尽，哪怕是再美的东西，时间之流，无声无息，其威力却无法抗拒，只有自生自灭的一些儿茵茵绿草，和那残存于草丛中刻着李杜咏叹娥皇、女英诗篇的零星石碑，才留给我们一点点模糊的踪迹，永恒的只有那滚滚潮水，清冷月辉！这真是对人类这万物之灵的无情嘲弄！娥皇、女英永远是孤独的，人类又何尝不是如此！古来圣贤又何尝不是如此！屈原是如此，李白、杜甫是如此，苏东坡、辛弃疾、李清照也是如此！这，正是诗人的终极关怀，这，正是诗人的内心写照。该诗丰富的内涵是通过一系列意象传达出来的，如“绿草茵茵”、“斑竹千枝”、“玉蟾一点”和“山麓周遭水”以及刻在石碑上的李白、杜甫的诗篇等，它们既是忠贞爱情的证明，又是孤寂情怀的证明，更是人类命运的反衬。

如果说借意象来透射出一种氛围是诗人隐藏在背后说话，那么在诗末的点染则是诗人走上前来表达自己的看法、情感，体现出强烈的主体意识，这在《七律　梧上凰》中充分表现出来：

清新俊秀出山庄，许氏妙龄一女郎。
身在淤泥浑不染，德修阃范最堪量。
红酥手巧通翰墨，剔透心灵谙炎凉。
能受天磨甘寂寞，孤凰梧上可凄惶?!

该诗前三联都在不动声色地展示许氏的美，她清新、俊秀、贤淑、聪明、心灵、手巧，通诗书翰墨，懂人情冷暖，简直是完美无瑕。诗人在尾联中却来了个拐弯，“能受天磨甘寂寞，孤凰梧上可凄惶”中的“寂寞”、“孤”、“凄惶”等语，还有最后的问句特别是感叹句，都充分表达出诗人的倾向，读者再顺着诗人的取向回顾许氏的美时，就觉得：美则美矣，但美得孤独，美得凄凉！这大概是美的代价吧！正是诗人在诗末的点染，才把我们领到了诗意的一个新天地。

漆雕先生的诗，除了以上气象雄浑、清新隽永、含蓄婉曲等格调外，还有一些诗篇表现出沉郁顿挫的风格：

地迥天高岁月深，韶华卅四峭寒侵。
忍看白发生明镜，惊对红颜起皱黔。
片月已斜光冷冷，雄心独抱夜沉沉！
志何不就诗常就，怅对苍穹久啸吟！

《庚午冬夜吟》

这首诗作于庚午冬，即1990年冬天，作者当时因工作和生活环境极端不顺，心情郁闷，自感到“日月逝于上，体貌衰于下”，而无所成就（见作者散文《天涯寻绿洲》）。明镜中现出白发，皱黔已爬上额头。作者写作至深夜，步出窄而又窄小而又小的蜗居，这时，一弯缺月，清光冷冷；而自己，雄心独抱，雄图未展，唯见黑夜沉沉，这令作者心绪郁郁难平。作者怅对夜空，生出壮志难酬的哀怨，发出沉郁低回的咏叹：“志何不就诗常就，怅对苍穹久啸吟！”我们仿佛听见他那声震夜空，久久回荡的呼喊！从这里我们可以见出作者为祖国、为人民建功立业的强烈愿望和慷慨悲郁的情绪。该诗通过运用清冷、灰暗、凝重色调的词语，如地迥、天高、峭寒、白发、皱黔、片月、苍穹、光冷冷、夜沉沉等，制造出一种苍凉深沉的意境。颔联、颈联对仗精工，“忍看”对“惊对”，实则是令人不忍看，令人心惊；“白发”对“红颜”，老境已临，使人“感吾生之行休”（晋陶渊明《归去来兮辞》）；“片月”对“雄心”，更衬托出作者胸怀分芳悱恻，志向正大高远；“光冷冷”对“夜沉沉”，景象多么凄清苍凉，令人多么沉痛愤懑！

整首诗表现出沉郁顿挫的风格，这与当时作者所处的时代背景有关。1990年，改革开放的春风已吹遍祖国大江南北，可作者所处之地仍无甚改变，时代环境的急遽变化，个人前途的穷愁困顿（见《无题　十年翘首望东风》），思想情绪的起伏波动，以及表现手法的沉着蕴藉，是形成这种风格的主要原因。

最后，不能不说一说漆雕先生那些表现书法艺术的诗篇。先生表达书艺时，往往不道明其为何种风格，有什么特点，达到什么境界，而借用一些形象来传达，给读者留下了广阔的想象空间，如用行云流水写流畅，以铁画银钩写力量等，《七绝　咏日本书家氏田菖轩书法》就很有代表性：

红梅竟放雪生香，雅士菖轩笔下扬。
漾入虬枝纠结处，烟云满纸起龙骧。

“红梅竟放”、“虬枝纠结”、“烟云”、“龙骧”皆用于表现氏田菖轩书艺的魅力，我们可以从这些语汇中体味出其书法的风格特点。

漆雕先生为学多方，举凡哲学、历史、文学、书法、音乐、佛学、诗思所至，莫不左右逢源，随手采撷，作为诗词联之题材，成其讽咏之对象。先生又广游历，祖国大好河山，乃至友好邻国，到处都留下他的足迹。举凡南国之清秀，北国之壮丽，平原之开阔，高原之广漠，日本之繁华，越南之秀美，世间美景奇观，皆收先生笔下，故其诗题材广泛，视野开阔，思想深刻，含蓄隽永，给人以深深的启迪。

漆雕先生，正值壮年，才情奔涌，灵心焕发，正是创作的丰收期。在《漆雕世彩自书诗卷》一书面世之际，我谨祝先生百尺竿头，更进一步，青春长葆，诗心永健，常摇生花之笔，书写出更多的宏词丽藻，创作出更多的浩歌雄唱！“彩笺今日垂天宇，漫搦金毫跨紫鸾”（漆雕世彩诗句）。

邹福清

1998年4月写于华中师范大学

传播技艺　成就超越

——《三贤堂楹联选粹》序

李继尧

获得漆雕世彩君的信任，使我一个老人突生幸福感，因为人得到信任不是一件容易的事，这包含着丰富的内蕴，这源于缘分和博爱的碰撞，一种来自灵魂深处的相互默契。我以这种心情，在五一黄金周里，捧读了他寄来的闪耀金光的约300副楹联，这是他心声的流露，使人享受了一次丰盛的“精神大餐”，启迪我加深了对人生旅程的感悟。人生一世，总有个追求的目标，有一个值得让自己珍视、向往、护卫、献身的东西，这样，人才愿意为之活一遭，这样，人生的价值才能得到充分的体现。世彩君的懿行，令我钦佩。

早在20年前，他就创办了湖北省荆州市漆雕书画艺术学校，办校宗旨适应了时代和社会的需求，已成为青少年学习书画艺术的摇篮，成为湖北省教委书法教育专业委员会的实验学校。在他的率领下，全体师生发扬团队精神，勤奋拼搏，求实创新，取得了显著的成果。建校以来，已有学生4000人次参加国际级、国家级、省市级的各种书法比赛，2500人次获奖，其中获钻石杯奖、金奖、银奖者达800人次，其作品还在美国、日本、北京、香港、南京等地展示、收藏，赛绩辉煌，为国争了光。他还于1998年7月率团出访日本东京、大阪、福岛、会津若松市等地，举办了师生书法展览、书法理论讲座等活动，获得成功，特别是师生在日本会津若松市的现场书法表演引起轰动，为国争了光。

世彩君从小寒窗苦读，打下了传统诗联的扎实根基，特别是在多位良师德行的启蒙、影响下，使他在艰难苦恨中磨砺成才。从他各个时期创作的对联中，可以寻觅他人生坚实稳健而又多姿多彩的足迹。

人的思想境界是决定一个人的行动的起点。如他“游三峡得联”：“画船两畔波飞雪；神女诸峰翠入云。”他游北京北海的印象：“绿荷照水；白塔留云。”他游沙市的“万寿塔”：“荆江载月；宝塔摩天。”他站在荆江边，“寄语云天，雄襟浩阔；赋诗水月，文笔苍茫。”他飞越黄海，“临沧海，发浩歌。”……这些富有诗意的抒发，都是他开阔心胸的象征。他上下求索，锐意出新。对联“君也其来！步青云，攀仙桂，直上凌烟阁；子乎焉往？抟风雨，挟雷霆，跃登大龙门”便是他上下求索的明证；对联

“鸡鸣我起追鸾凤，笔落天惊变蛰龙”便是他锐意出新的明证；对联“寻觅新境界；飞升大罗天”更是他不断进取的明证。

人之品德是总根，是人之魂。古人常言，太上立德，其次立功，其次立言。古人把立德放在第一位。世彩君十分注意培养自己的高尚品德：“正大光明，懿德追先哲；精微奥妙，法言启后昆”、“对浩浩江天，留存戛玉铿金话语；为悠悠后世，树立雕龙绣虎德行”、“赋新诗兮，痛写心声而寄傲，崇明德也，勤挥墨雨以培兰”、“德行灿灿梧棲凤，著述煌煌剑化龙”。这些都是对崇高美德的热情讴歌与追求。

大凡仁德之人，其性情也真率，其爱憎也强烈。比如他为老友萧志明先生写的挽联十分动情，倾吐了心底的爱慕和崇敬：“《吊老友萧志明先生联》：萧老，革命六十余年，工资百余圆，孑然鳏棍一芥菜！岂只是艰苦朴素？岂只是吾侪楷模？仰巍巍高山，萧老同志英灵不朽；志明、与交一十五载，晤面千余次，俶尔仙翁独步云！空留下悲怆凄凉！空留下想往瞻依！对荡荡江水，志明先生德泽犹存。一九九四年三月二十六日晨，惊悉老友萧志明先生仙逝，享年六十五岁。湖北沙棉中学全体教师同挽。余口占此长联并书，由学校工作人员张贴于沙市殡仪馆追悼大厅内，以摅哀悼之情。俶尔，动貌。《方言》：俶，动也。世彩记。上联哭一句‘萧老’，悲而且愤；下联深情呼一声‘志明’，怜而且敬。世彩又及。”“十分温暖亲同志，一路啸歌战此生”——对同志何其亲切！“树蕙千株，冀暗香乎馥郁；滋兰九畹，思娇色也婵娟”——对培育后代含何等深情！“金凤玉露天上遇，萍迹娇声腑间留”——对妻金萍爱得多么深沉！“交颈游，比翼飞，且歌且舞，齐臻妙境；相依恋，笃情爱，欲仙欲死，共度蜜年”——这爱的醇酒啊，多么浓烈！而他对所恨，更出奇招，愤激之情，跃然纸上：“我越看人就越喜欢狗；您愈觅智将愈憎恨书”——这是诗人的发泄，这是哲人的慨叹！

世彩君一直注重修身、养性、齐家然后去建功立业。他从一点一滴的行动中，努力为成就事业而创造积累自己所需的条件。从他的联语里，可见到凝聚改变自身命运的爆发力。“安家须先求淑女；养性必早读经书”、“穷，独善其身，成学问之博大；达，兼恩天下，立事功乎辉煌”、“致天下好男女切记：兴家、爱家、保家，将人生落在实处；要世间有情人笃行：专爱，敬爱，疼爱，让恩爱同到白头！”世彩君与夫人罗金萍女士真乃是两心相悦、两情缱绻的荆楚“金凤凰”。

世彩君教学之余，或专心研读，手不释卷；或挥毫畅怀，沉醉于翰墨之中，联语中也有不少精品：“泼墨每含灵秀气；立言时出圣贤心。”“奇书藏妙理；宝墨发灵光。”“名士风流诗成飞霁色；大家气象笔落涌惊涛。”这些均是他“书山寻凤，墨海缚龙”的真实写照。

本书命名为“三贤堂”来头不小，其含义源远流长。五千年前三皇五帝时代，黄帝指古江河“漆水”为姓。漆雕姓氏始得。传至春秋时期，孔子的七十二贤人中就有三位姓漆雕的，世人尊称“三贤人”，漆氏后人为远扬家声，其书斋厅堂因取号曰“三贤堂”。对于祖先赐予的姓氏，他是引以为自豪的。这可以从他与中华诗词社的同道们赴越南采风时所作的长联中探出消息：“《越南河内文庙联》：文祠为越南祭祀圣地，庙藏无数经书蕴含百千万妙，妙矣！斯经赫赫一论语；孔子乃世界文化名人，史载三千弟子谓有七十二贤，贤哉！吾祖堂堂三漆雕！”从这副对联里，我们可以看出博大精深的国学已深入其心，世彩君是多么热爱祖国五千年的传统文化，其爱国之情至浓至烈！其宗国之念至深至切！

立身有高节，满卷多好联。世彩君不愧是一位敬业爱岗、教书育人的人类灵魂工程师，曾荣获全国书法教学等园丁奖。你看，他“每日耕种诸生作地；常年种植一砚为田”；你看，他“修身敬业超凡入圣；点石成金化腐为神”；他战胜了万难，用坚毅挑战生活，他战胜了自我，用微笑面对生活。我祝愿漆氏雄心万丈，雄风永在，雄图大展，培兰植蕙，传播技艺，百尺竿头，成就超越！我的希冀是一种甜蜜的等待。

2005 年 5 月 9 日于武昌默耕斋

情参弦外音

——漆雕先生书法新著的闲话

李昌林[*]

《湖北代表书家作品集·漆雕世彩卷》装帧古朴，墨香自溢。我将它置于案头，闲暇品尝，如劳累之余饮小酒，晕晕乎陶陶然……

“独具面目，渐入佳境。”世彩先生的书法艺术达炉火纯青之境界。“俊秀潇洒，有南书之温雅，兼北书之劲健”，结体“风骨特立”、“气韵生动”（武大教授胡国瑞语）。著名书法家、省文史馆长吴丈蜀先生称其书风“典雅隽秀”；华中师大教授石声淮先生嘉许其书法“取百家之长，凝练而不伤于滞涩，秀逸而不流于浮浅”。我市著名书法大师杨随震对其也予以极佳评价：“先生书法，江左风流，劲健遒美”，字势“俊秀雄逸”，结体“风流蕴藉”！

这些年，他声名远播，《当代书法家诗词墨迹选》《中国书法》等书刊收录有他的作品。中国美术馆、湖北、广东、香港乃至美日，有他的书法作品展出并获奖；其大名还入选《中国现代书法名人大辞典》等辞书。

漆雕是性情中人，风流倜傥。楚辞唐诗，研习颇深。他练书法，也赋诗填词，并常常“自书其诗”，此为一般书家所不及！杨随震先生赞其为“诗书双佳”。

他的诗词常见于《中华诗词》和《中华诗词年鉴》等书刊。或凭吊先贤，慨叹忠贞：闻一多“拍案惊天地、讲演震聩聋”的大义凛然，娥皇女英“斑竹千枝泪、玉蟾伴忠魂”的忠烈圣洁；或赞美家乡讴歌乡情：便河“满目秀”、沙头“一街甜”，荆楚灵秀“三千载”、当今繁华“日方隆”；或缅怀先烈赞扬新政：英烈“碧血化甘醇”，改革“宏篇巨帜张”……他“临沧海，发浩歌，赋新诗，写心声”无不情动于衷！

而更让我怦然心动的是漆雕与其夫人金萍女士的唱和之词。“金风玉露天上遇，萍迹娇声腑间留”。悠悠夫妻爱，脉脉伉俪情，绵绵知音意，何等深沉真挚！有道是：情人眼里出西施，金萍就是漆雕心目中的西子。他才艺超群，“腹有诗书，吞吐英华”、“赋诗填词，弄琴吹笳”、“擅篆擅刻，兼擅国画”；他禀赋脱俗，“淑姿窈窕，洗净铅华”、“坚质深韵，性情

---

[*] 李昌林，华中师范大学中文系毕业，湖北沙市二中副校长。

温雅”、“处清贫而不恋荣华，求真爱而不辞生死”；……

我无缘目睹嫂夫人玉容，但读此诗词，眼前分明显现一朵“亭亭玉立”娇翠欲滴的出水芙蓉。漆雕为此歌之蹈之：“人海得爱，怒放心花”；且信誓旦旦：今世“长相厮守”，来生“扶持牵拉”！自古才子配佳人，漆雕得此真爱，此生想必无憾矣！

红袖添香，作书填词，他并未“沉醉花阴”，而顺时应世办起“漆雕书画艺术学校”启迪后学。先后培养书画弟子近4000人。其弟子获国家和省级奖2500多人次，其中钻石杯奖、金杯奖和银杯奖800多人次。如今“漆雕书画艺术学校”已享誉荆楚。他可谓艺术、爱情与经济三丰收！

漆雕系自学成才的典范。1978年深秋的一个下午，我与他相识于沙市民乐直街一间阴暗低矮的教师培训教室内。半天的课，他多是自得其乐地用一本劣质的学生练习本练硬笔书法。纯朴、腼腆，这是他给我的第一印象。其后几经筛选，仅有30多人从数百名培训者中领到华中师范大学录取通知书，他居其中。同窗五年，他话不多，我不多话，也算投缘。俊男的宏论，靓女的娇语，我们都不爱参与。他任教沙棉子弟中学。该校多才子。关成玉以楹联闻名，漆雕以书法著称。办书画学校，他曾邀请过我，因自忖才疏学浅未敢应承；乔迁新居和长子喜宴，他也邀请过我，恰因出差又错失良辰……作为老同学，他一直没能忘怀恬淡闲散的我辈，这份情意，让我时常有几分愧疚……

平心而论，他学得勤苦，干得劳累。能有今日之成就，得益于天赋，更源于他的勤奋与执著。正如北京大学教授、博士生导师陈贻焮先生所言：功征池中水，情参弦外音。他搏得也不容易！

摘自2005年12月23日《科教导报》第2版《教育周刊》

继绝响　发浩歌

万　容*

继2004年11月湖北美术出版社《湖北代表书法家作品集·漆雕世彩卷》出版后，2006年12月底，漆雕世彩先生又有两部新著问世。一是中国文联出版社出版的《漆雕世彩诗词选》，一是作家出版社出版的《三贤堂楹联选粹》，两本书都是精装，其中一本是缎面精装带封套，印数各为三千册，全国新华书店经销。

在这两本书中，我们感受到了一位灵心焕发、才情喷涌的作者对生活的热爱：举凡南国的清秀，北国的壮丽，平原的开阔，高原的广漠，日本的繁华，越南的秀美，世间美景奇观，皆收先生笔下。他特别爱家乡的父老，荆州的美丽，以及街上的行人、车间的织女、校园的童子、码头的工人、田间的农妇，以至于公仆、党员、盟员、先辈、贤哲、才俊、师友、生徒……

他尤其深情礼赞为人民幸福献出生命的英烈，以及“二战”中反法西斯英雄的勇敢和无畏，他的诗、词、联是我们这个伟大时代的英雄交响曲！

漆雕世彩先生诗、词、联诸体皆能，尤长于作骚体诗，这是因为他生于楚，长于楚，从小涵泳楚辞，得楚地山水之灵气，采楚地古今文化之精粹，凝铸成诗，绚丽奇诡，如山花烂漫。他常说，楚地有朱由先生画楚梅，有杨随震先生写楚简，我漆雕世彩就作楚辞！他在《骚体诗创作之缘起》一文中说：“……而我们作为生长在中国楚地之文土，若无佳作何申雅怀?！为什么呢？这是因为，当我们面对九嶷衡岳的高山，当我们面对江汉阮湘的长流，面对方圆九百里的云梦泽，面对坼吴楚、浮乾坤、波光浩渺的洞庭湖，面对森林鱼鳖崖谷汀洲鹤唳猿鸣水流花放，还有，面对楚地的民风、民俗、民歌、民乐、民谚、民谣、民怨、民瘼等等一切极具特色的楚地风物景光人事的时候，我们怎能不有感于心发而为文？我们理所当然责无旁贷地要继《离骚》之统绪，续千古之绝响！这便是我，一个土生土长于楚地的当今盛世子民，立志学习博大艰深的楚辞，从而挥写出无愧于伟大时代的当代骚体诗的原因。”

---

* 万容，湖北荆州《引领》杂志社总编。

开卷有益，让我们共同翻开漆雕先生的书吧，让我们共同来感受他那些“猛志在胸，笔墨每含英雄气；柔情满纸，诗章疑是美人魂”的灿烂的诗篇吧！

摘自2007年3月1日《引领》杂志

日久弥新的美好记忆

——老师好的板书影响学生一生

程龙虎*

记得我上小学五年级的时候，我们学校来了一个年青的新老师，他不仅阳光帅气、讲普通话，而且是吹、拉、弹、唱，样样都行；笛子吹得更是了得，用我们那个年代的话说："跟广播里吹得一个样"。

他深深吸引我们的不仅仅是这些，让我们所有同学着迷的是他那一手漂亮的粉笔字。

当他第一次给我上语文课时，他一边讲重点的句子，一边在黑板上板书，那写在黑板上的字啊，是那样的工整，那样的苍劲有力，把我们所有的同学的注意力都集中到黑板上去了。从此，只要是上语文课，再没有同学乱讲话，即使是班上最调皮的几个同学，也变得听话了，几乎所有班上的同学都在认真地记笔记，几乎所有的同学也都在认真地摹仿他写字。即便是下课了，黑板上的字，值日生也舍不得擦去。那时，同学们最乐意做的一件事就是记读书笔记，抄课文的词语解释、段落大意、中心思想、写作特点。在所有学科中，全班的语文成绩是最好的。到后来，发展到全校所有的老师、学生都在摹仿他写字。只要是他代过的课，不管是语文、数学、政治，成绩都能搞上去。

说起来也神奇——在20世纪六七十年代那个物资贫乏的年代里，我们同学一个个面黄肌瘦，坐在透风漏雨的教室里，寒冷难耐，饥饿难熬，但当看到老师工整、遒美的板书，听到生动形象的讲解的时候，竟忘记了饥饿，忘记了病痛，任饥肠辘辘，任寒风凛凛，任牙关打战，任手脚发抖，我们依然能进入他用优美的板书、优美的语言为我们营造的美丽的天堂，从而在知识的王国里尽情地遨游！

也就是从那时起，我深深地爱上了书法，开始学习钢笔字、毛笔字。可以这样说，只要是他教过的学生，不论男女，没有几个人字写得是很差的。比如过年写个对联、搞文体活动写个标语口号，几乎个个都能上阵，并都写得像模像样。在我们这批同学中，不仅出了在全国书法界很有名气的中国书法家协会会员孙光松老师，而且，在地方书坛也涌现了十分活跃

---

* 程龙虎，深圳市西丽书画艺术培训中心主任。

的书法工作者，像漆世清、漆世华等等，更是数不胜数！

这个影响了一大批学生、也影响了我一生的人，就是我国著名书法家、书法教育家漆雕世彩先生。他现在仍从事着书法教育工作，活跃在我国书坛，并创办了自己的书法学校——湖北省荆州市漆雕书法学校。培养了一批又一批书法人才，为书法教育的普及工作做出了骄人的成绩。

光阴似箭，日月如梭，一转眼四十二年过去了。但老师留在我少年时代的美好记忆，还有他那一手漂亮的粉笔字，是那样的深刻，是那样的美好，让我无法忘记！这美好的记忆，日久弥新，愈来愈美，愈来愈深，它将伴随我一生，书法给我带来的快乐，更是让我无法用语言来表达！

我相信大多数书法家都有这样的经历，即喜欢书法、迷上书法、研习书法都是从摹仿老师的板书开始，从而慢慢地走上书法这条艺术之路的。

所以，我认为，作为一名老师，不管你教什么科目，写的字都对学生产生直接而深远的影响，批改的作业，写的板书更是重要！它不仅可以使学生集中精力听讲，而且还能开发学生的智力，增加学生的自信心，提高学生对学习的兴趣。我觉得，现在应该在全国各中小学校中大力提倡老师写好字、写好板书的活动，让老师影响千千万万个学生，从而使学生受益终生，让我国的传统艺术——书法更加深入人心，发扬光大。

程龙虎　2009 年 12 月 27 日于深圳

原载《中国书法教育》杂志（季刊）2010 年第 3 期（总第 59 期），转载于《书法导报》2010 年 7 月 28 日　星期三　第 30 期第 10 版

人美有形

——漆雕世彩的书法

黄震云

与漆雕世彩教授认识有十几年了，但似乎一直渐行渐远，主要是他很得意自己长期坚持的楚辞体诗歌的创作，是中国屈原学会骚体诗创作与研究中心的常务副主任，出版过《漆雕世彩诗词选》、《三贤堂楹联选粹》、《梅赋》等韵文集，而我更看好他的书法艺术与书法教育的成就。

《史记》说，孔子之后儒分为八，漆雕世彩的先祖就是孔门八儒之一的漆雕开，为孔门三贤之一，因此漆雕世彩自称为三贤堂主。世彩先生1948年4月14日生于湖北潜江，毕业于华中师范大学中文系，现任北京明睿书法教育研究会会长，北京语言大学中国文化研究所楚辞学研究员。

漆雕教授幼承庭训，随乡人清末学人漆雕方鸿习古文及书法，后又参加北京大学的书法研究班学习，诗词得到陈贻焮、胡国瑞、袁行霈、叶朗等名家指点；书法有启功、欧阳中石、吴丈蜀等大家真传，形成了众体兼备、灵动抒情的书写风格。陈贻焮先生为其自书诗卷题诗说："二王传笔法，李杜启诗心。功证池中水，情参弦外音。"胡国瑞先生《漆雕世彩诗联集》序说："其书隽秀潇洒，有南书之温雅，又兼北书之劲健；其结体风骨特立，通篇气韵生动。"著名词学家吴丈蜀先生认为，正因为漆雕注重内在的修养，写出美妙的诗作，情思高远，因此书风典雅俊秀（《漆雕世彩自书诗卷》跋）。俊秀看来是学界对漆雕先生的一致认同，而诗书互慧之论称得上深刻，诗情画意是漆雕作品特有的品质。

漆雕在写诗墨书的同时还精心培养青少年。二十多年来，教过的书法学生上万，并在湖北带团到日本、韩国进行书法访问，在日本福岛会津若松市、东京、大阪，韩国江陵市、首尔市应邀进行书法讲演、交流，2011年4月还在北京大学作《书法·楚辞·人生》的报告，多次成功地在国家图书馆作《书法的临帖与创作》的讲座。获得过国家教育部全国书法教学特等园丁奖、少儿书画教学专家、教育部教学一等奖等，享誉海内外；写诗赋书空闲，也从事楚辞的学术研究，是位很勤奋的学者、诗人和著名书法家以及书法教育家。

漆雕教授教学书法有自己的心得，他认为汉字本身的信息就是中华民族传统文化的集中体现，教孩子们学习书法，就是很好的素质教育与发扬优秀传统文化，增强中华民族的凝聚力。因此漆雕教授客厅里挂着的条幅就是“踏踏实实做人，认认真真写字”。漆雕为人厚道儒雅，书写中喜为行书，亦擅正楷、魏碑等诸体。他强调做人要端庄、正派，因此教育学生主要以楷、碑为主；为了培养学生的耐心与细心，笔法注重形态构建与运转细腻。他认为道德品质最为重要，因此教学时总是选择具有格言或者有教养的内容作为讲解书写对象。而自己则身先力行，他要在挥毫泼墨中书写出精彩人生，图画祖国文化的美好，因此教育学生要德艺双馨。

打开中国书法网我们就可以看到漆雕世彩艺术网的链接，他把诗词、书法、楚辞集合起来思考、创作和书写，艺术文化的综合使它的书写和教学都呈现出自己的个性，书法充满着底蕴与激情。而针对青少年特点总结出四十八小时教学法，能够让学生在短时间内快乐学习，写出一手好字。这在实践中得到了证明，近几年北京市和海淀区的书法比赛中一等奖的都有漆雕世彩的学生，他的学校也由一个点变成了八个点。原人大附小的书法教师，他的儿子明睿也加入了他的书法教育的队伍，可以说事业蒸蒸日上。

为落实中共中央政治局常委李长春同志“请教育部研究中小学开设书法课问题”的重要指示，教育部随即向李长春、刘云山、刘延东呈报了《教育部关于落实长春同志在中小学开设书法课指示精神有关情况的报告》，并制定了《教育部关于在中小学开展书法教育的意见》，明确提出书法是人类文明的宝贵财富，是基础教育的重要内容。通过书法教育对中小学生进行书写基本技能的培养和书法艺术欣赏，是传承中华民族优秀文化，培养爱国情怀的重要途径；是提高学生汉字书写能力，培养审美情趣，陶冶情操，提高文化修养，促进全面发展的重要举措。漆雕世彩的书法教育事业可以说东风劲吹，前途一片光明。

《庄子》说天地有大美，大美无言，因为大美言在心感神听，但大美不能无形，大美有象，书法就是大美。德艺双馨、形神兼备，这大概是漆雕世彩书法与书法教育的真谛吧！

2011 年 10 月

龙行婉婉　凤舞翩翩

潘啸龙*

漆雕先生，非常感谢您寄赠的墨宝中堂横幅，气象阔大，如先生喜爱的龙行蜿蜿，夭矫腾娜；又如凤舞翩翩，俊逸潇洒。我不谙书法，但爱观赏此墨宝，喜何如哉！潘啸龙拜。

2009年12月12日

* 潘啸龙，安徽师范大学文学院副院长，中国屈原学会名誉会长，享受国务院特殊津贴专家。

书情诗意　馥郁高华

——浅谈漆雕世彩先生的书法艺术

叶　子*

漆雕世彩先生生于湖北潜江，幼承庭训，随乡贤攻古文、书法。及其长，叩学上庠，先后毕业于华中师范大学中文系、北京大学书法艺术研究班。其书法受教于启功、欧阳中石、吴丈蜀、孙伯翔诸先生，转益多师，自出机枢，以骚体诗创作和书写名闻艺林，是一位名副其实的诗人学者型书法家。

先生书法以楷、行最为专精。其楷书主要得力于北魏《龙门二十品》、颜真卿《多宝塔》、赵之谦诸家，尤得《郑文公》、《孙秋生》神髓，擅用方笔，沉雄古质，结构紧密，意态飞动。笔力遒劲处，可见步步停顿之迹，笔墨苍茫，积健成雄，深契蔡邕“疾涩”之旨，洋溢着浓郁的金石气息。其行书流美华滋似二王，雄强奇崛似《裴将军》，瘦硬峭拔似欧阳询，精丽端严似释智永，肥美蕴藉似苏子瞻，随体万变、刚柔并济而法度森严，展现出宽博的艺术眼光和精湛的临池功力。

在风格取舍方面，漆雕先生可谓深体古人衷心——正书凝重，故规模六朝碑版，行书流动，故取法晋唐简牍。在全面继承碑帖两大传统，追求碑帖融合的大方向下，先生依据作品的书体和形制确立主要创作风格，这不仅符合书法艺术的内在规律，也有效避免了一味调和南北，强作解人，削足适履之弊，堪称一位成熟的艺术家深思熟虑后的明智选择。

自书诗文，本是我国古代书法艺术从日常书写到艺术创作始终贯穿的优秀传统，古人视作寻常茶饭，但在书法日益职业化、书法家人文素养堪忧的今天，已成为一种稀缺的能力，而这恰恰又是漆雕先生书法的一大特色。漆雕先生以诗心作书，以书法养气，早年即立志为往圣继绝学，将发扬伟大的楚辞文学传统视为安身立命之所，始终强调书法家须蓄德器、穷学问，要做学者型的书法家，以堂皇正大的笔墨书写反映时代精神的崭新诗篇。他不仅亲自呼吁，而且身体力行，书写对象非古人绝妙好辞，即自行创作的诗词歌赋，其天纵的诗情与想象，与极具韵味的传统笔墨相结

* 叶子，现任西泠印社艺术品鉴定评估中心主任，中国美术学院特聘教授，艺术鉴赏专业硕士研究生导师。著有《黄宾虹山水画艺术论》《中国历代书法家图表》等专著10余种。

合，使作品兼具高雅的品位与丰富的趣味，达到了形式、内容与风格的高度和谐。

漆雕先生才情高迈，笃好古学，浸淫楚骚垂六十年，近年创作出版的骚体诗集《梅赋》二十五篇，博得海内学者百十余人题诗撰文，共襄风雅，堪称当代佳话，而他在书法艺术上的成就反为诗名所掩。其实，先生的书法创作与其诗歌艺术同调，走的是一条深入传统、上下求索的艺术道路，与流行书风保持着清醒的距离。品读先生书法，如对古人，若饮醇醪，从中不仅能领略到中国传统艺术中诗、书、画三位一体的深厚魅力，在当今浮躁书风的衬托下，更表现出一位文化人默默坚守、终生不渝的艺术理想。

2011 年 9 月 2 日

致漆雕先生函

刘梦芙*

漆雕先生大鉴：

承寄赠《书法作品集》，更蒙椽笔书写拙作，高情盛意，不胜铭感！

我于书法全属外行，唯觉尊集中所书各体，气象浑厚，工力深湛，应在一流书家之列，此外不敢妄评。尊诗以七律为多，守律严谨，琢语高华，镜有唐音，远胜时下诗坛所谓名家之作。联语亦字字珠玉，流光溢彩。今日书法界多有不谙诗律，书前贤之作每多错谬，纵得浮名，仅成书匠耳。古人以书画为诗文馀事，人品高、学养博，落笔自成精品，今人则以书画为专业、为工艺、为商品，文字不通亦可成家，毋怪风气日下也。令夫人诗词书法亦臻工妙，与先生珠联璧合，天成美眷，真乃琴瑟和鸣不羡仙矣。

我在省社科院劳于科研任务，近又承担国家社科基金项目《近百年名家诗词研究》，压力殊重，久不作诗，心同废井。蒙赠琼瑶，愧无木桃木李之报。唯近日正整理两种论文集付梓，旧作诗词稿，亦将芟削编辑后刊行，稍后一并寄先生，并祈指谬。耑复不尽，顺颂！

春节阖府康乐！

2006年1月14日

* 刘梦芙，安徽省社会科学研究院文学研究所研究员，首都师范大学中国诗歌研究中心兼职教授，国家社会科学基金项目《近百年名家诗词研究》主持人。

骚体诗创作谈及其他

骚体诗创作之缘起和体验

漆雕世彩

摘要：楚辞作为中国古典诗歌的代表，长期以来与诗经并称，对后代诗学观念和创作意识影响深远。但是，进入20世纪后，楚辞的辉煌已是明日黄花，虽有研究著作面世，但与之相关的创作颇受冷落，近来《光明日报》虽以“百城赋”邀赏杰作，无奈光彩不再。为发掘楚辞应有的文化价值和文学魅力，本人近年倾力骚体诗创作，并对其写作体验有所理解，特撰此文，愿对开拓今世赋体文学的视域，振兴骚体诗的创作，有些微帮助。

关键词：楚辞；骚体诗；创作；体验

在我国古典诗歌中，楚辞具有奇崛之美。屈子之作，奔放驰骋，浪漫诡异，洋洋洒洒，蔚为壮观。楚辞以《离骚》为最，为矩范，为极则。《离骚》以无拘无束、悲郁奔泻的激情，成就汪洋恣肆的抒情长诗；《天问》则幻想奇异，反诘宇宙人生、社会历史、天文地理、神话传说等，提出一百七十多个问题。先哲处天地之际，与神灵对话，气象万千，浑涵汪茫，显磅礴大气，有云水襟怀，后人难道就不能秉持其志，再奏盛世宏音？

一、受激发而振起

我每次捧读楚辞，自然升起对屈原的景慕之情，进而产生继屈原之踵武、挥楚辞之大纛、振骚体之伟诗的热望，特别是当听到韩少功先生的呼唤、袁长江先生的感慨、元庆先生的叹息。韩先生站在湖湘之地，大为惆怅：绚烂的楚文化流失何处？袁先生认为现当代的一些赋作，缺少赋的要素，只是以赋命名的散文。元庆先生则哀悼楚辞像恐龙般消亡。

骚体诗为什么衰落呢？因为写赋是难事，少人为之。宋祁说：“《离骚》为词赋之祖，后人为之，如至方不能加矩，至圆不能过规。”郭预衡先生说：“赋曾是文学恐龙，统治文坛数百年并影响了此后所有文学样式。”杨炳校先生《彰显性情的抒情之作》分析道：“赋体文学要求作者眼界宏阔，学识渊博，思想深邃，情感丰富，文采斐然，所谓‘赋家之心，包括宇宙，总揽人物’者也；要能达到这样的涵养，对于许多作者来说，实在有点为难，故而宁可弃之而改奔别的创作门径。”难！“赋家之心”，今人有吗？

但是，还是有人说，楚辞、骚体诗是可以学写的。黄庭坚说：“若欲作楚辞，追配古人，直须熟读《楚辞》，观古人用意曲折处，讲学之，然后下笔。”王若虚说“《楚辞》自是文章一绝，后人固难攀追，然得其近似可矣。”后人学写骚体诗赋，这实在是因为《楚辞》为文人们，尤其是为那些志向高远、怀才不遇、处境不佳的文人士子们，提供了一个抒发个人情感、忧国忧民、怀念祖先、祭祀亡灵等多方面广阔的驰骋空间。楚辞形式上的楚语、楚调，有韵而不拘于韵，句式自然对仗而又不拘于整齐划一，浪漫情调融写实风格，无疑为文人士子们提供了经典范本，尤其是其中的悲剧精神、人文关怀、民族情愫、自我观照等，为文人士子的驰骋思想、寄心托志、抒情感言、掘忧发怨、献愁供恨、慨叹人生，乃至讽喻谏刺提供了广阔的空间和工具。

两千多年来，楚辞之音不绝如缕，犹如荆江默默地流淌着，有时也愤怒地呐喊，悲伤地呜咽：从宋玉的《九辩》“悲哉秋之为气也”到荆轲的《易水歌》“风萧萧兮易水寒，壮士一去兮不复返”；从孔子的《曳杖歌》“泰山其颓乎？梁木其坏乎？哲人其萎乎？”到汉高祖的《大风歌》“大风起兮云飞扬，威加海内兮还故乡，安得猛士兮守四方”；从夏完淳的《招魂》“湛湛流溪兮一水香，处处秋景兮悲人肠，哀苍生兮空泪长！”到梁启超的《祭六君子辞》“大地兮芬芳，神州兮茫茫，四百兆人心兮未死，公如有知兮鉴此馨香”；从秋瑾的《宝刀歌》“愿从兹以天地为炉、阴阳为炭兮，铁聚六洲。铸造出千柄万柄宝刀兮，澄清神州。上继我祖黄帝赫赫之威名兮，一洗数千数百年国史之奇羞！”到于右任的《望大陆》“葬我于高山之上兮，望我大陆；大陆不可见兮，只有痛哭！葬我于高山之上兮，望我故乡；故乡不可见兮，永不能忘！天苍苍，野茫茫；山之上，有国殇！”

生息于楚地，当我面对九嶷衡岳、江汉沅湘、云梦大泽、浩渺洞庭，面对楚地的民俗、民歌、民乐、民谚、民谣、民隐、民瘼等，怎能不有感于心，发而为文？我责无旁贷要继《离骚》之统绪，续千古之绝响！这便是我，一个土生土长于楚地的学人，立志学习博大艰深的楚辞，挥写出当代骚体诗的原因。

二、立壮志而苦读

要写先要读，难读就要迎难而上。楚辞难读，在于韵读的失传，字义的艰深，史实的湮灭，资料的匮乏，年代的久远，古今的隔阂。不管困难多大，我们立志要如山，行道要如水。心毋驰骛，功无泛滥；情要深沉，质必坚贞。只要怀高韵深情，具坚质浩气，所事之业，就可望有成！

楚辞的难读，首先是字义的艰深，文意的难于理解。东汉王逸就叹道："世相传教而莫能说天问，……至于刘向、扬雄援引传记以解说之，亦不能辨。"越地人王荣仲读楚辞叹道："作文如此艰涩，宜投水死也"（引自陈子展《楚辞直解》）。古人尚且如此，今人读之艰涩便可想而知了。明人凌迪知曾为读骚者惧，他在《楚辞续语余》中说："离骚经曰，朝饮木兰之坠露兮，夕餐秋菊之落英。欧阳文忠公以读讥之曰：秋英不比秋花落，为报诗人仔细看。荆公闻之，以为欧老不学。然余窃有惧焉，学如荆公尚为欧老讥，而且未悟，则《骚》之奇而玄者如何？苟徒以词而不本其悲惋悽怆之意，岂特如落英之误用已哉？余故为读《离骚》者惧之。"

楚辞的难读，还表现在"楚辞韵读"读法的失传上。楚国的方言，有特殊的意义，也有特殊的音调。《楚辞》中的方言极多，如"扈"、"汩"、"凭"、"羌"、"侘傺"、"婵媛"之类，参考古注及其他文献还可以理解。至于当时音调的读法早已失传。汉宣帝时，九江被公能诵读楚辞；至隋代，还有释道骞也善读楚辞，唐人还能继承他的读法。到今天其读法早已失传了。至于当今之世，有些老先生还能咿咿呀呀、嗯嗯啊啊、慢慢吞吞、兀兀陶陶地唱读《离骚》，这只不过是旧时乡村私塾老夫子的读法而已，似古而非，似雅而非，仅可逗乐而已。用楚声楚调读楚辞不可求得，那就以今音读罢，王力、姜亮夫、游国恩可为引导！

真读骚者，沉潜玩索、倾心涵咏，既读且思，既读且哭，既读且歌，既读且舞，"感古人之悲郁愤懑，不觉潸然泣下"。"须歌之抑扬，涕泪满襟"。姚希孟《刘静之离骚纂注序》曰："若夫信见疑，忠被谤，已矣！行且休矣！而宛转唏嘘，悽悽恻恻，如贞妇之见放，谊无再适，宵灯魂梦，常婉娈于故夫之旁。一读一思，令人泣数行下。"皆言读时需带感情，设身处地，声泪俱下。

许学夷《诗源辨体》曰："骚辞虽总杂重复，兴寄不一，细绎之，未尝不联络有绪……学者苟能熟读涵泳，于窈冥恍惚中得其脉络，识其深永之妙，则骚之真趣乃见。凡读骚辞，得其深永之妙，一唱三叹而不能自已者，上也；得其窈冥恍惚漫衍无穷，可喜可愕者，次也；得其金石宫商之声，琅琅出诸喉吻而有遗音者，又次也。"许氏总结出读骚的三种境界：上境者，诵读时能揣摩出骚辞幽深隽永的妙处，边读边唱，扼腕吟啸，涕泪满襟。中境者，读时体会出骚辞的幽窈冥寞恍惚漫衍无穷之境，边读边会心微笑，有时露出惊愕的神情。下境者，诵读时声有抑扬顿挫，音含金石宫商，腔调铿锵，金声玉振。

不管哪种境界，读吧！读吧！让我们在劳作之余，在困顿之时，在欢喜、愤怒、窘迫、穷苦、忧愁、悲哀、怨恨、思慕、酣醉、无聊、不平，凡有动于心之时去读，读吧，读吧，直读得天愁云惨，直读得怒目横眉，直读得悲声大作，涕泪纵横，直读得披头散发，奋袂而起，直读得手舞足蹈，佯狂疾走，神思奔逸，神形俱忘……

三、摅浩气而搦翰

骚体诗难写。历朝历代的文人士子拟骚者甚众，然真正写得好的不多，其难度之大，连苏轼也说："楚辞前无古，后无今。吾文终其身企慕而不能及万一者，惟屈子一人耳。"南宋曾季狸《艇斋诗话》也说："古今诗人有《离骚》体者，惟李白一人，虽老杜亦无似《骚》者。"正因其难，才有刺激性，才有咀嚼的味道，才有挖掘的价值。

笔者近年来不揣谫陋，不遗余力试作骚体诗，一有所得，就寄呈师友郢正。仅《梅赋》一篇，相继得到北京大学教授杨辛、河北师范大学教授夏传才、北京语言大学教授方铭、北京政法大学教授黄震云、上海复旦大学教授徐志啸、华南师范大学教授郭杰、浙江大学教授崔富章、湖北省社科院文学所研究员何念龙先生、四川师范大学毛庆教授、《中华诗词》杂志顾问著名诗人丁芒、湖南屈原纪念馆馆长刘石林、台湾成功大学教授陈怡良、韩国东国大学教授朴永焕等五十余位师友的指正、鼓励、谬奖。在骚体诗创作的实践中，笔者有一些零星心得，谨略记于此，呈现于同好以求正。

四、身入云深处

创作骚体诗，除了要熟读楚辞及相关研究著作外，很重要的一个方面是深入生活，积累素材，去反映时代，反映人民的呼声。骚体诗作家应是人类灵魂的工程师，他的作品应是引导人们向上的。作骚体诗要有生活的积累、素材的积累，要到实际生活中去收集素材。特别应收集楚风、楚俗、楚歌、楚谣、楚国地名、山水名、植物名、动物名、楚国人物等等。由于楚国有独特的文化传统和特殊的社会基础及自然环境，楚风表现出有别于其他乡土民风的独具一格的地域特色和艺术特色。

在楚地民间歌谣中，往往充溢着一种民族的自信心和蓬勃向上的乐观主义情绪，深厚的神奇浪漫主义色彩和鲜明的楚语特色，这些都是值得我们在深入生活的实践中采风的时候特别注意收集的。

五、我手写我心

我们创作骚体诗，应发愤图强，发愤书志，我手写我心，我写我家诗！而不因社会上流行什么就写什么，时兴什么就学什么，写骚全出于己心。

明人杨慎《丹铅续录》卷十说："诗之盛衰系于人之才与学，不因上之选取也。汉以射第取士，而苏、李之诗，班、马之赋出焉，此岂系于上乎？屈原之《骚》争光日月，楚岂以《骚》取人耶？"社会上流行的，一般都是短命的，不长久的，写骚全出于己心，就是作者不随流俗转。

辞出于情，情发自于心，心系之于作者身世遭遇也，故作骚体诗必与自己遭遇心情相连，也必然与"悲"、"怨"、"愤"等情感相邻。因之，明代文学家唐顺之在《荆川集》中说："楚风柔婉而邻于悲。"

你的思想、情感、身家、命运、悲欢离合要与祖国的命运、人民的生死紧紧相连，时时存忧患之心，以忳郁傺侘之情，发为哀痛迫切之辞，字字性灵，言言心极，你才有所作为，你的诗作才有生命力。因此，作骚应有忧国忧民的大忧患之心，识见高明，不染利欲，要如庄周，要如屈李，独怀大忧患，识见高明，超然尘外，才能写出光耀百代的诗作。

六、巧绘声与色

骚体诗作应描写声色以移人。即所谓"曲尽丽情，深入冶态，词人之赋丽以淫"，"长言摹写，极女色燕昵之盛"。写美人之艳丽致淫，乃词人之职分。古今中外优秀文学作品中对丽人的描写太多了。只看下面引用的一小部分就可知：

杨慎《丹青摘录》卷八："《九歌》'满堂兮美人，忽独与予目成'，宋玉《招魂》'娭光眇视目曾波'，相如赋'色授魂与，心愉于侧'，枚乘《菟园赋》'神连未结，已诺不分'，陶渊明《闲情赋》'瞬美目以流盼，含言笑而不分'，裴硎《传奇》，元氏《会真》，又瞠乎其后矣。"宋代文学家周密《浩然斋雅谈》卷上："昔人有言，韩退之《送李愿归盘谷序》所述官爵待御宾客之盛，皆不过数语，至于说声色之奉，则累数十言。或以讥之。余谓岂特退之为然，如宋玉《招魂》，其言高堂邃宇，翠翘朱被，畋猎饮食之类，亦不过数语；至于'兰膏明烛华容备，二八侍宿射递代。九侯淑女多迅众，盛鬋不同制，实满宫。容态好比顺弥代，弱颜固植謇其有意。姱容脩态絙洞房，蛾眉曼睩目腾光，靡颜腻理遗视目緜'又曰：'美人既醉朱颜酡，娭光眇视目曾波。被文服纤丽而不奇，长发曼鬋艳陆离。二八齐容起郑舞。’又《大招》云：‘朱唇皓齿嫭以姱。比德好闲习以都。丰肉微骨调以娱。’……皆长言摹写，极女色燕昵之盛，是知声色之移人，古今皆然”。

由上可知，骚体诗对声色的描写，是不可放过的，是不能缺少的。人有七情六欲，食色，性也，描写声色而不淫乱，描写美人艳丽而不使人产生邪念，而又移人动人感人娱人，何乐而不为之！

七、沟通巫道儒

写骚体诗应通“巫”、“道”、“儒”。这一点是笔者从张正明先生《巫道骚与艺术》中发现的：“巫学给艺术带来的是狂怪真率的意绪，道学给艺术带来的是睿智玄妙的理念，骚学给艺术带来的是融狂怪真率的意绪和睿智玄妙的理论于高洁绮丽的情思之中。”

因此，欲作骚者，应必通“巫”、通“道”、通“儒”。通“巫”，则诗作更可狂怪率真，绚丽奇诡；通“道”，则诗作更可睿智玄妙，奇境迭出；通“儒”，则诗作更可堂皇正大豁然开通；知神话，解神巫，则善作神游，驰骋想像，文思如山耸海振，巍巍浩浩，不可穷极，诗作可写得汪洋恣肆，大开大阖，显出磅礴大气。

八、妙设体与言

骚体诗对文体、文格、语言有较高的要求。

明代学者胡应麟《诗薮》指出：风雅之规，典则居要；《离骚》之致，深永为宗。四言典则淳雅，自是三代风范，宏丽之端，实自“离骚”发之。迂回断续，《骚》之体也；讽喻哀伤，“骚”之用也；深远优柔，“骚”之格也；宏肆典丽，《骚》之词也。

由上我们可知，骚之文体必迂回断续，因这种诗体，是用来叙哀伤之情的。骚之文格，须深远优柔。骚体诗的语言，一定要写得宏肆典丽，不可以俚语、民谚、民谣入诗，不信，你试试看。

说到创作骚体诗对于语言的要求，不可不注重双声词、叠韵词，特别是叠音词。因为它们之于骚体诗，有如下好处：便于作者创造幽深的意境，使作品中的人物与情景妙合无垠；便于作者描绘社会生活的鲜活，使人如临其境、如见其人、感同身受；便于抒发真挚情感，使读者与作品笑怒与共；便于描摹真切的声音，使读者身临其境；能增加诗作的韵律美和修辞美，使读者美不胜收。

屈宋运用叠音词为我们做出了榜样。屈赋共 25 篇，除《国殇》、《礼魂》、《惜往日》、《橘颂》未用叠音词外，其余各篇皆用，《山鬼》短短 28 句，168 字，就用了 9 个叠音词。《离骚》373 句，2490 字，用了 17 个叠音词，《悲回风》104 句，728 字，用了 25 个叠音词。如果加上宋玉的《九辩》40 个叠音词，屈宋诗赋共计 20000 字，共用叠音词 136 个。拙作《梅赋》346 句，2222 字，计用叠音词“洋洋”、“铮铮”、“灼灼”、“郁郁”、“灿灿”、“皇皇”、“霏霏”、“瑟瑟”、“馥馥”、“隆隆”、“盈盈”、“颤颤”、“蜿蜿”、“袅袅”、“历历”、“落落”、“凛凛”、“浩浩”、“融融”、“沉沉”等共 50 个。《白荷辞》100 句，408 字，计用叠音词“翩翩”、“忑忑”、“哑哑”、“赫赫”、“啾啾”、“骁骁”、“啃啃”、“谔谔”、“謇謇”、“殷殷”等 20 个。

叠音词是汉语中极富感染力的词语，它最细腻、最精致、最幽深、最含蓄、最玲珑、最甜美、最婉曲、最富有音乐感，它在写景、状物、抒情、论理上，都有极特殊的表现力，具有音乐的节奏感，结构的对称感，在营造文章意境时，能事半功倍。古今优秀作品都大量使用叠音词。因为它能以一当十，短小凝练、含蓄无尽、回味无穷、生动形象，起到画龙点睛的作用，特别是能为诗文增添色彩、增加语言效果，加深意境氛围。

九、妥施章与法

骚体诗结构的回环往复，可以表现诗人感情的回旋起伏，像《离骚》那样，自前至后，由浅入深，其中有虚有实，又有虚中之实，实中之虚。全诗是从实境逐渐升腾，最后骤然跌落到实境，中间云蒸霞蔚，虚实变化多姿多彩。到临近结尾时，升腾到幻境的极峰，一下子从幻境的最高峰，跌落到现实的最低处，乐极生悲，欲抑先扬。我们虽不可一一摹仿，但我们是完全可以从中得到有益的启示的！

十、本立而末就

写骚体诗应先求“本”，再求“末”。只有先求“本”，“末”才能有所附丽。“本”指什么呢？沉郁顿挫、忠厚缠绵之谓也；什么是末呢？幽深婉曲、瑰伟奇肆之谓也。决不可舍本而求其末。然既得其“本”，则应百尺竿头更进一步，而求其“末”——枝叶繁茂，群花怒放，辞藻华美，奇诡浪漫，婉曲幽深，以求达其极致，然后与古人比肩可也！

十一、韵求婉而转

写骚体诗如何用韵，今人史墨卿《中国国学》1984 年第 12 期《楚辞用韵艺术初探》中，为我们详尽地总结出楚辞用韵规律，可以作为我们写作时的借鉴：

第一，诗作每句用韵，又分为三种情况：①每句用韵，诗中仅一段节；②每句用韵，二句一转韵；③每句用韵，四句一转韵。

第二，隔句用韵，有十三种不同情况。①隔句用韵一韵到底；②隔句用韵四句一转韵；③隔句用韵六句一转韵；④隔句用韵八句一转韵；⑤隔句用韵十句一转韵；⑥隔句用韵十二句一转韵；⑦隔句用韵十四句一转韵；⑧隔句用韵十六句一转韵；⑨隔句用韵二十一句一转韵；⑩隔句用韵二十二句一转韵；⑪隔句用韵二十四句一转韵；⑫隔句用韵二十六句一转韵；⑬隔句用韵三十二句一转韵。

第三，四句三韵法，即首句次句连用韵，隔第三句而于第四句用韵者是也。

第四，其他韵法：有三句两韵者，五句三韵者，六句四韵者，六句五韵者，七句三韵者，八句五韵者等。

十二、参差兼整齐

骚体诗的句式，有下列多种情形：

整首诗每句皆为四言而未用“兮”字的，如拙作《赠妻诗》。每句皆为四言，其中含有“兮”字的，如拙作《白荷辞》；

整首诗中有四言加“兮”字的，如拙作《根赋》；

整首诗中有五言六言加“兮”字的，如拙作《陵堂赋》；

整首诗中有六言七言加“兮”的，如拙诗《梅赋》。

拙诗《荆州梅赋》有的句子根据感情的需要，突破句式之规整，有长达 32 言、56 言为一句者：“吾与朱子厉声语于天帝曰：从今后，不可妒梅轻梅斫梅删梅锄梅夭梅鬻梅遏梅毁梅而又尽掩梅之芳香兮；合令天下名士美人昂其头挺其胸瑟兮僩兮赫兮喧兮历历落落其才情兮凛凛冽冽其骨气兮浩浩荡荡其正气兮蓬蓬勃勃其喜气洋洋兮！”

十三、兮些呈其彩

写骚体诗，运用“兮”、“些”等字意义重大。可每句用之，亦可隔句用之，或用于句中，或用于句尾。用于句中，则“兮”字前后文字少，音节短，歌唱时逢“兮”，则气出而扬，可呈“安歌”、“浩唱”、“展诗”、“容与”之状；用于句末，则“兮”字前后文字多，音节长，歌唱时大概呈现“长言”、“咏叹”之状。

恰当运用“兮”、“些”等字，对调整诗歌节奏、增加其音乐性有帮助，对诗歌的表情有帮助，有时又兼具介词、连词、助词“乎”、“与”、“之”、“其”、“以”、“夫”等的具体作用。而最主要的是恰当运用“兮”、“些”等字，可使诗作或者就具有了楚风楚韵、古色古香的特别韵味。请注意，这里只说了“或者”。

作骚体诗联，不用“兮”字也成，只要写得奔放驰骋、浪漫奇诡，得楚辞之神韵，即有可观处。拙作《七律·良文先生雅兴》："严公雅兴会群芳，师徒融融乐未央。纤指红酥飞醉笔，娇容靓丽焕流觞。呢喃笑语莺缱绻，袅娜舞姿凤回翔，更有潘生描彩图，繁花满眼映华堂！"《鸡鸣笔落联》："鸡鸣我起追鸾凤，笔落天惊变蛰龙。"《云梦潇湘联》："云梦涛声邀墨客，潇湘烟景醉诗魂。"《妙入神联》："淋漓水墨弥天起，蜿蜒虬龙脱纸飞！"《三八国际妇女节抒怀联》："女娲补天，明妃出塞，秋瑾舞宝刀，胡兰殇国难，皆为巾帼英雄，英雄虽死，英雄不死；浮世得爱，情场畅怀，书山寻凤鸟，墨海缚龙螭，此乃平生壮志，壮志难酬，壮志已酬。"《放旷联》："侧身崧岳，雄赳赳，鬣蹄开张云窟马；驻足苍茫，坦荡荡，心神放旷海隅龙。"作品有楚辞韵味和无楚辞韵味，只要一读，便可感知。

十四、人物展丰姿

作骚体诗，当然还需要借鉴古今中外各类文学样式塑造人物的方法，将写景、抒情、叙事议论融为一体，刻画心理，塑造人物。塑造人物宜用四美统一的方法，那就是：内美与外美的和谐统一，自然美与人格美的和谐统一，情感美与理性美的和谐统一，优美与壮美的和谐统一。

作骚体抒情长诗，还应注重塑造抒情主人公形象。抒情主人公形象是作者在诗中把自己面对客观实现所产生的或欢喜、思慕、爱怜，或忧虑、悲痛、愤怒，或酣畅、自在、优游，或无聊、烦闷、惆怅，或厌恶、怨恨、窘迫、恐惧等情绪加以典型化、人格化而塑造出来的形象，这一形象应是理想崇高、人格峻洁、感情强烈，源于生活、高于生活而超出于流俗之上，这一形象应使读者感奋，因此能鼓舞人、教育人、激励人们向上。

我们今人写骚体诗，要写出时代特色，要写新人新事新风尚。要用当代人的人生观、宇宙观、审美观、价值观去观察，去审视，在语言文字上让大多数人能看懂、读懂，要写出时代的强音，要写出人民的心声！

苏轼《书鲜于子骏楚辞后》说："鲜于子骏作楚辞《九诵》以示轼。轼读之，茫然而思，喟然而叹曰，嗟乎！此声之不作也久矣，虽欲作之，而听者谁乎？好之而欲学者无其师，知之而欲作者无其徒，可不悲哉！今子骏独行吟坐思，寤寐于千载之上，追古屈原宋玉及其人于冥寞，续微学之将坠，可谓至矣，而览者不知其贵。"苏轼慧眼识佳作，实乃子骏之幸矣。

当今之世，罕人作骚。予欲继作，而观者阿谁？而读者阿谁？而听者阿谁？而解者阿谁？而知音阿谁？姑且作罢，于心不忍；犹豫彷徨，内心愁惨。伟大的骚体诗作，必定交织着作者灵与肉的冲突，折射着作者高洁伟岸的人格。吾虽生而愚鲁，但向往之心未泯。

7 月写于湖北荆州三贤堂南窗灯下

原载《湖北师范学院学报》，转载于《首届中华辞赋北京高峰论坛论文集》，2010年5月

[参考文献]

[1] 袁长江. 中华名赋集成 [M]. 北京：中国工人出版社，2000.

[2] 姜亮夫. 先秦诗鉴赏辞典 [M]. 上海：上海辞书出版社，1998.

[3] 崔富章. 楚辞评论集览第二卷 [M]. 武汉：湖北教育出版社，2002.

[4] 周殿富. 楚辞源 [M]. 长春：吉林人民出版社，2003.

[5] 刘征. 金缕曲 [J]. 北京：中华诗词杂志，2005 (4).

[6] 漆雕世彩. 三贤堂楹联选粹 [M]. 北京：作家出版社，2006.

[7] 漆雕世彩. 屈苏叠音词之比较 [J]. 湖北：长江大学学报（社会科学版），2007 (2).

[8] 漆雕世彩. 骚体长诗梅赋 [M]. 北京：中国文史出版社，2007.

[9] 漆雕世彩. 湖北代表书家作品集·漆雕世彩卷 [M]. 武汉：湖北美术出版社，2006.

[10] 漆雕世彩. 论《离骚》抒情主人公形象 [A]. 漆雕世彩诗词选 [M]. 北京：中国文联出版社，2006.

楚辞体手机短信的即兴制作

——也谈屈原文化与当代社会主义文化建设

漆雕世彩

摘要：当代楚辞学者将屈原文化与当代社会主义文化建设紧密地联系起来，制作楚辞体手机短信，用于日常生活中最普通、最普遍的人际交往，这是理所当然的，这是从最微小的事做起，是从我做起，这对光大楚辞、弘扬屈学将产生深远的影响。

关键词：楚辞体手机短信；当代社会主义文化建设；制作意义、要求、示例

一、楚辞体手机短信制作的意义

当代社会主义文化建设急需高品位的人际电信交往，人际电信交往中所体现出来的文化层面越高，那么对当代社会主义文化建设的影响就越深远。

当今之世，人们忙于生活，忙于工作，忙于事业，忙于学问，同处一小区、一市、一省、一国，都不一定有空常来往，因此手机短信是人际交往中最便捷最便宜的工具形式之一。如何在这千千万万万万千千的相互来来往往往往来来的手机短信中，建设当代高品位的社会主义文化，是摆在我们楚辞学者面前义不容辞的义务。

梁启超说过："凡为中国人者，需获有楚辞欣赏之能力，乃为不虚生此国。"梁启超这是对普通中国人来说的。普通中国人都有了欣赏楚辞的能力，那我们楚辞学者就应该在这个基础上把它提高一步了。楚辞学者研究楚辞，除了评行谊、辑遗篇、明训诂、辨真伪、探微言、发奥旨而外，还理当应该继绝楚骚本身——作骚体诗、写骚体文、发骚体短信！而发骚体手机短信是练脑练智、练手练笔，是为作骚体诗做准备的，是为光大楚辞做准备的！是为弘扬楚文化做准备的！

二、楚辞体手机短信制作的要求

（一）对社会生活保持着感受的敏感，反应的快捷

楚辞学者制作楚辞体手机短信应该是轻而易举的事，应是小菜一碟，手到擒来，不在话下。我认为，当代社会生活瞬息万变，节奏加快，好的楚辞手机短信制作者，他理应是一个诗人，他将所见所闻所感内化为诗，这是一个快速内心加工的过程，叙述一人一事一景，要快捷，又必以诗意出之。诗意既在胸中形成，又必须出之以楚辞的形式，即在字词、句式、语气等方面皆具有楚辞的特点，纪楚声，言楚事，纪楚物，即楚辞的韵味，而这一过程又应以较快速度完成。日本人对健康人的要求是，说得快、走得快、拉得快。其中说得快，即指反应快捷灵敏，只有反应快捷，才能达到有效交往的目的。

（二）文学底蕴深厚，文字功夫过关

只有文学底蕴深厚，才能制作出有楚辞韵味的骚体手机短信；只有文字功夫过关者，才能将胸中的情义用文字准确地、生动地表达出来。所谓"腹有诗书气自华"说的就是这个道理。

1. 用心力，苦诵读

制作楚辞体手机短信的先决条件是要求作者非常喜欢楚辞，将楚辞和先秦歌谣包括《诗经》中《国风·周南》等篇烂熟于胸，最终要能脱口说出，随手写出。

要达到这一点，就必须下苦工夫去读、去记、去背、去高声朗诵，不读出声来不行，读出声又加上心中揣摩涵咏。这样读，才能深入到楚辞的意境中去，才能深入到屈原的内心中去。熟读离骚痛饮酒，名士何须才八斗！读骚时间长了，才能识得真味。真读骚者，沉潜玩索、倾心涵咏，既读且思，既读且哭，既读且歌，既读且舞，要感古人之悲郁愤懑，不觉潸然泣下。要歌之抑扬，涕泪满襟。要一读一思，令人泣数行下。这都是说读时需带感情，要设身处地，声泪俱下。古人为我们总结出读骚的三种境界。

明许学夷《诗源辨体》曰："骚辞虽总杂重复，兴寄不一，细绎之，未尝不联络有绪……学者苟能熟读涵泳，于窈冥恍惚中得其脉络，识其深永之妙，则骚之真趣乃见。凡读骚辞，得其深永之妙，一唱三叹而不能自已者，上也；得其窈冥恍惚漫衍无穷，可喜可愕者，次也；得其金石宫商之声，琅琅出诸喉吻而有遗音者，又次也。"这就是说，读骚之人因其资质的优劣可能读出三种境界——上境者，是在诵读时，能揣摩出骚辞含义

幽深隽永的妙处，而且边读边唱边感叹连连，扼腕吟啸，涕泪满襟。这是读骚辞的第一等境界。中境者，是能在读的过程中，体会出骚辞的幽窈冥窠恍惚漫衍无穷的意境，且边读边会心地微笑，有时又露出惊愕的神情，这是读骚辞的第二等境界。下境者，是能在诵读时，声有抑扬顿挫，音含金石宫商，腔调铿锵作响，金声玉振，此为第三境界。

不管哪种境界，读吧，读吧，让我们在劳作之余，在困顿之时，在欢喜、愤怒、窘迫、穷苦、忧愁、悲哀、怨恨、思慕、酣醉、无聊、不平，凡有动于心之时，读吧，读吧，直读得天愁云惨，直读得怒目横眉，直读得悲声大作、涕泪纵横，直读得披头散发、奋袖而起，直读得手舞足蹈、佯狂疾走、神思奔逸、神形俱忘……

以上说的是因喜好而读，而对于那些并不喜欢古奥楚辞的人来说，就只能立志，只能吃苦，就必须端正态度、立定志向、立志苦读。

怎样读？用朱熹的话说，那就是在读的时候，须是一棒一条痕，一掴一掌血！看人文字，要当如此！看文字，须是如猛将用兵，直是鏖战一阵；又如酷吏治狱，直是推勘到底，决不恕他，方得。若是悠悠地似做不做，如捕风捉影，有甚长进！今日是这个人，明日也是这个人！读书要如居烧屋之下，如坐漏船之中，须是策励此心，勇猛奋发，拔出心肝与他做去！要如两边擂起战鼓，莫问前头如何，只认卷将去！如此，方做得工夫。若半上落下，半沉半浮，济得甚事！立志苦读，又如项羽救赵，既渡，沉船破釜，持三日粮，示士必死，无还心，故能破秦。若瞻前顾后便做不成。我们读书做事应有刻苦认真、勇猛奋发、雷厉风行、顽强不屈的精神。

孔子说过，其为人也，发愤忘食，乐以忘忧，不知老之将至（见《论语·述而》）。张岱对孔子的这句话特别重视，他有感而发：万物以怒而生，看一“愤”字，真有龙雷震动之象。“愤”便是“乐”，原无二层，此是宣圣一生得力处。可见，发愤用力是很重要的！清人龚自珍也说，心无力者，谓之庸人。报大仇，医大病，解大难，谋大事，学大道，皆以心之力。真用力久则入，发愤用力读楚辞，焉有不得者哉！再说，你不读书，胸无点墨，毫无书卷气、文雅气，只有村气，妇气，市气，匠气，腐气，伧气，俳气，江湖气，门客气，蔬笋气，酒肉气，开口便俗，开口便野，开口便粗，开口便脏，有甚意思?！早在千年前古人黄庭坚就说过：“人胸中久不用古今浇灌，则尘俗生其间。照镜，觉面目可憎；对人，亦语言无味也！”你若发愤读楚辞，你无论写，无论说，都一定因受其熏陶、浸染而多少带一点楚风楚韵吧。

再说，《楚辞》确实是一本好书，实在是值得一读，古今英雄豪杰贤哲俊彦学者名流都说要读。

毛泽东说："《楚辞》是一本好书。"他在1973年将一本线装本《楚辞》作为国礼送给了当时的日本首相田中角荣，可见其珍贵，可见其郑重！郭沫若激动地、自豪地说："作为诗人，屈原的想象力，在中国文学史中是独步的，他的影响在中国文学史中一直作用了两千多年。"

苏曼殊激愤地说："一个人在30岁前不读《离骚》，是该死的，没活气了。"

梁启超客观而深情地说："凡为中国人者，须获有《楚辞》欣赏之能力，乃为不虚生此国。"

苏东坡佩服得五体投地："吾平生所学，不能企其万一者，唯屈平一人而已。"

刘勰说："辞人九变，祖述楚骚。"

沈约说："一世之士，名相慕习，莫不同祖风骚。"

我漆雕世彩更要说："《楚辞》是荆楚大地开出的一枝文学奇葩，是中国文学史上处于源头地位的最伟大的作品，屈原开创了中国诗人真正独立歌唱的新时代，《离骚》是我国积极浪漫主义文学的始祖。"

为何古今贤哲都说《楚辞》好，都说要读《楚辞》呢？这实在是因为《楚辞》无论是在形式上，还是在内涵上都为文人们，尤其是为那些志向高远、怀才不遇、处境不佳的文人士子乃至帝王官宦们，提供了一个抒发个人情感、忧国忧民、怀念祖先、祭祀亡灵等多方面广阔的驰骋空间。楚辞形式上的楚语、楚调，有韵而不拘于韵，句式自然对仗而又不拘于整齐划一，浪漫主义情调又与个人乃至社会生活密切相关，无疑为文人士子们提供了经典范本级的文学样式。尤其是楚辞中的悲剧精神、人文关怀、民族情愫、自我观照等博大的文化内涵和赋比兴兼用的文学手法，为文人士子们的驰骋思想、寄心托志、抒情感言、掘忧发怨、献愁供恨、慨叹人生乃至讽喻谏刺提供了广阔的空间和工具。

2. 勤练笔，详比照

衣带渐宽终不悔，为伊消得人憔悴。不停地诵读，不停地积累，不停地酝酿，终究一日，脱口说出，信手拈来。你写出后，还要对比楚辞原句，详细比照。第一是比照其思想意境，第二是比照其文气，第三才是比照其字句、语序，还要注意炼字。比如，笔者骚体长诗《梅赋》后部：

吾与朱子厉声语于天帝曰：

"从今后，不可妒梅轻梅斫梅删梅锄梅夭梅鬻梅遏梅毁梅而又尽掩梅之芳香兮；

合令天下名士美人昂其头挺其胸瑟兮僩兮赫兮喧兮历历落落其才情兮凛凛冽冽其骨气兮浩浩荡荡其正气兮蓬蓬勃勃其喜气洋洋兮！"

著名作家荆州市作家协会主席黄大荣先生评曰：

形象寄寓，终觉得难以阐发“奥义微旨”，诗人胸中块垒，早已经壅塞入喉，不吐不快。一腔豪情豪气，冲决而出，好似京剧里的“剁板”，二字一顿，三字一挫，复取双声叠韵，铿铿锵锵，金声玉振，掷地有声，大有撼天动地之慨！至此，《梅赋》不仅得楚辞之义采，更得了楚辞之精神。

又比如，笔者在《根赋》中为表现根与暴风雨搏斗的形象，反映其与和风丽日下不同的精神面貌，升华它的意境，对字句作了反复修改。

修改前：

道枝与暴风雨相摩荡，
劲叶与雷电相激昂，
惊风兮扑面，电闪兮雷鸣
款坎鞺鞑，哗哗隆隆，

斗倒了黑云阴霾，
喝退了八万里风啸，
不畏寒剪暑蒸，
不畏霜剑风刀严相逼，
笑对人世兮炎凉，
承受重压兮饱经沧桑

反复地修改后：

赳赳道枝兮与天风海雨相摩碰，
骁骁劲叶兮与炸雷掣电相冲腾。
惊风兮扑面，豪雨兮如注，电闪兮雷鸣。
款坎鞺鞑，哗哗隆隆，霍霍砰訇……

斗倒了十万次黑云阴霾，
喝退了八万里风嘶雷轰。
不畏虫蛀水淹，
不畏寒剪暑蒸，
不畏霜剑风刀严相逼，

不畏权势兮气益增。
感人世兮冷暖，
经沧桑兮迭兴，
受重压兮心不惩，
终坚强兮不可凌！

对于修改后的这一段，包头《职大学报》主编、教授周秉高先生撰文分析指出：

这是雷电交加环境中的大树，即险恶环境中的大树形象。作者激情洋溢，笔端气势豪迈，此乃全篇最为精彩之处。

这是在写大树的英勇顽强，难道不也是一切战斗者的精神风貌吗？难道不更是当年铮铮铁骨的屈子形象吗？漆雕歌颂这样的战士，可见确有与屈子心灵相通之处。

身处逆境，面对风雨雷电，大树仍能够不畏邪恶，“斗倒”邪恶，其原因仍然是“默默奉献”，故能“倔强坚韧无怨无悔”。人生在世，只要有了为国为民默默奉献的精神，就不仅能在风平浪静的环境中愉快生存，而且也可在暴风骤雨之中屹然挺立，昂起自己不屈的头颅！

此篇立意用词极似屈赋。屈原的《国殇》一诗歌颂楚国捐躯将士们“带长剑兮挟秦弓，首身离兮心不惩。”“诚既勇兮又以武，终刚强兮不可凌。”这实际也是屈原本人的誓言。《离骚》有云：“亦余心之所善兮，虽九死其犹未悔！”“虽体解吾犹未变兮，岂余心之可惩！”《根赋》之旨正与此同，所以我说其深得骚之精髓，它已从一般的睹物之作升华为歌颂华夏民族精神的抒情之作。

从以上对比看出，修改后的思想意境、行文的气势、字句的安排及押韵等方面，都比修改前要好得多。

又比如，我在《梅赋》中写梅树的形象、红梅的形象、松梅的意象，中国台湾成功大学中文系教授陈怡良先生分析说：

意象具绚烂多姿之美。

意象，文论家无不以为是诗歌创作之核心，为创作诗歌思维过程中之主要符号元素，而审美又与意象结下不解之缘。古典诗歌向来注重意象美之创造。确实，美之意象，当是诗人才华之试金石。在《梅赋》文中，作者漆雕先生形容梅树是“写梅干如凤翅兮，生鳞皴于其上。展花枝之翼翼兮，似丹凤之朝阳”。写红梅之初绽，是“发红光以四射兮，见凤凰之涅槃，添火色之炽烈兮，驾火凤以翱翔”。象与意，情与景，相融相成，引人进入联想与想象的艺术世界。

而上述例句，不但具有清新脱俗之动态美意象，更具有奇特之新颖比喻，化静为动，化美为媚。作者飞舞之笔花，功力之厚实，值得肯定与称道。其余如“松愈老则愈奇兮，梅愈古而愈芳”，松与梅之意象组合，表现出具有强烈的艺术对比之美学作用，自然能让读者动人心魄。总之，漆雕先生在文中构思组合之意象，极为丰富，亦极具美的感染效果。在此，个人始判定其意象具绚烂多姿之美，当是不虚妄。

在练笔的过程中，在比照的过程中，要以少胜多，以一二短句突现主题思想。陈怡良教授在分析《梅赋》时说：“漆雕先生乃性情中人，其咏梅大作，岂是言不由衷，无的而发？盖人世不平之事多矣，作者器宇轩昂，欲以笔代剑，铲除世上之黑暗面，发扬人间之光明面，用心良苦。‘辟梅馆以疗梅兮，吾唏嘘而感伤’，只此一句，即含多少热情，多少恻隐，多少慈爱！足见其大作之主题。端直中正，思想呈现正气浩然之美”。

我们在比照中要注意屈原原诗的语序：“不抚壮而弃秽兮，何不改此度也？乘骐骥以驰骋兮，来吾导夫先路！”笔者《梅赋》中的“扶我坐鸾背兮，插双翼乎上翔，吾令帝阍开关兮，来吾驮夫太阳！2006 年 2 月 10 日”。可见“来吾驮夫太阳”是化用“来吾导夫先路”得来。又如，“恐年岁之不吾与”，“乐夕阳之我惠”，“不吾与”即“不与吾”，“乐夕阳之我惠”即“乐夕阳之惠我”。

涵咏楚辞揣摩奥义，处处留心，应有所得！

（三）常怀大忧患之心

我们身处当今社会，应时时怀大忧患之心，胸怀祖国，关心社会，关心民生。在有所作时，心思要微，魄力要大。微者，精炼乎字中；大者，磅礴乎句外。要善养浩然正气。

2006 年 9 月，温家宝接受英国《泰晤士报》记者访谈，记者问道：“你在晚上睡觉前最喜欢读什么书？掩卷之后，有哪些问题使你难以入眠？”温总理回答时，一口气说了六句名人名言，形象地告诉记者，我是一个怎样的人，经常读哪些书，在思考哪些问题。第一句是晚清名臣左宗棠 23 岁结婚时，在新房门口写的对联：“身无半亩，心忧天下，读破万卷，神交古人。”第二句是北宋北载的《横渠四句》：“为天地立心，为生民立命，为往圣继绝学，为万世开太平。”第三句是屈原《离骚》中的诗句：“长太息以掩涕兮，哀民生之多艰。”第四句是以“难得糊涂”闻名于世的清朝文人郑板桥的诗作《潍县署中画竹呈年伯包大中丞括》中的“衙斋卧听萧萧竹，疑是民间疾苦声”。第五句“有两种东西，我对他们的思考，越是深沉和持久，它们在我心灵中唤起的惊奇和敬畏就越会日新月异，不断增长，这就是我头上的星空与心中的道德定律”，出自德国大哲学家康德的哲学名著《实践理性批判》最后一章，后来成为刻在他墓碑上的名言。第六句出自中国现代诗人艾青的诗歌《我爱这土地》："为什么我的眼里常含着泪水？因为我对这土地爱得深沉！"

我们再回过头来看看两千多年前的屈原：

长太息以掩涕兮，哀民生之多艰！
岂余身之惮殃兮，恐皇舆之败绩！
亦余心之所善兮，虽九死其犹未悔！——《离骚》
皇天之不纯命兮，何百姓之震愆！——《哀郢》
首身离兮心不惩，终刚强兮不可凌！——《国殇》

喷泉里喷出的都是水，血管里喷出的都是血，狗嘴里吐不出象牙！你是什么人，就会说什么话！因为辞出于情，情发自于心，心系之于作者身世遭遇也，故作骚体诗必与自己遭遇心情相连，也必然与"悲"、"怨"、"愤"等情感相邻。因之，明代文学家唐顺之在《荆川集》中说："楚风柔婉而邻于悲。"

你的思想、情感、身家、命运、悲欢离合要与祖国的命运、人民的生死紧紧相连，时时存忧患之心，以忳郁傺侘之情，发为哀痛迫切之辞，字字性灵，言言心极，你才有所作为，你的诗作才有生命力，你的手机短信才能深深地感染别人、打动别人，从而达到有效交往的目的。

因此，作骚体诗应有忧国忧民的大忧患之心，识见高明，不染利欲，要如庄周，要如屈李，独怀大忧患，识见高明，超然尘外，才能写出光耀百代的诗作。苟能如此，那么在写楚辞体手机短信的时候，"轻而易举"、"手到擒来"的体验，总有一天你会感觉到的。

三、楚辞体手机短信制作示例

我们已经熟读了楚辞及古楚歌谣，那么我们只要吟诵《大风歌》："大风起兮云飞扬，威加海内兮归故乡，安得猛士兮守四方！"我们就可以在文人墨客笔会雅集时，一边吟，一边写，一边作《大笔歌》，一边挥毫疾书：

大笔挥洒兮墨飞扬，
龙蛇游走兮气轩昂，
国士之风兮播芬芳！

2007 年 8 月 20 日

我们就可以一边在国家大剧院看著名演员袁泉表演《简·爱》，一边向我的老朋友袁世明先生（袁泉之父）发手机短信以示祝贺，《观袁泉演〈简·爱〉，以楚歌赞之》：

演绎纯情兮动衷肠，
催人泪下兮何滂滂！
醰醰真爱兮韵悠长！

2009年9月9日

我们就可以在收到10086发来的短信：“文明传递，支持公益！中国移动诚邀您参加‘迎世博迎亚运’文明短信传递活动，笔记本电脑、手机等奖品等您拿！编辑世博主题原创短信发至106581050，赢取创作大奖，发D至106581050下载，精品短信转发亲友，赢取转发大奖。活动免信息费，通信费收益将捐赠给中国志愿服务基金会！（长122字）”之后，编辑一条24字的楚辞短信发过去：

喜迎世博兮歌飞扬，
龙腾虎跃兮气轩昂，
大国雄风兮震四方！

2010年5月20日

我们还可以写成短信，勉励子女后生好好学习，下工夫：

待人接物兮，
笑相呼。
文质彬彬兮，
美且都。
友谅友直兮，
德不孤。
醉心文翰兮，
墨常濡。
焚膏继晷兮，
下工夫！

我们还可以发短信勉励远在国外读研读博的学子：

秉烛夜读兮，
万卷书！
朝夕于斯兮，
自勤劬！
日日精进兮，

去帆孤。
鲲鹏展翅兮，
邈难逾！

我们还可以发短信给我们最敬爱的师长，以表达对恩师的敬慕之情：

文德如山兮，
巍巍乎！
下笔万言兮，
洋洋乎！
胸罗万有兮，
浩浩乎！
清气氤氲兮，
郁郁乎！
雄词闳辨兮，
粲粲乎！
清音幽韵兮，
悠悠乎！

你可以把你送楹联下乡镇参加现场书写的情景发短信告知家人：

当众挥毫兮，
人满衢。
观者如堵兮，
群情浮！

运用之妙，存乎一心，随手拈来，脱口而出，随心所欲，任意挥写，佳句本天成，妙手偶得之！

你读了先秦古歌《卿云歌》：“卿云烂兮，纠缦缦兮。日月光华，旦复旦兮。”你就可以写出《汶川大地震》：

天地昏兮！
日月坠兮！
惊雷炸兮！
风雨狂兮！
山梁摧兮！
大厦倾兮！
嗟兮嗟兮！

万民埋兮！

你读了孔丘的《曳杖歌》：“泰山其颓乎？梁木其坏乎？哲人其萎乎？”面对中央电视台抗震捐款直播现场就可写出：

《赋玉树大地震国人捐款》

话语何亲兮！

真情何沛兮！

善款何巨兮！

人心其凝乎?!

天意其显乎?!

大国其将兴乎?!

儿子沉溺网吧，母发短信招儿回：

我儿归来！

网吧不可待些（音 shuò）。

武打淫秽，

隳坏学业些。

归来归来，

时不可久些！

妇唤离家出走夫：

我夫归来！

寒风已起些。

饭菜又凉，

夜幕渐启些。

老母痛哭，

娇儿唤你些。

我心悲伤，

泣血不止些！

漆雕世彩 2009 年 12 月 26 日

参加亲人葬礼，悲从中来：

问慈母今何在兮，

实宽厚而慈祥。

其劳瘁而困顿兮，

稍歇此静穆之灵堂。

吾肃立而心伤悲兮，
仰遗容之安详。
感我母之恩德兮
何令人瞻依而想望！
吾延伫而忘返兮，
噙涕泪之汪汪。
长嘘唏余郁邑兮，
疑天地之低昂！
忽恍忽以晕眩兮，
哀明灯之昏黄。
揽鲛绡以掩涕兮，
沾余襟之滂滂！

你在旅游途中由久雨而忽遇天开云朗，欣赏到了楚地梅花的美景，就赶快给你的亲朋好友发个短信吧，让他们也一同来欣赏：

忽云开而日出兮灼灼闪闪，松竹含碧兮郁郁苍苍，
楚水蒸霞兮灿灿烂烂，荆梅生彩兮裔裔皇皇！
飞香兮走艳，耀白兮腾黄。
逞俊兮竞秀，含笑兮流芳。

爱情，这个人类的永恒的主题，这个占据了人们生活很大部分的日常必需品，也可以由手机短信来传情达意。月上柳梢头，人约黄昏后，发个短信吧！你的短信能推开恋人的心扉吗？楚辞体手机短信在这方面有明显的优势：

①写刚开始的，醺醺深深的爱恋：

芳芳妍妍，
袅袅婷婷。
卿卿我我，
缠缠绵绵。
莺莺燕燕，
语语言言，
朝朝暮暮，
蜜蜜甜甜。
恩恩爱爱，
年年岁岁年年；
痴痴迷迷，

生生死死生生！
恩恩爱爱，
岁岁年年岁岁；
痴痴迷迷，
生生死死生生！

②那已入佳境的，痴痴迷迷的热恋：

为觅同心，
遍访麟阁。
蓝田日暖，
碧玉烟熇，
昆山玉叫，
香兰哑哑；
嘤其鸣矣，
天作之合！
嗟兮泣兮，
诉兮歌兮，
倾兮慕兮，
唱兮和兮，
悯兮怀兮，
惬兮悦兮，
惜兮惺惺，
见兮肺腑！
两情相悦，
浮沉爱河！

③那欲爱不能得的，凄凄戚戚的苦恋：

苦良夜而梦魂无所寄兮，
思阿妹其难忘。
情切切而意绵绵兮，
欲揪心而断肠。
藏深爱于中心兮，
何酸楚而凄凉！
情惨怛而不知其所之兮，
每黯然而神伤！
历十余载而情不移兮，

哀满头之清霜！

漆雕世彩 2002 年 2 月 1 日

近几年来，我已与多位师友通手机短信，都拟骚体格式。自己开始觉得很好玩，师友们觉得也很别致，日子长了，也就很自然，一两分钟时间，发一条楚辞体短信，我与师友黄震云、萧东海、汪伟、周笃文、孙石毅、胡可先、郭令原、黄灵庚、何念龙、郭丹、陈咏红、崔富章、方铭、李燕杰、敢峰、龚克昌、毛庆、袁世明、殷光熹等数十位先生已多次通了短信。譬如：

致崔富章教授：

捧先生之鸾笺兮，吾口为之歌足为之蹈。

感文字之精奇兮，实乃当今之麟爪！

惭雕虫之小技兮，难符先生品评之华藻。

吾誓作当代骚体诗创作第一人兮，

在先生您悉心指导下领跑！

漆雕世彩敬启，2009 年 7 月 3 日于北京

致方铭教授：

先生评《梅赋》之鸿文兮，度大功已告成。

盼示予其研读兮，仰会长之圣明。

途修远而心切切兮，愿览察予之中情！

世彩又呈，2009 年 7 月 9 日

致黄灵庚教授：

度先生已返京兮，践前约兮恰好！

忳郁邑余侘傺兮，盼黄兄于昏晓。

冀宏文之我惠兮，发奥旨于幽窈！

恐时日之不吾待兮，聚今晚兮可好？

漆雕世彩谨呈，2009 年 8 月 23 日于北京

致何念龙教授：

念龙吾兄——

琢兮磨兮，切兮磋兮；

探幽发微，忽焉豁兮；

惊雷作兮，天鼓挝兮；

哥俩吟兮，发楚歌兮！

世彩又及 2009 年 8 月 10 日于北京

念龙兄当即回手机短信曰：

楚辞体能用于日常之交往兮，

可见光复其生命之可望！

何念龙 2009 年 8 月 10 日

诚哉，念龙先生之言！楚辞体完全能用于日常人际之交往，其生命理应光复！而且完全可以光复！屈原没有死！楚辞没有绝！屈原文化还活在当代人的生活中！

楚辞体手机短信如果真能普遍地运用到我们日常生活人际交往中去，那么对提高全民道德修养、文化修养，提升中华民族的精神文明，推动当代社会主义文化建设都将产生深远的影响。因此，当代楚辞学者将楚辞和屈原文化与当代社会主义文化建设紧密地联系起来，制作楚辞体手机短信，用于日常生活中最普通、最普遍的人际交往，这是理所当然的，这是从最微小的事做起，是从我做起，这对光大楚辞、弘扬屈学将产生深远的影响！其意义之重大，明眼人一看便知！

2010 年 5 月 30 日写于北京

原载《纪念屈原诞辰 2350 周年高层专家论坛论文集》

屈原文化与现代人际交往

漆雕世彩

提　要：屈原文化已被广泛应用于当代人际交往及日常生活的各个方面，这充分证实在当代中国屈原影响仍在，楚风楚韵犹存！

关键词：屈原文化；现代人际交往；楚辞体诗文写作

屈原没有死！楚辞没有绝！屈原文化还活在当代人的生活中！

笔者近来客居北京，手边参考资料阙如，根据记忆，略述现代人际交往中屈原文化的影响，只鳞片爪，以就正于大方之家。

一、用作赠品

现代人际交往中有直接把屈原的《楚辞》作为赠品的。1972 年中日建交时，毛泽东将线装本《楚辞》作为最珍贵的国礼赠送给当时任日本首相的田中角荣。

1985 年，中国屈原学会成立大会在江陵召开，当时任中国屈原学会副会长兼秘书长的张啸虎先生书屈原辞“恐鹈鴂之先鸣”一幅赠给笔者。

1998 年 7 月，我任中国荆州青少年书画访日代表团团长出访日本，在日本东京、大阪、福岛、会津若松市等地举办书法展览及现场书法表演时，日本书法家溪流先生要求我书写《离骚》中“制芰荷以为衣兮，集芙蓉以为裳”一句，我写成中堂赠他，他激动得向我鞠了三个深躬。日籍华人陈华明亦要求我书写“路漫漫其修远兮，吾将上下而求索”中堂一幅卖给他。

2006 年中秋节，在湖北省荆州市书法家雅集笔会上，台湾孔依平先生亦要求我书写“啜英——朝饮木兰之坠露兮，夕餐秋菊之落英”斗方一幅赠给他。

近十年来，我亦见有电影、电视剧、大型京剧《赤壁》中或直接引用《楚辞》诗句，或引用具有楚辞韵味的诗句，以之画龙点睛，以之升华主题。

二、用于祝词

有用于祝寿词的。吾友刘云鹏先生，生于 1908 年 10 月 17 日，著名老中医，99 岁还每周上四个半天班，坐诊、查房。一日他对我讲悄悄话，说：“漆雕，我现在只想搞‘望、闻、问、切’！”过年时，我祝他活过 200 岁，他风趣地说：“我给你打个折，就活 120 岁！”

2009 年 10 月 17 日，刘云鹏先生 100 岁生日，9 月 9 日我用大红洒金宣书写一幅四尺大中堂“寿而康”，题富款附具上祝贺，词曰：

刘老云鹏兮，百岁华诞。
国医大师兮，我瞻仪范。
望闻问切兮，歧黄仍恋。
济世不已兮，掬心以献。
祝愿康健兮，再加餐饭！

老友漆雕世彩撰并书于北京时己丑年仲秋

有用于庆贺词的。

25 岁男青年李有光（1984 年生），广西贵港人，现就读于广西梧州学院中文系。2008 年 12 月，他为广西壮族自治区成立 50 周年写了祝贺词《广西赋》，篇末是：

壮年崛起兮，宏基已奠。
踵事增华兮，若干必成。
八桂儿女兮，永绥福乐！

辞虽稚嫩，但后生可畏，他已受到北大中文系费振刚教授指导，立志在赋学研究方面有所成就。

三、用于祭悼

2006 年 10 月，中国屈原学会会长褚斌杰先生仙逝，中国包头《职大学报》于 11 月 20 日发表了毛庆先生追悼文章《痛悼褚斌杰先生》，文章在详叙与褚先生交往及褚先生之道德文章后，作了动人心魄的抒发，其辞也精，其情也真！辞曰：

前人曰：有一等人品，方有一等学问文章。考之先生一生，信然！可苍天不公，好人无寿！先生过“随心”之年而驾鹤西去，怎不令后辈深为惋惜！

积痛之中，成哀辞一首，敬吊先生：

识仙颜于贵阳兮，观黄果知胸襟；
指黔山而骋怀兮，对洪流以抒情。
会荆州而论文兮，考殿最于锱铢；
焚膏油以继晷兮，疲身心而不疏。
掌巨舵于深圳兮，鼓学会之风帆；

引航程于香江兮，聚群英而灿然。
安众学于宁波兮，高德望以四清；
濯剡溪以论史兮，笑前雄之机心。
悲哉先生！痛哉先生！
受廿载之冤曲兮，与人善终不悔。
惟仁者之爱人兮，齐前贤而方轨。
倾心血育桃李兮，如河汾之门下，
与同道之交厚兮，比竹林而并驾。
步未名论继统兮，过季宅而叙志；
惜好人之无寿兮，令后辈而叹之。
睹合影而思颜兮，长哀感而哽咽；
抚遗著而感言兮，继遗烈之志决。
哀乎先生！敬乎先生！
笃治学而渊博兮，淡名利以处闲；
卧京华之尘氛兮，自心远而地偏。
实大隐于朝市兮，惟气骨与世殊；
达千古之通变兮，乃今世之醇儒。
于学界以立德兮，掌学会而立功；
研学术得立言兮，必不朽于域中！

毛庆先生，楚之人也，深谙楚辞三昧，此篇写得辞采精妙，真情沛滋！

四、用于遗嘱

著名书法家、诗人于右任先生眷恋祖国之情与两千多年前的屈子“仆夫悲余马怀兮，忽临睨夫旧乡！”一样令人肠一日而九转，读之热泪湿衣裳——

葬我于高山之上兮，望我大陆；
大陆不可见兮，只有痛哭！
葬我于高山之上兮，望我故乡；
故乡不可见兮，永不能忘！
天苍苍，野茫茫，
山之上，有国殇！

这篇遗嘱不仅被多种书刊转载，还被谱成歌曲，广为传唱，由著名男高音歌唱家廖昌永一直唱到了维也纳金色音乐大厅。可见好的楚辞体作品多么受大众欢迎！当代需要真正的楚辞体诗歌！

当代著名社会活动家、杰出宗教爱国领袖、诗人、书法家、中国佛教协会会长赵朴初先生（1907－2000）病逝前写了《书遗嘱后》：

生固欣然，死亦无憾。
花开还落，水流不断。
魂兮无我，谁欤安息？
明月清风，不劳寻觅。

1996 年 10 月于北京医院赵朴初

面对死亡，胸中一片坦然，心地一片光明，人天之际，一片浑融和谐的奇妙境界！

五、用作广告词

《梅赋》一篇，实在是我为好友写的一篇向广大国画爱好者、艺术品收藏者推介他的系列国画作品《梅花图》而作的长篇广告词。这只要读一读中国文史出版社 2006 年 12 月出版的我的骚体诗集《梅赋》中《梅赋》一诗的“附记”就可知道：

乙酉腊月六日午，朔风凛冽，老友朱由先生召予痛饮，为吾一人备满桌龙酢，满壶琼浆。宴罢，出自作梅花图以示，二人相对而坐，载言载笑，且赏且茶，至灵心焕发处，奇思卓见翩翩而至，珍词绣句汩汩而出，兀兀陶陶，侃侃而谈。临别，先生持香港国际统一出版社《朱由书画》梅花图精装一册，款题“世彩先生纪念，朱由顿首”以赠，嘱撰长文以阐发其奥义微旨，余欣然允所请。

他为我一人备了满桌酒席，老友盛情难却啊！这一篇用骚体写成的文字，一经出版，多处转载，惊动海内外士林，我师我友，学者名流，顿加鼓励褒奖，多有评价。

湖北省社科院文学所研究员何念龙：

大作《梅赋》尤得楚辞体风神，弟以为千年骚坛寂寞，后继难得此佳作也。

台湾成功大学中文系教授陈怡良：

绝艺有幸今日传！《梅赋》体制宏伟，可谓今世之《离骚》。

云南大学中文系教授殷光熹：

在当代诗坛上，像这样的骚体长诗，恕我斗胆直言，当属独一无二！

中国散文诗学会副主席、中华诗词学会顾问、著名诗人丁芒：

《梅赋》气势宏阔，由梅图起兴，面上天入地，诗境宏、诗意充、诗笔姿、诗力贯。有屈原《天问》之想象力和浪漫风格。当代仅见。体例上突破了屈赋之规整，是一种发展。

湖南汨罗屈原纪念馆馆长刘石林：

我始终认为，骚体诗是中国诗骚园中的珠穆朗玛峰，高处不胜寒，绝顶人罕至，兄台勇于攀登，且有如此佳作面世，实属难得。

中国屈原学会常务副会长、北京语言大学教授方铭：

世彩先生大作《梅赋》及墨宝惊艳无比，令人佩服之极！

北京大学美学教授杨辛：

《梅赋》得楚辞神髓，极华彩惊艳！

中国作家协会会员、荆州市作家协会主席黄大荣：

《梅赋》如此真幻杂糅，绚烂奇诡，如此汪洋恣肆，气韵酣畅，得楚辞之神髓，发前人所未发，是我近年来读到的一篇辞赋上乘之作。

四川师范大学毛庆教授：

研屈学辞三十载，未成只句接前代。漆君大作献骚坛，令我抚怀深感慨！

兰州交通大学教授郭令原：

《梅赋》想象高迈，辞彩艳丽，深得灵均神髓。

中国屈原学会副会长、浙江大学教授崔富章：

在中国屈原学会诸位同仁中，漆雕世彩可谓独具一格。他“发愤读楚辞”，立志“振兴骚体诗”，全身心地投入创作之中。他一方面用心鉴赏屈原作品，同时与现实生活相呼应，内化为创作灵感，运用骚体诗形式，表达自己的爱恨情仇。他的作品，既有《梅赋》这样的长篇大赋，亦不乏《根赋》《致贪官》《天路殊兮》等中原篇诗赋。《梅赋》一书，收录近三十篇作品，无论长短，皆言之有物，字里行间跳跃着一颗炽热的心，具灵动之美，隐约间传递出浓浓的楚辞神韵。阅读体验告诉我，漆雕先生“学写骚体诗”是成功的，他运用文学创作的方式，为新时期楚辞学的发展和繁荣作出了独特的贡献！据我所知，漆雕先生是新时期骚体诗创作第一人，他的《梅赋》是新中国第一本个人骚体诗集。

我还要十分感谢的是，在此文的最后，崔教授特意在后学脊背上轻轻地抽了一鞭子：

历经磨难，生生不息的中华民族，终于迎来伟大复兴的新时代，在这百花齐放、放声歌唱的好时代，集才气、灵气、阳刚之气于一身的漆雕世彩呀，努力前行吧，在振兴骚体诗的长征路上，跑好你的这一“棒”！

关爱勉励之情，溢于言表！

六、用于工作计划

国医大师刘云鹏，曾为广大人民群众及外国友人治愈疾患。2008 年春节与中国中医研究院博士生导师等共同攻克子宫外孕等世界妇科难题。在他连续工作到 91 岁时，国家卫生部因他的中医妇科名震海内外，建立国家重点专科刘云鹏工作室，并连续每年拨款 100 万元人民币支持科研。他有感而发，写下妇科工作计划，用宣纸书写装表后悬挂在诊室：

妇科疾病兮，内科联系。
整体观念兮，医患嘉许。
验查化验兮，诊断依据。
他山之石兮，可以攻玉。
以人为本兮，互补中西。
中医为主兮，世界先驱！
耄耋已度兮，期颐在望，
热情传帮带兮，弘扬岐黄，
喜后继之有人兮，中西用长，
乐夕阳之我惠兮，红霞满光！

国家重点专科刘云鹏工作室成立　2004 年 5 月

他对我解释说：中医妇科医生只凭把脉就开处方不行！要与内科疾病联系，要看一个人的整体，要通过化验单来确诊，不要动不动就动刀子行手术割掉，而要以人为本！他的这篇文字虽是中医工作计划，但“热情传帮带兮”、“喜后继之有人兮”、“乐夕阳之我惠兮”三句可圈可点。

七、用于日记、游记

运用楚辞韵味的文字来写日记、写游记，古色古香，别有韵味：

国际汉学界公认之大师饶宗颐（1917 年生），现已 92 岁，他业精六学，才备九能，治学领域极为广博，凡甲骨、简帛、《楚辞》、经学、敦煌学、古文字、上古史、近东古史、中外交通史、词学、诗学、《文选》学、赋学、音乐、方志、书画等均有论著，共六十余种，文五百余篇。工于诗词、骈散文创作，擅书法、绘画及演奏古琴。他曾轻松自然流畅地运用楚辞体来记日记，兹举三篇如下。

其一《词榻赋》

忆在榆城，宿耶鲁大学古塔第十一层，三月之中，遍和清真词一百六十首。每文思之来也，嘿尔坐旧沙发上，以寸楮续书之，或一日成十数首。友人傅汉思张充和夫妇讶指是榻，云此果灵感之温床耶？为之失笑，撮影以纪之。顷发陈笥，忽得此照，欣旧梦之重温，为之怅惘者累日，久已废词，爰为赋曰：

嗟旧榻之就穿兮，蓦新词其坌出；
纳双丸于吟袖兮，驱万象乎恍惚。
聊以宣我悒郁兮，空中传恨庶其仿佛；
先缭戾而凄清兮，神漫漫其遥集。
伊词心之渊微兮，极九垓而惯藏于密。

惟兹情之缱绻兮，羌欲锄而难去；
化污泥犹复为土兮，养奇葩以为圃。
况以愁为赍送兮，结幽梦而为朋；
虽魍魉且难测其往复兮，笑如影之随形。
抑孤怀之娉纡兮，绝言语之可通。
譬含苞而未放兮，且珍重此微衷。
忽掩映以疑无兮，觑黯黯之长空。
烟与水共迷离兮，魂惘惘兮西东。
乐与时其既去兮，悲亦随而生中；
情悄悄而推移兮，花开谢兮眷弥重。
词人只惜此须臾兮，写感怆于从容。

其二《蟹赋》

溥王孙莅港，云为啖蟹而来也，因为蟹赋。

渺江南之烟水，分翠色于菰蒲。
违春荷与夏槿，及秋杪而冬初。
看荻花之争白，纷蛝螘以竞趋。
残沙断岸，短日平芜。
沉清光于沼沚，狎蒹葭之尺凫。
含黄可绘，无腹而驱。
何曾化漆，但取腊肤。
半炊则没林于水，一举或十里专车。
索转带于张揖，阅贡物于周书。
觉万螯之生凉，感岁时之云徂。
甘拍浮于酒池，了一世之贤愚。
惭尔雅之不熟，信王摅之足诛。
持杯壮毕氏之豪，独烹哂张敞之迂。
瓮供吏部之醉，糟有灵均之脯。
假丹青于惠崇，极神丽于伯驹。
比莼羹乎千里，永相忘于江湖。

其三《马矢赋》

潮州沦陷之一年，大饥，民至拾马粪，瀹其中脱粟而食者，予闻而悲之，为是赋云。

岂大道之在粪兮，或齐观夫糇粮。
禁页异类之不仁兮，驱降民于饿乡。
振草酪既不得兮，掘凫茈且未央。
仰肥马之骁腾兮，厩充牣乎稻粱。

可以人而不如马兮，鼓枵腹而神伤。
将攫夺而无力兮，妄意夫皀枥之秕糠。
意秕糠兮不得，嗟栽属兮弱息。
惟饥炎之方盛兮，苟垂涎兮马矢之余皀。
拾白粱于污肠兮，延残喘于今夕。
哀鲜民之无知兮，胡蒙耻而恋生。
捐盗哺而喀喀兮，独不见夫贸贸之爰精。
有嗟来而不食兮，况为味非洁清。
孰使异物遒其相迫兮，悲故国之腥膻。
豨马通之属餍兮，自书传而有焉。
农稷煮汁以渍种兮，莳百谷以食我。
葛缚铜荐丹砂兮，又煴之以为火。
吴诮元逊可啖矢兮，恪谓太子宜食卵。
果所出之雷同兮，宁古是而今不可。
览宇宙这修辽兮，轸人类之幺么。
萃芳鲍乎一室兮，沦康庄于嵬琐。
独悲心之内激兮，羌谁碎此枷锁！
感盐尸之载车兮，闵滔天之奇祸。
瞻沟壑之悠悠兮，蔽白骨以蓬蒿！
苟饿夫而可敦以义兮，吾将讯诸黔敖。

饶先生之作，题材多样，写生活各方面，风格高浑，摛辞精练，内涵深刻。此引第一篇，叙友情之真笃，见词心之幽窈；第二篇状物而深于寄托；第三篇作于日寇侵华之时，痛民族之劫难，寓志士之贞心，诚为记叙文字中之珍品也！

又，中华诗词学会理事、世界汉诗协会常务理事钱明锵先生纪游长白山天池后而赋：

……

乱曰：彼琼山兮，永皑皑而煌煌；
彼潢池兮，永滟滟而汪汪；
彼景观兮，永誉远而名扬；
彼游屐兮，永淹滞而徜徉……

钱先生深得骚人之旨，其辞饶有楚辞之韵味。

又，笔者游越南河内，瞻仰胡志明主席陵堂，有诗《陵堂赋》一首记之。（诗略）

又，中央民族大学教授、著名民俗文化学者李耀宗先生游北京天安门作记曰：

……

京师重地，咫尺万方。……

皇城紫禁，雅号天安。……

天安兮，粲然哉！溢彩流光。……

天安兮，禁然哉！锁断帝章。……

天安兮，焕然哉！竟易新装。……

天安兮，豁然哉！光被遐疆。……

伟哉！天安者，神阖圣阊！

祖国心脏，吾民脊梁。

如日月之经天，似江河之行地——地久天长！

李先生之辞，巍巍荡荡，灿灿煌煌，其词也伟，也情也深！

又，39 岁的戴永兵，生于 1970 年 7 月，游千岛湖后有记，凡六百余字，其记可读作回文，摘取一段：

……吴越丽地兮，林裹山寺；

萃耸千岛兮，鸟弄花香……

朱阁漾彩兮，映照粼粼；

青螺点黛兮，屿碣幢幢。

蒲窗傍檐兮，春庭永昼，

兰芬润衣兮，幽诗情长！……

若倒读，则为：

长情诗幽兮，衣润芬兰，

昼永庭春兮，檐傍窗蒲。

幢幢碣屿兮，黛点螺青，

粼粼照映兮，彩漾阁朱。

香花弄鸟兮，岛千耸萃，

寺山裹林兮，地丽越吴。……

小戴先生，少年才彦，敢出险招，赋回文诗，令人刮目相看。此种诗体，既有楚风楚韵，又因其篇幅整体回环有强烈的节奏感，给人一种回环往复、一唱三叹、幽深绵长的音乐感。

又，36 岁的女青年戴国荣，1973 年生于北京平谷，毕业于首都师范大学美术系并选修书法和诗词。她的《出水芙蓉赋》是仔细观看荷花之后的心得，写得文字清丽：

一花独秀兮双者并蒂，三蕊品字兮四面观音，
五鸾缱绻兮五福临喜，十里田田兮百般馥郁。
粉者甜，桃花盈盈兮脂淡淡；
白者洁，美玉晶莹兮宝石嫣，
赤如日，殷红炎炎兮绋芊芊；
紫如鸾，彩霞蝶舞兮影款款。

又，37岁的于雪棠，1972年生于辽宁抚顺。毕业于华东师范大学，获中国古代文学博士学位，后入北京师范大学博士后流动站，现任教于北京师范大学文学院，副教授。著有《先秦两汉文体研究》等专著30余种。其《雾凇赋》曰：

闻雾凇之绮丽兮，早神驰于松江。
乘飞车以疾进兮，觉漫漫之路长。
至吉林已向晚兮，待日出于东方。
送遥夜于客馆兮，晨余步乎仙乡。
惊游目之所见兮，恍叩访于瑶圃。
气蒸腾以弥满兮，净天地之万物。
笼江流之浩荡兮，罩层峦之起伏。
结冰晶于榆柳兮，缀耀眼之珠露。
垂乳白之花枝兮，如早春之梨树。
宛月殿之琼桂兮，直银雕而玉塑。
映晴空之朗朗兮，忘置身于尘俗。
人惜之而留影兮，恐奇景之即逝。
余爱之而作赋兮，愿长存于斯世。

小于教授，才情卓荦，文字清丽，大笔挥写，景奇境妙。真个儿如梦如诗！

八、用于书信、手机短信

1985年5月，我参加中国屈原学会在湖北江陵的成立大会后，与学会内诸前辈有书信往来，胡国瑞、石声淮、吴丈蜀、汤炳正、赵逵夫、殷光熹、陈怡良、崔富章、毛庆、何念龙、周建忠、徐志啸、胡可先等先生都有瑶函惠我。

仅汤炳正先生在八十寿辰时，就惠我一诗，并用宣纸书妥寄我，观其书风典雅凝重，从右军出，而其诗曰：

错节盘根话大椿，身经斧凿未成痕。
喜随画笔看椰岛，笑带诗情过剑门。

枉说文章惊屈宋，更无金帛遗儿孙。

如今细品人间世，回首三朝八十春！

己巳春八十自寿，世彩同志两正之，汤炳正。

汤公乃著名楚辞专家，中国屈原学会会长，诗虽今体，但其浓浓的楚辞韵味，一读便可感知！

笔者随即以原韵和诗一首：

己巳冬，炳正先生八十寿诞，吟诗一首并书，

瑶函见赠，因步其韵奉和

一代宗师寿大椿，汤公四海载香痕！

蓉城振铎博通道，新论昭人众妙门。

楚地寻幽留丽藻，芝兰绕膝戏文孙。

弘恢屈学盟高会，耄耋之龄得意春！

近几年来，我又进而与多位师友通手机短信，都拟骚体格式。自己开始觉得很好玩，师友们也觉得很别致，日子长了，也就很自然，一两分钟时间，发一条楚辞体短信，我与师友黄震云、萧东海、汪伟、周笃文、孙石毅、胡可先、郭令原、黄灵庚、何念龙、郭丹、李翰、陈咏红、崔富章、方铭、袁世明、殷光熹等数十位先生已多次通了短信。譬如：

致殷光熹教授：

盼先生兮朝暮，晤深圳兮可好？

人间岁月兮闲难得，吾冉冉兮其将老！

天下知交兮老更亲，挑夜灯兮吐肝脑！

漆雕世彩谨启，2009 年 10 月 14 日于北京

致何念龙教授：

念龙吾兄——

琢兮磨兮，切兮磋兮；

探幽发微，忽焉豁兮；

惊雷作兮，天鼓挝兮；

哥俩吟兮，发楚歌兮！

世彩又及 2009 年 8 月 10 日于北京

念龙兄当即回手机短信曰：

楚辞体能用于日常之交往兮，

可见光复其生命之可望！

何念龙 2009 年 8 月 10 日

诚哉，念龙先生之言！楚辞体完全能用于日常人际之交往，其生命理应光复！而且完全可以光复！

屈原没有死！楚辞没有绝！屈原文化还活在当代人的生活中！

当代活着的写作楚辞体诗文作者的年龄，从刘云鹏、饶宗颐九十几岁、一百岁的老翁到只有二十五岁的小青年李有光等，他们的文化程度，从大学教授博士生导师到在校学生，从经济工作者到工商界人士，从医生到普通老百姓，各行各业，五行八作，皆有。他们的共同特点是喜欢楚辞！

搞楚辞研究几十年的人，可能还没来得及写出半句楚辞体诗文，已写出楚辞体诗文的人，可能还未入楚辞研究之门。

但是，真正的楚辞学者能写一手漂亮的楚辞体诗文就会更好！这就像理论著作宏富的农业科学家能种出高产稻谷，已有多篇论著的科学家能造出宇宙飞船，著作等身的文艺理论家又能创作出精彩的诗文一样，这是知能合一的学人！这是知能并重的治学思想！有了个人创作的亲身体验，才能真切体味原作创作的甘苦和奥妙！我们的前人为我们作出了榜样，梁启超、王国维、鲁迅、林庚、胡国瑞、汤炳正、饶宗颐等人为我们作出了榜样！“纵读数千卷奇书，无实行，不为识字；要守六百年家法，有善策，还是耕田！”左宗棠说得多实在啊！

或许有人要问，当代人何以还要用楚辞体创作，用楚辞体交往？这实在是因为《楚辞》无论是在形式上，还是在内涵上都为我们提供了一个记事记人、抒发情感、忧国忧民、怀念祖先、穷理探奥、祭祀亡灵等多方面广阔的驰骋空间。楚辞形式上的楚语、楚调，有韵而不拘于韵，句式自然对仗而又不拘于整齐划一，浪漫主义情调又与个人乃至社会生活的密切相关，无疑为我们提供了经典范本级的文学样式。尤其是楚辞中的悲剧精神，人文关怀、民族情愫、自我关照等博大的文化内涵和赋比兴兼用的文学手法，为我们的驰骋思想、寄心托志、抒情感言、掘忧发怨、献愁供恨、慨叹人生乃至讽喻谏刺提供了广阔的空间和各式各样的工具。我们完全可以凭借楚辞在日常生活各个领域里自由驰骋！

或许有的人还要问，这只是“仿得骚体的皮毛，未得屈子之境界！也就是说还未触及楚辞的实质——没有屈原之志！”——是的！我们达不到屈原的高度！但是，我们不应放弃！我们应该努力！我们当下首要的任务是让屈原文化活在当代人的生活中，运用在我们的人际交往中。这是我们理应做到的！也是我们能够做到的！这样做的人多了，就有了“量”；“量多了”，“质”也就不远了！同道们，努力吧！“为往圣继绝学”，我们手携手，齐向前！

原载《中国楚辞学》第十七辑《楚文化研究》专栏，
学苑出版社 2011 年 12 月北京第 1 版

风骚叠音词之比较

漆雕世彩

内容提要：通过对《诗经》与《楚辞》之叠音词在创造意境、描绘性状、摹拟声音、描绘色彩、描绘动作、叙述真挚深沉的情感、形成诗章的韵律美和修辞美七个方面的比较，得出结论，《诗经》叠单词以写实为主，而《楚辞》叠单词以写虚为主，《诗经》叠音词具有内陆性特征，《楚辞》叠音词具有水性特征，《诗经》叠音词为中国文学的现实主义传统增色，而《楚辞》叠音词为两千年来中国文学的现实主义与浪漫主义相结合的优良传统添光添彩，《楚辞》叠音词乃中国文学皇冠上熠熠生辉的明珠！

关键词：《诗经》《楚辞》叠音词；实与虚；内陆性特征与水性特征；现实主义与浪漫主义结合的传统

《诗经》《楚辞》同为我国文学史上处于源头地位的伟大作品，叠音词自从在《诗经》《楚辞》中大量运用以来，就成为我国文学创作中最具特色的传统语言特色之一，本文通过对《诗经》与《楚辞》之叠音词在创造意境、描绘性状、摹拟声音、描绘色彩、描绘动作、叙述真挚深沉的情感、形成诗章的韵律美和修辞美七个方面的比较，得出结论，《诗经》叠单词以写实为主，而《楚辞》叠单词以写虚为主，《诗经》叠音词具有内陆性特征，《楚辞》叠音词具有水性特征，《诗经》叠音词为中国文学的现实主义传统增色，而《楚辞》叠音词为两千年来中国文学的现实主义与浪漫主义相结合的优良传统添光添彩，《楚辞》叠音词乃中国文学皇冠上熠熠生辉的明珠。

《诗经》[①] 305 篇，分为《风》《雅》《颂》三类。《国风》160 篇，是 15 个国家和地区的民歌；《雅》诗分《大雅》《小雅》，《大雅》31 篇，《小雅》74 篇；《颂》诗 40 篇，其中《周颂》31 篇，《鲁颂》4 篇，《商颂》5 篇。《诗经》30000 字，总共使用了 2949 个单字。有许多单字一字多义，按字义计算约有 3900 个单音词，这些单字又构成了约 1000 个复音词。加起来后，总共约有 5000 个词汇，这 5000 个词汇中，除动词、形容词、虚词以外，约有 600 个叠音词，诗经 305 篇中有叠音词的占 185 篇，有叠音词的

---

① 见《先秦诗鉴赏辞典》，上海世纪出版集团，1998 年 12 月第一版。

诗篇占全部诗篇的比率达到61%——占的比率可谓大矣！

我们再看《楚辞》[①] 的叠音词。《楚辞》25篇，不妨细列于下：

《东皇太一》：欣欣

《云中君》：昭昭、皇皇、蛊蛊

《湘君》：浅浅

《湘夫人》：眇眇、袅袅

《大司命》：总总、被被、辚辚

《少司令》：菲菲、青青

《东君》：晈晈、冥冥

《河泊》：滔滔、邻邻

《山鬼》：滔滔、容容、冥冥、磊磊、蔓蔓、填填、冥冥、啾啾、飒飒、萧萧

《国觞》：无

《礼魂》：无

《招魂》：峨峨、鬤鬤、駓駓、湛湛

《天问》：明明、暗暗

《离骚》：謇謇、冉冉、纚纚、岌岌、菲菲、申申、浪浪、曼曼、总总、暧暧、总总、剡剡、菲菲、啾啾、翼翼、婉婉、邈邈

九章

《惜诵》：忳忳

《涉江》：霏霏

《哀郢》：淫淫、洋洋、郁郁、汋汋、湛湛、杳杳

《抽思》：郁郁、浮浮、忧忧、憺憺、謇謇、营营

《怀沙》：滔滔、莽莽、杳杳、昧昧、浩浩

《思美人》：蹇蹇、悠悠、郁郁、茕茕

《惜往日》：无

《橘颂》：无

《悲回风》：嗟嗟、凄凄、曼曼、惘惘、翛翛、冉冉、眇眇、默默、郁郁、戚戚、眇眇、芒芒、漫漫、绵绵、悄悄、冥冥、雾雾、磕磕、汹汹、容容、芒芒、洋洋、翻翻、遥遥、潏潏、愁愁

《卜居》：悃悃、昂昂、氾氾

《渔父》：察察、汶汶、皓皓

附列　宋玉《九辩》一篇以佐参看：翩翩、靡靡、亹亹、怦怦、昭昭、悠悠、遑遑、郁郁、莽莽、莽莽、逴逴、冉冉、洋洋、亹亹、昭昭、

① 胡文英：《屈骚指掌》卷三，北京古籍出版社，1979年第1版，第35页。

濛濛、冥冥、晏晏、繇繇、眯眯、瀏瀏、翼翼、惛惛、洋洋、皇皇、忳忳、搏搏、湛湛、習習、豐豐、芠芠、跃跃、闃闃、衙衙、锵锵、从从、容容、专专，共38个。

屈赋共25篇，除《国殇》、《礼魂》、《惜往日》、《橘颂》四篇未用叠音词外，其余各篇皆用，而且《山鬼》短短28句，168字，就用了“容容”、“冥冥”、“磊磊”、“蔓蔓”、“填填”、“冥冥”、“啾啾”、“飒飒”、“萧萧”9个叠音词。《离骚》373句，2490字，用了17个叠音词。《悲回风》104句，728字，用了25个叠音词。如果加上宋玉的《九辩》38个叠音词，屈宋诗赋共计约20000字，共用叠音词140个。屈宋辞斌26篇，其中22篇用了叠音词——用叠音词的占全部诗篇的84%，竟然高达84%！

从以上我们可以看出，《诗经》《楚辞》之叠音词运用的频率都高，比率都大，竟如双峰并峙，双双插天，高入云表！而楚辞对叠音词的运用，比《诗经》更胜一筹！

为了欣赏这两座高峰的奇境，我们不妨从《诗经》与《楚辞》之叠音词在创造意境、描绘性状、摹拟声音、描绘色彩、描绘动作、叙述真挚深沉的情感、形成诗章的韵律美和修辞美七个方面，细细看之，细细赏之。

一、创造意境方面

意境是指作家的主观情感与客观物境相互交融而形成的艺术境界，作家在构思时，神居胸臆，神与物游，使主观精神与客观物境高度契合而形成意境，诗歌的意境开拓得越深邃越好。

《诗经·王风·黍离》是写诗人行役到宗周，过访故宗庙宫室时，所见一片葱绿，用十个叠音词开拓诗章的意境，其浓重的沧桑感，给我们带来巨大的心灵震撼！我们吟诵着诗章，“离离——”、“靡靡——”、“摇摇——”、“悠悠——”，吟着吟着，那当年的繁华不见了，昔日的侈华也不见了，就连刚刚经历的战火也难觅踪影了，看哪，那绿油的一片是黍在茂盛地生长，还有那稷苗也葱茏一片，萋萋满眼——一切景语皆情语也！黍稷之苗本无情意，但在诗人眼中，却勾起无限愁思。于是，他缓缓行进在荒凉的大路上，不禁心旗摇摇，充满惆怅。惆怅尚能承受，令人不堪者是这种忧思不能被理解——“知我者谓我心忧，不知我者谓我何求？”——这是智者的悲哀！这是圣者的悲哀！这种大悲哀诉诸人间是难求其解的，只能问天，“悠悠苍天，此何人哉？”可苍天不答！此时诗人胸中的郁懑啊，忧思啊，又增一层①。

第二章和第三章基本场景未变，而“稷苗”已成“稷穗”、“稷实”，

① 见《先秦诗鉴赏辞典》，上海世纪出版集团，1998年12月第一版。

与稷苗的生长过程相随的是，诗人心中的愁绪已从“中心摇摇”到“如醉”、“如噎”，一层一层地深化了。每章后半部分的感叹和呼号，虽然在形式上完全一样，但在一而再再而三的反复吟叹中，加深了心中的忧郁和沉痛——“彼黍离离”、“行迈靡靡”、“苍天悠悠”——这是低吟，这是悲叹，更是痛定思痛后的长歌当哭！——难怪后世的哲人们在人事更迭、王朝兴亡之时，总是悲吟着《黍离》而涕泪沾衣，捶胸顿足：曹植吟着《情诗》哭泣，向秀吟着《思旧》哭泣，刘禹锡吟着《乌衣巷》哭泣，姜夔吟着《扬州慢》哭泣……还有陈子昂吟着《登幽州台歌》哭泣——“前不见古人，后不见来者，念天地之悠悠，独怆然而涕下!”“离离”、“靡靡”、“悠悠”、“离离”、“靡靡”……这十个叠音词，为我们开拓出多么沉郁的意境!①

再看《楚辞》，屈原在离骚中，写自己神驰于天国“抑志而弭节兮，神高驰之邈邈”。叠音词“邈邈”，形容遥远的样子，这“邈邈”好在哪里呢？徐焕龙《屈辞洗髓》（清康熙三十七年《无闷堂刊本》）说：“屈大夫此时去国已远，一切时局变态不到眼前，故胸襟意气，顿觉高旷发扬，无复向时悒郁牢骚之状，邈邈然其神之远也”。夏大杰《屈骚心印》（清乾隆三十九年《一本堂》刊本）更是阐发得高明：“神高驰邈邈者，心情脱然于富贵之外，度量高远于不同凡近也。”“邈邈”一词，写尽了屈子心中由无限苦闷压抑忽然变得轻松释然，洒脱超拔，屈子只有先写出“神高驰之邈邈”这暂时闲暇自得的心情，才使得后文出现的“陟升皇之赫戏兮，忽临睨夫旧乡”来得更加沉痛悲切！所以“邈邈”一词使诗的意境开拓得更加深邃。又如屈原“凤皇翼其承旂兮，高翱翔之翼翼一句”中的“翼翼”一词，写尽屈子神游时心旷神怡、闲暇自得之貌，所以游国思先生在《离骚纂义》② 中说：“此言神游之时，凤鸟相随，翼然与己车旂相接，高飞翱翔，闲暇而自得也”。“翼翼”一出，境界亦出矣！

从上文我们看出，风骚中叠音词在创造意境方面都达到了相当的高度，为后世文学创作提供了可资借鉴的经典级范本。

二、描绘性状方面

诗人在诗章中使用叠音词描绘事物的性状越鲜活越好，要使所绘之对象更生动、更形象，进而达到情景交融的境界。

《诗经·卫风·有狐》中言“有狐绥绥，在彼淇梁”。意即“有只狐狸在独行求偶，在那湛水边的桥上”。毛传释“绥绥”为“匹行貌”。朱嘉

① 见《先秦诗鉴赏辞典》，上海世纪出版集团，1998年12月第一版。

② 游国恩：《离骚纂义》，中华书局，1980年11月第1版，第5页。

《诗集传》训“绥绥”为“独行求匹貌”。我本人认为叠音词“绥绥”的意象中是单薄的，显得简单，使人觉得单调，即便它在诗中重复了三次，也无论如何使人感觉不到狐狸形象的生动。

《楚辞》怎样呢?《楚辞》在用叠音词描绘事物性状方面远胜《诗经》。请看“高余冠之岌岌兮，长余佩之陆离”。“岌岌”形容冠之高。《说文》：“岌，山高貌，从山及声，鱼汲切。”屈子把用于形容“山”之高的词，拿来形容“冠”之高，真是鲜活生动形象而又夸张极了，关键是“岌岌”与下句之“陆离”相对应。王念孙《读书杂志》（清同治九年金陵书局重刊本）说：“岌岌为高貌，则陆离为长貌”。这是一个高我之冠，长我之佩，尊其威仪，整其服饰，特异于众人，卓然立于流俗之上的高大抒情主人公形象！又，“驾八龙之婉婉兮，载云旗之委蛇”。“婉婉”写出龙行不疾不徐、曲屈蜿蜒之貌，既生动，又形象。它使屈子神游时的情与景达到交相融合的境界。笔者本人极喜“龙婉婉”一语，曾运用入自撰春联中：“腾！腾！腾！大笔挥春龙婉婉；飒！飒！飒！英辞落纸凤飞飞。”

三、描摹声音方面

叠音词摹声，本自天然，最精当的叠音词能使所摹之声悦耳动听，又如鸣佩玉金铛，使人有如临其境的音乐氛围，词采亦使人赏心悦目。

屈原《离骚》：“扬云霓之晻蔼兮，鸣玉鸾之啾啾。”“啾啾”本来是清脆轻活的鸟鸣声，这里用来形容屈子神游之时，升于空际，所御之车上铃铛（玉质鸾形的车铃）摇动时发出的响声，马动则鸾鸣，鸾鸣则和应，其声如鸟鸣之啾啾，音韵清和，这声音又与屈大夫身佩之美玉鸣声相为应和，耳畔悠扬一片！太美！

《诗经·魏风·伐檀》：“坎坎伐檀兮”，“坎坎伐辐兮”，“坎坎伐轮兮”，三处用了叠音词“坎坎”。“坎坎”为象声词，伐木声。细味其词，生硬、单调，与楚辞之“啾啾”相比，差之远矣，一质朴、一文雅，一直白、一婉曲，明眼人一看便知。

但是，《诗经》中描摹声音的叠音词，在对象不同、声音不同时，用的词不同，意象不同，情感也不同。《秦风·黄鸟》写黄鸟用“交交”，《周南·关雎》写雎鸠用“关关”，“关关”响亮而作金声，悠扬和悦；“交交”尖厉而凄楚，带有紧迫、悲哀、凄厉的感情色彩，与下文“惴惴”相应和。联系秦穆公用 177 人殉葬之事，我们读出了“交交黄鸟”凄苦哀伤的音调。

四、描绘色彩方面

作家使用叠音词描绘色彩，能使色彩更加鲜艳夺目，更加闪闪耀眼，更加令人感受真切而难以忘怀。

《诗经·郑风·子衿》是写一个女子在城楼上等候她的恋人。全诗三章，采用倒叙手法。前两章以“我”的口气自述怀人。“青青子衿”、“青青子佩”，是以恋人的衣饰借代恋人。对方的衣饰给她留下这么深刻的印象，使她念念不忘，可想见其相思萦怀之情。如今因受阻不能前去赴约，只好等恋人过来相会，可望穿秋水，不见影儿！浓浓的爱意不由得转化为惆怅与幽怨；纵然我没有去找你，你为何就不能捎个音信？纵然我没有去找你，你为何就不能主动前来？第三章点明地点，写她在城楼上因久候恋人不至心烦意乱，来来回回地走个不停，觉得虽然只有一天不见面，却好像分别了三个月那么漫长。①

此诗用了四个叠音词，“青青”表恋人衣服的颜色，这里是以恋人的衣饰借代恋人，“悠悠”表女主人公的心理状态，正是因为这“青青”、“悠悠”，使得诗章回环入妙，缠绵婉转，“青青”的重复，使恋人的形象在女主人公心目中的印象更加深刻，使女主人公的等待更加焦灼万分。“青青”、“青青”的形象反复浮现在她目前，使她迫切地呼唤：“子宁不嗣音？子宁不来？一日不见，如三月兮！”可见叠音词“青青”的魅力！

《楚辞》中的叠音词更胜一筹，它能与原文共同呈现出那光彩的意象、色调的冷暖。请看：

夜皎皎兮既明。《东君》

（从皎皎月夜直到天色明亮）

烂昭昭兮未央。《云中君》

（他身上不断地放出闪闪神光）

灵皇皇兮既降。《云中君》

（辉煌的云神已经降临）

皇剡剡其扬灵兮。《离骚》

（辉煌煊赫那些神氏显灵）

叠音词“皎皎”、“昭昭”、“皇皇”、“剡剡”等词在句中所呈现光彩的意象是光明的、堂皇的、灿烂的、裔裔皇皇的，色调是暖色调，鲜艳夺目，光彩耀眼。

再请看，叠音词“冥冥”所表现的色彩，进而看由色彩所产生的意象：

杳冥冥兮以东行。《东君》

（在幽暗的黑夜又奔向东方）

杳冥冥兮羌昼晦。《山鬼》

① 见《先秦诗鉴赏辞典》，上海世纪出版集团，1998年12月第一版。

（白昼昏昏暗暗如同黑夜）
雷填填兮雨冥冥。《山鬼》
（雷声滚滚，雨势溟溟濛濛）
翩冥冥兮不可娱。《悲回风》
（疾飞到渺远之地也并无欢娱）
瞭冥冥而薄天。《九辩》
（光辉赫赫上与天接）

以上所引叠音词“冥冥”在句中所呈现出的色彩意象是灰的、濛的、昏的、暗的，给人的感觉是幽暗的、阴冷的、悄怆的、凄凉的，它给人的感染是十分强烈的。还有与此类似的一些叠音词比如，郁郁、忧忧、杳杳、昧昧、蒙蒙、渺渺、凄凄、戚戚……，我们读着这些词句，使人觉得清冷、阴郁，给人以压抑之感，甚至教人瑟缩、颤抖，令人感到毛孔都发紧！这些词有很深的移情作用，给人以深深的感染，这是一种磁力，一种穿透力，一种魔力！难怪历朝历代的文人士子们总是钟情于读《楚辞》，难怪苏东坡无限感慨地说：“吾平生所学，不能企其万一者，屈平一人而已！”难怪苏曼殊激情地说：“一个人三十岁前不读《离骚》，是该死的，没活气了；在三十岁以后，读了《离骚》不能替国家去死，也是没有活气的！”可见《离骚》给他的感染力太大了。还有一个革命家陈天华，在旧社会从日本回家，蹈海而死，最后是读着两句《离骚》去死的！可见《离骚》它那感染人的魔力，能锥人的心肝！浸人的骨髓！夺人的魂魄！楚辞的影响实在是太大了，这与它众多的重叠词在里边发挥的作用是分不开的。而《诗经》没有这个力量，《诗经》里叠音词也没有这个力量！人们读了《诗经》、读了儒家的书怎样呢。我们从中国数千年历史中那些著名的历史人物所表现出来的民族气节，就可以明明白白地看出不同来。文天祥不是抱着宋儒的话来讲，倒是紧紧抱着屈子的一些东西，他的《正气歌》《指南录后序》等千古雄文，都几乎是屈原的正义这两个字的发挥，都几乎是屈原上下求索、伏清白以死直、九死不悔精神的最好注脚！还有陆秀夫、史可法，哪一个不是忠君爱国，以死报国，以死报君，以死来保卫民族?! 我们整个国家民族里的所谓民族气节，恐怕受屈原的影响、受楚辞的影响，比受《诗经》的影响、受儒家的影响要大得多，只要稍举一两个例子就可看出。例如南宋漂流到杭州时，南宋一个太学生写了一首诗，其中有两句：“渡江来百年酣醉，一夕西湖水。”——这就是读儒书的人写的！而倒是有一个并不是饱学《诗》《书》的，只是他母亲在其背心刺了一个“精忠报国”的岳飞，却忠贞不渝地为国家效劳了！而专读《诗》《书》《礼》《易》《春秋》的人，倒不去替国家殉难！秦桧读儒书读得不少，做了大官，怎么样呢？儒家的书到底留下来什么结果？不读儒书的人反倒可以慷慨悲歌一下，读了六经的人仅只是温柔敦厚、中正和平、满口仁义道德，而在民族危亡之时，连大声地慷慨悲歌的都没有，实在是可怜啊！①

所以游思先生在《离骚纂义·序言》中说：

“嗟夫！屈子以旷代轶才，而又楚之懿亲，怵心国难，思有以匡扶之。乃以王之昏庸，群邪雍蔽，窜逐山泽，九年不复，此诚人情所不能忍，故其文忧愁幽思，曲折往复，激楚苍凉，如怨如诉，斯乃迫于情之弗容已，与夫世之无病而呻者异也。今观其辞，宗国之念至切，发扬蹈厉，深入人心，足以鼓舞其遗民志士报仇雪耻之义气，真天地间不可少之文也。……郁起之奇文，最易激发人情。世之人倘亦有读屈子之文而兴起者乎，则庶乎三闾之孤愤为不虚；而区区之志，亦可与忠义之士相于天下矣！”

《离骚》是这样地伟大，《离骚》是天地间不可少之至文，其带强烈感情色彩、有强烈感染力的叠音词在文中所起的作用，是功不可没啊！

五、描绘动作方面

叠音词对描绘人物的动作有修饰的作用，有强化的作用，有补充说明的作用。

《诗经·周南·芣苢》是当时人们采车前草所唱的歌谣，“采采”一词在诗中出现了六次。“采采”解释为“采而又采”。全诗三章十二句，用了六个动词——采、有、掇、捋、袺、襭——是不断变化的，其余全是重叠，这是很特别的。但这样看起来很简单的重复却又有它的特殊效果，在不断重复中，产生了简单明快、回环往复的音乐感。同时，在六个词的变化中又表现了越采越多直到满载而归的过程。诗中完全没写采芣苢的人，读起来却能够清楚地感受到她们欢快的心情——情绪就在诗歌的音乐节奏中传达出来！清人方润玉在《诗经原始》中说：“读者试平心静气涵咏此诗，恍听田家妇女，三三五五，于平原旷野，风和日丽中，群歌互答，余音袅袅，若远若近，忽断忽续，不知其情之何以移，而神之何以旷②。”这实在是与“采采”——采而又采在诗中反复六遍有绝大的关系！“采呀采呀采芣苢”，它写出了劳动者的欢快！在人生漫长的岁月里，生虽然是艰难的事，然而其中却总有许多欢乐啊！我们可以掩卷浮想，成群的妇女们采呀采，他们那采芣苢的双手，是红酥的，是灵巧的，是勤劳的！妇女中有文静的，有娇憨的，还有泼辣的，她们呼唤着、应答着、笑语着、欢歌着……

① 姜亮夫：《楚辞今译讲录》，云南人民出版社，1999年11月第1版，137页、142页。

② 见《先秦诗鉴赏辞典》，上海世纪出版集团，1998年12月第一版。

我们再看《楚辞》。《楚辞》中用叠音词来描绘动作的很多，仅举几例说明：

鱼邻邻兮媵予。《九歌·河伯》

（鱼儿一个接着一个排成行陪伴护送我。邻邻：一本作鳞鳞，像鱼鳞般密集排列的样子。）

目眇眇兮愁予。《九歌·湘夫人》

（我已忧愁满怀望眼欲穿。渺渺：望而不见的样子。）

老冉冉其将至兮。《离骚》

（老迈之年渐渐地逼近。冉冉：渐渐地，慢慢地。）

申申其詈予。《离骚》

（一遍一遍地骂我。申申：反复地。）

“鱼邻邻兮媵予”里的“邻邻媵”，“目眇眇兮愁予”里的“渺渺愁”，“老冉冉其将至兮”的“冉冉至”，“申申其詈予”的“申申詈”，都是叠音词修辞动词。它们都带有抒情性。你看：“鱼儿一个一个排成行陪伴护送”——有关爱、怜惜、喜欢的感情在里边！“望而不见的愁绪”——有爱慕、相思、相恋、期盼、焦虑、失望、困惑、惆怅、迷惘、真诚、深挚的情感在里边！“老迈之年渐渐地逼近”——有幽怨、愤激、抑郁、沉怨、忧愤、压抑、孤独、顽强、悲怆的情感在里边！

我们比较一下风骚叠音词对动作的描绘，就可以看出，一口语化，通俗，浅显；一文言化，高雅，醇深。这是因为，一是通俗的民歌，一是文人的文学创作，所以雅俗之分很明显。通俗的民歌是生活中最原始的东西，是天真无邪的东西，所以浅显、通俗、口语化，而文人创作的东西，往往是文雅的、委婉的、深曲的、幽窈的、深邃的啊！

六、诗章的音律音和修辞美方面

叠音词运用得恰到好处，的确能增加诗章的音律美和修辞美。《诗经·周南·芣苢》就是范本。这首诗共六章，每章句首都用了叠音词，全诗表现了妇女们在采摘芣苢（车前子）时的欢乐情景。读这首诗，我们不仅能仿佛看到一幅欢乐的劳动画面，而且能听到她们欢乐的歌声，她们在风和日丽之中，群歌互答，余音袅袅，若远若近，忽断忽续，正是这六个叠音词，生出美妙之境界。下面，我们再看一例。

《国风·周南·螽斯》，螽斯即飞蝗，俗称蚂蚱，产卵孵化的幼虫极多，一年生两代或三代，真可谓是宜子的动物。诗篇正以此作比，寄兴于物，即物寓情，“子孙众多，言若螽斯”，此之谓也。子孙，是生命的延续，是成年的希冀，壮年的乐趣，晚年的慰藉，家族的希望，民族的基石，国家的未来！中华民族多子多孙多福的观念，在尧舜之世就已深入民心。《庄子·天地》篇有“华封人三祝”的记载，当年尧去华地巡视，守疆人对这位圣人充满敬意，衷心地祝愿他“富、寿、多男子”。《螽斯》一诗用了八个叠音词，全诗三章，每章四句，前两句描写，后两句祝颂，而叠词叠句的叠唱形式，是这首诗艺术表现上最鲜明的特色。六组叠音词的巧妙运用，使全篇韵味无穷：“诜诜兮”、“振振兮”、“薨薨兮”、“绳绳兮”、“揖揖兮”、“蛰蛰兮”，六组叠音词，精练整齐，隔句联用，音韵铿锵，它们反复而又有规律地出现，就像音乐乐章里的旋律一样和谐而有韵味。清人方润玉赞赏地说：“诗只平说，难六字炼得甚新。”① 诚哉斯言！下面再看一例。

《诗经·齐风·载驱》是一首讽刺齐襄公与文姜淫乱的诗。此诗最引人注目的是恰当地运用了七个叠音词。全诗四章，第一章用“薄薄”来描述在大路上疾驰的豪华马车，字里行间透露出那高踞在车厢的主人公是那样地趾高气扬却又急切无耻。第二章以“济济”形容四匹纯黑的骏马，高大雄壮，以“浰浰”描写有节律地上下晃动着的柔韧缰绳，更衬托出乘车者的身份非同一般。第三、第四两章用河水的“汤汤”、“滔滔”与行人的“彭彭”、“儦儦”相呼应。借水之滔滔不绝，比喻大路上行人的熙熙攘攘，往来不断，他们都对文姜的马车驻足而观，侧目而视，从而反衬出文姜的胆大妄为，目中无人。这七个叠音词生动、朴实、通俗，不仅使诗章具有音乐的旋律美，而且还传神地写出了人物的音、形、情、态，使之栩栩如生，还准确地传达出丰富的情感即对文姜讽刺、厌恶、憎恨的感情②。

我们再看《楚辞》。屈原深谙叠音词能增加诗章韵律美和修辞美的妙用，屈原在诗章中，有时根据感情的需要，成组成组地、成套成套地使用叠音词，让我们来听听屈子那富于独创性的激动人心的交响乐：

涕泣交而凄凄兮，思不眠以至曙。
终长夜之曼曼兮，掩此哀而不去。
岁曶曶其若颓兮，时亦冉冉而将至。
愁郁郁之无快兮，居戚戚而不可解。
穆眇眇之无垠兮，莽芒芒之无仪。
邈漫漫之不可量兮，缥绵绵之不可纡。
愁悄悄之常悲兮，翩冥冥之不可娱。
吸湛露之浮源兮，漱凝霜之雰雰，
依风穴以自息兮，忽倾寤以婵媛。

① 见《先秦诗鉴赏辞典》，上海世纪出版集团，1998年12月第一版。
② 见《先秦诗鉴赏辞典》，上海世纪出版集团，1998年12月第一版。

惮涌湍之礚礚兮，听波声之汹汹。
纷容容之无经兮，罔芒芒之无纪，
轧洋洋之无从兮，驰委移之焉止！
漂翻翻其上下兮，翼遥遥其左右。
泛潏潏其前后兮，伴张驰之信期。

——《悲四风》

太妙了！太妙了！我们初一诵读，只觉其妙，只觉得它词采耀目，绚丽烂漫，只觉得它百响杂沓，五音繁会，恍如交响乐的华彩乐章一样激动人心！再一细读，《悲回风》104句，728字，竟然用了26个叠音词！它们有连句而用的："岁曶曶其若颓兮，时亦冉冉而将至"、"愁郁郁之无快兮，居戚戚而不可解"；有隔句而用的："涕泣交而凄凄兮，思不眠以至曙。终长夜之曼曼兮，掩此哀而不去"；有叠音词用在句首的："邈漫漫之不可量兮，缥绵绵之不可纡"、"愁悄悄之常悲兮，翩冥冥之不可娱"；有叠音词用在句尾的："惮涌湍之礚礚兮，听波声之汹汹"。而且我们还发现，若上句用一叠音词唱起，则下句必用一相类相联的叠音词呼应，好比鼓之咚咚，锣必锵锵一样，两相应和，和谐悦耳，赏心悦目，有时又交替使用，有时又连续使用，极具音律美和修辞美，真是可以用鲁迅的话来概括："交错为文，遂生壮采"了！屈子运用叠音词的高超本领，真可谓穷极诗章韵律美和修辞美之妙！穷极诗人感情起伏变化之妙！

从以上我们可以看出，《楚辞》运用叠音词的水平高于《诗经》，《楚辞》是成组成组地使用，成套成套地使用，《诗经》是单个地使用；《楚辞》是自觉地使用，《诗经》是自然地使用；《楚辞》若上一句用一叠音词倡起，则下一句必用一相类相联的叠音词呼应，《诗经》只是单个的使用而没有自觉的呼应和对仗的关系。

七、叙述真挚深沉的情感方面

叠音词在描述情感时具有浓郁的抒情性，它能给人一种特殊的形象感受，它往往长于表达一种或舒缓，或悠然，或深挚，或婉转，或缠绵的情感。

下面，我们来看屈原《离骚》怎样写对祖国和人民的深爱："揽茹蕙以掩涕兮，沾余襟之浪浪"。叠音词"浪浪"，以夸张的手法，极言泪流之多，而且"欲泣而又不敢声，欲不泣而又不能禁其泪也，时命之穷，进退维谷。"屈原的深悲在于"哀不遇明时而泣也"，在于"非为一身而泣也，为国事泣也"，"浪浪"一词写尽屈原心中之爱，曲尽屈原心中之哀！

再看屈原的《山鬼》，如何运用叠音词来写殷切而深挚的恋情："波滔滔兮来迎……云容容而在下，……杳冥冥兮羌昼晦，石磊磊兮葛蔓蔓，……雷填填兮雨冥冥，猨啾啾兮狖夜鸣，风飒飒兮木萧萧，思公子兮徒离忧。”全诗28句，168字，用了10个叠音词。诗一开始，以极精练的语言正面描写了女神的姣好的容颜和窈窕的身姿，接着写她前去幽会时，盛装打扮，摘下鲜美芬芳的花朵，准备送给恋人，“承慕予兮善窈窕”，“折芳馨兮遗所思”，闪耀着青春喜悦的光辉。然而他的恋人始终没来赴约，于是，在风雨如晦的高山之上，她独自伫立，默默地等候着，在神魂迷惘的绝望境地中，支配他生命的力量，仍然是纯洁的爱情，任它“雷填填”。任它“雨冥冥”，任它“猨啾啾”，任它“风飒飒”，任它“木萧萧”，她，独自一人，独立山头，独自凝望，殷殷切切，痴痴迷迷，仍然不能忘情于所恋之人！屈原这里所表现的，正如马茂元先生所阐发的——“已经不限于这一恋爱悲剧的具体情节了，而是一种高度升华了的热烈向往和执著追求的感情，从这个角度看，作者年轻时政治上的抱负和追求，中年失意的忧伤，放逐以后眷恋故国的情怀，也都很自然地渗透交融在其中。这是不难求之于精神实质相通之处，而会心于文字迹象之外的。”① 这10个叠音词，竟然把诗的意境开拓得如此幽远！

《诗经·郑风·子衿》用四个叠音词写出了女主人公苦苦的相思，浓浓的爱意，轻轻的惆怅，深深的幽怨，“青青子衿，悠悠我心”是千古传诵的名句，它所描述的情感实在是具有浓郁的抒情性。

《诗经·魏风·汾沮洳》是一首写女子思慕男子的诗。它创造性地重叠三句：“美无度，美无度”。“美如英，美如英”。“美如玉，美如玉”。它开了《诗经》叠句重章、反复吟咏的艺术手法的先河。这种手法在《楚辞》中没有！无疑，它是一种通俗的民歌歌唱的形式。

我们在对《诗经》和《楚辞》反复吟咏的过程中，细细地、深深地品味它的叠音词的时候，就觉得，《诗经》平易，《楚辞》强烈，《诗经》温和，《楚辞》深挚！《诗经》叠音词所表达的感情中和平缓，而《楚辞》叠音词所表达的情感激烈深邃！

我们通过阅读涵咏、揣磨、比较，可以看出《诗经》叠音词以写实为主，《楚辞》叠音词以写虚为主，“《诗经》中诸如关关、丁丁、坎坎、闲闲、灼灼、依依、杲杲、泄泄、瞿瞿、蹶蹶、凿凿、皓皓、菁菁、青青、踽踽、居居、肃肃、交交、惴惴等等，其意象都比较实，都有所指；而《楚辞》叠音词以写虚为主，诸如渺渺、袅袅、总总、被被，冥冥、漠漠、杳杳、萧萧、冉冉、曼曼、郁郁、然然、遥遥、芒芒、悠悠等等，其意象

① 参见马茂元《楚辞研究集成·楚辞注释》，湖北人民出版社，1985年6月第1版，第184页。

都比较虚幻空蒙。

《楚辞》叠音词中有很大部分具有水性特征，具有渺茫空濛玄虚之感，比如《楚辞》中带三点水旁的叠音词：凄凄、浩浩、洋洋、滔滔、湛湛、浪浪、淫淫、沟沟、浮浮、凄凄、漫漫、汹汹、裔裔、汶汶、瀏瀏等等，其意象蒙胧、渺茫、阔大、浩瀚，窈冥恍惚漫衍无穷，就有力地证明了楚辞叠音词所独有的水性特征。

正因为《诗经》叠音词的写实，具有明确的内陆性，就促成了《诗经》的写实倾向，形成了《诗经》的现实主义传统。而《楚辞》叠音词以写虚为主，虚生缥缈，虚无缥缈产生出幻象，幻象幻化成奇境，奇境氤氲出诡秘，诡秘郁结成浪漫，故《楚辞》叠音词为楚辞的浪漫格调推波助澜，加上《楚辞》里保存了许多的原始宗教、原始神话，使得《楚辞》成为现实主义和浪漫主义两相结合得很好的伟大作品。

在古代南楚，屈原的浪漫得益于古代的神话，而庄子的浪漫得益于古代寓言，屈原和庄子是南楚的两个大家，屈原的作品大体是以神话为基础，而庄子作品大体是以寓言为基础，《庄子》里的“大鹏”、“北冥有鱼”都是寓言。屈原和庄子两家合起来就成了南楚文学的重点，南楚文学在中国从汉以后一直成为中国文学的主干。不能说全部都是南楚文学，但它是主干——大家都读《诗经》，但后世作者仿《诗经》形式作诗的少得很，汉以后诗歌发展是五七言不定，三五七九言都有的，这就是《楚辞》的形式，而不是《诗经》的形式！所以尽管大家在读《诗经》，大家在读儒家的著作，但文学创作所采取的则是南方的形成。因此，我们可以说《楚辞》成为中国文学史上的一个中心的东西。屈原已经把现实主义和浪漫主义的两方面结合得很好，而在《诗经》里边并没有这两者的结合，《诗经》里边几乎都是现实主义的，没有什么浪漫主义，《诗经》浪漫主义顶多是诸如“杨柳依依，雨雪霏霏的”这样的两三句话，“蒹葭苍苍，白露为霜，所谓伊人，在水一方”。就算是了不得的了。[①] 因此，《诗经》叠音词为中国文学的现实主义传统增色，而《楚辞》叠音词为两千多年来中国文学现实主义与浪漫主义相结合的优秀传统添光添彩，《楚辞》叠音词是中国文学皇冠上熠熠生辉的明珠！

2010 年 7 月 29 日写于北京三贤堂之南窗
原载《诗经研究丛刊》第二十一辑，
学苑出版社 2011 年 9 月北京第 1 版

---

① 姜亮夫：《楚辞今译讲录》，云南人民出版社，1999 年 11 月第 1 版，第 137 页、142 页。

跋

黄震云*

著名诗人、书法家漆雕世彩教授幼承庭训，随乡人清末学人漆雕方鸿习古文及书法，曾就读于华中师范大学，授业于荆楚，中年后又参加北京大学的书法研究班学习，游艺京华。诗词得到陈贻焮、胡国瑞、袁行霈、叶朗等名家指点；书法得到启功、欧阳中石、吴丈蜀、孙伯翔等时贤真传，形成了众体兼备、灵动抒情的书写风格和激情奔放、真挚美善的诗学特质。又曾率团至日本韩国交流、传习，一直得到各界的赞誉，名扬天下。

与漆雕教授认识已不知何时，估摸着也有20年以上。早期我欣赏研究楚辞，但定位为悲歌性质，因此不主张重复，亦认为敬重但不可学，对历代用兮结构来表达喜悦之情更是不以为然。漆雕教授谦谦君子，为人和善、厚道，品质高尚，因尊重漆雕先生为人，听其楚音骚体自吟，而引起对楚辞体的重新思考，进而略有参与。楚辞一体，是诗歌回归民间及其抒情性的标志，也是文学自觉的重建。又因其为散体，显然是礼崩乐坏以后诗歌不死、诗体解放，获得自由的象征。楚辞最重要的是格调崇高，一改含蓄、严肃的风雅正声和歌功颂德的雅颂比慢性质，以高亢嘹亮的旋律，响遏行云，自作坟瘗。这种高调发自内心的存在。历代爱其不及，我们往往看到的是失意文士的独吟，其实更有历代墓志铭的铭曰表达。视死如视生，思死者如不欲生，那里表达的是历代国人无与伦比的痛与爱。与一般文人写痛不同，漆雕先生写的是爱，因此成为卓然于当代诗坛的奇葩。又经过锲而不舍的主张和传播，更是得到海内外学人歌者的喜爱和尊重。得到了如《诗刊》主编杨金亭、北京大学教授90岁高龄的杨辛、著名老诗人丁芒、林从龙及同道的高度赞美和真诚支持。著名楚辞学者、理论家、诗人毛庆先生，著名古典文献学家、诗人黄灵庚教授，著名古代文学教授林家骊、郭丹、张中一、周秉高、何念龙等，中国诗经学会会长夏传才，台湾著名学者陈怡良，韩国著名学者朴永焕等等皆有好评与唱和。陈怡良教授总结出漆雕先生的创作有八美。中国楚辞学会会长方铭教授更是大力提携，努力创造条件，推动当代楚辞的吟诵和楚辞体诗的创作。客观地说，

* 黄震云，中国政法大学教授，中国屈原学会副会长。

漆雕写作、吟诵、书写楚辞体，影响广泛，学界反应热烈，无愧于楚辞体写作天下第一人的称呼和楚辞体写作领袖的定位。

漆雕教授夫人是位相貌秀丽、温婉儒雅、兼擅书画的艺术家，对漆雕的作为非常支持，厨艺更是好得了不得，她称漆雕兄为漆老师，伉俪情深。其子亦以书法闻名。美好的家庭氛围，应该是其创作的动力所在吧。漆雕兄与我驻地相距不过一二十公里，平素常有来往，杯去盏来也是不断，写写字、谈谈诗、喝喝茶、饮饮酒，一起消磨了不少时光。感到漆雕兄的成功原因很多，如天赋非常重要，而长期执著、躬擐甲胄于诗书，才是成功的关键。作为相处的同道朋友，体会深刻；见证其跋涉情景，我心是怃。

每一代的学术，在传承之外，往往有自己的风格特色和自己的责任。当代学术的主流，基本上还是文献和理论，并呈联动趋势，即所谓交叉学科，视野也扩大，譬如说我与方铭兄引入法学研究古代文学，这样在制度和程序的视域下，聚焦作家作品，那么就会更为清晰，结论也会更加科学，改变过去平面叙述的方式。但是浮躁、功利的影响正在消耗学术的价值，用身体写作，那一个个囫囵的身子，闪动着绿光，摇荡着粉红的影子，成为文学的京观，警示着我们，道之淡化，用其何必，文学可能走上绝路。弘扬传统中有价值的部分，焕发出时代的生命力，重新塑造出先行的时代的文学光彩。这是我们的责任和义务。漆雕先生不辞劳苦写作、运作、协作，因此有了这册骚体诗创作与研究的书——《海内名家评〈梅赋〉》，以创作为主，率先发声，值得我们肯定和期待，和者不能止但，大家一起努力吧。

2013 年 4 月 13 日